RELIURE SERREE
Absence de marges
intérieures

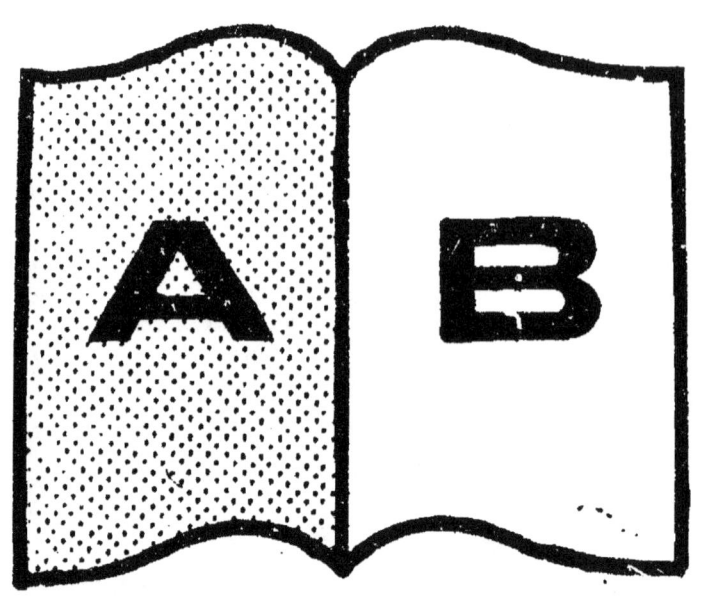

Contraste insuffisant
NF Z 43-120-14

Valable pour tout ou partie du document reproduit

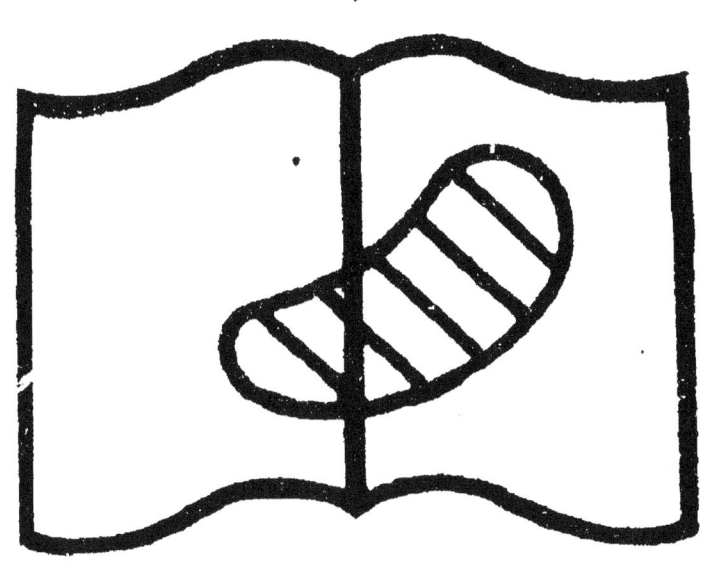

Illisibilité partielle

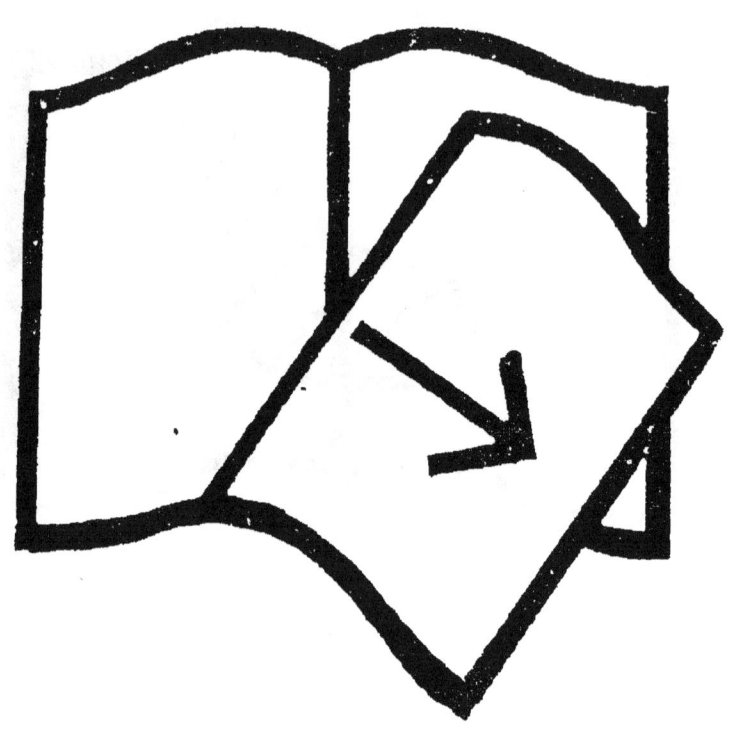

Couvertures supérieure et inférieure manquantes

LETTRES APOSTOLIQUES

DE

S. S. LÉON XIII

LETTRES APOSTOLIQUES
DE
S. S. LÉON XIII

ENCYCLIQUES, BREFS, etc.

Texte latin avec la traduction française en regard.

PRÉCÉDÉES

D'UNE NOTICE BIOGRAPHIQUE

SUIVIES

D'UNE TABLE ALPHABÉTIQUE

TOME CINQUIÈME

Ego autem rogavi pro te ut non deficiat fides tua : et tu..... confirma fratres tuos.
Luc, XXII, 23.

Πέτρος διὰ Λέοντος ταῦτα ἐξεφώνησεν
Pierre a parlé par la bouche de Léon.
(Concil. chalc.)

Mon amour pour Jésus-Christ doit s'étendre particulièrement à son Vicaire sur la terre.
R. P. D'ALZON, *Directoire* des Aug. de l'Assomption.

PARIS
8, rue François Ier, 8

LETTRES APOSTOLIQUES

ou

ENCYCLIQUES, BREFS, &.

DE

S. S. LÉON XIII

DE UNITATE ECCLESIÆ

VENERABILIBUS FRATRIBUS

PATRIARCHIS PRIMATIBUS ARCHIEPISCOPIS EPISCOPIS

ALIISQUE LOCORUM ORDINARIIS

PACEM ET COMMUNIONEM CUM APOSTOLICA SEDE HABENTIBUS

LEO PP. XIII

VENERABILES FRATRES

Salutem et apostolicam benedictionem.

Satis cognitum vobis est, cogitationum et curarum Nostrarum partem non exiguam illuc esse conversam, ut ad *ovile* in potestate positum summi pastoris animarum Jesu Christi revocare devios conemur. Intento hac in re animo, non parum conducere salutari consilio propositoque arbitrati sumus Ecclesiæ effigiem ac velut lineamenta describi : in quibus præcipua consideratione dignissima *unitas* est, quam in ea, velut insigne veritatis invictæque virtutis, divinus auctor ad perpetuitatem impressit. Multum in intuentium animis nativa Ecclesiæ pulchritudo speciesque posse debet : neque abest a veri similitudine, tolli ejus contemplatione posse inscientiam; sanari opiniones falsas præjudicatasque, maxime apud eos qui non sua ipsorum culpa in errore versentur : quin imo excitari etiam in hominibus posse Ecclesiæ amorem utique similem caritati, qua Jesus Christus eam sibi sponsam, divino cruore redemptam, optavit : *Christus dilexit Ecclesiam, et se ipsum tradidit pro ea*(1). Reversuris ad amantissimam parentem, aut non probe cognitam adhuc, aut injuria desertam, si reditum stare oporteat non sanguine qui-

(1 Ephes., V, 25.

DE L'UNITÉ DE L'ÉGLISE

A NOS VÉNÉRABLES FRÈRES

LES PATRIARCHES, PRIMATS, ARCHEVÊQUES, ÉVÊQUES ET

AUTRES ORDINAIRES

EN GRACE ET COMMUNION AVEC LE SIÈGE APOSTOLIQUE

LÉON XIII, PAPE

VÉNÉRABLES FRÈRES

Salut et Bénédiction Apostolique.

Vous savez assez qu'une part considérable de Nos pensées et de Nos préoccupations est dirigée vers ce but : Nous efforcer de ramener les égarés au bercail que gouverne le Souverain Pasteur des âmes, Jésus-Christ. L'âme appliquée à cet objet, Nous avons pensé qu'il serait grandement utile à ce dessein et à cette entreprise de salut de tracer l'image de l'Eglise, de dessiner pour ainsi dire ses traits principaux, et de mettre en relief, comme le trait le plus digne d'une attention capitale, *l'unité :* caractère insigne de vérité et d'invincible puissance, que l'Auteur divin de l'Eglise a imprimé pour toujours à son œuvre. Considérée dans sa forme et dans sa beauté native, l'Eglise doit avoir une action très puissante sur les âmes : ce n'est pas s'éloigner de la vérité de dire que ce spectacle peut dissiper l'ignorance, redresser les idées fausses et les préjugés, surtout chez ceux dont l'erreur ne vient point de leur propre faute. Il peut même exciter dans les hommes l'amour de l'Eglise, un amour semblable à cette charité sous l'impulsion de laquelle Jésus-Christ a choisi l'Eglise pour son épouse, en la rachetant de son sang divin. Car « Jésus-Christ a aimé l'Eglise et s'est livré lui-même pour elle. »

Si, pour revenir à cette mère très aimante, ceux qui ne la connaissent pas bien encore ou qui ont eu le tort de la quitter, doivent acheter ce retour, tout d'abord ce ne sera point sans doute au prix

dem, quo tamen pretio est Jesu Christo quæsita, sed labore aliquo molestiaque multo adperpetiendum leviore, saltem perspicuum erit non voluntate humana id onus homini, sed jussu nutuque divino impositum, ob eamque rem, opitulante gratia cœlesti, facile veritatem experiendo intelligent divinæ ejus sententiæ, *Jugum enim meum suave est, et onus meum leve* (1). Quamobrem spe maxima in *Patre luminum* reposita, unde *omne datum optimum et omne donum perfectum* (2) descendit, ab eo scilicet, *qui incrementum dat* (3) unus, enixe petimus, ut Nobis vim persuadendi impertire benigne velit.

Etsi Deus, quæcumque a naturis creatis efficiuntur, omnia ipse efficere sua solius virtute potest, nihilhominus tamen ad juvandos homines ipsis uti hominibus, ex benigno providentiæ consilio maluit : et quemadmodum in rerum genere naturalium perfectionem debitam, ita in iis, quæ modum naturæ transiliunt, sanctitatem homini ac salutem non nisi hominum opera ministerioque impertire consuevit. Sed perspicuum est, nihil inter homines communicari, nisi per externas res quæ sensibus percipiantur, posse. Hac de causa humanam naturam assumpsit Dei Filius, *qui cum in forma Dei esset..... semetipsum exinanivit, formam servi accipiens, in similitudinem hominum factus*: (4) atque ita, in terris agens, doctrinam suam suarumque præcepta legum hominibus, colloquendo, tradidit.

Cum divinum munus ejus perenne ac perpetuum esse oporteret, idcirco nonnullos ille sibi adjunxit alumnos disciplinæ suæ, fecitque potestatis suæ participes : cumque *Spiritum veritatis* in eos devocasset e cœlo, præcepit, peragrarent orbem terrarum, quodque ipse docuerat quodque jusserat, id omne fideliter universitati gentium prædicarent : hoc quidem proposito, ut ejus et professione doctrinæ et obtemperatione legibus posset hominum genus sanctitatem in terris, felicitatem adipisci in cœlo sempiternam. — Hac ratione atque hoc principio Ecclesia genita : quæ quidem, si extremum illud quod vult, causæque proximæ sanctitatem efficientes spectentur, profecto est *spiritualis :* si vero eos consideres, quibus cohæret, resque ipsas quæ ad spiritualia dona perducunt, *externa* est necessarioque conspicua. Docendi munus accedere Apostoli per cognoscenda visu audituque signa : illi munus non aliter executi quam dictis factisque, quæ utique sensus permoverent. Ita quidem illorum vox extrinsecus illapsa per aures, finem ingeneravit in animis : *Fides ex auditu, auditus autem per verbum Christi* (5). Ac fides ipsa, scilicet assensio primæ supremæque veritati, mente qui-

---

(1) Matth., XI, 30. — (2) Ep. Jac., I, 17. — (3) I, Corinth., III, 6. — (4) Philippens, II, 6-7. — (5) Roman., X, 17.

de leur sang (et pourtant c'est d'un tel prix que Jésus-Christ l'a payée); mais s'il leur en doit coûter quelques efforts, quelques peines bien plus légères à supporter, du moins, ils verront clairement que ces conditions onéreuses n'ont pas été imposées aux hommes par une volonté humaine, mais par l'ordre et la volonté de Dieu; et par suite, avec l'aide de la grâce céleste, ils expérimenteront facilement par eux-mêmes la vérité de cette divine parole : « Mon joug est doux et mon fardeau léger. »

C'est pourquoi mettant Notre principale espérance dans « le Père des lumières, de qui descend toute grâce excellente et tout don parfait », en Celui qui seul « donne la croissance », Nous lui demandons instamment de daigner mettre en Nous la puissance de persuader.

Dieu sans doute peut opérer, par lui-même et par sa seule vertu, tout ce qu'effectuent les êtres créés; néanmoins, par un conseil miséricordieux de sa Providence, il a préféré, pour aider les hommes, se servir des hommes eux-mêmes. C'est par l'intermédiaire et le ministère des hommes qu'il donne habituellement à chacun, dans l'ordre purement naturel, la perfection qui lui est due : il en use de même dans l'ordre surnaturel pour leur conférer la sainteté et le salut.

Mais il est évident que nulle communication entre les hommes ne peut se faire que par le moyen des choses extérieures et sensibles. C'est pour cela que le Fils de Dieu a pris la nature humaine, Lui qui « étant dans la forme de Dieu..... s'est anéanti lui-même, prenant la forme d'esclave, ayant été fait semblable aux hommes »; et ainsi, tandis qu'il vivait sur la terre, il a révélé aux hommes, en conversant avec eux, sa doctrine et ses lois.

Mais comme sa mission divine devait être durable et perpétuelle, il s'est adjoint des disciples auxquels il a fait part de sa puissance, et ayant fait descendre sur eux du haut du ciel « l'Esprit de vérité », il leur a ordonné de parcourir la terre entière et de prêcher fidèlement à toutes les nations ce que lui-même avait enseigné et prescrit, afin qu'en professant sa doctrine et en obéissant à ses lois, le genre humain pût acquérir la sainteté sur la terre et, dans le ciel, l'éternel bonheur.

Tel est le plan d'après lequel l'Eglise a été constituée, tels sont les principes qui ont présidé à sa naissance. Si nous regardons en elle le but dernier qu'elle poursuit, et les causes immédiates par lesquelles elle produit la sainteté dans les âmes, assurément l'Eglise est *spirituelle;* mais si nous considérons les membres dont elle se compose, et les moyens mêmes par lesquels les dons spirituels arrivent jusqu'à nous, l'Eglise est *extérieure* et nécessairement visible. C'est par des signes qui frappaient les yeux et les oreilles que les Apôtres ont reçu la mission d'enseigner; et cette mission, ils ne l'ont point accomplie autrement que par des paroles et des actes également sensibles. Ainsi leur voix, entrant par l'ouïe extérieure, engendrait la foi dans les âmes : « La foi vient par l'audition et l'audition par la parole du Christ. » Et la foi elle-même, c'est-à-dire l'assentiment à la première et souveraine vérité, de sa nature sans

dem per se comprehenditur, sed tamen eminere foras evidenti professione debet : *Corde enim creditur ad justitiam : ore autem confessio fit ad salutem* (1). Simili modo nihil est homini gratiâ cœlesti, quæ gignit sanctitudinem, interius : sed externa sunt ordinaria ac præcipua participandæ instrumenta gratiæ : sacramenta dicimus, quæ ab hominibus ad id nominatim lectis, certorum ope rituum, administrantur. Jussit Jesus Christus Apostolis perpetuisque Apostolorum successoribus, gentes ut edocerent ac regerent : jussit gentibus, ut illorum et doctrinam acciperent et potestati obedienter subessent. Verum isthæc in christiana republica jurium atque officiorum vicissitudo non modo permanere, sed ne incohari quidem potuisset nisi per interpretes ac nuntios rerum sensus. — Quibus de causis Ecclesiam cum *corpus*, tum etiam *corpus Christi* (2) tam crebro sacræ litteræ nominant : *Vos autem estis corpus Christi*. Propter eam rem quod corpus est, oculis cernitur Ecclesia propterea quod est Christi, vivum corpus est actuosum et vegetum, quia eam tuetur ac sustentat immissa virtute sua, Jesus Christus, in eum fere modum quo cohærentes sibi palmites alit ac fructuosos facit vitis. Quemadmodum autem in animantibus principium vitæ in occulto est ac penitus abditum, indicatur tamen atque ostenditur motu actuque membrorum, sic in Ecclesia supernaturalis principium vitæ perspicue ex iis, quæ ab ipsa agentur apparet.

Ex quo consequitur, in magno eodemque pernicioso errore versari, qui ad arbitrium suum fingunt Ecclesiam atque informant quasi latentem minimeque conspicuam : item qui perinde habent atque institutum quoddam humanum cum temperatione quadam disciplinæ ritibusque externis, at sine perenni communicatione munerum gratiæ divinæ sine rebus iis, quæ haustam a Deo vitam quotidiana atque aperta significatione testentur. Nimirum alterutram esse posse Jesu Christi Ecclesiam tam repugnat, quam solo corpore, vel anima sola constare hominem. Complexio copulatioque earum duarum velut partium prorsus est ad veram Ecclesiam necessaria, sic fere ut ad naturam humanam intima animæ corporisque conjunctio. Non est Ecclesia inter mortuum quiddam, sed corpus Christi vita supernaturali præditum. Sicut Christus, caput et exemplar, non omnis est, si in eo vel humana dumtaxat spectetur natura visibilis, quod Photiniani ac Nestoriani faciunt; vel divina tantummodo natura invisibilis, quod solent Monophysitæ : sed unus est ex utraque et in utraque natura cum visibili tum invisibili; sic corpus ejus mysticum non vera Ecclesia est nisi propter eam rem, quod ejus

---

(1) Roman., 10. — (2) I, Corinth., XII, 27.

doute est renfermée dans l'esprit, mais elle doit cependant éclater au dehors par l'évidente profession qu'on en fait : « car on croit de cœur pour la justice, mais on confesse de bouche pour le salut. » De même, rien n'est plus intime à l'homme que la grâce céleste, qui produit en lui la sainteté, mais extérieurs sont les instruments ordinaires et principaux par lesquels la grâce nous est communiquée : nous voulons parler des sacrements, qui sont administrés avec des rites spéciaux, par des hommes nommément choisis pour cette fonction. Jésus-Christ a ordonné aux Apôtres et aux successeurs perpétuels des Apôtres d'instruire et de gouverner les peuples ; il a ordonné aux peuples de recevoir leur doctrine et de se soumettre docilement à leur autorité. Mais ces relations mutuelles de droits et de devoirs dans la société chrétienne, non seulement n'auraient pas pu durer, mais n'auraient même pas pu s'établir sans l'intermédiaire des sens, interprètes et messagers des choses.

C'est pour toutes ces raisons que l'Eglise, dans les saintes Lettres, est si souvent appelée *un corps*, et aussi *le corps du Christ*. Vous êtes le corps du Christ. Parce que l'Eglise est un corps, elle est visible aux yeux ; parce qu'elle est le corps du Christ, elle est un corps vivant, actif, plein de sève, soutenu qu'il est et animé par Jésus-Christ qui le pénètre de sa vertu à peu près comme le tronc de la vigne nourrit et rend fertiles les rameaux qui lui sont unis. Dans les êtres animés, le principe vital est invisible et caché au plus profond de l'être, mais il se trahit et se manifeste par le mouvement et l'action des membres : ainsi le principe de vie surnaturelle qui anime l'Eglise apparaît à tous les yeux par les actes qu'elle produit.

Il s'ensuit que ceux-là sont dans une grande et pernicieuse erreur, qui, façonnant l'Eglise au gré de leur fantaisie se l'imaginent comme cachée et nullement visible ; et ceux-là aussi qui la regardent comme une institution humaine, munie d'une organisation, d'une discipline, de rites extérieurs, mais sans aucune communication permanente des dons de la grâce divine, sans rien qui atteste, par une manifestation quotidienne et évidente, la vie surnaturelle puisée en Dieu.

L'une et l'autre de ces deux conceptions est tout aussi incompatible avec l'Eglise de Jésus-Christ que le corps seul ou l'âme seule est incapable de constituer l'homme. L'ensemble et l'union de ces deux éléments est absolument nécessaire à la véritable Eglise, à peu près comme l'intime union de l'âme et du corps est indispensable à la nature humaine. L'Eglise n'est point une sorte de cadavre : elle est le corps du Christ, animé de sa vie surnaturelle. Le Christ lui-même, chef et modèle de l'Eglise, n'est pas entier, si on regarde en lui, soit exclusivement la nature humaine et visible, comme font les partisans de Photin et de Nestorius, soit uniquement la nature divine et invisible, comme font les Monophysites ; mais le Christ est un par l'union des deux natures, visible et invisible, et il est un dans toutes les deux ; de la même façon, son corps mystique n'est la véritable Eglise qu'à cette condition, que ses parties visibles

partes conspicuæ vim vitamque ducunt ex donis supernaturalibus rebusque cæteris, unde propria ipsarum ratio ac natura efflorescit. Cum autem Ecclesia sit *ejusmodi* voluntate et constitutione divina, permanere sine ulla intermissione debet *ejusmodi* in æternitate temporum : ni permaneret, profecto nec esset condita ad perennitatem, et finis ipse, quo illa contendit, locorum esset temporumque certo spatio definitus : quod cum veritate utrumque pugnat. Istam igitur et visibilium et invisibilium conjunctionem rerum, quia naturalis atque insita in Ecclesia nutu divino inest, tamdiu permanere necesse est, quamdiu ipsa permansura Ecclesia. Quare Chrysostomus : *Ab Ecclesia ne abstineas : nihil enim fortius Ecclesia. Spes tua Ecclesia, salus tua Ecclesia, refugium tuum Ecclesia. Cœlo excelsior et terra latior est illa. Nunquam senescit, sed semper viget.* Quamobrem ejus firmitatem stabilitatemque demonstrans, Scriptura *montem illam vocat* (1). Augustinus vero : *Putant* (gentiles) *religionem nominis christiani ad certum tempus in hoc sæculo victuram, et postea non futuram. Permanebit ergo cum sole, quamdiu sol oritur et occidit; hoc est quamdiu tempora ista volvuntur, non deerit Ecclesia Dei, id est Christi corpus in terris* (2). Idemque alibi : *Nutabit Ecclesia, si nutaverit fundamentum : sed unde nutabit Christus?..... Non nutante Christo, non inclinabitur in sæculum sæculi. Ubi sunt qui dicunt, periisse de mundo Ecclesiam, quando nec inclinari potest?* (3)

His velut fundamentis utendum veritatem quærenti. Scilicet Ecclesiam instituit formavitque Christus Dominus : propterea natura illius cum quæritur cujusmodi sit, caput est nosse quid Christus voluerit quidque reapse effecerit. Ad hanc regulam exigenda maxime Ecclesiæ unitas est, de qua visum est, communis utilitatis causâ, nonnihil his litteris attingere.

Profecto unam esse Jesu Christi germanam Ecclesiam, ex luculento ac multiplici sacrarum litterarum testimonio, sic constat inter omnes, ut contradicere christianus nemo ausit. Verum in dijudicanda statuendaque natura unitatis, multos varius error de via deflectit. Ecclesiæ quidem non solum ortus sed tota constitutio ad rerum voluntate libera effectarum pertinet genus : quocirca ad id quod revera gestum est, judicatio est omnis revocanda, exquirendumque non sane quo pacto una esse Ecclesia queat, sed quo unam esse is voluit, qui condidit.

Jamvero, si ad id respicitur quod gestum est, Ecclesiam Jesus Christus non talem finxit formavitque, quæ communitates plures complecteretur genere similes, sed distinctas, neque iis vinculis

---

(1) Hom. *de capto Eutropio*, n° 6. — (2) *In Psal. LXXI.* — (3) *Enarratio in Psal. CIII*, sermo II, n. 5.

tirent leur force et leur vie des dons surnaturels et des autres éléments invisibles; et c'est de cette union que résulte la nature propre des parties extérieures elles-mêmes.

Mais comme l'Eglise est *telle* par la volonté et par l'ordre de Dieu, elle doit rester *telle* sans aucune interruption, jusqu'à la fin des temps, sans quoi elle n'aurait évidemment pas été fondée pour toujours, et la fin même à laquelle elle tend serait limitée à un certain terme dans le temps et dans l'espace : double conclusion contraire à la vérité. Il est donc certain que cette réunion d'éléments visibles et invisibles étant, par la volonté de Dieu, dans la nature et la constitution intime de l'Eglise, elle doit nécessairement durer autant que durera l'Eglise elle-même.

C'est pourquoi saint Jean Chrysostome nous dit : « Ne te sépare point de l'Eglise; rien n'est plus fort que l'Eglise. Ton espérance, c'est l'Eglise; ton salut, c'est l'Eglise; ton refuge, c'est l'Eglise. Elle est plus haute que le ciel et plus large que la terre. Elle ne vieillit jamais, sa vigueur est éternelle. Aussi l'Ecriture, pour nous montrer sa solidité inébranlable, l'appelle une montagne. » Saint Augustin ajoute : « Les infidèles croient que la religion chrétienne doit durer un certain temps dans le monde, puis disparaître. Elle durera donc autant que le soleil : tant que le soleil continuera à se lever et à se coucher, c'est-à-dire tant que durera le cours même des temps, l'Eglise de Dieu, c'est-à-dire le corps du Christ, ne disparaîtra point du monde. » Et le même Père dit ailleurs : « L'Eglise chancellera si son fondement chancelle; mais comment pourrait chanceler le Christ? Tant que le Christ ne chancellera point, l'Eglise ne fléchira jamais jusqu'à la fin des temps. Où sont ceux qui disent : « L'Eglise a disparu du monde », puisqu'elle ne peut pas même fléchir? »

Tels sont les fondements sur lesquels doit s'appuyer celui qui cherche la vérité. L'Eglise a été fondée et constituée par Jésus-Christ Notre-Seigneur; par conséquent, lorsque nous nous enquérons de la nature de l'Eglise, l'essentiel est de savoir ce que Jésus-Christ a voulu faire et ce qu'il a fait en réalité. C'est d'après cette règle qu'il faut traiter surtout de l'unité de l'Eglise, dont il Nous a paru bon, dans l'intérêt commun, de toucher quelque chose dans ces Lettres.

Oui, certes, la vraie Eglise de Jésus-Christ est une : les témoignages évidents et multipliés des saintes Lettres ont si bien établi ce point dans tous les esprits, que pas un chrétien n'oserait y contredire. Mais quand il s'agit de déterminer et d'établir la nature de cette unité, plusieurs se laissent égarer par diverses erreurs. Non seulement l'origine de l'Eglise, mais tous les traits de sa constitution appartiennent à l'ordre des choses qui procèdent d'une volonté libre : toute la question consiste donc à savoir ce qui, en réalité, a eu lieu, et il faut rechercher non pas de quelle façon l'Eglise pourrait être une, mais quelle unité a voulu lui donner son Fondateur.

Or, si nous examinons les faits, nous constaterons que Jésus-Christ n'a point conçu ni institué une Eglise formée de plusieurs communautés qui se ressembleraient par certains traits généraux,

alligatas, quæ Ecclesiam individuam atque unicam efficerent, eo plane modo, quo *Credo unam*..... *Ecclesiam* in symbolo fidei profitemur. *In unius naturæ sortem cooptatur Ecclesia quæ est una, quam conantur hæreses in multas discindere. Et essentia ergo et opinione, et principio et excellentia unicam esse dicimus antiquam et catholicam Ecclesiam..... Ceterum Ecclesiæ quoque eminentia, sicut principium constructionis, est ex unitate, omnia alia superans, et nihil habens sibi simile vel æquale*(1). Sane Jesus Christus de ædificio ejusmodi mystico cum loqueretur. Ecclesiam non commemorat nisi unam, quam appellat *suam: ædificabo Ecclesiam meam*. Quæcumque, præter hanc, cogitetur alia, cum non sit per Jesum Christum condita, Ecclesia Christi vera esse non potest. Quod eminet etiam magis, si divini auctoris propositum consideretur. Quid enim in condita condendave Ecclesia petiit, quid voluit Christus Dominus? Hoc scilicet: munus idem, idemque mandatum in eam continuandum transmittere, quod ipse acceperat a Patre. Id plane statuerat faciendum, idque re effecit. *Sicut misit me Pater, et ego mitto vos*(2). *Sicut tu me misisti in mundum, et ego misi eos in mundum*(3). Jam vero Christi muneris est vindicare ab interitu ad salutem *quod perierat*, hoc est non aliquot gentes aut civitates, sed omnino hominum, nullo locorum temporumve discrimine, universum genus: venit *Filius hominis..... ut salvetur mundus per ipsum*(4). *Nec enim aliud nomen est sub cœlo datum hominibus, in quo oporteat nos salvos fieri*(5). Itaque partam per Jesum Christum salutem, simulque beneficia omnia quæ inde proficiscuntur, late fundere in omnes homines atque ad omnes propagare ætates debet Ecclesia. Quocirca ex voluntate auctoris sui unicam in omnibus terris, in perpetuitate temporum, esse necesse est. Plane plus una ut esse posset, excedere terris et genus hominum fingere novum atque inauditum oporteret.

Hoc ipsum de Ecclesia una, quotquot essent ubique et quovis tempore mortales complexura, vidit ac præsignificavit Isaias, cum, futura prospicienti, objecta species montis est, celsitudinis exsuperantia, conspicui, qui imaginem *Domus Domini*, videlicet Ecclesiæ, expressam gerebat: *Et erit in novissimis diebus præparatus mons domus Domini in vertice montium* (6). Atqui *unus* iste mons est in vertice montium locatus: *una* domus Domini ad quam *omnes gentes* vivendi normam petituræ aliquando confluerent: *Et fluent ad eam omnes gentes....., et dicent: venite et ascendamus ad montem Domini, et ad domum Dei Jacob, et docebit nos vias suas, et ambulabimus in semitis ejus*(7). Quem

---

(1) Clemens Alexandrinus, *Stromatum*, lib. VII, cap. 17. — (2) Joan., XX, 21. — (3) Joan., XXVII, 18. — (4) Joan., III, 17. — (5) Act. IV, 12. — (6) Isaïas, II, 2. — (7) *Ibid.* 2-3.

mais seraient distinctes les unes des autres, et non rattachées entre elles par ces liens, qui seuls peuvent donner à l'Eglise l'individualité et l'unité dont nous faisons profession dans le symbole de la foi : « Je crois à l'Eglise.....une. »

L'Eglise est constituée dans l'unité par sa nature même : elle est une, quoique les hérésies essayent de la déchirer en plusieurs sectes. Nous disons que l'antique et catholique Eglise est une : elle a l'unité de nature, de sentiment, de principe, d'excellence..... Au reste, le sommet de la perfection de l'Eglise, comme le fondement de sa construction, consiste dans l'unité : c'est par là qu'elle surpasse tout au monde, qu'elle n'a rien d'égal ni de semblable à elle. Aussi bien, quand Jésus-Christ parle de cet édifice mystique, il ne mentionne qu'une seule Eglise, qu'il appelle *sienne* : « Je bâtirai mon Eglise. » Toute autre qu'on voudrait imaginer en dehors de celle-là, n'étant point fondée par Jésus-Christ, ne peut être la véritable Eglise de Jésus-Christ.

Cela est plus évident encore, si l'on considère le dessein du Divin auteur de l'Eglise. Qu'a cherché, qu'a voulu Jésus-Christ Notre-Seigneur dans l'établissement et le maintien de son Eglise? Une seule chose : transmettre à l'Eglise la continuation de la même mission, du même mandat qu'il avait reçu lui-même de son Père. C'est là ce qu'il avait décrété de faire, et c'est ce qu'il a réellement fait. « Comme mon Père m'a envoyé, ainsi moi je vous envoie. Comme vous m'avez envoyé dans le monde, moi aussi je les ai envoyés dans le monde. » Or, il est dans la mission du Christ de racheter de la mort et de sauver « ce qui avait péri », c'est-à-dire non pas seulement quelques nations ou quelques cités, mais l'universalité du genre humain tout entier, sans aucune distinction dans l'espace ni dans le temps. « Le Fils de l'homme est venu..... pour que le monde soit sauvé par lui. Car nul autre nom n'a été donné sous le ciel aux hommes par lequel nous devions être sauvés. » La mission de l'Eglise est donc de répandre au loin parmi les hommes et d'étendre à tous les âges le salut opéré par Jésus-Christ, et tous les bienfaits qui en découlent. C'est pourquoi, d'après la volonté de son Fondateur, il est nécessaire qu'elle soit unique dans toute l'étendue du monde, dans toute la durée des temps. Pour qu'elle pût avoir une unité plus grande, il faudrait sortir des limites de la terre et imaginer un genre humain nouveau et inconnu.

Cette Eglise unique, qui devait embrasser tous les hommes en tous temps et en tous lieux, Isaïe l'avait aperçue et l'avait désignée d'avance, lorsque son regard, pénétrant l'avenir, avait la vision d'une montagne dont le sommet élevé au-dessus de tous les autres était visible à tous les yeux, et qui était l'image de la maison du Seigneur, c'est-à-dire de l'Eglise. « Dans les derniers temps, la montagne qui est la maison du Seigneur sera préparée sur le sommet des montagnes. » Or, cette montagne placée sur le sommet des montagnes est unique : unique est cette maison du Seigneur, vers laquelle toutes les nations doivent un jour affluer ensemble pour y trouver la règle de leur vie. « Et toutes les nations afflueront vers elle..... et diront: Venez, gravissons la montagne du Seigneur, allons à la

locum cum Optatus Milevitanus attingeret, *Scriptum est*, inquit, *in Isaia propheta : ex Sion prodiet lex, et verbum Domini de Hierusalem. Non ergo in illo monte Sion Isaias aspicit vallem, sed in monte sancto, qui est Ecclesia, qui per omnem orbem romanum caput tulit sub toto cœlo..... Est ergo spiritalis Sion Ecclesia, in qua a Deo Patre rex constitutus est Christus, quæ est in toto orbe terrarum, in quo est una Ecclesia catholica.* (1) Augus.inus vero : *Quid tam manifestum quam mons ? Sed sunt et montes ignoti, quia in una parte terrarum positi sunt..... Ille autem mons non sic, quia implevit universam faciem terræ; et de illo dicitur : paratus in cacumine montium*(2). Illud accedit, quod Ecclesiam Filius Dei mysticum corpus suum decrevit fore, quocum ipse velut caput conjungeretur, ad similitudinem corporis humani quod suscepit : cui quidem naturali conglutinatione inhæret naturale caput. Sicut igitur mortale corpus sibi sumpsit unicum, quod obtulit ad cruciatus et necem, ut liberationis humanæ pretium exsolveret, sic pariter unum habet corpus mysticum, in quo et cujus ipsius opera facit sanctitatis salutisque æternæ homines compotes : *Ipsum* (Christum) *dedit* (Deus) *caput supra omnem Ecclesiam quæ est corpus ipsius* (3).

Dispersa membra atque sejuncta non possunt eodem cum capite, unum simul effectura corpus, cohærere. Atqui Paulus, *Omnia autem* inquit *membra corporis cum sint multa unum tamen corpus sunt: ita et Christus* (4). Propterea corpus istud mysticum *compactum* ait esse *et connexum. Caput Christus : ex quo totum corpus compactum, et connexum per omnem juncturam subministrationis, secundum operationem in mensuram uniuscujusque membri* (5). Quamobrem dispersa a membris ceteris siqua membra vagantur, cum eodem atque unico capite conglutinata esse nequeunt : *Unus Deus est, et Christus unus, et una Ecclesia ejus et fides una et plebs una in solidam corporis unitatem concordiæ glutino copulata. Scin i unitas non potest, nec corpus unum discidio compaginis separari* (6). Quo melius Ecclesiam effingat unicum, similitudinem animati corporis informat, cujus non aliter victura membra sunt, nisi colligata cum capite, vim ad se vitalem ex capite ipso traducant : sejuncta, necesse est emori : *Non potest* (Ecclesia)..... *divulsis laceratione visceribus in frusta discerpi. Quidquid a matrice discesserit, scorsum vivere et spirare non poterit* (7). Mortuum vero corpus quid habet cum vivo similitudinis ? *Nemo enim unquam carnem suam odio habuit : sed nutrit, et fovet eam, sicut et Christus Ecclesiam: quia membra sumus corporis ejus, de carne*

---

(1) *De schism. Donatist.* lib. III, n° 2. — (2) *In Epist. Joan*, tract. I, n. 13. — (3) Ephes., I, 22-23. — (4) I, Corinth., XII, 12. — (5) Ephes., IV, 15-16. — (6) S. Cyprianus, *De cath. Eccl. Unitate*, n° 23. — (7) In loc. cit.

maison du Dieu de Jacob, et il nous enseignera ses voies, et nous marcherons dans ses sentiers. » Optat de Milève dit à propos de ce passage : « Il est écrit dans le prophète Isaïe : « La loi sortira de Sion et la parole du Seigneur de Jérusalem. » Ce n'est donc pas dans la montagne matérielle de Sion qu'Isaïe aperçoit la vallée, mais dans la montagne sainte qui est l'Église, et qui, remplissant le monde romain tout entier, élève son sommet jusqu'au ciel..... La véritable Sion spirituelle est donc l'Église, dans laquelle Jésus-Christ a été établi roi par Dieu le Père, et qui est dans le monde tout entier, ce qui n'est vrai que de la seule Église catholique. » Et voici ce que dit saint Augustin : « Qu'y a-t-il de plus visible qu'une montagne ? Et cependant, il y a des montagnes inconnues, celles qui sont situées dans un coin écarté du globe..... Mais, il n'en est pas ainsi de cette montagne, puisqu'elle remplit toute la surface de la terre, et il est écrit d'elle, qu'elle a été préparée sur le sommet des montagnes. »

Il faut ajouter que le Fils de Dieu a décrété que l'Église serait son propre corps mystique, auquel il s'unirait pour en être la tête, de même que dans le corps humain, qu'il a pris par l'Incarnation, la tête tient aux membres par une union nécessaire et naturelle. De même donc qu'il a pris lui-même un corps mortel unique, qu'il a voué aux tourments et à la mort pour payer la rançon des hommes, de la même façon, il a un corps mystique unique, dans lequel et par le moyen duquel il fait participer les hommes à la sainteté et au salut éternel. « Dieu l'a établi (le Christ) chef sur toute l'Église qui est son corps. »

Des membres séparés et dispersés ne peuvent point se réunir à une seule et même tête pour former un seul corps. Or saint Paul nous dit : « Tous les membres du corps, quoique nombreux, ne sont cependant qu'un seul corps : « Ainsi est le Christ. » C'est pourquoi ce corps mystique, nous dit-il encore, est *uni et lié*. « Le Christ est le chef, en vertu duquel tout le corps uni et lié par toutes les jointures, qui se prêtent un mutuel secours, d'après une opération proportionnée à chaque membre, reçoit son accroissement pour être édifié dans la charité. » Ainsi donc, si quelques membres restent séparés et éloignés des autres membres, ils ne sauraient appartenir à la même tête que le reste du corps. « Il y a, dit saint Cyprien, un seul Dieu, un seul Christ, une seule Église du Christ, une seule foi, un seul peuple, qui par le lien de la concorde est établi dans l'unité solide d'un même corps. L'unité ne peut pas être scindée : un corps restant unique ne peut pas se diviser par le fractionnement de son organisme. » Pour mieux montrer l'unité de son Église, Dieu nous la présente sous l'image d'un corps animé, dont les membres ne peuvent vivre qu'à la condition d'être unis avec la tête et d'emprunter sans cesse à la tête elle-même leur force vitale : séparés, il faut qu'ils meurent. « Elle ne peut pas (l'Église) être dispersée en lambeaux par le déchirement de ses membres et de ses entrailles. Tout ce qui sera séparé du centre de la vie ne pourra plus vivre à part ni respirer. Or, en quoi un cadavre ressemble-t-il à un être vivant? « Personne n'a jamais haï sa chair, mais il la nourrit et la soigne, comme le

ejus et de ossibus ejus(1). Aliud igitur simile Christo inchoetur caput, alius Christus, si præter eam, quæ corpus ejus est, fingi Ecclesiam alteram libeat. *Videte quid caveatis, videte quid observetis, videte quid timeatis. Contingit, ut in corpore humano, imo de corpore aliquod præcidatur membrum, manus, digitus, pes : numquid præcisum sequitur anima? Cum in corpore esset, vivebat : præcisum amittit vitam. Sic et homo christianus catholicus est, dum in corpore, vivit : præcisus, hæreticus factus est : membrum amputatum non sequitur spiritus* (2). Est igitur Ecclesia Christi unica et perpetua : quicumque seorsum eant, aberrant a voluntate et præscriptione Christi Domini, relictoque salutis itinere, ad interitum digrediuntur. *Quisquis ab Ecclesia segregatus adulteræ jungitura, promissis Ecclesiæ separatur, nec perveniet ad Christi præmia qui reliquit Ecclesiam Christi..... Hanc unitatem qui non tenet, non tenet Dei legem, non tenet Patris et Filii fidem, vitam non tenet et salutem* (3).

At vero qui unicam condidit, is idem condidit *unam* : videlicet ejusmodi, ut quotquot in ipsa futuri essent, arctissimis vinculis sociati tenerentur, ita prorsus ut unam gentem, unum regnum, corpus unum efficerent. *Unum corpus, et unus spiritus, sicut vocati estis in una spe vocationis vestræ*(4). Voluntatem hac de re suam Jesus Christus sanxit, propinqua jam morte, augusteque consecravit, ita Patrem adprecatus : *Non pro eis rogo tantum, sed et pro eis, qui credituri sunt per verbum eorum in me..... ut et ipsi in nobis unum sint..... ut sint consummati in unum*(5). Imo tam intime nexam jussit esse in sectatoribus suis unitatem tamque perfectam, ut conjunctionem cum Patre suam ratione aliqua imitaretur : *Rogo..... ut omnes unum sint, sicut tu, Pater, in me, et ego in te*(6). Tantæ autem inter homines ac tam absolutæ concordiæ necessarium fundamentum est convenientia conjunctioque mentium : ex quo conspiratio voluntatum atque agendorum similitudo natura gignitur. Quamobrem, pro sui divinitate consilii, *unitatem fidei* in Ecclesia sua jussit esse : quæ quidem virtus primum est in vinculis iis quæ hominem iungunt Deo, et inde nomen *fideles* accepimus. *Unus Dominus, una fides, unum baptisma*(7): videlicet sicut unus Dominus, et baptisma unum, ita omnium christianorum, qui ubique sunt, unam esse fidem oportet. Itaque Paulus Apostolus christianos, ut idem sentiant omnes, effugiantque opinionum dissidia non rogat tantum, sed flagitat ac plane obsecrat : *Obsecro autem vos, fratres, per nomen Domini nos-*

---

(1) Ephes., V, 29-30. — (2) S. Augustinus, sermo CCLXVII, n. 4. — (3) S. Cyp. *De cath. Eccl. Unitate.* — (4) Ephes., IV, 4. — (5) Joan, XVII, 20-21-23. — (6) *Ibid.* 21. — (7) Ephes., IV, 5.

Christ l'Eglise, parce que nous sommes les membres de son corps formés de sa chair et de ses os.

Qu'on cherche donc une autre tête pareille au Christ, qu'on cherche un autre Christ, si l'on veut imaginer une autre Eglise en dehors de celle qui est son corps. « Voyez à quoi vous devez prendre garde, voyez à quoi vous devez veiller, voyez ce que vous devez craindre. Parfois, on coupe un membre dans le corps humain, ou plutôt on le sépare du corps : une main, un doigt, un pied. L'âme suit-elle le membre coupé? Quand il était dans le corps, il vivait; coupé, il perd la vie. Ainsi l'homme, tant qu'il vit dans le corps de l'Eglise, il est chrétien catholique; séparé, il est devenu hérétique. L'âme ne suit point le membre amputé. »

L'Eglise du Christ est donc unique et, de plus, perpétuelle : quiconque se sépare d'elle, s'éloigne de la volonté et de l'ordre de Jésus-Christ Notre-Seigneur, il quitte le chemin du salut, il va à sa perte. « Quiconque se sépare de l'Eglise pour s'unir à une épouse adultère, abdique aussi les promesses faites à l'Eglise. Quiconque abandonne l'Eglise du Christ ne parviendra point aux récompenses du Christ..... Quiconque ne garde pas cette unité, ne garde pas la loi de Dieu, il ne garde pas la foi du Père et du Fils, il ne garde pas la vie ni le salut. »

Mais celui qui a institué l'Eglise unique, l'a aussi instituée une : c'est-à-dire de telle nature, que tous ceux qui devaient être ses membres fussent unis par les liens d'une société très étroite, de façon à ne former tous ensemble qu'un seul peuple, un seul royaume un seul corps. « Soyez un seul corps et un seul esprit, comme vous avez été appelés à une seule espérance dans votre vocation. » Aux approches de sa mort, Jésus-Christ a sanctionné et consacré de la façon la plus auguste, sa volonté sur ce point, dans cette prière qu'il fit à son père : « Je ne prie pas pour eux seulement, mais encore pour ceux qui par leur parole croiront en moi... afin qu'eux aussi, ils croient une seule chose en moi... afin qu'ils soient consommés dans l'unité. » Il a même voulu que le lien de l'unité entre ses disciples fût si intime, si parfait, qu'il imitât en quelque façon sa propre union avec son Père : « Je vous demande... qu'ils soient tous une même chose, comme vous, mon Père, êtes en moi et moi en vous. »

Or, une si grande, une si absolue concorde entre les hommes doit avoir pour fondement nécessaire l'entente et l'union des intelligences; d'où suivra naturellement l'harmonie des volontés et l'accord dans les actions. C'est pourquoi, selon son plan divin, Jésus a voulu que l'unité de foi existât dans son Eglise : car la foi est le premier de tous les liens qui unissent l'homme à Dieu et c'est à elle que nous devons le nom de *fidèles*. « Un seul Seigneur, une seule foi, un seul baptême; c'est-à-dire, de même qu'ils n'ont qu'un seul Seigneur et qu'un seul baptême, ainsi tous les chrétiens, dans le monde entier, ne doivent avoir qu'une seule foi. C'est pourquoi l'apôtre saint Paul ne prie pas seulement les chrétiens d'avoir tous les mêmes sentiments et de fuir le désaccord des opinions, mais il les en conjure par les motifs les plus sacrés : « Je vous conjure

tri Jesu Christi : ut idipsum dicatis omnes, et non sint in vobis schismata: sitis autem perfecti in eodem sensu, et in eadem sententia(1). Quæ loco sane non indigent interprete : satis enim per se loquuntur ipsa. Ceteroqui unam esse fidem debere, qui se profitentur christianos, vulgo assentiuntur. Illud potius maximi momenti ac prorsus necessarium, in quo multi errore falluntur, internoscere quæ sit istius species et forma unitatis. Quod ipsum, ut supra fecimus in causa simili, non opinatione aut conjectura est, sed scientia rei gestæ judicandum : quærendo scilicet statuendoque qualem in fide unitatem Jesus Christus esse præceperit.

Jesu Christi doctrina cœlestis, tametsi magnam partem consignata litteris afflatu divino, colligare tamen mentes, permissa hominum ingenio, ipsa non poterat. Erat enim proclive factu ut in varias incideret atque inter se differentes interpretationes : idque non modo propter ipsius vim ac mysteria doctrinæ, sed etiam propter humani ingenii varietatem, et perturbationem in studia contraria abeuntium cupiditatum. Ex differentia interpretandi dissimilitudines sentiendi necessitate nascuntur : hinc controversiæ, dissidia, contentiones, qualia incumbere in Ecclesiam ipsam vidit proxima originibus ætas. De hæreticis illud scribit Irenæus: *Scripturas quidem confitentur, interpretationes vero convertunt* (2). Atque Augustinus: *Neque enim natæ sunt hæreses et quædam dogmata perversitatis illaqueantia animas et in profundum præcipitantia, nisi dum scripturæ bonæ intelliguntur non bene* (3). Ad conjugandas igitur mentes, ad efficiendam tuendamque concordiam sententiarum, ut extarent divinæ litteræ, omnino erat alio quodam *principio* opus. Id exigit divina sapientia : neque enim Deus unam esse fidem velle potuit, nisi conservandæ unitatis rationem quamdam idoneam providisset : quod et sacræ litteræ perspicue, ut mox dicturi sumus, significant. Certe infinita Dei potentia nulli est vincta vel adstricta rei, omniaque sibi habet obnoxie, velut instrumenta, parentia. De isto igitur principio externo dispiciendum, quodnam ex omnibus, quæ essent in potestate sua, Christus optarit. Quam ob rem oportet christiani nominis revocare cogitatione primordia.

Divinis testata litteris, eademque vulgo cognita commemoramus, Jesus Christus divinitatem divinamque legationem suam miraculorum virtute comprobat : erudire verbo multitudinem ad cœlestia insistit, omninoque jubet ut sibi fides docenti adjungatur, hinc præmiis illinc pænis propositis sempiternis : *Si non facio opera Patris mei, nolite credere mihi* (4). *Si opera non fecissem in eis, quæ nemo alius fecit, peccatum non haberent* (5). *Si autem*

---

(1) I, Corinth., I, 10. — (2) Lib. III, cap. 12, n. 12. — (3) *In Evang. Joan.*, tract. XXVIII, cap. 5, n. 1. — (4) Joan., X, 37. — (5) Joan., XV, 24.

mes frères, par le nom de Notre-Seigneur Jésus-Christ, de n'avoir tous qu'un même langage et de ne pas souffrir de schismes parmi vous; mais d'être tous parfaitement unis dans le même esprit et dans les mêmes sentiments. » Ces paroles, assurément, n'ont pas besoin d'explication : elles sont assez éloquentes par elles-mêmes.

D'ailleurs, ceux qui font profession de christianisme reconnaissent d'ordinaire que la foi doit être une. Le point le plus important et absolument indispensable, celui où beaucoup tombent dans l'erreur c'est de discerner de quelle nature, de quelle espèce est cette unité. Or, ici, comme nous l'avons fait plus haut dans une question semblable, il ne faut point juger par opinion ou par conjecture, mais d'après la science des faits : il faut rechercher et constater quelle est l'unité de foi que Jésus-Christ a imposée à son Eglise.

La doctrine céleste de Jésus-Christ, quoiqu'elle soit en grande partie consignée dans des livres inspirés de Dieu, si elle eût été livrée aux pensées des hommes, ne pouvait par elle-même unir les esprits. Il devait aisément arriver, en effet, qu'elle tombât sous le coup d'interprétations variées et différentes entre elles et cela non seulement à cause de la profondeur et des mystères de cette doctrine, mais aussi à cause de la diversité des esprits des hommes et du trouble qui devait naître du jeu et de la lutte des passions contraires. Des différences d'interprétation naît nécessairement la diversité des sentiments : de là des controverses, des dissensions, des querelles, telles qu'on en a vu éclater dans l'Eglise dès l'époque la plus rapprochée de son origine. Voici ce qu'écrit saint Irénée en parlant des hérétiques : « Ils confessent les Ecritures, mais ils en pervertissent l'interprétation. » Et saint Augustin : « L'origine des hérésies et de ces dogmes pervers qui prennent les âmes au piège et les précipitent dans l'abîme, c'est uniquement que les Ecritures, qui sont bonnes, sont comprises d'une façon qui n'est pas bonne. »

Pour unir les esprits, pour créer et conserver l'accord des sentiments, il fallait donc nécessairement, malgré l'existence des Ecritures divines, un autre *principe*. La sagesse divine l'exige; car Dieu n'a pu vouloir l'unité de la foi sans pourvoir d'une façon convenable à la conservation de cette unité, et les saintes Lettres elles-mêmes indiquent clairement qu'il l'a fait, comme nous le dirons tout à l'heure. Certes, l'infinie puissance de Dieu n'est liée ni astreinte à aucun moyen et toute créature lui obéit comme un instrument docile. Il faut donc rechercher, entre tous les moyens qui étaient au pouvoir de Jésus-Christ, quel est ce principe extérieur d'unité dans la foi qu'il a voulu établir. Pour cela, il faut remonter par la pensée aux premières origines du christianisme. Les faits que nous allons rappeler sont attestés par les saintes Lettres et connus de tous. Jésus-Christ prouve, par la vertu de ses miracles, sa divinité et sa mission divine; il s'emploie à parler au peuple pour l'instruire des choses du ciel et il exige absolument qu'on ajoute une foi entière à son enseignement; il l'exige sous la sanction de récompenses ou de peines éternelles. « Si je ne fais pas les œuvres de mon Père, ne me croyez pas. Si je n'eusse point fait parmi eux des œuvres qu'aucun autre n'a faites, ils n'auraient point de péché. Mais si je fais de

facio (opera), *et si mihi non vultis credere, operibus credite* (1). Quæcumque præcipit, eâdem omnia auctoritate præcipit : in exigendo mentis assensu nihil excipit, nihil secernit. Eorum igitur qui Jesum audissent, si adipisci salutem vellent, officium fuit non modo doctrinam ejus accipere universe, sed tota mente assentiri singulis rebus, quas ipse tradidisset : illud enim repugnat, fidem vel una in re non adhiberi Deo.

Maturo in cœlum reditu, qua ipse potestate missus a Patre fuerat, eadem mittit Apostolos, quos spargere ac disseminare jubet doctrinam suam : *Data est mihi omnis potestas in cœlo et in terra. Euntes ergo docete omnes gentes..... Docentes eos servare omnia, quæcumque mandavi vobis* (2). Salvos fore, qui Apostolis paruissent, qui non paruissent, interituros : *Qui crediderit et baptizatus fuerit, salvus erit : qui vero non crediderit, condemnabitur* (3). Cumque illud sit providentiæ Dei maxime congruens, ut muneri præsertim magno atque excellenti præficiat neminem, quin pariter suppeditet unde liceat rite defungi, idcirco Jesus Christus missurum se ad discipulos suos Spiritum veritatis pollicitus est, eumque in ipsis perpetuo mansurum : *Si autem abiero, mittam eum* (Paraclitum) *ad vos..... Cum autem venerit ille Spiritus veritatis, docebit vos omnem veritatem* (4). *Et ego rogabo Patrem, et alium Paraclitum dabit vobis, ut maneat vobiscum in æternum, Spiritum veritatis.....* (5) *Ille testimonium perhibebit de me : et vos testimonium perhibebitis* (6). Hinc doctrinam Apostolorum religiose accipi sancteque servari perinde imperat ac suam. *Qui vos audit, me audit : qui vos spernit* (7), *me spernit*. Quamobrem legati Apostoli a Jesu Christo sunt non secus ac ipse legatus a Patre : *Sicut misit me Pater, et ego mitto vos :* (8) propterea quemadmodum dicto audientes Christo esse Apostolos ac discipulos oportuit, ita pariter fidem adhibere Apostolis debuerant, quoscumque ipsi ex mandato divino docuissent. Ergo Apostolorum vel unum repudiare doctrinæ præceptum plane non plus licuit, quam de ipsius Christi doctrina rejecisse quicquam. — Sane apostolorum vox, illapso in eos Spiritu sancto, quam latissime insonuit. Quacumque vestigium posuisent, perhibent se ab ipso Jesu legatos. *Per quem* (Jesum Christum) *accepimus gratiam, et apostolatum ad obediendum fidei in omnibus gentibus pro nomine ejus:* (9) divinamque eorum legationem passim Deus per prodigia in aperto ponit : *Illi autem profecti prædicaverunt ubique, Domino cooperante, et sermonem confirmante, sequentibus signis* (10). Quem vero sermonem? eum utique, qui id omne comprehenderet, quod ipsi ex magistro didicissent : palam enim

---

(1) Joan., X, 38. — (2) Matth., XXVIII, 18-19-20. — (3) Marc, XVI, 16. — (4) Joan., XVI, 7-13. — (5) Joan., XIV, 16-17. — (6) Joan., XV, 26-27. — (7) Luc, X, 16. — (8) Joan., XX, 21. — (9) Rom., 1-5. — (10) Marc, XVI, 20.

telles œuvres et si vous ne voulez pas me croire moi-même, croyez à mes œuvres. » Tout ce qu'il ordonne, il l'ordonne avec la même autorité; dans l'assentiment d'esprit qu'il exige, il n'excepte rien, il ne distingue rien. Ceux donc qui écoutaient Jésus, s'ils voulaient arriver au salut, avaient le devoir, non seulement d'accepter en général toute sa doctrine, mais de donner un plein assentiment de l'âme à chacune des choses qu'il enseignait. Refuser, en effet, de croire, ne fût-ce qu'en un seul point, à Dieu qui parle, est contraire à la raison.

Sur le point de retourner au ciel, il envoie ses apôtres en les revêtant de la même puissance avec laquelle son Père l'a envoyé lui-même, et il leur ordonne de répandre et de semer partout sa doctrine. « Toute puissance m'a été donnée dans le ciel et sur la terre. Allez donc, et enseignez toutes les nations..... leur enseignant à observer tout ce que je vous ai ordonné. » Seront sauvés tous ceux qui obéiront aux Apôtres; ceux qui n'obéiront pas, périront. « Celui qui croira et sera baptisé sera sauvé; celui qui ne croira point sera condamné. » Et comme il convient souverainement à la Providence divine de ne point charger quelqu'un d'une mission, surtout si elle est importante et d'une haute valeur, sans lui donner en même temps de quoi s'en acquitter comme il faut, Jésus-Christ promet d'envoyer à ses disciples l'Esprit de vérité, qui demeurera en eux éternellement. « Si je m'en vais, je vous l'enverrai (le Paraclet)..... et quand cet Esprit de vérité sera venu, il vous enseignera toute vérité. Et je prierai mon Père, et il vous donnera un autre Paraclet, pour qu'il demeure toujours avec vous : ce sera l'Esprit de vérité..... C'est lui qui rendra témoignage de moi; et vous aussi vous rendrez témoignage. »

Par suite, il ordonne d'accepter religieusement et d'observer saintement la doctrine des Apôtres comme la sienne propre. « Qui vous écoute, m'écoute : qui vous méprise, me méprise. » Les Apôtres sont donc envoyés par Jésus-Christ de la même façon que lui-même est envoyé par son Père : « Comme mon Père m'a envoyé, ainsi moi je vous envoie. » Par conséquent, de même que les Apôtres et les disciples étaient obligés de se soumettre à la parole du Christ, la même foi devait être pareillement accordée à la parole des Apôtres par tous ceux que les Apôtres instruisaient en vertu de leur mandat divin. Il n'était donc pas plus permis de répudier un seul précepte de la doctrine des Apôtres, que de rejeter quoi que ce fût de la doctrine de Jésus-Christ lui-même.

Assurément, la parole des Apôtres, après la descente du Saint-Esprit en eux, a retenti jusqu'aux lieux les plus éloignés. Partout où ils posent le pied, ils se présentent comme les envoyés de Jésus lui-même. « C'est par lui (Jésus-Christ) que nous avons reçu la grâce et l'apostolat pour faire obéir à la foi toutes les nations en son nom. » Et partout, sur leurs pas, Dieu fait éclater la divinité de leur mission par des prodiges. « Et eux, étant partis, prêchèrent partout, le Seigneur coopérant avec eux et confirmant leur parole par les miracles qui l'accompagnaient. » De quelle parole s'agit-il? De celle, évidemment, qui embrasse tout ce qu'ils avaient eux-mêmes appris

aperteque testantur, nihil se eorum posse, quæ viderant quæque audierant, non loqui.

Sed, quod alio loco diximus, non erat ejusmodi munus apostolicum, ut aut cum personis Apostolorum interire posset, aut cum tempore labi, quippe quod et publicum esset et saluti generis humani institutum. Apostolis enim mandavit Jesus Christus ut prædicarent *evangelium omni creaturæ,* et *portarent nomen ipsius coram gentibus et regibus,* et *ut sibi testes essent usque ad ultimum terræ.* Atque in tanti perfunctione muneris adfore se pollicitus eis est, idque non ad aliquot vel annos vel ætates, sed in omne tempus, *usque ad consummationem sæculi.* Quam ad rem Hieronymus : *Qui usque ad consummationem sæculi cum discipulis se futurum esse promittit, et illos ostendit semper esse victuros et se numquam a credentibus recessurum* (1)? Quæ quidem omnia in solis Apostolis, supremæ necessitati ex humana conditione obnoxiis, qui vera esse potuissent ? Erat igitur provisum divinitus ut magisterium a Jesu Christo institutum non iisdem finibus, quibus vita Apostolorum, terminaretur, sed esset perpetue mansurum. Propagatum revera ac velut in manus de manu traditum videmus. Nam consecravere episcopos Apostoli. Qu que sibi proxime succederent in *ministerio verbi,* singillatim designavere. — Neque hoc tantum : illud quoque sanxere in successoribus suis, ut et ipsi viros idoneos adlegerent, quos, eadem auctoritate auctos, eidem præficerent docendi officio et muneri: *Tu ergo, fili mi, confortare in gratia, quæ est in Christo Jesu: et quæ audisti a me per multos testes, hæc commenda fidelibus hominibus, qui idonei erunt et alios docere*(2). Qua de causa sicut Christus a Deo, et Apostoli a Christo, sic episcopi et quotquot Apostolis successere, missi ab Apostolis sunt : *Apostoli nobis Evangelii prædicatores facti sunt a Domino Jesu Christo. Jesus Christus missus est a Deo. Christus igitur a Deo, et Apostoli a Christo, et factum est utrumque ordinatim ex voluntate Dei..... Per regiones igitur et urbes verbum prædicantes, primitias earum spiritu cum probassent, constituerunt episcopos et diaconos eorum qui credituri erant..... Constituerunt prædictos, et deinceps ordinationem dederunt, ut quum illi decessissent, ministerium eorum alii viri probati exciperent*(3). Permanere igitur necesse est ex una parte constans atque immutabile munus docendi omnia, quæ Christus docuerat : ex altera constans atque immutabile officium

---

(1) *In Matth.,* lib. IV, cap. 28, v. 20. — (2) Tim., II, 1-2. — (3) S. Clemens, Rom., Epist. I, ad Corinth., cap. 42-44.

de leur maître ; car ils attestent publiquement et au grand jour, qu'il leur est impossible de taire quoi que ce soit de tout ce qu'ils ont vu et entendu.

Mais nous l'avons dit ailleurs, la mission des Apôtres n'était point de nature à pouvoir périr avec la personne même des Apôtres, ou disparaître avec le temps, car c'était une mission publique et instituée pour le salut du genre humain. Jésus-Christ, en effet, a ordonné aux Apôtres de prêcher « l'Evangile à toute créature », et « de porter son nom devant les peuples et les rois », et de « lui servir de témoins jusqu'aux extrémités de la terre ». Et, dans l'accomplissement de cette grande mission, il a promis d'être avec eux, et cela non pas pour quelques années ou quelques périodes d'années, mais pour tous les temps, « jusqu'à la consommation du siècle. » Sur quoi saint Jérôme écrit : « Celui qui promet d'être avec ses disciples jusqu'à la consommation du siècle montre par là, et que ses disciples vivront toujours, et que lui-même ne cessera jamais d'être avec les croyants. » Comment tout cela eût-il pu se réaliser dans les seuls Apôtres, que leur condition d'hommes assujettissait à la loi suprême de la mort? La Providence divine avait donc réglé que le magistère institué par Jésus-Christ ne serait point restreint aux limites de la vie même des Apôtres, mais qu'il durerait toujours. De fait, nous voyons qu'il s'est transmis et qu'il a passé comme de main en main dans la suite des temps.

Les Apôtres, en effet, consacrèrent des évêques et désignèrent nominativement ceux qui devaient être leurs successeurs immédiats dans le « ministère de la parole ». Mais ce n'est pas tout ; ils ordonnèrent encore à leurs successeurs, de choisir eux-mêmes des hommes propres à cette fonction, de les revêtir de la même autorité, et de leur confier à leur tour la charge et la mission d'enseigner. « Toi donc, ô mon fils, fortifie-toi dans la grâce qui est en Jésus-Christ ; et ce que tu as entendu de moi devant un grand nombre de témoins, confie-le à des hommes fidèles, qui soient eux-mêmes capables d'en instruire les autres. » Il est donc vrai que de même que Jésus-Christ a été envoyé par Dieu, et les Apôtres par Jésus-Christ, de même les évêques et tous ceux qui ont succédé aux Apôtres, ont été envoyés par les Apôtres. « Les Apôtres nous ont prêché l'Evangile, envoyés par Notre-Seigneur Jésus-Christ, et Jésus-Christ a été envoyé par Dieu. La mission du Christ est donc de Dieu, celle des Apôtres est du Christ, et toutes les deux ont été instituées selon l'ordre par la volonté de Dieu..... Les Apôtres prêchaient donc l'Evangile à travers les nations et les villes ; et, après avoir éprouvé, selon l'esprit de Dieu, ceux qui étaient les prémices de ces chrétientés, ils établirent des évêques et des diacres pour gouverner ceux qui croiraient dans la suite..... Ils instituèrent ceux que nous venons de dire, et plus tard ils prirent des dispositions pour que, ceux-là venant à mourir, d'autres hommes éprouvés leur succédassent dans leur ministère. »

Il est donc nécessaire que d'une façon permanente subsiste, d'une part, la mission constante et immuable d'enseigner tout ce que Jésus-Christ a enseigné lui-même ; d'autre part, l'obligation cons-

accipiendi profitendique omnem illorum doctrinam. Quod præclare Cyprianus iis verbis illustrat : *Neque enim Dominus noster Jesus Christus, cum in Evangelio suo testaretur inimicos suos esse eos, qui secum non essent, aliquam speciem hæresios designavit: sed omnes omnino qui secum non essent et secum non colligentes, gregem suum spargerent, adversarios esse ostendit, dicens: Qui non est mecum adversus me est: et qui non mecum colligit, spargit*(1).

Iis Ecclesia præceptis instituta, sui memor officii, nihil egit studio et contentione majore, quam ut integritatem fidei omni ex parte tueretur. Hinc perduellium habere loco et procul amandare a se, qui de quolibet doctrinæ suæ capite non secum una sentirent. Ariani, Montanistæ, Novationi, Quartadecumani, Eutychiani certe doctrinam catholicam non penitus omnem, sed partem aliquam deseruerant: hæreticos tamen declaratos, ejectosque ex Ecclesiæ sinu quis ignorat fuisse? Similique judicio damnati quotquot pravorum dogmatum auctores variis temporibus postea consecuti sunt. *Nihil periculosius his hæreticis esse potest, qui cum integre per omnia decurrant, uno tamen verbo ac si veneni gutta, meram illam ac simplicem fidem Dominicæ et exinde apostolicæ traditionis inficiunt*(2). Idem semper Ecclesiæ mos, idque sanctorum Patrum consentiente judicio: qui scilicet communionis catholicæ expertem et ab Ecclesia extorrem habere consueverunt, quicumque a doctrina, authentico magisterio proposita, vel minimum discessisset, Epiphanius, Augustinus, Theodoretus hæreseon sui quisque temporis magnum recensuere numerum. Alia Augustinus inadvertit posse genera invalescere, quorum vel uni si quis assentiatur, hoc ipso ab unitate catholica sejungitur: *Non omnis, qui ista* (numeratas videlicet hæreses) *non credit consequenter debet se christianum catholicum jam putare vel dicere. Possunt enim et hæreses aliæ, quæ in hoc opere nostro commemoratæ non sunt, vel esse, vel fieri quarum aliquam quisquis tenuerit, christianus catholicus non erit* (3).

Istam tutandæ unitati, de qua dicimus, institutam divinitus rationem urget beatus Paulus in epistola ad Ephesios; ubi primum monet; animorum concordiam magno studio conservandam: *solliciti servare unitatem spiritus in vinculo pacis* (4) cumque concordes animi caritate esse omni ex parte non possint, nisi mentes de fide consentiant, unam apud omnes vult esse fidem: *Unus Dominus, una fides*: ac tam perfecte quidem unam, ut errandi discrimen omne prohibeat: *Ut jam non simus parvuli fluctuantes, et circumferamur omni vento doctrinæ in nequitia*

---

(1) Epist., LXIX, ad Magnum, n. 2. — (2) Auctor. *Tractatus de Fide Orthodoxa contra Arianos.* — (3) *De Hæresibus*, n. 88. — (4) IV, 3 et seq.

tante et immuable d'accepter et de professer toute la doctrine ainsi enseignée. C'est ce que saint Cyprien exprime excellemment en ces termes : « Lorsque Notre-Seigneur Jésus-Christ, dans son Évangile, déclare que ceux qui ne sont pas avec lui sont ses ennemis, il ne désigne pas une hérésie en particulier, mais il dénonce comme ses adversaires tous ceux qui ne sont pas entièrement avec lui et qui, ne recueillant pas avec lui, mettent la dispersion dans son troupeau : Celui qui n'est pas avec moi, dit-il, est contre moi, et celui qui ne recueille pas avec moi disperse. »

Pénétrée à fond de ses principes et soucieuse de son devoir, l'Eglise n'a jamais rien eu de plus à cœur, rien poursuivi avec plus d'effort, que de conserver de la façon la plus parfaite l'intégrité de la foi. C'est pourquoi elle a regardé comme des rebelles déclarés, et chassé loin d'elle tous ceux qui ne pensaient pas comme elle, sur n'importe quel point de sa doctrine. Les Ariens, les Montanistes, les Novatiens, les Quartodécimans, les Eutychiens n'avaient assurément pas abandonné la doctrine catholique tout entière, mais seulement telle ou telle partie : et pourtant qui ne sait qu'ils ont été déclarés hérétiques et rejetés du sein de l'Eglise? Et un jugement semblable a condamné tous les fauteurs de doctrines erronées qui ont apparu dans la suite aux différentes époques de l'histoire. « Rien ne saurait être plus dangereux que ces hérétiques qui, conservant en tout le reste l'intégrité de la doctrine, par un seul mot, comme par une goutte de venin, corrompent la pureté et la simplicité de la foi que nous avons reçue de la tradition dominicale, puis apostolique. » Telle a été toujours la coutume de l'Eglise, appuyée par le jugement unanime des saints Pères, lesquels ont toujours regardé comme exclu de la communion catholique et hors de l'Eglise quiconque se sépare le moins du monde de la doctrine enseignée par le magistère authentique. Epiphane, Augustin, Théodoret ont mentionné chacun un grand nombre des hérésies de leur temps. Saint Augustin remarque que d'autres espèces d'hérésies peuvent se développer, et que, si quelqu'un adhère à une seule d'entre elles, par le fait même, il se sépare de l'unité catholique. « De ce que quelqu'un, dit-il, ne croit point ces erreurs (à savoir les hérésies qu'il vient d'énumérer), il ne s'ensuit pas qu'il doive se croire et se dire chrétien catholique. Car il peut y avoir, il peut surgir d'autres hérésies qui ne soient pas mentionnées dans cet ouvrage, et quiconque embrasserait l'une d'entre elles, cesserait d'être chrétien catholique. »

Ce moyen institué par Dieu pour conserver l'unité de foi dont nous parlons est exposé avec insistance par saint Paul dans son épître aux Ephésiens ; il les exhorte d'abord à conserver avec grand soin l'harmonie des cœurs : « Appliquez-vous à conserver l'unité d'esprit par le lien de la paix » ; et comme les cœurs ne peuvent être pleinement unis par la charité, si les esprits ne sont point d'accord dans la foi, il veut qu'il n'y ait chez tous qu'une même foi. « Un seul Seigneur, une seule foi. » Et il veut une unité si parfaite, qu'elle exclue tout danger d'erreur : « afin que nous ne soyons plus comme de petits enfants qui flottent, ni emportés çà et là à tout vent de

hominum, in astutia ad circumventionem erroris. Idque non ad tempus servari docet oportere, sed *donec occurramus omnes in unitatem fidei in mensuram ætatis plenitudinis Christi.* Sed ejusmodi iunitatis ubinam JesusChristus posuit principium inchoandæ, præsidium custodiendæ? In eo videlicet, quod *Ipse dedit quosdam quidem Apostolos..... alios autem pastores, et doctores, ad consummationem sanctorum in opus ministerii, in ædificationem corporis Christi.* Quare vel inde ab ultima vetustate hanc ipsam regulam doctores Patresque et sequi consueverunt et uno ore defendere. Origenes : *Quoties autem* (hæretici) *canonicas proferunt scripturas, in quibus omnis christianus consentit et credit, videntur dicere : ecce in domibus verbum est veritatis. Sed nos ilis credere non debemus, nec exire a prima et ecclesiastica traditione, nec aliter credere, nisi quemadmodum per successionem Ecclesiæ Dei tradiderunt nobis* (1). Irenæus: *Agnitio vera est Apostolorum doctrina..... secundum successiones episcoporum..... quæ pervenit usque ad nos custoditione sine fictione scripturarum tractatio plenissima* (2). Tertullianus vero : *Constat proinde, omnem doctrinam, quæ cum illis Ecclesiis apostolicis matricibus et originalibus fidei conspiret, veritati deputandam, sine dubio tenentem quod Ecclesiæ ab Apostolis, Apostoli a Christo, Christus a Deo accepit..... Communicamus cum Ecclesiis apostolicis, quod nulli doctrina diversa : hoc est testimonium veritatis* (3). Atque Hilarius. *Significat* (Christus e navi docens) *eos, qui extra Ecclesiam positi sunt, nullam divini sermonis capere posse intelligentiam. Navis enim Ecclesiæ typum præfert, intra quam verbum vitæ positum et prædicatum hi qui extra sunt et arenæ modo steriles atque inutiles adjacent, intelligere non possunt* (4). Rufinus Gregorium Nazianzenum laudat et Basilium quod *solis divinæ scripturæ voluminibus operam dabant. earumque intelligentiam non ex propria præsumptione, sed ex majorum scriptis et auctoritate sequebantur quos et ipsos ex apostolica successione intelligendi regulam suscepisse constabat* (5).

Quamobrem, id quod ex iis, quæ dicta sunt, apparet, instituit Jesus Christus in Ecclesia *vivum authenticum* idemque *perenne magisterium* (6), quod suapte potestate auxit, spiritu veritatis instruxit miraculis confirmavit : ejusque præcepta doctrinæ æque accipi ac sua voluit gravissimeque imperavit. — Quoties igitur hujus verbo magisterii edicitur, traditæ divinitus doctrinæ com-

---

(1) *Vetus interpretatio commentariorum in Matth.*, n. 46. — (2) *Contra Hæreses*, lib. IV, cap. 33, n. 8. — (3) *De Præscrip.*, cap. XXI. — (4) *Comment. in Matth.*, XIII, n. 1. — (5) *Hist. Eccl.*, lib. II, cap. 9. — (6) Richardus de S. Victore, *De Trin.*, lib. I, cap. 2.

doctrine, par la méchanceté des hommes, par l'astuce qui entraîne dans le piège de l'erreur. » Et il enseigne que cette règle doit être observée, non point pour un temps, mais « jusqu'à ce que nous parvenions tous à l'unité de la foi, à la mesure de l'âge de la plénitude du Christ. » Mais où Jésus-Christ a-t-il mis le principe qui doit établir cette unité, et le secours qui doit la conserver? Le voici : « Il a établi les uns apôtres..... d'autres pasteurs et docteurs, pour la perfection des saints, pour l'œuvre du ministère, pour l'édification du corps du Christ. »

Aussi, c'est cette même règle que, depuis l'antiquité la plus reculée, les Pères et les Docteurs ont toujours suivie et unanimement défendue. Ecoutez Origène : « Toutes les fois que les hérétiques nous montrent les Ecritures canoniques, auxquelles tout chrétien donne son assentiment et sa foi, ils semblent dire : C'est chez nous qu'est la parole de vérité. Mais nous ne devons point les croire, ni nous écarter de la primitive tradition ecclésiastique, ni croire autre chose que ce que les Eglises de Dieu nous ont enseigné par la tradition successive.

Ecoutez saint Irénée : « La véritable sagesse est la doctrine des Apôtres..... qui est arrivée jusqu'à nous par la succession des évêques..... en nous transmettant la connaissance très complète des Ecritures, conservées sans altération. »

Voici ce que dit Tertullien : « Il est constant que toute doctrine conforme à celle des Eglises apostoliques, mères et sources primitives de la foi, doit être déclarée vraie, puisqu'elle garde sans aucun doute ce que les Eglises ont reçu des Apôtres, les Apôtres du Christ, le Christ de Dieu..... Nous sommes en communion avec les Eglises apostoliques; nul n'a une doctrine différente : c'est là le témoignage de la vérité. »

Et saint Hilaire : « Le Christ, se tenant dans la barque pour enseigner, nous fait entendre que ceux qui sont hors de l'Eglise ne peuvent avoir aucune intelligence de la parole divine. Car la barque représente l'Eglise, dans laquelle seule le Verbe de vie réside et se fait entendre, et ceux qui sont en dehors et qui restent là, stériles et inutiles comme le sable du rivage, ne peuvent point le comprendre. »

Rufin loue saint Grégoire de Nazianze et saint Basile de ce « qu'ils s'adonnaient uniquement à l'étude des livres de l'Ecriture sainte, et de ce qu'ils n'avaient point la présomption d'en demander l'intelligence à leurs propres pensées, mais de ce qu'ils la cherchaient dans les écrits et l'autorité des anciens, qui eux-mêmes, ainsi qu'il était constant, avaient reçu de la succession apostolique la règle de leur interprétation. »

Il est donc évident, d'après tout ce qui vient d'être dit, que Jésus-Christ a institué dans l'Eglise un magistère vivant, authentique et, de plus, perpétuel, qu'il a investi de sa propre autorité, revêtu de l'esprit de vérité, confirmé par des miracles, et il a voulu et très sévèrement ordonné que les enseignements doctrinaux de ce magistère fussent reçus comme les siens propres.

Toutes les fois donc que la parole de ce magistère déclare que telle ou telle vérité fait partie de l'ensemble de la doctrine divinement

plexu hoc continesi vel illud, id quisque debet certo credere, verum esse : si falsum esse ullo modo posset, illud consequatur, quod aperte repugnat, erroris in homine ipsum esse auctorem Deum : *Domine si error est, a te decepti sumus* (1). Ita omni amota dubitandi caussa, ullamne ex iis veritatibus potest cuiquam fas esse respuere, quin se det hoc ipso præcipitem in apertam hæresim? Quin, sejunctus ab Ecclesia, doctrinam christianam una complexione repudiet universam? Ea quippe est natura fidei, ut nihil tam repugnet quam ista credere, illa rejicere. Fidem enim Ecclesia profitetur esse, *virtutem supernaturalem, qua, Dei adjuvante et aspirante gratia, ab eo revelata vera esse credimus, non propter intrinsecam rerum veritatem naturali rationis lumine perspectam, sed propter auctoritatem ipsius Dei revelantis, qui nec falli nec fallere potest.* Si quid igitur traditum a Deo liqueat fuisse, nec tamen creditur, nihil omnino fide divina creditur. Quod enim Jacobus Apostolus de delicto judicat in genere morum, idem de opinionis errore in genere fidei judicandum : *Quicumque..... offendat..... in uno factus est omnium reus* (2) : imo de opinionis errore, multo magis. Omnis enim violata lex minus proprie de eo dicitur qui unum peccavit, propterea quod majestatem Dei legum latoris sprevisse, non nisi interpretanda voluntate, videri potest. Contra is, qui veritatibus divinitus acceptis vel uno in capite dissentiat, verissime fidem exuit funditus quippe qui Deum, quatenus summa veritas est et *proprium motivum fidei*, recusat vereri : *In multis mecum, in paucis non mecum : sed in his paucis in quibus non mecum : non eis prosunt multa, in quibus mecum* (3). Ac sane merito : qui enim sumunt de doctrina christiana, quod malunt, ii judicio suo nituntur non fide : iidemque minime *in captivitatem redigentes omnem intellectum in obsequium Christi* (4), sibimetipsis verius obtemperant, quam Deo : *Qui in Evangelio quod vultis, creditis; quod vultis non creditis, vobis potius quam Evangelio creditis* (5).

Quocirca nihil Patres in Concilio Vaticano condidere novi, sed institutum divinum, veterem atque constantem Ecclesiæ doctrinam, ipsamque fidei maturam secuti sunt, cum illud decrevere : *Fide divina et catholica ea omnia credenda sunt, quæ in verbo Dei scripto vel tradido continentur, et ab Ecclesia sive solemni judicio, sive ordinario et universali magisterio tamquam divinitus revelata proponuntur* (6). Itaque cum appareat, omnino in Ecclesia sua velle Deum unitatem fidei, compertumque sit cujusmodi eam

---

(1) Conc. Vat. sess. III, cap. 3. — (2) II, 10. — (3) S. Augustinus, in *Psal. LIV*, n. 19. — (4) II, Corinth., X, 5. — (5) S. Augustinus, lib. XVII, *Contra Faustum Manichæum*, cap. 3. — (6) Sess. III, cap. 3.

révélée, chacun doit croire avec certitude que cela est vrai; car si cela pouvait en quelque manière être faux, il s'ensuivrait, ce qui est évidemment absurde, que Dieu lui-même serait l'auteur de l'erreur des hommes. « Seigneur, si nous sommes dans l'erreur, c'est vous-même qui nous avez trompés. » Tout motif de doute étant ainsi écarté, peut-il être permis à qui que ce soit de repousser quelqu'une de ces vérités, sans se précipiter ouvertement dans l'hérésie, sans se séparer de l'Église et sans répudier en bloc toute la doctrine chrétienne?

Car telle est la nature de la foi que rien n'est plus impossible que de croire ceci et de rejeter cela. L'Église professe, en effet, que la foi est « une vertu surnaturelle par laquelle, sous l'inspiration et avec le secours de la grâce de Dieu, nous croyons que ce qui nous a été révélé par lui est véritable : nous le croyons, non point à cause de la vérité intrinsèque des choses vue dans la lumière naturelle de notre raison, mais à cause de l'autorité de Dieu lui-même qui nous révèle ces vérités, et qui ne peut ni se tromper ni nous tromper ». Si donc il y a un point qui ait été évidemment révélé par Dieu et que nous refusions de le croire, nous ne croyons absolument rien de la foi divine. Car le jugement que porte saint Jacques au sujet des fautes dans l'ordre moral, il faut l'appliquer aux erreurs de pensée dans l'ordre de la foi. « Quiconque se rend coupable en un seul point, devient transgresseur de tous. » Cela est même beaucoup plus vrai des erreurs de la pensée. Ce n'est pas, en effet, au sens le plus propre qu'on peut appeler transgresseur de toute la loi celui qui a commis une faute morale; car s'il peut sembler avoir méprisé la majesté de Dieu, auteur de toute la loi, ce mépris n'apparaît que par une sorte d'interprétation de la volonté du pécheur. Au contraire, celui qui, même sur un seul point, refuse son assentiment aux vérités divinement révélées, très réellement abdique tout à fait la foi, puisqu'il refuse de se soumettre à Dieu en tant qu'il est la souveraine vérité et le motif propre de foi. « En beaucoup de points ils sont avec moi, en quelques-uns seulement, ils ne sont pas avec moi; mais à cause de ces quelques points dans lesquels ils se séparent de moi, il ne leur sert de rien d'être avec moi en tout le reste. »

Rien n'est plus juste : car ceux qui ne prennent de la doctrine chrétienne que ce qu'ils veulent, s'appuient sur leur propre jugement et non sur la foi; et, refusant de « réduire en servitude toute intelligence sous l'obéissance du Christ », ils obéissent en réalité à eux-mêmes plutôt qu'à Dieu. « Vous qui dans l'Évangile croyez ce qui vous plaît et refusez de croire ce qui vous déplaît, vous croyez à vous-mêmes, beaucoup plus qu'à l'Évangile. » Les Pères du Concile du Vatican n'ont donc rien édicté de nouveau, mais ils n'ont fait que se conformer à l'institution divine, à l'antique et constante doctrine de l'Église et à la nature même de la foi, quand ils ont formulé ce décret : « On doit croire, de foi divine et catholique, toutes les vérités qui sont contenues dans la parole de Dieu écrite ou transmise par la tradition et que l'Église, soit par un jugement solennel, soit par son magistère ordinaire et universel, propose comme divinement révélée. »

Pour conclure, puisqu'il est évident que Dieu veut absolument dans son Église l'unité de foi, puisqu'il a été démontré de quelle

esse, et quo principio tuendam ipse jusserit, liceat Nobis, quotquot sunt qui non animum induxerint aures veritati claudere, iis Augustini verbis affari : *Cum igitur tantum auxilium Dei, tantum profectum fructumque videamus, dubitabimus nos ejus Ecclesiæ condere gremio, quæ usque ad confessionem generis humani ab apostolica Sede per successiones episcoporum frustra hæreticis circumlatrantibus, et partim plebis ipsius judicio, partim Conciliorum gravitate, partim etiam miraculorum majestate damnatis, culmen auctoritatis obtinuit? Cui nolle primas dare, vel summæ profecto impietatis est, vel præcipitis arrogantiæ..... Et si unaquæque disciplina, quamquam vilis et facilis, ut percipi possit, doctorem aut magistrum requirit; quid temerariæ superbiæ plenius, quam divinorum sacramentorum libros et ab interpretibus suis nolle cognoscere, et incognitos velle damnare?* (1)

Hoc igitur sine ulla dubitatione est officium Ecclesiæ christianam doctrinam tueri eamque propagare integram atque incorruptam. Sed nequaquam in isto sunt omnia : imo ne finis quidem, cujus causâ est Ecclesia instituta, officio isto concluditur. Quandoquidem, ut Jesus Christus pro salute humani generis se ipse devovit, atque huc, quæ docuisset quæque præcepisset, omnia retulit, sic jussit Ecclesiam quærere in veritate doctrinæ, quo homines cum sanctos efficeret, tum salvos. — Verum tanti magnitudinem atque excellentiam propositi consequi sola fides nullo modo potest; adhiberi necesse est cum Dei cultum justum ac pium, qui maxime sacrificio divino et sacramentorum comunicatione continetur, tum etiam sanctitatem legum ac disciplinæ — Ista igitur omnia inesse in Ecclesia oportet, quippe quæ Servatoris munia in ævum persequitur : religionem, quam in ea velut *incorporari* ille voluit, mortalium generi omni ex parte absolutam sola præstat : itemque ea, quæ ex ordinario providentiæ consilio sunt instrumenta salutis, sola suppeditat.

At vero quo modo doctrina cœlestis nunquam fuit privatorum arbitrio ingenioveque permissa, sed principio a Jesu tradita, deinceps ei separatim, de quo dictum est, commendata magisterio: sic etiam non singulis e populo christiano, verum delectis quibusdam data divinitus facultas est perficiendi atque administrandi divina mysteria, una cum regendi gubernandique potestate. Neque enim nisi ad Apostolos legitimosque eorum successores ea pertinent a Jesu Christo dicta : *Euntes in mundum universum, prædicate Evangelium..... baptizantes eos..... Hoc facite in meam commemorationem..... Quorum remiseritis peccata, remittuntur eis.* Similique ratione non nisi Apostolis,

---

(1) *De utilitate credendi*, cap. XVII, n. 35.

nature il a voulu que fût cette unité et par quel principe il a décrété d'en assurer la conservation, qu'il nous soit permis de nous adresser à tous ceux qui n'ont point résolu de fermer l'oreille à la vérité et de leur dire avec saint Augustin : « Puisque nous voyons là un si grand secours de Dieu, tant de profit et d'utilité, hésiterons-nous à nous jeter dans le sein de cette Eglise, qui, de l'aveu du genre humain tout entier, tient du siège apostolique, et a gardé, par la succession de ses évêques, l'autorité suprême, en dépit des clameurs des hérétiques qui l'assiègent et qui ont été condamnés soit par le jugement du peuple, soit par les solennelles décisions des Conciles, soit par la majesté des miracles? Ne pas vouloir lui donner la première place, c'est assurément le fait ou d'une souveraine impiété ou d'une arrogance désespérée. Et si toute science, même la plus humble et la plus facile, exige, pour être acquise, le secours d'un docteur ou d'un maître, peut-on imaginer un plus téméraire orgueil, lorsqu'il s'agit des livres des divins mystères, que de refuser d'en recevoir la connaissance de la bouche de leurs interprètes, et, sans les connaître, de vouloir les condamner? »

C'est donc, sans aucun doute, le devoir de l'Eglise de conserver et de propager la doctrine chrétienne dans toute son intégrité et sa pureté. Mais son rôle ne se borne point là, et la fin même pour laquelle l'Eglise est instituée n'est pas épuisée par cette première obligation. En effet, c'est pour le salut du genre humain que Jésus-Christ s'est sacrifié, c'est à cette fin qu'il a rapporté tous ses enseignements et tous ses préceptes; et ce qu'il ordonne à l'Eglise de rechercher dans la vérité de la doctrine, c'est de sanctifier et de sauver les hommes. Mais ce dessein si grand, si excellent, la foi, à elle seule, ne peut aucunement le réaliser; il faut y ajouter le culte rendu à Dieu, en esprit de justice et de piété et qui comprend surtout le sacrifice divin et la participation aux sacrements; puis encore la sainteté des lois morales et de la discipline. Tout cela doit donc se rencontrer dans l'Eglise, puisqu'elle est chargée de continuer jusqu'à la fin des temps les fonctions du Sauveur : la religion, qui par la volonté de Dieu a en quelque sorte *pris corps* en elle, c'est l'Eglise seule qui l'offre au genre humain dans toute sa plénitude et sa perfection; et de même tous les moyens de salut qui, dans le plan ordinaire de la Providence, sont nécessaires aux hommes, c'est elle seule qui les leur procure.

Mais, de même que la doctrine céleste n'a jamais été abandonnée au caprice ou au jugement individuel des hommes, mais qu'elle a été d'abord enseignée par Jésus, puis conférée exclusivement au magistère dont il a été question, de même ce n'est point au premier venu parmi le peuple chrétien, mais à certains hommes choisis, qu'a été donnée par Dieu la faculté d'accomplir et d'administrer les divins mystères et aussi le pouvoir de commander et de gouverner.

Ce n'est, en effet, qu'aux apôtres et à leurs légitimes successeurs que s'adressent ces paroles de Jésus-Christ : « Allez dans le monde tout entier, prêchez-y l'Evangile..... baptisez les hommes..... faites cela en mémoire de moi..... Les péchés seront remis à ceux à qui vous les aurez remis. » De la même façon, ce n'est qu'aux apôtres

quique eis jure successissent, mandavit ut *pascerent,* hoc est cum potestate regerent universitatem christianorum, quos hoc ipso eis subesse debere atque obtemperare est consequens. Quæ quidem officia apostolici muneris omnia generatim Pauli sententia complectitur : *Sic nos existimet homout ministros Christi, et dispensatores mysteriorum Dei* (1).

Quapropter mortales Jesus Christus, quotquot essent, et quotquot essent futuri, universos advocavit, ut ducem se eumdemque servatorem sequerentur, non tantum seorsum singuli, sed etiam consociati atque invicem re animisque juncti, ut ex multitudine populus existeret jure sociatus; fidei, finis, rerum ad finem idonearum communione unus, uni eidemque subjectus potestati. Quo ipse facto principia naturæ, quæ in hominibus societatem sponte gignunt, perfectionem naturæ consentaneam adepturis. omnia in Ecclesia posuit, nimirum ut in ea quotquot filii Dei esse adoptione volunt perfectionem dignitati suæ congruentem assequi et retinere ad salutem possent. Ecclesia igitur, id quod alias attigimus, dux hominibus est ad cœlestia, eidemque hoc est munus assignatum a Deo ut de iis, quæ religionem attingunt, videat ipsa et statuat, et rem christianam libere expediteque judicio suo administret. Quocirca Ecclesiam aut non recte norunt aut inique criminantur qui eam insimulant, velle se in civitatum rationes inferre, aut in jura potentatus invadere. Imo Deus perfecit, u: Ecclesia esse omnium societatum longe præstantissima : nam quod petit ipsa tanquam finem, tanto nobilius est quam quod cœteræ petunt societates, quanto natura gratia divina, rebusque caducis immortalia sunt præstabiliora bona. — Ergo Ecclesia societas est ortu *divina :* fine, rebusque fini proxime admoventibus, *supernaturalis :* quod vero coalescit hominibus, *humana* communitas est. Ideoque in sacris litteris passim videmus vocabulis societatis perfectæ nuncupatam. Nominatur enim non modo *Domus Dei, Civitas supra montem posita,* quo convenire gentes omnes necesse est : sed etiam *Ovile,* cui præsit pastor unus, et quo recipere se oves Christi omnes debent : imo *Regnum quod suscitavit Deus,* quodque *stabit in æternum :* denique *Corpus* Christi, *mysticum* illud quidem, sed tamen vivum apteque compositum, multisque conflatum membris; quæ membra non eumdem actum habent : copulata vero inter se, gubernante ac moderante capite, continentur.

Jamvero nulla hominum cogitari potest vera ac perfecta societas, quin potestate aliqua summa regatur. Debet igitur Jesus Christus magistratum Ecclesiæ maximum præfecisse, cui obediens ac subjecta omnis esset christianorum multitudo. Qua de causa

---

(1) I, Corinth., IV, 1.

et à leurs légitimes successeurs qu'il a ordonné de paître le troupeau, c'est-à-dire de gouverner avec autorité tout le peuple chrétien, lequel est en conséquence obligé, par le fait même, à leur être soumis et obéissant. Tout l'ensemble de ces fonctions du ministère apostolique est compris dans ces paroles de saint Paul : « Que les hommes nous regardent comme ministres du Christ et dispensateurs des mystères de Dieu. »

Ainsi Jésus-Christ a appelé tous les hommes sans exception, ceux qui existaient de son temps, et ceux qui devaient exister dans l'avenir, à le suivre comme chef et comme Sauveur, non seulement chacun séparément, mais tous ensemble, unis par une telle association des personnes et des cœurs, que de cette multitude résultât un seul peuple légitimement constitué en société : un peuple vraiment uni par la communauté de foi, de but, de moyens appropriés au but, un peuple soumis à un seul et même pouvoir. Par le fait même, tous les principes naturels, qui parmi les hommes créent spontanément la société destinée à leur faire atteindre la perfection dont leur nature est capable, ont été établis par Jésus-Christ dans l'Eglise, de façon que, dans son sein, tous ceux qui veulent être les enfants adoptifs de Dieu pussent atteindre et conserver la perfection convenable à leur dignité et ainsi faire leur salut. L'Eglise donc, comme nous l'avons indiqué ailleurs, doit servir aux hommes de guide vers le ciel, et Dieu lui a donné la mission de juger et de décider par elle-même de tout ce qui touche la religion, et d'administrer à son gré, librement et sans entraves, les intérêts chrétiens. C'est donc ou ne pas la bien connaître ou la calomnier injustement que de l'accuser de vouloir envahir le domaine propre de la société civile, ou empiéter sur les droits des souverains. Bien plus, Dieu a fait de l'Eglise la plus excellente, à beaucoup près, de toutes les sociétés; car la fin qu'elle poursuit l'emporte en noblesse sur la fin que poursuivent les autres sociétés, autant que la grâce divine l'emporte sur la nature, et que les biens immortels sont supérieurs aux choses périssables. Par son origine, l'Eglise est donc une société *divine;* par sa fin, et par les moyens immédiats qui y conduisent, elle est *surnaturelle;* par les membres dont elle se compose et qui sont des hommes, elle est une société *humaine.* C'est pourquoi nous la voyons désignée dans les saintes Lettres par des noms qui conviennent à une société parfaite. Elle est appelée non seulement la *Maison de Dieu,* la *Cité placée sur la montagne,* et où toutes les nations doivent se réunir, mais encore le *Bercail,* que doit gouverner un seul pasteur, et où doivent se réfugier toutes les brebis du Christ; elle est appelée le *Royaume suscité par Dieu et qui durera éternellement;* enfin le *Corps du Christ,* corps mystique, sans doute, mais vivant toutefois, parfaitement conformé et composé d'un grand nombre de membres, et ces membres n'ont pas tous la même fonction, mais ils sont liés entre eux et unis sous l'empire de la tête qui dirige tout.

Or, il est impossible d'imaginer une société humaine véritable et parfaite, qui ne soit gouvernée par une puissance souveraine quelconque. Jésus-Christ doit donc avoir mis à la tête de l'Eglise un chef suprême à qui toute la multitude des chrétiens fût soumise et

sicut ad unitatem Ecclesiæ, quatenus est *cœtus fidelium*, necessario unitas fidei requiritur, ita ad ipsius unitatem, quatenus est divinitus constituta societas, requiritur jure divino *unitas regiminis quæ unitatem communionis :* efficit et complectitur: *Ecclesiæ autem unitas in duobus attenditur : scilicet in connexione membrorum Ecclesiæ ad invicem seu commnicatione et iterum in ordine omnium membrorum Ecclesiæ ad unum caput* (1).

Ex quo intelligi licet, excidere homines ab Ecclesiæ unitate non minus schismate, quam hæresi : *Inter hæresim et schisma hoc esse arbitrantur, quod hæresis perversum dogma habeat : schisma propter episcopalem dissensionem ab Ecclesia separetur.* Quibuscum illa Joannis Chrysostomi in eamdem rem sententia concordat : *Dico et protestor, Ecclesiam scindere non minus esse malum, quam incidere in hæresim* (2). Quamobrem si nulla potest esse honesta hæresis, pari ratione schisma nullum est, quod possit jure factum videri : *Non est quicquam gravius sacrilegio schismatis..... præcidendæ unitatis nulla est justa necessitas* (3).

Quæ vero et cujusmodi summa ista potestas sit, cui christianos parere oportet universos, non aliter nisi comperta cognitaque voluntate Christi statuendum. Certe in æternum rex Christus est, itemque moderari in æternum tuerique regnum suum e cœlo non visus perseverat: sed quia conspicuum illud esse voluit, designare debuit qui gereret in terris vices suas, postea quam ipse ad cœlestia rediisset: *Si quis autem dicat quod unum caput et unus pastor est Christus, qui est unus unius Ecclesiæ sponsus, non sufficienter respondent. Manifestum est enim, quod ecclesiastica sacramenta ipse Christus perficit : ipse enim est qui baptizat, ipse est qui peccata remittit, ipse est verus sacerdos, qui se obtulit in ara crucis, et cujus virtute corpus ejus in altari quotidie consecratur; et tamen quia corporaliter non cum omnibus fidelibus præsentialiter erat futurus, elegit ministros, per quos prædicta fidelibus dispensaret, ut supra* (cap. 74), *dictum est. Eadem igitur ratione, quia præsentiam corporalem erat Ecclesiæ subtracturus, oportuit ut alicui committeret qui loco sui universalis Ecclesiæ gereret curam. Hinc est quod Petro dixit ante ascensionem : Pasce oves meas* (4). Jesus Christus igitur summum rectorem Ecclesiæ Petrum dedit, idemque sanxit ut ejusmodi magistratus saluti communi ad perennitatem institutus, ad successores hereditate transferretur, in quibus Petrus ipse esset auctoritate perpetua superstes. Sane insign eillud promissum

---

(1) S. Hieronymus, Commentar, in Epist. ad Titum. — (2) Hom. XI, *in Epist. ad Ephes.*, n. 5. — (3) S. Augustinus, *Contra epistolam Parmeniani*, lib. II, cap. 2, n. 25. — (4) S. Thomas, *Contra gentiles*, lib. IV, cap. 76.

obéissante. C'est pourquoi, de même que l'Eglise pour être une en tant qu'elle est la *réunion des fidèles* requiert nécessairement l'unité de foi, ainsi pour être une en tant qu'elle est une société divinement constituée, elle requiert de droit divin l'*unité de gouvernement*, laquelle produit et comprend l'*unité de communion*. « L'unité de l'Eglise doit être considérée sous deux aspects : d'abord dans la connexion mutuelle des membres de l'Eglise ou la communication qu'ils ont entre eux; et, en second lieu, dans l'ordre qui relie tous les membres de l'Eglise à un seul chef. »

Par où l'on peut comprendre que les hommes ne se séparent pas moins de l'unité de l'Eglise par le *schisme* que par l'hérésie. « On met cette différence entre l'hérésie et le schisme, que l'hérésie professe un dogme corrompu; le schisme, par suite d'une dissension dans l'épiscopat, se sépare de l'Eglise. » Ces paroles concordent avec celles de saint Jean Chrysostome sur le même sujet : « Je dis et je proteste que diviser l'Eglise n'est pas un moindre mal que de tomber dans l'hérésie. C'est pourquoi, si nulle hérésie ne peut être légitime, de la même façon, il n'y a pas de schisme qu'on puisse regarder comme fait à bon droit. Il n'est rien de plus grave que le sacrilège du schisme : il n'y a point de nécessité légitime de rompre l'unité. »

Quelle est cette souveraine puissance à laquelle tous les chrétiens doivent obéir; de quelle nature est-elle? On ne peut le déterminer qu'en constatant et en connaissant bien qu'elle a été sur ce point la volonté du Christ. Assurément, le Christ est le roi éternel, et éternellement, du haut du ciel, il continue à diriger et à protéger invisiblement son royaume; mais, puisqu'il a voulu que ce royaume fût visible, il a dû désigner quelqu'un pour tenir sa place sur la terre, après qu'il serait lui-même remonté au ciel.

« Si quelqu'un dit que l'unique chef et l'unique pasteur est Jésus-Christ, qui est l'unique époux de l'Eglise unique, cette réponse n'est pas suffisante. Il est évident, en effet, que c'est Jésus-Christ lui même qui opère les sacrements dans l'Eglise; c'est lui qui baptise, c'est lui qui remet les péchés; il est le véritable prêtre qui s'est offert sur l'autel de la croix, et par la vertu duquel son corps est consacré tous les jours sur l'autel; et cependant, comme il ne devait pas rester avec tous les fidèles par sa présence corporelle, il a choisi des ministres par le moyen desquels il pût dispenser aux fidèles les sacrements dont nous venons de parler, ainsi que nous l'avons dit plus haut (ch. 74). De la même façon, parce qu'il devait soustraire à l'Eglise sa présence corporelle, il a donc fallu qu'il désignât quelqu'un pour prendre à sa place le soin de l'Eglise universelle. C'est pour cela qu'il a dit à Pierre avant son ascension : « Pais mes brebis. »

Jésus-Christ a donc donné Pierre à l'Eglise pour souverain chef, et il a établi que cette puissance, instituée jusqu'à la fin des temps pour le salut de tous, passerait par héritage aux successeurs de Pierre, dans lesquels Pierre lui-même se survivrait perpétuellement par son autorité. Assurément, c'est au bienheureux Pierre, et en dehors de lui à aucun autre, qu'il a fait cette promesse insigne :

beato Petro fecit, præterea nemini : *Tu es Petrus, et super hanc Petram ædificabo Ecclesiam meam* (1). — *Ad Petrum locutus est Dominus : ad unum, ideo ut unitatem fundaret ex uno* (2). — *Nulla siquidem oratione præmissa..... tam patrem ejus, quam psum nomine appellat* (beatus es Simon Bar Jona), *et Simonem eum non jam vocari patitur, eum sibi pro sua potestate jam tum ut suum vindicans, sed congrua similitudine Petrum a petra vocari placuit, puta super quem fundaturus erat suam Ecclesiam* (3).

Quo ex oraculo liquet, Dei voluntate jussuque Ecclesiam in beato Petro, velut ædes in fundamento consistere. Atqui fundamenti propria natura et vis est, ut cohærentes efficiat ædes variorum coagmentatione membrorum, itemque ut operi sit necessarium vinculum incolumitatis ac firmitudinis : quo sublato, omnis ædificatio collabitur. Igitur Petri est sustinere Ecclesiam tuerique non solubili compage connexam ac firman. Tantum vero explere munus qui possit sine potestate jubendi, vetandi, judicandi, quæ vere proprieque *juridictio* dicitur? Profecto non nisi potestate jurisdictionis stant civitates resque publicæ. Principatus honoris ac pertenuis illa consulendi monendique facultas, quam *directionem* vocant, nulli hominum societati admodum prodesse neque ad unitatem neque ad firmitudinem queunt. Atque hanc, de qua loquimur, potestatem illa declarant et confirmant: *Et portæ inferi non prævalebunt adversus eam*. — *Quam autem eam? an enim petram supra quam Christus ædificat Ecclesiam? an Ecclesiam? Ambigua quippe locutio est; an quasi unam eamdemque rem, petram et Ecclesiam? Hoc ego verum esse existimo, nec enim adversus petram super quam Christus Ecclesiam ædificat, nec adversus Ecclesiam portæ inferi prævalebunt*(4). Cujus divinæ sententiæ ea vis est : quamcumque visi invisique hostes vim, quascumque artes adhibuerint, numquam fore ut fulta Petro Ecclesia succumbat, aut quoquo modo deficiat : *Ecclesia vero tamquam Christi ædificium, qui sapienter ædificavit « domum suam supra petram », portarum inferi capax non est, prævalentium quidem adversus quemcumque hominem, qui extra petram et Ecclesiam fuerit, sed invalidarum adversus illam* (5). Ergo Ecclesiam suam Deus idcirco commendavit Petro, ut perpetuo incolumen tutor invictus conservaret. Eum igitur auxit potestate debita : quia societati hominum re et cum effectu tuendæ, jus imperii in eo qui tuetur est necessarium. Illud prætera Jesus adnexuit: *Et tibi dabo claves regni cœlorum*. Plane loqui de Ecclesia pergit, quam paullo ante nuncuparat *suam*, quamque ipsam velle se in

---
(1) Matth., XVI, 18. — (2) S. Pascianus ad Sempronium, epist. III, n. 11. — (3) S. Cyrillus Alexandrinus *in Evang. Joan*, lib. II, in cap. 1, n. 42. — (4) Origenes. *Comment. in Matt.*, t. XII, n. 11. — (5) Origenes. *Comment. in Matth.*

« Tu es Pierre, et sur cette pierre, je bâtirai mon Eglise. » C'est à Pierre que le Seigneur a parlé : à un seul, afin de fonder l'unité par un seul. — « En effet, sans aucun autre préambule, il désigne par son nom et le père de l'apôtre et l'apôtre lui-même (Tu es bienheureux, Simon, fils de Jonas), et il ne permet plus qu'on l'appelle Simon, le revendiquant désormais comme sien en vertu de sa puissance ; puis, par une image très appropriée, il veut qu'on l'appelle Pierre, parce qu'il est la pierre sur laquelle il devait fonder son Eglise. »

D'après cet oracle, il est évident que, de par la volonté et l'ordre de Dieu, l'Eglise est établie sur le bienheureux Pierre, comme l'édifice sur son fondement. Or, la nature et la vertu propre du fondement, c'est de donner la cohésion à l'édifice par la connexion intime de ses différentes parties; c'est encore d'être le lien nécessaire de la sécurité et de la solidité de l'œuvre tout entière : si le fondement disparaît, tout l'édifice s'écroule. Le rôle de Pierre est donc de supporter l'Eglise et de maintenir en elle la connexion, la solidité d'une cohésion indissoluble. Or, comment pourrait-il remplir un pareil rôle, s'il n'avait la puissance de commander, de défendre, de juger en un mot, un pouvoir de juridiction propre et véritable? Il est évident que les Etats et les sociétés ne peuvent subsister que grâce à un pouvoir de juridiction. Une primauté d'honneur, ou encore le pouvoir si modeste de conseiller et d'avertir, qu'on appelle pouvoir de direction, sont incapables de prêter à aucune société humaine un élément bien efficace d'unité et de solidité.

Au contraire, ce véritable pouvoir, dont nous parlons, est déclaré et affirmé dans ces paroles : « Et les portes de l'enfer ne prévaudront point contre elle. » — « Qu'est-ce à dire, contre elle? Est-ce contre la pierre sur laquelle le Christ bâtit l'Eglise? Est-ce contre l'Eglise? La phrase reste ambiguë; serait-ce pour signifier que la pierre et l'Eglise ne sont qu'une seule et même chose? Oui, c'est là, je crois, la vérité : car les portes de l'enfer ne prévaudront ni contre la pierre sur laquelle le Christ bâtit l'Eglise, ni contre l'Eglise elle-même. » Voici la portée de cette divine parole : L'Eglise, appuyée sur Pierre, quelle que soit la violence, quelle que soit l'habileté que déploient ses ennemis visibles et invisibles, ne pourra jamais succomber ni défaillir en quoi que ce soit. « L'Eglise étant l'édifice du Christ, lequel a sagement bâti « sa maison sur la pierre » ne peut être soumise aux portes de l'enfer; celles-ci peuvent prévaloir contre quiconque se trouvera en dehors de la pierre, en dehors de l'Eglise, mais elles sont impuissantes contre elle. Si Dieu a confié son Eglise à Pierre, c'est donc afin que ce soutien invisible la conservât toujours dans toute son intégrité. Il l'a donc investi de l'autorité nécessaire; car, pour soutenir réellement et efficacement une Société humaine, le droit de commander est indispensable à celui qui la soutient.

Jésus a ajouté encore : « Et je te donnerai les clés du royaume des cieux ». Il est clair qu'il continue à parler de l'Eglise, de cette Eglise qu'il vient d'appeler *sienne*, et qu'il a déclaré vouloir bâtir

Petro dixit, tamquam in fundamento statuere. Expressam non modo *ædificii*, sed etiam *regni* imaginem gerit Ecclesia : ceteroqui insigne usitatum imperii claves esse, nemo nescit. Quapropter *claves regni cœlorum* cum Jesus dare Petro pollicetur potestatem et jus in Ecclesiam pollicetur daturum : *Filius vero et Patris et sui ipsius cognitionem per totum orbem illi* (*Petro*) *disseminare commisit, ac mortali homini omnem in cœlo potestatem dedit, dum claves illi tradidit, qui Ecclesiam per totum orbem terrarum extendit, et cœlis firmiorem monstravit* (1). Concinunt cætera : *Quodcumque ligaveris super terram, erit ligatum et in cœlis, et quodcumque solveris super terram, erit solutum et in cœlis.* Ligandi solvendique translata locutio jus ferendarum legum, item judicandi vindicandique designat potestatem. Quæ quidem potestas tantæ amplitudinis virtutisque dicitur fore, ut quælibet decreta ejus rata sit habiturus Deus. Itaque summa est planeque sui juris, quippe quæ nullam habet in terris superiorem gradu, Ecclesiamque totam et quæ sunt Ecclesiæ commissa, universa complectitur.

Promissum exsolvitur, quo tempore Christus Dominus, post et anastasim suam, cum ter a Petro, num se diligeret plusquam ceteri, quæsisset, præcipientis in modum ei, *Pasce*, ait, *agnos meos.....pasce oves meas*(2). Nimirum quotquot essent in ovili suo futuri, omnes illi velut pastori committit : *Dominus non dubitat, qui interrogat, non ut disceret, sed ut doceret, quem elevandus in cœlum amoris sui nobis velut vicarium relinquebat..... Et ideo quia solus profitetur ex omnibus, omnibus antefertur..... perfectiores ut perfectior gubernaret*(3). Illa vero sunt pastoris officia et partes, gregi se præbere ducem, eumdemque sospitare salubritate pabulorum, prohibendo pericula, cavendo insidias, tutando a vi : brevi, regendo gubernando. Cum igitur Petrus est gregi christianorum pastor impositus, potestatem accepit gubernandi omnes homines, quorum saluti Jesus Christus profuso sanguine prospexerat : *Cur sanguinem effudit? Ut has emeret oves, quas Petro et successoribus ejus tradidit* (4).

Quoniamque immutabilis communione fidei christianos omnes oportet esse invicem conjuntos, idcirco suarum virtute precum Christus Dominus impetravit Petro, ut in gerenda potestate nunquam fide laberetur : *Ego autem rogavi pro te, ut non deficiat fides tua* (5). Eidem præterea mandavit ut, quoties tempora postularent, ipse impertiret fratribus suis lumen animi et robur : *Confirma fratres tuos* (6). Quem igitur fundamentum Ecclesiæ

---

(1) S. Joannes Chrysostomus, Hom. LIV, in *Matth.*, n. 2. — (2) Joan., XXI, 16-17. — (3) S. Ambrosius, *Exposit. in Evang. secundum Lucam*, lib. X, n. 175-176. — (4) S. Joannes Chrysostomus, *De sacerdotio*, lib. II. — (5) Luc, XXII, 32.— (6) *Ibid.*

sur Pierre, comme sur son fondement. L'Eglise offre, en effet, l'image non seulement d'un *édifice*, mais d'un *royaume;* au reste, nul n'ignore que les clés sont l'insigne ordinaire de l'autorité. Ainsi, quand Jésus promet de donner à Pierre les clés du royaume des cieux, il promet de lui donner le pouvoir et l'autorité sur l'Eglise. « Le Fils lui a donné (à Pierre) la mission de répandre dans le monde tout entier la connaissance du Père et du Fils lui-même, et il a donné à un homme mortel toute la puissance céleste, quand il a confié les clés à Pierre, qui a étendu l'Eglise jusqu'aux extrémités du monde et qui l'a montrée plus inébranlable que le ciel

Ce qui suit encore a le même sens : « Tout ce que tu lieras sur la terre sera lié aussi dans le ciel, et tout ce que tu délieras sur la terre sera délié aussi dans le ciel. » Cette expression figurée : lier et délier, désigne le pouvoir d'établir des lois, et aussi celui de juger et de punir. Et Jésus-Christ affirme que ce pouvoir aura une telle étendue, une telle efficacité, que tous les décrets rendus par Pierre seront ratifiés par Dieu. Ce pouvoir est donc souverain et tout à fait indépendant, puisqu'il n'a sur la terre aucun pouvoir au-dessus de lui, et qu'il embrasse l'Eglise tout entière et tout ce qui est confié à l'Eglise.

La promesse faite à Pierre a été accomplie, au temps où Jésus-Christ Notre-Seigneur, après sa résurrection, ayant demandé par trois fois à Pierre s'il l'aimait plus que les autres, lui dit sous une forme impérative : « Pais mes agneaux,....., pais mes brebis. » C'est-à-dire que tous ceux qui doivent être un jour dans sa bergerie, il les remet à Pierre comme à leur vrai pasteur. « Si le Seigneur interroge, ce n'est pas qu'il doute : il ne veut pas s'instruire, mais instruire au contraire celui que, sur le point de remonter au ciel, il nous laissait comme le vicaire de son amour..... Et parce que, seul entre tous, Pierre professe cet amour, il est mis à la tête de tous les autres..... à la tête des plus parfaits, pour les gouverner, étant plus parfait lui-même. » Or, le devoir et le rôle du pasteur, c'est de guider le troupeau, de veiller à son salut en lui procurant des pâturages salutaires, en écartant les dangers, en démasquant les pièges, en repoussant les attaques violentes : bref, en exerçant l'autorité du gouvernement. Donc, puisque Pierre a été préposé comme pasteur au troupeau des fidèles, il a reçu le pouvoir de gouverner tous les hommes pour le salut desquels Jésus-Christ a répandu son sang. « Pourquoi a-t-il versé son sang? Pour racheter ces brebis qu'il a confiées à Pierre et à ses successeurs.

Et parce qu'il est nécessaire que tous les chrétiens soient liés entre eux par la communauté d'une foi immuable, c'est pour cela que par la vertu de ses prières, Jésus-Christ Notre-Seigneur a obtenu à Pierre que, dans l'exercice de son pouvoir, sa foi ne défaillit jamais. « J'ai prié pour toi, afin que ta foi ne défaille point. » Et il a ordonné, en outre, toutes les fois que les circonstances le demanderaient, de communiquer lui-même à ses frères la lumière et l'énergie de son âme : « Confirme tes frères. » Celui donc qu'il avait désigné comme

designarat, eumdem esse vult columen fidei : *Cui propria auctoritate regnum dabat, hujus fidem firmare non poterat, quem cum petram dicit, firmamentum Ecclesiæ indicavit* (1). Hinc ipse Jesus certa quædam nomina, magnarum indicia rerum, quæ *sibi potestate sunt propria, voluit esse Petro secum participatione communia* (2), nimirum ut ex communione titulorum appareret communio potestatis. Ita ipse, qui *lapis est angularis, in quo omni ædificatio constructa crescit in templum sanctum in Domino* (3), Petrum velut *lapidem* statuit, quo fulta esse Ecclesia deberet. *Cum audisset « petra es » præconio nobilitatus est. Quamquam autem petra est, non ut, Christus petra, sed ut, Petrus petra. Christus enim essentialiter petra inconcussa; Petrus vero per petram. Nam Jesus dignitates suas largitur, nec exhauritur..... Sacerdos est, facit sacerdotes..... petra es, petram facit* (4). *Rex idem Ecclesiæ, qui habet clavem David : qui aperit et nemo claudit : claudit et nemo aperit* (5), traditis Petro *clavibus*, principem christianæ reipublicæ declaravit. Pariter pastor maximus, qui se ipse *pastorem bonum nuncupat, agnis atque ovibus suis* (6) pastorem petrum præposuit : *Pasce agnos, pasce oves.* Quare Chrysostomus : *Eximius erat inter Apostolos, et os discipulorum et cœtus illius caput..... Simul ostendens ei, oportere deinceps fidere, quasi abolita negatione, fratrum ei præfecturam committit..... Dicit autem: Si amas me, fratribus præesto* (7). Demum qui confirmat *in omni opere et sermone bono*, mandavit Petro ut *confirmaret fratres suos* (8).

Jure igitur Leo magnus : *De toto mundo unus Petrus eligitur, qui et universarum gentium vocationi et omnibus Apostolis, cunctisque Ecclesiæ patribus præponatur : ut quamvis in populo Dei multi sacerdotes sint multique pastores, omnes tamen proprie regat Petrus, quos principaliter regit et Christus* (9). Itemque Gregorius magnus ad Imperatorem Mauritium Augustum : *Cunctis evangelium scientibus liquet, quod voce dominica sancto et omnium Apostolorum Petro principi apostolo totius Ecclesiæ cura commissa est..... Ecce claves regni cœlestis accepit, potestas ei ligandi ac solvendi tribuitur, et cura ei totius Ecclesiæ et principatus committitur* (10).

Ejusmodi autem principatum, quoniam constitutione ipsa temperationeque Ecclesiæ, velut pars præcipua, continetur, videlicet ut principium unitatis ac fundamentum incolumitatis perpetuæ, nequaquam cum beato Petro interire, sed recidere in ejus suc-

---

(1) S. Ambrosius de *Fide*, lib. IV, n. 56. — (2) S. Leo M. sermo IV, cap. 2. — (3) Ephes., II, 21. — (4) Hom. de Pænitentia, n. 4 in appendice opp. S. Basilii. — (5) Apoc. III, 7. — (6) Joan., X, 11. — (7) Hom. LXXXVIII, *in Joan.*, n. 1. — (8) Thessalon., II, 16. — (9) Sermo IV, cap. 2. — (10) *Epistolarum*, lib. V, epist. XX.

le fondement de l'Eglise, il veut qu'il soit la colonne de la foi. « Puisque de sa propre autorité il lui donnait le royaume, ne pouvait-il pas affermir sa foi, d'autant que, en l'appelant Pierre, il le désignait comme le fondement qui devait affermir l'Eglise ? »

De là vient que certains noms, qui désignent de très grandes choses, et « qui appartiennent en propre à Jésus-Christ en vertu de sa puissance, Jésus lui-même a voulu les rendre communs à lui et à Pierre par participation, » afin que la communauté des titres manifestât la communauté du pouvoir. Ainsi lui qui est « la pierre principale de l'angle, sur laquelle tout l'édifice construit s'élève comme un temple sacré dans le Seigneur », il a établi Pierre comme la *pierre* sur laquelle devait être appuyée son Eglise. Quand Jésus lui dit : « Tu es la pierre », cette parole lui conféra un beau titre de noblesse. Et pourtant il est la pierre, non pas comme le Christ est la pierre, mais comme Pierre peut être la pierre. Car le Christ est essentiellement la pierre inébranlable, et c'est par elle que Pierre est la pierre. Car Jésus communique ses dignités sans s'appauvrir..... Il est le prêtre, il fait les prêtres..... Il est la pierre, il fait de son apôtre la pierre.

Il est encore le roi de l'Eglise, « qui possède la clé de David ; il ferme et personne ne peut ouvrir ; il ouvre et personne ne peut fermer ; » or, en donnant les clés à Pierre, il le déclare le chef de la société chrétienne. Il est encore le pasteur suprême qui s'appelle lui-même « le bon pasteur » ; or, il a établi Pierre comme pasteur de ses agneaux et de ses brebis. C'est pourquoi saint Chrysostome a dit : « Il était le principal entre les apôtres, il était comme la bouche des autres disciples et la tête du corps apostolique..... » Jésus lui montrant qu'il doit désormais avoir confiance, parce que toute trace de son reniement est effacée, lui confie le gouvernement de ses frères..... Il lui dit : « Si tu m'aimes, sois le chef de tes frères. » Enfin, celui qui confirme « en toute bonne œuvre et toute bonne parole », c'est lui qui commande à Pierre de confirmer ses frères.

Saint Léon le Grand a donc bien raison de dire : « Du sein du monde tout entier, Pierre seul est élu pour être mis à la tête de toutes les nations appelées, de tous les apôtres, de tous les Pères de l'Eglise ; de telle sorte que, bien qu'il y ait dans le peuple de Dieu beaucoup de pasteurs, cependant Pierre régit proprement tous ceux qui sont aussi principalement régis par le Christ. » De même, saint Grégoire le Grand écrit à l'empereur Mauriste Auguste : « Pour tous ceux qui connaissent l'Evangile, il est évident que par la parole du Seigneur, le soin de toute l'Eglise a été confié au saint apôtre Pierre, chef de tous les Apôtres..... Il a reçu les clés du royaume du ciel, la puissance de lier et de délier lui est attribuée, et le soin et le gouvernement de toute l'Eglise lui est confié. »

Or, cette autorité faisant partie de la constitution et de l'organisation de l'Eglise comme son élément principal, puisqu'elle est le principe de l'unité, le fondement de la sécurité et de la durée perpétuelle, il s'ensuit qu'elle ne pouvait en aucune façon disparaître

cessore ex alio in alium opportuit : *Manet ergo dispositio veritatis, et beatus Petrus in accepta fortitudine petræ perseverans, suscepta Ecclesiæ gubernacula non reliquit* (1). Quare Pontifices, qui Petro in episcopatu romano succedunt, supremam Ecclesiæ potestatem obtinent jure divino. *Definimus, sanctam Apostolicam Sedem et Romanum Pontificem in universum orbem tenere primatum, et ipsum Pontificem Romanum successorem esse beati Petri, principis Apostolorum et verum Christi vicarium totiusque Ecclesiæ caput, et omnium christianorum patrem ac doctorem existere, et ipsi in beato Petro pascendi, regendi ac gubernandi universalem Ecclesiam a Domino nostro Jesu Christo plenam potestatem traditam esse; quemadmodum etiam in gestis œcumenicorum conciliorum et in sacris canonibus continetur* (2). Similiter Concilium Lateranense IV : *Romana Ecclesia....., disponente Domino, super omnes alias ordinariæ potestatis obtinet principatum, utpote mater universorum Christi fidelium et magistra*. Antecesserat consensus antiquitatis, quæ episcopos romanos sine ulla dubitatione sic semper observavit et coluit ut beati Petri vegitimos successores. Quem vero lateat quot in eamdem rem extent et quam luculenta sanctorum patrum testimonia? Illud valde præclarum Irenæi qui cum de Ecclesia romana dissereret, *id hanc enim*, inquit, *Ecclesiam propter potiorem principalitalem necesse est omnem convenire Ecclesiam* (3).

Ac Cyprianus itidem de Ecclesia romana affirmat, eam esse *Ecclesiæ catholicæ radicem et matricem* (4), *Petri Cathedram atque Ecclesiam principalem, unde unitas sacerdotalis exorta est* (5). *Cathedram* Petri appellat quippe quam insidet Petri successor : *Ecclesiam principalem* ob principatum Petro ipsi et legitimis successoribus collatum unde unitas exorta, quia in christiana republica causa efficiens unitatis est Ecclesia romana. Quare Hieronimus iis verbis Damasum affatur : « *Cum successore piscatoris et discipulo crucis loquor...... Beatitudini tuæ, id est Cathedræ Petri communione consocior. Super illiam petram ædificatam Ecclesiam scio* (6). ». Sollemne illi est, catholicum hominem ex conjunctione cum romana Petri sede internoscere : Si quis Cathedræ Petri jungitur, meus est (7).

Neque absimili ratione Augustinus, palam testatus, « in *romana Eclesia semper Apostolicæ cathedræ viguisse principatum* (8) negat esse catholicum, quicumque a fide romana dissentiat : *Non crederis veram fidem tenere catholicam qui fidem nos*

(1) S. Leo M. sermo III, cap. 3. — (2) *Concilium Florentinum*. — (3) *Contra Hæreses*, lib. III, cap. 3, n° 2. — (4) Epist. XLVIII, ad Cornelium, n. 3. — (5) Epist. LIX, ad Cornelium, n. 14. — (6) Epist. XV, ad Damasum, n. 2. — (7) Epist. XVI, ad Damasum, n. 2. — (8) Epist. XLIII, n. 7.

avec le bienheureux Pierre, mais qu'elle devait nécessairement passer à ses successeurs et être transmise de l'un à l'autre. « La disposition de la vérité demeure donc, et le bienheureux Pierre, persévérant dans la fermeté de la pierre, dont il a reçu la vertu, n'a point quitté le gouvernail de l'Eglise, mis dans sa main. »

C'est pourquoi les Pontifes qui succèdent à Pierre dans l'épiscopat romain possèdent de droit divin le suprême pouvoir dans l'Eglise. « Nous définissons que le Saint-Siège apostolique et le Pontife romain possèdent la primauté sur le monde entier, et que le Pontife romain est le successeur du bienheureux Pierre, prince des Apôtres, et qu'il est le véritable vicaire de Jésus-Christ, le chef de toute l'Eglise, le Père et le docteur de tous les chrétiens, et qu'à lui, dans la personne du bienheureux Pierre, a été donné par Notre-Seigneur Jésus-Christ le plein pouvoir de paître, de régir et de gouverner l'Eglise universelle ; ainsi que cela est contenu aussi dans les actes des Conciles œcuméniques et dans les sacrés canons. » Le quatrième Concile de Latran dit de même : « L'Eglise romaine..... par la disposition du Seigneur, possède le principat de la puissance ordinaire sur toutes les autres Eglises, en sa qualité de mère et de maîtresse de tous les fidèles du Christ. »

Tel était déjà auparavant le sentiment unanime de l'antiquité qui, sans la moindre hésitation, a toujours regardé et vénéré les évêques de Rome comme les successeurs légitimes du bienheureux Pierre. Qui pourrait ignorer combien nombreux, combien clairs sont sur ce point les témoignages des saints Pères ? Bien éclatant est celui de saint Irénée, qui parle ainsi de l'Eglise romaine : « C'est à cette Eglise que, à cause de sa prééminence supérieure, toute l'Eglise doit nécessairement se réunir. »

Saint Cyprien affirme, lui aussi, de l'Eglise romaine, qu'elle est la « racine et la mère de l'Eglise catholique, la chaire de Pierre et l'Eglise principale, d'où est née l'unité sacerdotale ». Il l'appelle la « chaire de Pierre », parce qu'elle est occupée par le successeur de Pierre ; « l'Eglise principale », à cause du principat conféré à Pierre et à ses légitimes successeurs, « celle d'où est née l'unité », parce que, dans la société chrétienne, la cause efficiente de l'unité est l'Eglise romaine.

C'est pourquoi saint Jérôme écrit en ces termes à Damase : « Je parle au successeur du pêcheur et au disciple de la croix..... Je suis lié par la communion à Votre Béatitude, c'est-à-dire à la chaire de Pierre. Je sais que sur cette pierre est bâtie l'Eglise. » La méthode habituelle de saint Jérôme pour reconnaître si un homme est catholique, c'est de savoir s'il est uni à la chaire romaine de Pierre. « Si quelqu'un est uni à la chaire de Pierre, c'est mon homme. »

Par une méthode analogue, saint Augustin, qui déclare ouvertement que « dans l'Eglise romaine s'est toujours maintenu le principat de la chaire apostolique », affirme que quiconque se sépare de la foi romaine n'est point catholique. « On ne peut croire que vous gardiez la véritable foi catholique, vous qui n'enseignez pas

doces esse servandam romanam (1). Item Cyprianus: *Communicare cum Cornelio, hoc est cum catholica Ecclesia communicare.* (2). SimiliterMaximus Abbas hanc veræ fidei veræque communionin notam esse docet, subesse Pontifici romano : *Itaque si vult hæreticus non esse neque audire, non isti aut illi satisfaciat..... Festinet pro omnibus sedi romanæ satisfacere. Hac enim satisfacta, communiter ubique omnes pium hunc et orthodoxum prædicabunt. Nam frusta solummodo loquitur, qui mihi similes suadendos putat, et non satisfacit et implorat sanctissimæ romanorum Ecclesiæ beatissimum Papam, id est Apostolicam Sedem.* Cujus rei causam rationemque in eo affirmat residere, quod *ab ipso incarnato Dei Verbo, sed et omnibus sanctis synodis, secundum sacros canones et terminos, universarum quæ in toto terrarum orbe sunt sanctarum Dei Ecclesiarum in omnibus et per omnia percepit et habet imperium, auctoritatem et potestatem ligandi t solvendi. Cum hoc enim ligat et solvit in cælo Verbum, quod cælestibus virtutibus principatur* (3). Quod igitur erat in fide christiana, quod non una gens, aut una ætas, sed ætates omnes, et Oriens pariter atque Occidens agnoscere atque observare consueverat, id meminit, nullo contradicente, ad Ephesinam Synodum Philippus presbyter, a Pontifice legatus : *Nulli dubium est, imo sæculis omnibus notum, quod sanctus beatissimusque Petrus, Apostolorum princeps, et caput, fideique columna et Ecclesiæ catholicæ fundamentum, a Domino nostro Jesu Christo, salvatore humani generis ac redemptore, claves regni accepit, solvendique ac ligandi peccata potestas ipsi data est, qui ad hoc usque tempus et semper in suis successoribus vivit et judicium exercit* (4). Eademque de re in omnium cognitione versatur Concilii Chalcedonensis sententia : *Petrus per Leonem..., locutus est* (5) : qui vox Concilii Constantinopolitani III resonat, tanquam imago : *Summus nobiscum concertabat Apostolorum princeps illius enim imitatorem et Sedis successorem habuimus fautorem... Charta' et atramentum videbatur, et per Agathonem Petrus loquebatur* (6). In formula catholicæ professionis ab Hormisda conceptis verbis, ineunte sæculo sexto, proposita cui tum Justinianus Imperator, tum Epiphanius, Joannes, et Menna Patriarchæ subscripserunt illud est magnum vi sententiarum declaratum : *Quia non potest Domini nostri Jesu Christi prætermitti sententia dicentis:* Tu es Petrus, et super hanc petram, ædificabo Ecclesiam meam....., *hæc, quæ dicta sunt, rerum probantur effectibus, quia in Sede Apostolica citra maculam semper est catholica servata religio* (7). Nolumus quidem persequi singula : libet tamen formu-

---

(1) Sermo CXX, n. 13. — (2) Epist. LV, n. 1. — (3) *Defloratio ex Epistola ad Petrum illustrem.* — (4) Actio III. — (5) Actio II. — (6) Actio XVIII. — (7) Post Epistolam XXVI, ad omnes Epius Hispan, n. 4.

qu'on doit garder la foi romaine. » De même, saint Cyprien : « Etre en communion avec Corneille, c'est être en communion avec l'Eglise catholique. »

L'abbé Maxime enseigne également que la marque de la vraie foi et de la vraie communion c'est d'être soumis au Pontife romain. « Si quelqu'un veut n'être point hérétique et ne point passer pour tel, qu'il ne cherche pas à satisfaire celui-ci ou celui-là...... Qu'il se hâte de satisfaire en tout le siège de Rome. Le siège de Rome satisfait, tous partout et d'une seule voix le proclameront pieux et orthodoxe. Car si l'on veut persuader ceux qui me ressemblent, c'est en vain qu'on se contenterait de parler, si l'on ne satisfait et si l'on n'implore le bienheureux Pape de la très sainte Eglise des Romains, c'est-à-dire le Siège Apostolique. » Et voici, d'après lui, la cause et l'explication de ce fait. C'est que l'Eglise romaine « a reçu du Verbe de Dieu Incarné lui-même, et, d'après les saints Conciles, selon les saints canons et les définitions, elle possède, sur l'universalité des saintes Eglises de Dieu qui existent sur toute la surface de la terre, l'empire et l'autorité en tout et pour tout, et le pouvoir de lier et de délier. Car lorsqu'elle lie et délie, le Verbe, qui commande aux vertus célestes, lie ou délie aussi dans le ciel ».

C'était donc un article de foi chrétienne, c'était un point reconnu et observé constamment, non par une nation ou par un siècle, mais par tous les siècles et par l'Orient non moins que par l'Occident, que rappelait au synode d'Ephèse, sans soulever aucune contradiction, le prêtre Philippe, légat du Pontife romain : « Il n'est douteux pour personne, et c'est une chose connue de tous les temps, que le saint et bienheureux Pierre, prince et chef des apôtres, colonne de la foi et fondement de l'Eglise catholique, a reçu de Notre-Seigneur Jésus-Christ, Sauveur et Rédempteur du genre humain, les clés du royaume, et que le pouvoir de lier et de délier les péchés a été donné à ce même apôtre, qui, jusqu'au moment présent et toujours, vit dans ses successeurs et exerce en eux son autorité. » Tout le monde connaît la sentence du Concile de Chalcédoine sur le même sujet : « Pierre a parlé..... par la bouche de Léon », sentence à laquelle la voix du troisième Concile de Constantinople répond comme un écho : « Le souverain prince des Apôtres combattait avec nous, car nous avons eu en notre faveur son imitateur et son successeur dans son Siège..... On ne voyait au dehors (pendant qu'on lisait la lettre du Pontife romain) que du papier et de l'encre, et c'était Pierre qui parlait par la bouche d'Agathon. » Dans la formule de profession de foi catholique, proposée en termes exprès par Hormisdas au commencement du VIᵉ siècle, et souscrite par l'empereur Justinien et aussi par les patriarches Epiphane, Jean et Mennas, la même pensée est exprimée avec une grande vigueur : « Comme la sentence de Notre-Seigneur Jésus-Christ qui a dit : « Tu es Pierre, et sur cette pierre je bâtirai mon Eglise » ne peut être négligée,...... ce qui a été dit est confirmé par la réalité des faits, puisque, dans le Siège Apostolique, la religion catholique a toujours été conservée sans aucune tache. »

Nous ne voulons point énumérer tous les témoignages : il Nous

lam fidei meminisse, quam Michael Palaeologus, in Concilio Lugdunensi II professus est : *Ipsa quoque sancta romana Ecclesia summum et plenum primatum et principatum super universam Ecclesiam catholicam obtinet, quem se ab ipso Domino in beato Petro, Apostolorum principe sive vertice, cujus romanus Pontifex est successor, cum potestatis plenitudine recepisse veraciter et humiliter recognoscit. Et sicut præ cæteris tenetur fidei veritatem defendere sic et si quæ de fide subortæ fuerint quæstiones, suo debent judicio definiri* (1).

Si Petri ejusque successorum plena de summa potestas est, ea tamen esse ne putetur sola. Nam qui Petrum Ecclesiæ fundamentum posuit, idem *elegit duodecim..... quos et apostolos nominavit* (2). Quo modo Petri auctoritatem in romano Pontifice perpetuam permanere necesse est, sic Episcopi, quod succedunt Apostolis, horum potestatem ordinariam hæreditate capiunt; ita ut intimam Ecclesiæ constitutionem ordo episcoporum necessario attingat. Quamquam vero neque plenam neque universalem ii, neque summam obtinent auctoritatem, non tamen *vicarii* romanorum pontificum putandi, quia potestatem gerunt sibi propriam, verissimeque populorum, quos regunt, antistites *ordinarii* dicuntur.

Verum quia successor Petri unus est, Apostolorum permulti, consentaneum est perspicere quæ sint istorum cum ille, divina constitutione, necessitudines. — Ac primo quidem conjunctionis episcoporum cum eo qui Petro succedit, non obscura est neque dubia necessitas : hoc enim soluto nexu, solvitur ac diffluit multitudo ipsa christianorum, ita plane ut nullo pacto queat unum corpus conflare unumque gregem : *Ecclesiæ salus in summi sacerdotis dignitate pendet, cui si non exsors quædam et ab omnibus eminens detur potestas, tot in Ecclesia efficientur schismata, quot sacerdotes* (3). Idcirco ad id præstat advertere animum : nihil esse Apostolis seorsum a Petro collatum ; plura seorsum ab Apostolis ac separatim Petro. Joannes Chrysostomus in Christi edisseranda sententia (Joan. XXI, 15) cum percontatus esset, *Cur, aliis prætermissis, de his Christus Petrum alloquitur?* omnino respondet: *Eximius erat inter Apostolos, et os discipulorum, et cœtus illius caput* (4). Hic enim unus designatus a Christo est fundamentum Ecclesiæ : ipsi *ligandi* copia *solvendique* permissa, eidemque *pascendi* data potestas uni. Contra quidquid auctoritatis ac muneris accepere Apostoli, conjuncte cum Petro accepere : *Divina dignatio si quid cum eo commune ceteris voluit esse*

---

(1) Actio IV. — (2) Luc IV, 13. — (3) S. Hieronymus, Dialog. *Contra Luciferianos*, n. 9. — (4) Hom. LXXXVIII, in Joan., n. 1.

plaît néanmoins de rappeler la formule selon laquelle Michel Paléologue a professé la foi au deuxième Concile de Lyon : « La sainte Église romaine possède aussi la souveraine et pleine primauté et principauté sur l'Eglise catholique universelle, et elle reconnaît, avec vérité et humilité, avoir reçu cette primauté et principauté, avec la plénitude de la puissance du Seigneur lui-même, dans la personne du bienheureux Pierre, prince ou chef des Apôtres, dont le Pontife romain est le successeur. Et, de même qu'elle est tenue de défendre, avant tous les autres, la vérité de la foi, de même, si des difficultés s'élèvent au sujet de la foi, c'est par son jugement qu'elles doivent être tranchées. »

Si la puissance de Pierre et de ses successeurs est pleine et souveraine, il ne faudrait cependant pas croire qu'il n'y en a point d'autre dans l'Eglise. Celui qui a établi Pierre comme fondement de l'Eglise a aussi « choisi douze de ses disciples, auxquels il a donné le nom d'Apôtres. » De même que l'autorité de Pierre est nécessairement permanente et perpétuelle dans le Pontife romain, ainsi les évêques, en leur qualité de successeurs des Apôtres, sont les héritiers du pouvoir ordinaire des Apôtres, de telle sorte que l'ordre épiscopal fait nécessairement partie de la constitution intime de l'Eglise. Et quoique l'autorité des évêques ne soit ni pleine, ni universelle, ni souveraine, on ne doit pas cependant les regarder comme de simples *vicaires* des Pontifes romains, car ils possèdent une autorité qui leur est propre, et ils portent en toute vérité le nom de prélats *ordinaires* des peuples qu'ils gouvernent.

Mais comme le successeur de Pierre est unique, tandis que ceux des Apôtres sont très nombreux, il convient d'étudier quels liens, d'après la constitution divine, unissent ces derniers au Pontife romain. Et d'abord, l'union des évêques avec le successeur de Pierre est d'une nécessité évidente et qui ne peut faire le moindre doute ; car, si ce lien se dénoue, le peuple chrétien lui-même n'est plus qu'une multitude qui se dissout et se désagrège, et ne peut plus, en aucune façon, former un seul corps et un seul troupeau. « Le salut de l'Eglise dépend de la dignité du souverain prêtre : si on n'attribue point à celui-ci une puissance à part et élevée au-dessus de tout autre, il y aura dans l'Eglise autant de schismes que de prêtres. »

C'est pourquoi il faut faire ici une remarque importante. Rien n'a été conféré aux Apôtres indépendamment de Pierre ; plusieurs choses ont été conférées à Pierre isolément et indépendamment des Apôtres. Saint Jean Chrysostome, expliquant les paroles de Jésus-Christ (S. Jean, XXI, 15), se demande « pourquoi, laissant de côté les autres, le Christ s'adresse à Pierre », et il répond formellement : « C'est qu'il était le principal entre les Apôtres, comme la bouche des autres disciples et le chef du corps apostolique. » Lui seul, en effet, a été désigné par le Christ comme fondement de l'Eglise. C'est à lui qu'a été donné tout pouvoir de lier et de délier ; à lui seul également a été confié le pouvoir de paître le troupeau. Au contraire, tout ce que les Apôtres ont reçu, en fait de fonctions et d'autorité, ils l'ont reçu conjointement avec Pierre. « Si la divine

principibus, nun quam nisi per ipsum dedit, quidquid aliis non negavit (1). *Ut cum multa solus acceperit, nihil in quemquam sine ipsius participatione transierit* (2). Ex quo plane intelligitur, excidere episcopos jure ac potestate regendi, si a Petro ejusve successoribus scientes secesserint. Nam a fundamento, quo totum debet ædificium niti, secessione divelluntur; itaque exclusi *ædificio* ipso sunt : ob eamdemque causam ab *ovili* sejuncti, cui dux est pastor maximus, *regnoque* extorres, cujus uni Petro datæ divinitus claves.

Quibus rebus rursus noscimus in constituenda christiana republica cœlestem descriptionem memtemque divinam. Videlicet cum Ecclesiam divinus auctor fide et regimine et communione unam esse decrevisset, Petrum ejusque successores delegit in quibus principium foret ac velut centrum unitatis. Quare Cyprianus : *Probatio est ad fidem facilis compendio veritatis. Loquitur Dominus ad Petrum :* Ego tibi dico, inquit. Quia tu es Petrus..... *Super unum ædificat Ecclesiam. Et quamvis Apostolis omnibus post resurrectionem suam parem potestatem tribuat, et dicat; sicut misit me Pater....., tamen ut unitatem manifestaret, unitatis ejusdem originem ab uno incipientem sua auctoritate disposuit* (3). Atque Optatus Milevitanus : *Negare non potes, scire te in urbe Roma Petro primo Cathedram episcopalem esse collatam, in qua sederit omnium Apostolorum caput Petrus, unde et Cephas appellatus est : in qua una Cathedra unitas ab omnibus servaretur : ne ceteri Apostoli singulas sibi quisque defenderent, ut jam schismaticus et peccator esset, qui contra singularem Cathedram alteram collocaret* (4). Unde est illa ipsius Cypriani sententia, cum hæresim tum schisma ex eo ortum habere gignique, quod debita supremæ potestati obedientia abjicitur. *Neque enim aliunde hæreses obortæ sunt aut nata sunt schismata, quam inde quod sacerdoti Dei non obtemperatur, nec unus in Ecclesia ad tempus sacerdos et ad tempus judex vice Christi cogitatur* (5). Nemo igitur, nisi cum Petro cohæreat, participare auctoritatem potest, cum absurdum sit opinari, qui extra Ecclesiam est, eum in Ecclesia præesse. Quare Optatus Milevitanus reprehendebat hoc nomine Donatistas : *Contra quas portas* (inferi) *claves salutares accepisse legimus Petrum, principem scilicet nostrum, cui a Christo dictum est : tibi dabo claves regni cœlorum, et portæ inferi non vincent eas. Unde est ergo quod claves regni cœlorum vobis usurpare contenditis, qui contra cathedram Petri..... militatis* (6) ?

---

(1) S. Leo M., sermo IV, cap. 2. — (2) *Ibid.* — (3) De *Unit. Eccl.*, n. 4. (4) *De schism. Donat.*, lib. II. — (5) Epist. XII, ad Cornelium, n. 5. — (6) Lib. II, n. 4-5.

bonté a voulu que les autres princes de l'Eglise eussent quelque chose de commun avec Pierre, ce qu'elle n'avait pas refusé aux autres, elle ne leur a jamais donné que par lui. Il a reçu seul beaucoup de choses, mais rien n'a été accordé à qui que ce soit sans sa participation. »

Par où l'on voit clairement que les évêques perdraient le droit et le pouvoir de gouverner s'ils se séparaient sciemment de Pierre ou de ses successeurs. Car, par cette séparation, ils s'arrachent eux-mêmes du fondement sur lequel doit reposer tout l'édifice, et ils sont ainsi mis en dehors de l'édifice lui-même; pour la même raison, ils se trouvent exclus du bercail que gouverne le Pasteur suprême, et bannis du royaume dont les clés ont été données par Dieu à Pierre seul.

Ces considérations nous font comprendre le plan et le dessein de Dieu dans la constitution de la société chrétienne. Ce plan, le voici : L'auteur divin de l'Eglise, ayant décrété de lui donner l'unité de foi, de gouvernement, de communion, a choisi Pierre et ses successeurs pour établir en eux le principe et comme le centre de l'unité. C'est pourquoi saint Cyprien écrit : « Il y a, pour arriver à la foi, une démonstration facile, qui résume la vérité. Le Seigneur s'adresse à Pierre en ces termes : « Je te dis que tu es Pierre..... » C'est sur un seul qu'il bâtit l'Eglise. Et quoique après sa résurrection il confère à tous les Apôtres une puissance égale et leur dise : « Comme mon Père m'a envoyé..... »; cependant pour mettre l'unité en pleine lumière, c'est en un seul qu'il établit, par son autorité, l'origine et le point de départ de cette même unité. » Et saint Optat de Milève : « Tu sais fort bien, écrit-il, tu ne peux le nier, que c'est à Pierre le premier qu'a été conférée la chaire épiscopale dans la ville de Rome : c'est là que s'est assis le chef des Apôtres : Pierre, qui, par suite, a été appelé Céphas. C'est dans cette chaire unique que tous devaient garder l'unité, afin que les autres Apôtres ne pussent se retrancher chacun isolément dans son siège, et que celui-là fût désormais schismatique et prévaricateur, qui élèverait une autre chaire contre cette chaire unique. » De là vient cette sentence du même saint Cyprien, que l'hérésie et le schisme se produisent et naissent l'une et l'autre de ce fait, que l'on refuse à la puissance suprême l'obéissance qui lui est due. « L'unique source d'où ont surgi les hérésies et d'où sont nés les schismes, c'est que l'on n'obéit point au Pontife de Dieu et que l'on ne veut pas reconnaître dans l'Eglise et en même temps un seul pontife et un seul juge qui tient la place du Christ. »

Nul ne peut donc avoir part à l'autorité s'il n'est uni à Pierre, car il serait absurde de prétendre qu'un homme exclu de l'Eglise a l'autorité dans l'Eglise. C'est à ce titre qu'Optat de Milève reprenait les donatistes : « C'est contre les portes de l'enfer que Pierre, comme nous le lisons dans l'Evangile, a reçu les clés du salut; Pierre, c'est-à-dire notre chef, à qui Jésus-Christ a dit : « Je te donnerai les clés du royaume des cieux, et les portes de l'enfer ne triompheront jamais d'elles. » Comment donc osez-vous essayer de vous attribuer les clés du royaume des cieux, vous qui combattez contre la chaire de Pierre. »

Sed Episcoporum ordo tunc rite, ut Christus jussit, colligatus cum Petro putandus, si Petro subsit eique pareat : secus in multitudinem confusam ac perturbatam necessario delabitur. Fidei et communionis unitati rite conservandæ non gerere honoris causâ priores partes, non curam agere satis est ; sed omnino auctoritate est opus vera eademque summa, cui obtemperet tota communitas. Quid enim Dei Filius spectavit, cum claves regni cœlorum *uni* pollicitus est Petro ? Summum fastigium potestatis nomine *clavium* eo loco designari, *usus biblicus* et Patrum consentientes sententiæ dubitari non sinunt. Neque secus interpretari fas est, quæ vel Petro separatim tributa sunt, vel Apostolis conjunctim cum Petro. Si ligandi, solvendi, pascendique facultas hoc parit in episcopis, successoribus Apostolorum, ut populum quisque suum vera cum potestate regat, certe idem parere eadem facultas in eo debet, cui pascendi *agnos* et *oves* assignatum est, Deo auctore, munus : *Non solum Pastorem (Petrum), sed pastorum pastorem (Christus) constituit : pascit igitur Petrus agnos, pascit et oves, pascit filios, pascit et matres : regit subditos, regit et prælatosquia præter agnos et oves in Ecclesia nihil est* (1). Hinc illæ de beato Petro singulares veterum locutiones, quæ in summo dignitatis potestatisque gradu locatum luculente prædicant. Appellant passim *principem cœtus discipulorum : sanctorum Apostolorum principem : chori illius coryphæum : os Apostolorum omnium : caput illius familiæ : orbis totius præpositum : inter Apostolos primum : Ecclesiæ columen.* Quæ omnia concludere Bernardus iis verbis videtur ad Eugenium Papam : *Quis es ? Sacerdos magnus, summus pontifex. Tu princeps episcoporum, tu heres Apostolorum...... Tu es, cui claves tradilæ cui oves creditæ sunt. Sunt quidem et alii cœli janitores et gregum pastores ; sed tu tanto gloriosius, quanto et differentius utrumque præ ceteris nomen hereditasti. Habent illi sibi assignatos greges, singuli singulos, tibi universi crediti, uni unus, nec modo ovium, sed et pastorum, tu unus omnium pastor. Unde id probem quæris. Ex verbo Domini. Cui enim, non dico episcoporum, sed etiam Apostolorum, sic absolute et indiscrete totæ commissæ sunt oves. Si me amas, Petre, pasce oves meas. Quas ? illius vel illius populos civitatis aut regionis, aut certi regni ? Oves meas, inquit : cui non*

---

(1) S. Brunonis, Episcopi signiensis, *Comment. in Joan.*, part. III, cap. 21, n. 55.

Mais l'ordre des évêques ne peut être regardé comme vraiment uni à Pierre, de la façon que le Christ l'a voulu, que s'il est soumis et s'il obéit à Pierre; sans quoi il se disperse nécessairement en une multitude où règnent la confusion et le désordre. Pour conserver l'unité de foi et de communion telle qu'il la faut, ni une primauté d'honneur ni un pouvoir de direction ne suffisent; il faut absolument une autorité véritable et en même temps souveraine, à laquelle obéisse toute la communauté. Qu'a voulu en effet le Fils de Dieu, quand il a promis les clés du royaume des cieux au seul Pierre? Que *les clés* désignent ici la puissance suprême, l'*usage biblique* et le consentement unanime des Pères ne permettent point d'en douter. Et on ne peut interpréter autrement les pouvoirs qui ont été conférés, soit à Pierre séparément, soit aux apôtres conjointement avec Pierre. Si la faculté de lier, de délier, de paître le troupeau donne, aux évêques, successeurs des Apôtres, le droit de gouverner avec une autorité véritable le peuple confié à chacun d'eux, assurément cette même faculté doit produire le même effet dans celui à qui a été assigné par Dieu lui-même le rôle de paître *les agneaux* et *les brebis*. « Pierre n'a pas seulement été établi pasteur par le Christ, mais pasteur des pasteurs. Pierre donc paît les agneaux et il paît les brebis; il paît les petits et il paît les mères; il gouverne les sujets, il gouverne aussi les prélats, car dans l'Eglise, en dehors des agneaux et des brebis, il n'y a rien. »

De là viennent chez les anciens Pères ces expressions tout à fait à part qui désignent le bienheureux Pierre et qui le montrent évidemment comme placé au degré suprême de la dignité et du pouvoir. Ils l'appellent fréquemment « le chef de l'assemblée des disciples; le prince des saints Apôtres; le coryphée du chœur apostolique; la bouche de tous les Apôtres : le chef de cette famille; celui qui commande au monde entier; le premier parmi les Apôtres; la colonne de l'Eglise. »

La conclusion de tout ce qui précède semble se trouver dans ces paroles de saint Bernard au pape Eugène : « Qui êtes-vous? Vous êtes le grand prêtre, le pontife souverain. Vous êtes le prince des évêques, vous êtes l'héritier des Apôtres...... Vous êtes celui à qui les clés ont été données, à qui les brebis ont été confiées. D'autres que vous sont aussi portiers du ciel et pasteurs de troupeaux; mais ce double titre est en vous d'autant plus glorieux, que vous l'avez reçu en héritage dans un sens plus particulier que tous les autres. Ils ont, eux, leurs troupeaux qui leur ont été assignés; chacun a le sien ; à vous, tous les troupeaux ensemble ont été confiés; à vous seul, un seul troupeau, formé non pas seulement des brebis, mais aussi des pasteurs : vous êtes l'unique pasteur de tous. Vous me demandez comment je le prouve. Par la parole du Seigneur. A qui, en effet, je ne dis pas entre les évêques, mais même entre les Apôtres, ont été confiées ainsi absolument et indistinctement toutes les brebis? Si tu m'aimes, Pierre, pais mes brebis? — Lesquelles? les peuples de telle ou de telle cité, de telle contrée, de tel royaume? Mes brebis, dit-il. Qui ne voit qu'il n'en désigne point quelques-

planum, non designasse aliquas, sed assignasse omnes ? Nihil excipitur, ubi distinguitur nihil (1).

Illud vero abhorret a veritate, et aperte repugnat constitutioni divinæ, jurisdictioni romanorum Pontificum episcopus subesse *singulos,* jus esse; *universos,* jus non esse. Hæc enim omnis est causa ratioque fundamenti, ut unitatem stabilitatemque, toti potius ædificio, quam *partibus* ejus *singulis* tueatur. Quod est in causa, de qua loquimur, multo verius, quia Christus Dominus fundamenti virtute confieri voluit, ut portæ inferi non prevaleant adversus Ecclesiam. Quod promissum divinum constat inter omnes de Ecclesia universa intelligi oportere, non de singulis ejus partibus, quippe quæ utique vinci inferorum impetu possunt, nonnullisque earum, ut vincerentur, singillatim evenit. Rursus, qui gregi præpositus est universo, eum non modo in oves dispersas, sed prorsus in multidinem insimul congregatarum habere imperium necesse est. Num regat agatque pastorem suum universitas ovium? Num successores Apostolorum, simul conjuncti, fundamentum sint, quo Petri successor, adipiscendi firmamenti causa, innitatur? Profecto cujus in potestate sunt claves regni, ei jus atque auctoritas est non tantum in provincias singulares, sed in universas simul: et quo modo episcopi in regione quisque sua non solum privato cuique, sed etiam communitati vera cum potestate præsunt, ita Pontifices romani, quorum potestas christianam rempublicam totam complectitur, omnes ejus partes, etiam una collectas, subjectas atque obedientes habent potestati suæ Christus Dominus, quod jam dictum satis, Petro ejusque successoribus tribuit ut essent *vicarii* sui, atque eamdem in Ecclesia perpetuo gererent potestatem, quam ipsemet gesserat in vita mortali. Num Apostolorum collegium magistro suo præstitisse auctoritate dicatur?

Hanc vero, de qua dicimus, in ipsum episcoporum collegium potestatem, quam sacræ litteræ tam aperte enuntiant, agnoscere ac testari nullo tempore Ecclesia destitit. Illa sunt in hoc genere affata Conciliorum : *Romanum pontificem de omnium Ecclesiarum præsulibus judicasse, legimus* : *de eo vero quemquam judicasse. non legimus* (2). Cujus rei ea ratio redditur, quod *auctoritate Sedis Apostolicæ major non est* (3). Quare de Conciliorum decretis Gelasius : *Sicut id quod prima Sedes non probaverat*

---

(1) *De consideratione,* lib. II, cap. 8. — (2) Hadrianus II, in Allocutione III ad Synodum Romanam an. 869. Cf. Actionem VII Concilii Constantinopolitani IV. — (3) Nicolaus in epist. LXXXVI, Ad Michael. Imperat. « Patet profecta Sedis Apostolicæ, cuis auctoritate « major non est, judicum a nemine fore retractandum, neque cuiquam de ejus liceat judicare judicio ».

unes, mais qu'il les assigne toutes à Pierre? Nulle distinction, donc nulle exception. »

Mais ce serait s'éloigner de la vérité, et contredire ouvertement à la constitution divine de l'Eglise, que de prétendre que chacun des évêques pris isolément doit être soumis à la juridiction des Pontifes romains, mais que tous les évêques pris ensemble ne le doivent point. Quelle est en effet toute la raison d'être et la nature du fondement? C'est de sauvegarder l'unité et la solidité, bien plus encore de l'édifice tout entier que de chacune de ses parties. Et cela est beaucoup plus vrai dans le sujet dont nous parlons, car Jésus-Christ Notre-Seigneur a voulu, par la solidité du fondement de son Eglise, obtenir ce résultat, que les portes de l'enfer ne puissent prévaloir contre elle. Or, tout le monde convient que cette promesse divine doit s'entendre de l'Eglise universelle et non de ses parties prises isolément, car celles-ci peuvent en réalité être vaincues par l'effort des enfers, et il est arrivé à plusieurs d'entre elles, prises séparément, d'être en effet vaincues.

De plus, celui qui a été mis à la tête du troupeau tout entier doit avoir nécessairement l'autorité, non seulement sur les brebis dispersées, mais sur tout l'ensemble des brebis réunies. Est-ce que par hasard l'ensemble des brebis gouverne et conduit le pasteur? Les successeurs des Apôtres réunis ensemble seraient-ils le fondement sur lequel le successeur de Pierre devrait s'appuyer pour la solidité?

Celui qui possède les clés du royaume a évidemment droit et autorité, non seulement sur les provinces isolées, mais sur toutes à la fois; et de même que les évêques, chacun dans son territoire, commandent avec une véritable autorité, non seulement à chaque particulier, mais à la communauté entière, de même les Pontifes romains, dont la juridiction embrasse toute la société chrétienne, ont toutes les parties de cette société, mêmes réunies ensemble, soumises et obéissantes à leur pouvoir. Jésus-Christ Notre-Seigneur, Nous l'avons déjà assez dit, a donné à Pierre et à ses successeurs la charge d'être ses vicaires et d'exercer perpétuellement dans l'Eglise le même pouvoir qu'il a exercé lui-même durant sa vie mortelle. Or, dira-t-on que le collège des Apôtres l'emportait en autorité sur son Maître?

Cette puissance, dont Nous parlons, sur le collège même des évêques, puissance que les Saintes Lettres énoncent si ouvertement, l'Eglise n'a jamais cessé de la reconnaître et de l'attester. Voici sur ce point les déclarations des Conciles : « Nous lisons que le Pontife romain a jugé les prélats de toutes les Eglises; mais Nous ne lisons point qu'il ait été jugé par qui que ce soit. » Et la raison de ce fait est indiquée, c'est que « il n'y a point d'autorité supérieure à l'autorité du Siège Apostolique ».

C'est pourquoi Gélase parle ainsi des décrets des Conciles : « De

constare non potuit, sic quod illa censuit judicandum, Ecclesia tota suscepit (1). Sane Conciliorum consulta et decreta, rata habere vel infirmare semper romanorum Pontificum fuit. Conciliabuli Ephesini acta, rescidit Leo magnus : Ariminensis, rejecit Damasus : Costantinopolitani, Hadrianus I; canonem vero XXVIII Concilii Chalcedonensis, quod assensu et auctoritate caruit Sedis Apostolicæ, velut incassum quiddam constat jacuisse. Recte igitur in Concilio Lateranensi V, Leo X statuit : *Solum romanum Pontificem, pro tempore existentem, tamquam auctoritatem super omnia concilia habentem, tam Conciliorum indicendorum, transferendorum, ac dissolvendorum plenum jus ac potestatem habere, nedum ex sacræ Scripturæ testimonio dictisque Patrum ac aliorum romanorum Pontificum, sacrorumque canonum decretis, sed propria etiam eorumdem Conciliorum confessione manifeste constat.* Sane claves regni cœlorum uni creditas Petro, item ligandi solvendique potestatem Apostolis una cum Petro collatam, sacræ litteræ testantur : at vero summam potestatem *sine Petro* et *contra Petrum* unde Apostoli acceperint, nusquam est testatum. Profecto a Jesu Christo nullo pacto accepere. — Quibus de causis, Concilii Vaticani decreto, quod est de vi et ratione primatus Romani Pontificis, non opinio est invecta nova, sed vetus et constans omnimu sæculorum asserta fides (2).

Neque vero potestati geminæ eosdem subesse, confusionem habet administrationis. Tale quicquam suspicari, primum sapientia Dei prohibemur, cujus consilio est temperatio isthæc regiminis constituta. Illud præterea animadvertendum, tum rerum ordinem mutuasque necessitudines perturbari, si bini magistratus in populo sint eodem gradu, neutro alteri obnoxio. Sed romani pontificis potestas summa est, universalis, planeque sui juris ; episcoporum vero certis circumscripta finibus, nec plane sui juris : *Inconveniens est quod duo æqualiter super eumdem gregem constituantur. Sed quod duo, quorum unus alio principalior est, super eamdem plebem constituantur, non est inconveniens; et secundum hoc super eamdem plebem immediate sunt et Sacerdos parochialis et Episcopus et Papa* (3). Romani autem Pontifices, efficit sui memores, maxime omnium conservari volunt quidquid est in Ecclesia divinitus constitutum : propterea quemadmodum potestatem suam ea qua par est cura vigilantiâque tuentur, ita et dedere et dabunt constanter operam ut sua Episcopis auctoritas salva sit. Imo quidquid Episcopis tribuitur honoris, quidquid

---

(1) Epist. XXVI, ad Episcopos Dardaniæ, n, 5. — (2) Sess. IV, cap. 3. — (3) S. Thomas *in IV. Sent.*, dist. XVII, a. 4, ad q. 4, ad. 3.

même que ce que le premier Siège n'a point approuvé n'a pu rester en vigueur, ainsi, au contraire, ce qu'il a confirmé par son jugement a été reçu par toute l'Eglise. » En effet, ratifier ou infirmer les sentences ou les décrets des Conciles a toujours été le propre des Pontifes romains. Léon le Grand annula les actes du conciliabule d'Ephèse; Damase rejeta celui de Rimini; Adrien Ier, celui de Constantinople; et le vingt-huitième canon du Concile de Chalcédoine, parce qu'il est dépourvu de l'approbation et de l'autorité du Siège Apostolique, est resté, on le sait, sans vigueur et sans effet. C'est donc avec raison que, dans le cinquième Concile de Latran, Léon X a porté ce décret: « Il résulte manifestement, non seulement des témoignages de l'Ecriture Sainte, des paroles des Pères et des autres Pontifes romains et des décrets des saints canons, mais encore de l'aveu formel des Conciles eux-mêmes, que, seul, le Pontife romain, selon le temps où il est en charge, a plein droit et pouvoir, comme ayant autorité sur tous les Conciles, pour convoquer, transférer et dissoudre les Conciles. » Les Saintes Lettres attestent bien que les clés du royaume des cieux ont été confiées à Pierre seul, et aussi que le pouvoir de lier et de délier a été conféré aux Apôtres conjointement avec Pierre : mais de qui les Apôtres auraient-ils reçu le souverain pouvoir *sans Pierre* et *contre Pierre?* aucun témoignage ne nous le dit. Assurément, ce n'est point de Jésus-Christ qu'ils l'ont reçu.

C'est pourquoi le décret du Concile du Vatican, qui a défini la nature et la portée de la primauté du Pontife romain, n'a point introduit une opinion nouvelle, mais a affirmé l'antique et constante foi de tous les siècles.

Et il ne faut pas croire que la soumission des mêmes sujets à deux autorités entraîne la confusion de l'administration. Un tel soupçon nous est interdit tout d'abord par la sagesse de Dieu, qui a lui-même conçu et établi l'organisation de ce gouvernement. De plus, il faut remarquer que ce qui troublerait l'ordre et les relations mutuelles, ce serait la coexistence, dans une société, de deux autorités du même degré, dont aucune ne serait soumise à l'autre. Mais l'autorité du Pontife romain est souveraine, universelle et pleinement indépendante : celle des évêques est limitée d'une façon précise et n'est pas pleinement indépendante. « L'inconvénient serait que deux pasteurs fussent établis avec un degré égal d'autorité sur le même troupeau. Mais que deux supérieurs, dont l'un est au-dessus de l'autre, soient établis sur les mêmes sujets, ce n'est pas un inconvénient; et c'est de la sorte que le même peuple est gouverné immédiatement par le prêtre de la paroisse, par l'évêque et par le Pape.

D'ailleurs, les Pontifes romains, sachant leur devoir, veulent plus que personne la conservation de tout ce qui a été divinement institué dans l'Eglise : c'est pourquoi de même qu'ils défendent les droits de leur propre pouvoir avec le zèle et la vigilance nécessaires, ainsi ils ont mis et mettront constamment tous leurs soins à sauvegarder l'autorité propre des évêques. Bien plus, tout ce qui est rendu aux évêques d'honneur et d'obéissance, ils le regardent

obsequii, in omne sibimetipsis tributum deputant. *Meus honor est honor universalis Ecclesiæ. Meus honor est fratrum meorum solidus vigor. Tunc ego vere honoratus sum, cum singulis quibusque honor debitus non negatur* (1).

Ilis que dicta sunt, Ecclesiæ quidem imaginem atque formam ex divina constitutione fideliter expressimus. Plura persecuti de unitate sumus; cujusmodi hanc esse, et quo conservandam principio divinus auctor voluerit, satis explicavimus. Quotquot divino munere beneficioque contigit, ut in sinu Ecclesiæ catholicæ tamquam ex ea nati vivant eos vocem Nostram apostolicam audituros, non est cur dubitemus: *Oves meæ vocem meam audiunt* (2). Atque hinc facile sumpserint quo et erudiantur plenius, et voluntate propensiore cum pastoribus quisque suis et per eos cum pastore summo cohæreant, ut tutius queant intra ovile unicum permanere, fructuumque ex eo salutarium majorem ubertatem capere. Verum aspicientibus Nobis *in auctorem fidei et consummatorem Jesum* (3), cujus vicaria potestate, tametsi impares dignitati et muneri, fungimur caritate ejus inflammatur animus; illudque de se a Christo dictum, de Nobismetipsis non sine causa usurpamus: *Alias oves habeo, quæ non sunt ex hoc ovili: et illas oportet me adducere, et vocem meam audient* (4). Nos igitur audire et caritati Nostræ paternæ obsequi ne recusent, quotquot sunt, qui impietatem tam late fusam oderunt, et Jesum Christum Filium Dei eumdemque servatorem generis humani agnoscunt et fatentur, sed tamen vagantur ab ejus Sponsa longius. Qui Christum sumunt, totum sumant necesse est: *Totus Christus caput et corpus est: caput unigenitus Filius Dei, corpus ejus Ecclesia: sponsus et sponsa, duo in carne una. Quicumque de ipso capite a Scripturis sanctis dissentiunt, etiamsi in omnibus locis inveniantur in quibus Ecclesia designata est, non sunt in Ecclesia. Et rursus, quicumque de ipso capite Scripturis sanctis consentiunt, et unitati Ecclesiæ non communicant, non sunt in Ecclesia* (5). Ac pari studio ad eos provolat animus Noster, quos impietatis non funditus corrupit pestilens afflatus, quique hoc saltem expetunt, sibi patris esse loco Deum verum, terræ cælique opificem. Hi quidem apud se reputent ac plane intelligant, numerari se in filiis Dei nequaquam posse, nisi fratrem sibi Jesum Christum simulque Ecclesiam matrem adsciverint. Omnes igitur peramanter, sumpta ex Augustino ipso sententia compellamus: *Amemus Dominum Deum nostrum, amemus Ecclesiam ejus: illum sicut patrem, istam sicut matrem. Nemo dicat: ad idola quidem vado, arreptitios et sortilegos consulo, sed tamen Dei Ecclesiam*

---

(1) Gregorius M. *Epistolarum*, lib. VIII, epist. XXX, ad Eulogium. — (2) Joan., X, 27. — (3) Hebr., XII, 2. — (4) Joan., X, 16. — (5) S. Augustinus, *Contra Donatistas Epistola, sive de Unit. Eccl.*, cap. IV, n. 7.

comme leur étant rendu à eux-mêmes. « Mon honneur, c'est l'honneur de l'Eglise universelle. Mon honneur, c'est la pleine vigueur de l'autorité de mes frères. Je ne me sens vraiment honoré que lorsqu'on rend à chacun d'eux l'honneur qui lui est dû. »

Dans tout ce qui précède, Nous avons fidèlement tracé l'image et exprimé les traits de l'Eglise d'après sa divine constitution. Nous avons insisté sur son unité; Nous avons assez montré quelle en est la nature et par quel principe son divin Auteur a voulu en assurer le maintien.

Tous ceux qui, par un insigne bienfait de Dieu, ont le bonheur d'être nés dans le sein de l'Eglise catholique et d'y vivre, entendront — Nous n'avons aucune raison d'en douter — Notre voix apostolique. « Mes brebis entendent ma voix. » Ils auront trouvé dans cette lettre de quoi s'instruire plus pleinement et s'attacher avec un amour plus ardent, chacun à leurs propres pasteurs et par eux au pasteur suprême, afin de pouvoir plus sûrement demeurer dans le bercail unique, et recueillir une plus grande abondance de fruits salutaires.

Mais, en « fixant Nos regards sur l'auteur et le consommateur de la foi, sur Jésus », dont Nous tenons la place et dont Nous exerçons la puissance, tout faible que Nous sommes pour le poids de cette dignité et de cette charge, Nous sentons sa charité enflammer Notre âme et ces paroles que Jésus-Christ disait de lui-même, Nous Nous les approprions, non sans raison : « J'ai d'autres brebis qui ne sont point de ce bercail; il faut aussi que je les amène, et elles entendront ma voix. » Qu'ils ne refusent donc point de Nous écouter et de se montrer dociles à Notre amour paternel, tous ceux qui détestent l'impiété aujourd'hui si répandue, qui reconnaissent Jésus-Christ, qui le confessent Fils de Dieu et Sauveur du genre humain, mais qui, pourtant, vivent errants et éloignés de son Epouse. Ceux qui prennent le Christ, il faut qu'ils le prennent tout entier. « Le Christ tout entier, c'est une tête et un corps : la tête, c'est le Fils unique de Dieu; le corps, c'est son Eglise : c'est l'époux et l'épouse, deux en une seule chair. Tous ceux qui ont à l'égard de la tête un sentiment différent de celui des Ecritures Saintes ont beau se trouver dans tous les lieux où est établie l'Eglise, ils ne sont point dans l'Eglise. Et de même, tous ceux qui pensent comme l'Ecriture Sainte au sujet de la tête, mais qui ne vivent point en communion avec l'unité de l'Eglise, ils ne sont point dans l'Eglise. »

Et c'est aussi avec une égale ardeur que Notre cœur s'élance vers ceux que le souffle contagieux de l'impiété n'a point encore entièrement empoisonnés, et qui ont au moins le désir d'avoir pour père le Dieu véritable, créateur de la terre et du ciel. Qu'ils réfléchissent et qu'ils comprennent bien qu'ils ne peuvent en aucune façon être au nombre des enfants de Dieu, s'ils n'en viennent à reconnaître pour frère Jésus-Christ et pour mère l'Eglise.

C'est donc à tous que Nous adressons, avec un grand amour, ces paroles que Nous empruntons à saint Augustin : « Aimons le Seigneur notre Dieu, aimons son Eglise : lui comme un père, elle comme une mère. Que personne ne dise : Oui, je vais encore aux idoles; je consulte les possédés et les sorciers, mais cependant je

non relinquo : catholicus sum. Tenens matrem, offendisti patrem. Alius item dicit : absit a me, non consulo sortilegum, non quæro arreptitium, non quæro divinationes sacrilegas, non eo ad adoranda dæmonia, non servio lapidibus : sed tamen in parte Donati sum. Quid tibi prodest non offensus pater, qui offensam vindicat matrem ? Qui prodest si Dominum confiteris, Deum honoras ipsum prædicas, Filium ejus agnoscis, sedentem ad Patris dexteram confiteris, et blasphemas Ecclesiam ejus ?..... Si haberes aliquem patronum, cui quotidie obsequereris ; si unum crimen de ejus conjuge diceres, num quid domum ejus intrares ? Tenete ergo, carissimi, tenete omnes unanimiter Deum patrem et matrem Ecclesiam (1).

Plurimum misericordi Deo confisi, qui maxime potest animos hominum permovere, et unde vult, et quo vult, impellere, benignitati ejus universos, quos in oratione spectavimus, vehementer commendamus. Cœlestium vero donorum auspicem et benevolentiæ Nostræ testem vobis, Venerabiles Fratres, Clero populoque vestro Apostolicam benedictionem peramanter in Domino impertimus.

Datum Romæ apud Sanctum Petrum die xxix junii, An. MDCCCLXXXXVI, Pontificatus Nostri decimo nono.

LEO PP. XIII.

---

(1) *Enarratio in. Psal.* LXXXVIII, sermo II, n. 14.

ne quitte pas l'Eglise de Dieu : je suis catholique. Vous restez attaché à la mère, mais vous offensez le père. Un autre dit pareillement : A Dieu ne plaise; je ne consulte point les sorciers, je n'interroge point les possédés, je ne pratique point de divinations sacrilèges, je ne vais point adorer les démons, je ne sers point des dieux de pierre, mais je suis du parti de Donat. Que vous sert de ne point offenser le père, qui vengera, lui, la mère que vous offensez? Que vous sert de confesser le Seigneur, d'honorer Dieu, de le louer, de reconnaître son Fils, de proclamer qu'il est assis à la droite du Père, si vous blasphémez son Eglise? Si vous aviez un protecteur, auquel vous rendiez tous les jours vos devoirs, et si vous veniez à outrager son épouse par une accusation grave, oseriez-vous encore entrer dans la maison de cet homme? Tenez-vous donc, mes bien-aimés, tenez-vous tous unanimement attachés à Dieu votre père et à votre mère l'Eglise. »

Nous confiant grandement dans la miséricorde de Dieu, qui peut toucher très puissamment les cœurs des hommes et forcer les volontés, même rebelles, à venir à lui, Nous recommandons très instamment à sa bonté tous ceux qu'a visés Notre parole. Et comme gage des dons célestes et en témoignage de Notre bienveillance, Nous vous accordons avec grand amour dans le Seigneur, à vous, Vénérables Frères, à votre clergé et à votre peuple, la Bénédiction apostolique.

Donné à Rome, près Saint-Pierre, le vingt-neuvième jour de juin, l'an 1896, de notre Pontificat le dix-neuvième.

LÉON XIII, PAPE.

SANCTISSIMI DOMINI NOSTRI

LEONIS
DIVINA PROVIDENTIA PAPÆ XIII
LITTERÆ APOSTOLICÆ
DE ORDINATIONIBVS ANGLICANIS

LEO EPISCOPVS
Servus Servorum Dei

AD PERPETUAM REI MEMORIAM

Apostolicæ curæ et caritatis, qua *Pastorem magnum ovium, Dominum nostrum Jesum Christum* (1), referre pro munere et imitari, aspirante ejus gratia, studemus, non exiguam partem pernobili Anglorum nationi tribuimus. Voluntatis in ipsam Nostræ ea præcipue testis est epistola quam superiore anno dedimus propriam *ad Anglos, regnum Christi in fidei unitate quærentes*: ejusdem quippe gentis et veterem cum Ecclesia matre conjunctionem commemorando revocavimus, et felicem reconciliationem, excitatá in animis orandi Dei sollertia, contendimus maturare. Rursusque haud ita pridem, quum communibus universe litteris de unitate Ecclesiæ fusius agere visum est, non ultimo loco respeximus Angliam; spe prælucente, posse documenta Nostra tum catholicis firmitatem tum dissidentibus salutare lumen afferre. Atque illud fateri libet quod æque gentis humanitatem ac multorum sollicitudinem salutis æternæ commendat, id est quam benevole Anglis probata sit instantia Nostra et dicendi libertas, nullo quidem acta humanæ rationis impulsu. — Nunc autem eadem Nos mente eodemque animo deliberatum habemus studia convertere ad quamdam non minoris momenti causam, quæ cum ea ipsa re votisque Nostris cohæret.

(1) Hebr. xiii, 20.

LETTRE APOSTOLIQUE
DE NOTRE TRÈS SAINT-PÈRE
LÉON XIII
PAPE PAR LA DIVINE PROVIDENCE
SUR LES ORDINATIONS ANGLICANES

LÉON, ÉVÊQUE
Serviteur des Serviteurs de Dieu

AD PERPETUAM REI MEMORIAM

La sollicitude et l'affection apostoliques avec lesquelles Nous Nous efforçons, sous l'inspiration de la grâce, d'imiter et de faire revivre, conformément à Notre charge, *le Pasteur Suprême du troupeau, Notre-Seigneur Jésus-Christ* (1), se portent en grande partie sur la très noble nation anglaise.

Cette bienveillance à son égard, Nous l'avons surtout témoignée dans une lettre spéciale adressée, l'année dernière, *aux Anglais qui cherchent le règne du Christ dans l'unité de la foi*. Nous avons rappelé l'antique union de ce peuple avec l'Eglise sa Mère, et Nous Nous sommes efforcé de hâter son heureux retour, en réveillant dans les âmes le zèle de la prière. Récemment encore, lorsque, dans une lettre adressée à tout l'univers, Nous avons voulu traiter d'une façon plus complète de l'unité de l'Eglise, une de Nos premières pensées a été pour l'Angleterre, dans la douce confiance que Nos lettres pourraient à la fois fortifier les catholiques et apporter une lumière salutaire aux dissidents. Il est une chose que Nous Nous plaisons à reconnaître, elle fait honneur au bon sens de cette nation et montre la préoccupation d'un grand nombre de ses membres pour leur salut éternel ; c'est l'accueil bienveillant fait par les Anglais à Nos instances et à la liberté de Notre parole que n'inspirait aucun motif humain.

Aujourd'hui, dans le même but et avec les mêmes dispositions, Nous voulons étudier une question non moins importante, connexe

---

(1) Hébr., xiii, 20.

Quod enim apud Anglos, aliquanto postquam ab unitatis christianæ centro abscessum est, novus plane ritus ordinibus sacris conferendis, sub rege Eduardo VI, fuit publice inductus; defecisse idcirco verum Ordinis sacramentum, quale Christus instituit, simulque hierarchicam successionem, jam tenuit communis sententia, quam non semel Ecclesiæ acta et constans disciplina firmarunt. Attamen recentiore memoria hisque maxime annis invaluit controversia, sacræne Ordinationes ritu eduardiano peractæ, natura sacramenti effectuque polleant; faventibus, affirmate vel dubitanter, non modo scriptoribus anglicanis nonnullis, sed paucis etiam catholicis præsertim non anglis. Alteros quippe movebat præstantia sacerdotii christiani, exoptantes ut duplici ejus in corpus Christi potestate ne carerent sui; movebat alteros consilium expediendi quodammodo illis reditus ad unitatem: utrisque vero hoc persuasum esse videbatur, jam studiis in eo genere cum ætate provectis, novisque litterarum monumentis ex oblivione erutis, retractari auctoritate Nostra causam non inopportunum fore. Nos autem ea consilia atque optata minime negligentes, maximeque voci obsequentes apostolicæ caritatis, censuimus nihil non experiri quod videretur quoque modo conducere ad animarum vel avertenda damna vel utilitates fovendas.

Placuit igitur de retractanda causa benignissime indulgere: ita sane, ut per summam novæ disquisitionis sollertiam, omnis in posterum vel species quidem dubitandi esset remota. Quapropter certo numero viris doctrina et eruditione præstantibus, quorum compertæ erant dissimiles in ipsa causa opiniones, negotium dedimus ut momenta sententiæ suæ scriptis mandarent: eos deinde ad Nos accitos jussimus communicare inter se scripta, et quidquid eo amplius ad rem cognitu esset dignum, indagare atque expendere. Consultumque a Nobis est, ipsi diplomata opportuna omni possent copia in tabulariis vaticanis sive nota recognoscere sive inexplorata educere; itemque ut prompta haberent quæcumque ejusdem generis acta apud sacrum Consilium, quod *Suprema* vocatur, asservarentur, neque minus quæcumque ad hoc tempus doctiores viri utramque partem evulgassent. Hujusmodi adjumentis instructos, voluimus eos in singulares congressiones convenire; quæ ad duodecim sunt habitæ, præside uno ex S. R. E. Cardinalibus a Nobismetipsis designato, data singulis facultate disputandi libera. Denique earumdem congressionum acta, una cum ceteris documentis, Venerabilibus Fratribus Nostris Cardinalibus ex eodem Consilio jussimus exhiberi omnia; qui meditatâ causa eâque coram Nobis deinde agitata, suam quisque sententiam dicerent.

à la première et qui Nous tient également à cœur. Les Anglais, en effet, peu de temps après s'être retirés du centre de l'unité chrétienne, introduisirent publiquement, sous le règne d'Edouard VI, dans la collation des Ordres sacrés, un rite absolument nouveau; ils perdirent, par suite, le vrai sacrement de l'Ordre tel que le Christ l'a institué et, en même temps, la succession hiérarchique : telle était déjà l'opinion commune, confirmée plus d'une fois par les actes et la constante discipline de l'Eglise.

Cependant, dans des temps plus rapprochés et surtout dans ces dernières années, on vit se ranimer la controverse sur les ordinations conférées dans le rite du roi Edouard. Possèdent-elles la nature et l'effet du sacrement? non seulement plusieurs écrivains anglais, mais encore quelques catholiques non anglais pour la plupart, exprimaient à leur sujet une opinion favorable, soit d'une façon catégorique, soit sous forme dubitative.

Les premiers, préoccupés de la dignité du sacerdoce chrétien, désiraient que leurs prêtres jouissent du double pouvoir sacerdotal sur le corps du Christ; les seconds pensaient faciliter par là leur retour à l'unité : tous étaient persuadés que, par suite des progrès réalisés en ces derniers temps dans ce genre d'études et de la découverte de nouveaux documents ensevelis jusque-là dans l'oubli, Notre autorité pouvait opportunément soumettre de nouveau cette cause à l'examen. Pour Nous, ne négligeant en rien ces desseins et ces vœux, prêtant surtout l'oreille à la voix de Notre charité apostolique, Nous avons décidé de tenter tout ce qui pourrait, en quelque manière, éloigner des âmes tout préjudice ou procurer leur bien.

C'est donc avec bienveillance que Nous avons consenti à un nouvel examen de la question, afin d'écarter à l'avenir, par l'autorité indiscutable de ce nouveau débat, tout prétexte au moindre doute. Quelques hommes, d'une science et d'une érudition éminentes, dont on connaissait les divergences d'idées en cette matière, ont, sur Notre ordre, mis par écrit les motifs de leur opinion; les ayant ensuite mandés auprès de Nous, Nous leur avons ordonné de se communiquer leurs écrits, ainsi que de rechercher et de peser avec soin tous les autres éléments d'information utiles à la question. Nous avons pourvu à ce qu'ils pussent en toute liberté revoir, dans les archives vaticanes, les pièces nécessaires déjà connues et mettre à jour les documents encore ignorés. Nous avons voulu de même qu'ils eussent à leur disposition tous les actes de ce genre conservés dans le Conseil sacré appelé *Suprema*, et également tout ce que les hommes les plus compétents ont publié jusqu'ici dans les deux sens.

Après leur avoir ménagé ces facilités, Nous avons voulu qu'ils se réunissent en Commission spéciale; douze séances ont eu lieu sous la présidence d'un cardinal de la Sainte Eglise romaine désigné par Nous, avec la faculté pour chacun de soutenir librement son avis. Enfin, Nous avons ordonné que les décisions de ces réunions, jointes aux autres documents, fussent soumises à Nos Vénérables Frères les Cardinaux, et que ceux-ci, après un sérieux examen, discutant la question en Notre présence, Nous disent chacun leur manière de voir.

Hoc ducendæ rei ordine præstituto, ad intimam tamen æstimationem causæ æquum erat non ante aggredi, quam id perstudiose quæsitum apparuisset, quo loco ea jam esset secundum Apostolicæ Sedis præscriptiones institutamque consuetudinem; cujus consuetudinis et initia et vim magni profecto intererat reputare. Quocirca in primis perpensa sunt documenta præcipua quibus Decessores Nostri, rogatu Reginæ Mariæ, singulares curas ad reconciliationem ecclesiæ Anglicæ contulerunt. Nam Julius III Cardinalem Reginaldum Polo, natione Anglum, multiplici laude eximium, Legatum de latere ad id opus destinavit, *tamquam pacis et dilectionis angelum suum*, eique mandata seu facultates extra ordinem normasque agendi tradidit (1); quas deinde Paulus IV confirmavit et declaravit. In quo ut recte colligatur quidnam in se commemorata documenta habeant ponderis, sic oportet fundamenti instar statuere, eorum propositum nequaquam a re abstractum fuisse, sed rei omnino inhærens ac peculiare. Quum enim facultates Legato apostolico ab iis Pontificibus tributæ, Angliam dumtaxat religionisque in ea statum respicerent, normæ item agendi ab eisdem eidem Legato quærenti impertitæ, minime quidem esse poterant ad illa generatim decernenda sine quibus sacræ ordinationes non valeant, sed debebant attinere proprie ad providendum de ordinibus sacris in eo regno, prout temporum monebant rerumque conditiones expositæ. Hoc ipsum, præter quam quod ex natura et modo eorumdem documentorum perspicuum est, inde pariter liquet, quod alienum prorsus fuisset, ita velle de iis quæ sacramento Ordinis conficiendo necesse sunt, propemodum commonefieri Legatum, eumque virum cujus doctrina etiam in Concilio Tridentino eluxerat.

Ista probe tenentibus non difficulter patebit quare in litteris Julii III ad Legatum apostolicum, perscriptis die VIII martii MDLIV, distincta sit mentio de iis primum qui *rite et legitime promoti*, in suis ordinibus essent retinendi, tum de iis qui *non promoti ad sacros ordines*, possent, *si digni et idonei reperti fuissent promoveri*. Nam certe definiteque notatur, ut reapse erat, duplex hominum classis : hinc eorum qui sacram ordinationem vere suscepissent, quippe id vel ante Henrici secessionem, vel si post eam et per ministros errore dissidiove implicitos, ritu tamen catholico consueto; inde aliorum qui initiati essent secundum Ordinale eduardianum, qui propterea possent *promoveri*, quia ordinationem accepissent irritam. Neque aliud sane Pontificis concilium fuisse, præclare confirmat epistola ejusdem Legati, die XXIX januarii MDLV, facultates suas episcopo Norwicensi

---

(1) Id factum augusto mente MDLIII per litteras sub plumbo, *Si ullo unquam tempore* et *Post nuntium Nobis*, atque alias.

Cette procédure une fois instituée, il était juste de ne pas aborder l'étude approfondie de cette affaire avant d'avoir soigneusement établi l'état antérieur de la question par suite des décisions du Siège Apostolique et des traditions adoptées, traditions dont il était essentiel d'apprécier l'origine et la valeur. C'est pourquoi Notre attention s'est portée en premier lieu sur les documents par lesquels Nos prédécesseurs, à la demande de la reine Marie, apportèrent leurs soins dévoués à la réconciliation de l'Eglise d'Angleterre. Jules III envoya à cet effet le cardinal anglais Réginald Polo, homme remarquable et digne de tout éloge, en qualité de légat *a latere* « comme son ange de paix et de dilection » et lui donna des pouvoirs extraordinaires et des instructions (1) que, dans la suite, Paul IV renouvela et confirma.

Pour bien saisir la valeur intrinsèque des documents mentionnés plus haut, il faut se baser sur ce fait que le sujet qu'ils traitent, loin d'être étranger à la question, la concerne particulièrement et en est inséparable. En effet, puisque les pouvoirs accordés au légat apostolique par les Souverains Pontifes avaient trait uniquement à l'Angleterre et à l'état de la religion dans ce pays, de même, les instructions données par les mêmes Pontifes à ce même légat qui les demandait ne pouvaient nullement se rapporter aux conditions essentielles requises pour la validité de toute ordination, mais elles devaient viser spécialement les dispositions à prendre en vue des ordinations dans ce royaume, suivant les exigences des temps et des circonstances.

Outre l'évidence qui ressort de la nature et de la forme de ces documents, il est clair également qu'il eût été absolument étrange de vouloir apprendre ce qui est indispensable pour la confection du sacrement de l'Ordre à un légat et à un homme dont la science avait brillé jusque dans le Concile de Trente.

En tenant bien compte de cette observation, on comprendra facilement pourquoi Jules III, dans sa lettre du 8 mars 1554 au légat apostolique, distingue formellement ceux qui, *promus régulièrement et selon le rite*, devaient être maintenus dans leurs Ordres et ceux qui, non *promus aux Ordres sacrés*, pouvaient *y être promus* s'ils étaient *dignes et aptes*. On y voit clairement et expressément indiquées, comme elles existaient en réalité, deux catégories : d'un côté, ceux qui avaient vraiment reçu les Ordres sacrés, soit avant le schisme d'Henri, soit postérieurement par des ministres attachés à l'erreur ou au schisme, mais selon le rite catholique accoutumé ; de l'autre, ceux qui, ordonnés selon le rite d'Edouard, pouvaient, en conséquence, *être promus*, puisqu'ils avaient reçu une ordination invalide.

Que ce fût bien la pensée du Pontife, c'est ce que prouve clairement la lettre de ce même légat, en date du 29 janvier 1555, transmettant ses pouvoirs à l'évêque de Norwich.

---

(1) Fait au mois d'août 1553, par les lettres sous le sceau : *Si ullo unquam tempore* et *Post nuntium nobis* et par d'autres encore.

demandantis. Id amplius est potissime considerandum quod eæ ipsæ Julii III litteræ afferunt, de facultatibus pontificis libere utendis, etiam in eorum bonum quibus munus consecrationis, *minus rite et non servatâ forma Ecclesiæ consueta,* impensum fuit : qua quidem locutione ii certe designabantur qui consecrati eduardiano ritu; præter eam namque et catholicam formam alia nulla erat eo tempore in Anglia.

Hæc autem apertiora fient commemorando legationem quam Philippus et Maria reges, suadente Cardinali Polo, Romam ad Pontificem februario mense MDLV miserunt. Regii oratores, viri tres *admodum insignes et omni virtute præditi,* in quibus Thomas Thirlby episcopus Eliensis, sic habebant propositum, Pontificem de conditione rei religiosæ in eo regno notitia ampliore edocere, ab ipsoque in primis petere ut ea quæ Legatus ad ejusdem regni cum Ecclesia reconciliationem curaverat atque effecerat, haberet rata et confirmaret : ejus rei causâ omnia ad Pontificem allata sunt testimonia scripta quæ oportebat, partesque Ordinalis novi proxime ad rem facientes. Jamvero Paulus IV legatione magnifice admissa, eisdemque testimoniis per certos aliquot Cardinales *diligenter discussis,* et *habita deliberatione maturc,* litteras *Præclara carissimi* sub plumbo dedit die xx junii eodem anno In his quum comprobatio plena et robur additum sit rebus a Polo gestis, de ordinationibus sic est præscriptum :...... *qui ad ordines ecclesiasticos..... ab alio quam ab episcopo rite et recte ordinato promoti fuerunt, eosdem ordines..... de novo suscipere teneantur.* Quinam autem essent episcopi tales, *non rite recteque ordinati,* satis jam indicaverant superiora documenta, facultatesque in eam rem a Legato adhibitæ : ii nimirum qui ad episcopatum, sicut alii ad alios ordines promoti essent, *non servatâ formâ Ecclesiæ consuetâ,* vel non servatâ *Ecclesiæ formâ et intentione,* prout Legatus ipse ad episcopum Norwicensem scribebat. Hi autem non alii profecto erant nisi qui promoti secundum novam ritualem formam; cui quoque examinandæ delecti Cardinales attentam operam dederant. Neque prætermittendus est locus ex eisdem Pontificis litteris, omnino rei congruens; ubi cum aliis beneficio dispensationis egentibus numerantur qui *tam ordines quam beneficia ecclesiastica nulliter et de facto obtinuerant. Nulliter* enim obtinuisse ordines idem est atque irrito actu nulloque effectu, videlicet *invalide,* ut ipsa monet ejus vocis notatio et consuetudo sermonis; præsertim quum idem pari modo affirmetur de ordinibus quod de *beneficiis ecclesiasticis,* quæ ex certis sacrorum canonum institutis manifesto erant nulla, eo quia cum vitio infirmante collata.

Huc accedit quod, ambigentibus nonnullis quinam revera episcopi, *rite et recte ordinati,* dici et haberi possent ad mentem

En outre, il faut surtout considérer ce que la lettre même de Jules III dit des pouvoirs pontificaux qui doivent être exercés librement, même en faveur de ceux dont l'ordination a été *moins régulière et dénuée de la forme ordinaire de l'Eglise* ; ces mots désignaient évidemment ceux qui avaient été ordonnés selon le rite d'Edouard, car ce dernier était, avec le rite catholique, le seul alors employé en Angleterre.

Cette vérité deviendra encore plus manifeste si l'on se rappelle l'ambassade envoyée à Rome au mois de février 1555 par le roi Philippe et la reine Marie, sur le conseil du cardinal Polo. Les trois délégués royaux, hommes éminents et très vertueux, parmi lesquels Thomas Thixlby, évêque d'Elis, avaient la mission d'instruire en détail le Souverain Pontife de la situation religieuse en Angleterre; ils devaient en premier lieu lui demander la ratification et la confirmation de ce qu'avait fait le légat pour la réconciliation de ce royaume avec l'Église. A cette fin, on apporta au Souverain Pontife tous les documents écrits nécessaires et les passages du nouvel Ordinal concernant surtout cette question. Paul IV reçut la délégation avec magnificence; les témoignages invoqués furent *discutés avec soin* par quelques cardinaux et soumis à une *mûre délibération* : le 20 juin de la même année, Paul IV publiait sous le sceau pontifical la lettre *Præclara carissimi*. Dans cette lettre, après une pleine approbation et ratification des actes de Polo, on lit les prescriptions suivantes au sujet des ordinations : *Ceux qui n'ont pas été promus aux Ordres sacrés..... par un évêque ordonné régulièrement et selon le rite, sont tenus de recevoir à nouveau les mêmes Ordres*. Quels étaient ces évêques non ordonnés régulièrement et suivant le rite, c'est ce qu'avaient déjà suffisamment indiqué les documents ci-dessus et les pouvoirs exercés par le Légat dans cette matière : c'étaient ceux qui avaient été promus à l'épiscopat, comme cela était arrivé pour d'autres dans la réception des Ordres, *sans observer la forme habituelle de l'Eglise*, ou *la forme et l'intention de l'Eglise*, ainsi que l'écrivait le légat lui-même à l'évêque de Norwich. Or, ceux-là ne pouvaient être assurément que les évêques consacrés suivant la nouvelle forme rituelle que les cardinaux désignés avaient examinée attentivement.

Il ne faut pas non plus passer sous silence un passage de la même lettre pontificale qui se rapporte parfaitement à ce sujet : le Pape y signale parmi ceux qui ont besoin d'une dispense *ceux qui ont obtenu d'une façon nulle, quoique de fait, tant les Ordres que les bénéfices ecclésiastiques*. Recevoir les Ordres *d'une façon nulle*, c'est les recevoir par un acte vain et sans effet, c'est-à-dire *invalidement*, comme nous en avertissent et l'étymologie du mot et son acception dans le langage usuel, étant donné surtout que la même affirmation vise avec les Ordres les *bénéfices ecclésiastiques* qui, d'après les formelles dispositions des Saints Canons, étaient manifestement nuls, ayant été conférés avec un vice de forme qui les annulait.

Ajoutez à cela que, en réponse aux hésitations de plusieurs se demandant quels évêques pouvaient être regardés comme ordonnés *régulièrement et selon le rite* dans l'intention du Pontife, celui-ci, peu

Pontificis, hic non multo post, die xxx octobris, alias subjecit litteras in modum Brevis : atque, *Nos,* inquit, *hæsitationem hujusmodi tollere, et serenitati conscientiæ eorum qui schismate durante ad ordines promoti fuerant, mentem et intentionem quam in eisdem litteris Nostris habuimus clarius exprimendo, opportune consulere volentes, declaramus eos tantum episcopos et archiepiscopos qui non in forma Ecclesiæ ordinati et consecrati fuerunt, rite et recte ordinatos dici non posse.* Quæ declaratio, nisi apposite ad rem Angliæ præsentem, id est ad Ordinale eduardianum, spectare debuisset, nihil certe confecerat Pontifex novis litteris, quo vel *hæsitationem tolleret* vel *serenitati conscientiæ consuleret.* Ceterum Apostolicæ Sedis documenta et mandata non aliter quidem Legatus intellexit, atque ita eis rite religioseque obtemperavit : idque pariter factum a Regina Maria et a ceteris qui cum ea dederunt operam ut religio et instituta catholica in pristinum locum restituerentur.

Auctoritates quas excitavimus Julii III et Pauli IV aperte ostendunt initia ejus disciplinæ quæ tenore constanti, jam tribus amplius sæculis, custodita est, ut ordinationes ritu eduardiano, haberentur infectæ et nullæ; cui disciplinæ amplissime suffragantur testimonia multa earumdem ordinationum quæ, in hac etiam Urbe, sæpius absoluteque iteratæ sunt ritu catholico. — In hujus igitur disciplinæ observantia vis inest opportuna proposito. Nam si cui forte quidquam dubitationis resideat in quamnam vere sententiam ea Pontificum diplomata sint accipienda, recte illud valet : *Consuetudo optima legum interpres.* Quoniam vero firmum semper ratumque in Ecclesia mansit, Ordinis sacramentum nefas esse iterari, fieri nullo pacto poterat ut talem consuetudinem Apostolica Sedes pateretur tacita ac toleraret. Atqui eam non toleravit solum, sed probavit etiam et sanxit ipsa, quotiescumque in eadem re peculiare aliquod factum incidit judicandum. Duo ejusmodi facta in medium proferimus, ex multis quæ ad *Supremam* sunt subinde delata : alterum, anno MDCLXXXIV, cujusdam Calvinistæ Galli, alterum, anno MDCCIV, Joannis Clementis Gordon ; utriusque secundum rituale eduardianum suos adepti ordines. In primo, post accuratam rei investigationem, consultores non pauci responsa sua, quæ appellant vota, de scripto ediderunt, ceterique cum eis in unam conspirarunt sententiam, *pro invaliditate ordinationis :* tantum quidem ratione habita opportunitatis, placuit Cardinalibus respondere, *dilata.* Eadem vero acta repetita et ponderata sunt in facto altero : quæsita sunt præterea nova consultorum vota, rogatique doctores egregii e Sorbonicis ac Duacenis, neque præsidium ullum perspicacioris prudentiæ prætermissum est ad rem penitus pernoscendam. Atque hoc animadvertisse oportet quod,

après, le 30 octobre, publia une seconde Lettre en forme de Bref, où il disait : *Pour mettre un terme à ces hésitations et rassurer la conscience de ceux qui ont été promus aux Ordres durant le schisme, en exposant plus nettement la pensée et l'intention de Notre première Lettre, Nous déclarons que, seuls, les évêques et archevêques non ordonnés et consacrés suivant la forme de l'Eglise ne peuvent être regardés comme ordonnés régulièrement et selon le rite.* Si cette déclaration n'avait pas dû s'appliquer proprement à la situation de l'Angleterre à cette époque, c'est-à-dire à l'Ordinal d'Edouard, le Souverain Pontife n'aurait pas eu à publier une nouvelle lettre pour *mettre un terme aux hésitations et rassurer les consciences*. Le légat, d'ailleurs, ne comprit pas autrement les lettres et instructions du Siège Apostolique et s'y soumit avec une religieuse ponctualité : telle fut également la conduite de la reine Marie et de ceux qui, avec elle, travaillèrent à rétablir la religion et les institutions catholiques dans leur première splendeur.

L'autorité de Jules III et de Paul IV, que Nous avons invoquée, fait clairement ressortir l'origine de cette discipline observée sans interruption déjà depuis plus de trois siècles, qui tient pour invalides et nulles les ordinations célébrées dans le rite d'Edouard; cette discipline se trouve explicitement corroborée par le fait des nombreuses ordinations qui, à Rome même, ont été renouvelées *absolument* et selon le rite catholique.

L'observation de cette discipline est un argument en faveur de Notre thèse. S'il reste encore un doute sur le sens à donner à ces documents pontificaux, on peut appliquer l'adage : *la coutume est la meilleure interprète des lois.*

L'Eglise ayant toujours admis comme un principe constant et inviolable qu'il est absolument interdit de réitérer le sacrement de l'Ordre, il était impossible que le Siège Apostolique souffrit et tolérât en silence une coutume de ce genre. Or, non content de la tolérer, il l'a même approuvée et sanctionnée toutes les fois qu'il s'est agi de juger sur ce point quelque cas particulier. Nous ne citerons que deux faits de ce genre entre beaucoup d'autres déférés dans la suite à la *Suprema* : l'un, de 1684, concerne un calviniste français; l'autre, de 1704, est celui de Jean-Clément Gordon; tous deux avaient reçu les Ordres selon le rite d'Edouard. Dans le premier cas, après une minutieuse enquête, la majorité des consulteurs mirent par écrit leurs *vœux* (c'est le nom qu'on donne à leurs réponses); les autres, s'unissant à eux, se prononcèrent pour l'*invalidité de l'ordination;* toutefois, eu égard à certains motifs d'opportunité, les cardinaux crurent devoir répondre : *différé*. Dans le second cas, les mêmes faits furent examinés à nouveau; on demanda en outre de nouveaux *vœux* aux consulteurs, on interrogea d'éminents docteurs de la Sorbonne et de Douai; on ne négligea, pour connaître l'affaire à fond, aucun des moyens que suggérait une prudence clairvoyante.

tametsi tum ipse Gordon cujus negotium erat, tum aliqui consultores inter causas *nullitatis* vindicandæ etiam adduxissent illam prout putabatur ordinationem Parkerii, in sententia tamen ferenda omnino seposita est ea causa, ut documenta produnt integræ fidei, neque alia ratio est reputata nisi *defectus formæ et intentionis*. Qua de forma quo plenius esset certiusque judicium, cautum fuerat ut exemplar Ordinalis anglicani suppeteret; atque etiam cum eo singulæ collatæ sunt formæ ordinandi, ex variis orientalium et occidentalium ritibus conquisitæ. Tum Clemens XI, Cardinalium ad quos pertinebat consentientibus suffragiis, ipsemet feria v, die xvii aprilis MDCCIV, *decrevit :* « Joannes Clemens Gordon *ex integro et absolute* ordinetur ad omnes ordines etiam sacros et præcipue presbyteratus, et quatenus non fuerit confirmatus, prius sacramentum Confirmationis suscipiat ». Quæ sententia, id sane considerare refert, ne a defectu quidem *traditionis instrumentorum* quidquam momenti duxit : tunc enim præscriptum de more esset ut ordinatio *sub conditione* instauraretur. Eo autem pluris refert considerare, eamdem Pontificis sententiam spectare universe ad omnes Anglicanorum ordinationes. Licet enim factum attigerit peculiare, non tamen expeculiari quapiam ratione profecta est, verum ex *vitio formæ*, quo quidem vitio ordinationes illæ æque afficiuntur omnes : adeo ut, quoties deinceps in re simili decernendum fuit, toties idem Clementis XI communicatum sit decretum.

Quæ quum ita sint, non videt nemo controversiam temporibus nostris exsuscitatam, Apostolicæ Sedis judicio definitam multo antea fuisse : documentisque illis haud satis quam oportuerat cognitis, fortasse factum ut scriptor aliquis catholicus disputationem de ea libere habere non dubitarit. Quoniam vero, ut principio monuimus, nihil Nobis antiquius optatiusque est quam ut hominibus recte animatis maximâ possimus indulgentia et caritate prodesse, ideo jussimus in Ordinale anglicanum, quod caput est totius causæ rursus quam studiosissime inquiri.

In ritu cujuslibet sacramenti conficiendi et administrandi jure discernunt inter partem *cæremonialem* et partem *essentialem*, quæ *materia et forma* appellari consuevit. Omnesque norunt, sacramenta novæ legis, utpote signa sensibilia atque gratiæ invisibilis efficientia, debere gratiam et significare quam efficiunt et efficere quam significant. Quæ significatio, etsi in toto ritu essentiali, in materia scilicet et forma, haberi debet, præcipue tamen ad formam pertinet; quum materia sit pars per se non determinata, quæ per illam determinetur. Idque in sacramento Ordinis manifestius apparet, cujus conferendi materia, quatenus hoc loco se dat considerandam, est manuum impositio; quæ

Une remarque s'impose : Gordon lui-même, il est vrai, alors en cause, et quelques consulteurs, invoquèrent entre autres motifs de nullité l'ordination de Parker avec le caractère qu'on lui attribuait à cette époque; mais quand il s'agit de prononcer la sentence, on écarta absolument cette raison, comme le prouvent des documents dignes de toute confiance, et l'on ne retint comme motif qu'un *défaut de forme et d'intention*. Pour porter sur cette forme un jugement plus complet et plus sûr, on avait eu la précaution d'avoir en main un exemplaire de l'Ordinal anglican, que l'on compara aux formes d'ordination usitées dans les divers rites orientaux et occidentaux. Alors, Clément XI, après avis conforme des cardinaux dont l'affaire ressortissait, porta lui-même, le jeudi 17 avril 1704, le décret suivant : « Que Jean-Clément Gordon reçoive *ex integro et absolute* tous les Ordres, même les Ordres sacrés et surtout le sacerdoce, et s'il n'a pas été confirmé, qu'il reçoive d'abord le sacrement de Confirmation. » Cette décision, remarquons-le bien, n'a tenu aucun compte du défaut de *tradition des instruments*, auquel cas l'usage prescrivait de renouveler l'ordination *sous condition*. Il importe encore davantage d'observer que cette même sentence du Pape concerne d'une façon générale les ordinations anglicanes.

Bien qu'elle se rapportât, en effet, à un cas spécial, elle ne s'appuyait pas néanmoins sur un motif particulier, mais sur un *vice de forme* dont sont affectées toutes ces ordinations, tellement que, dans la suite, toutes les fois qu'il fallut décider d'un cas analogue, on répondit par ce même décret de Clément XI.

Cela étant, il est clair pour tous que la question soulevée à nouveau de nos jours avait été bien auparavant tranchée par un jugement du Siège Apostolique; la connaissance insuffisante de ces documents explique peut-être comment certains écrivains catholiques n'ont pas hésité à discuter librement sur ce point. Mais, Nous l'avons dit au début, depuis très longtemps Nous n'avons rien plus à cœur que d'entourer le plus possible d'indulgence et d'affection les hommes animés d'intentions droites. Aussi, avons-Nous prescrit d'examiner encore très attentivement l'Ordinal anglican, point de départ de tout le débat.

Dans le rite qui concerne la confection et l'administration de tout sacrement, on distingue avec raison entre la partie *cérémoniale* et la partie *essentielle*, qu'on appelle la *matière* et la *forme*. Chacun sait que les sacrements de la nouvelle loi, signes sensibles et efficaces d'une grâce invisible, doivent signifier la grâce qu'ils produisent et produire la grâce qu'ils signifient. Cette signification doit se trouver, il est vrai, dans tout le rite essentiel, c'est-à-dire dans la matière et la forme; mais elle appartient particulièrement à la forme, car la matière est une partie indéterminée par elle-même, et c'est la forme qui la détermine. Cette distinction devient plus évidente encore dans la collation du sacrement de l'Ordre, où la matière, telle du moins que Nous la considérons ici, est l'imposition des mains; celle-ci, assurément, n'a par elle-même aucune signification

quidem nihil definitum per se significat, et æque ad quosdam Ordines, æque ad Confirmationem usurpatur.

— Jamvero verba quæ ad proximam usque ætatem habentur passim ab Anglicanis tamquam forma propria ordinationis presbyteralis, videlicet, *Accipe Spiritum Sanctum*, minime sane significant definite ordinem sacerdotii vel ejus gratiam, et potestatem, quæ præcipue est potestas *consecrandi et offerendi verum corpus et sanguinem Domini* (1), eo sacrificio, quod non est *nuda commemoratio sacrificii in Cruce peracti* (2). Forma hujusmodi aucta quidem est postea iis verbis, *ad officium et opus presbyteri :* sed hoc potius convincit, Anglicanos vidisse ipsos primam eam formam fuisse mancam neque idoneam rei. Eadem vero adjectio, si forte quidem legitimam significationem apponere formæ posset, serius est inducta, elapso jam sæculo post receptum Ordinale eduardianum; quum propterea, Hierarchiâ extincta, potestas ordinandi jam nulla esset. Nequidquam porro auxilium causæ novissime arcessitum est ab aliis ejusdem Ordinalis precibus. Nam, ut cetera prætereantur quæ eas demonstrent in ritu anglicano minus sufficientes proposito, unum hoc argumentum sit instar omnium, de ipsis consulto detractum esse quidquid in ritu catholico dignitatem et officia sacerdotii perspicue designat. Non ea igitur forma esse apta et sufficiens sacramento potest, quæ id nempe reticet quod deberet proprium significare.

De consecratione episcopali similiter est. Nam formulæ, *Accipe Spiritum Sanctum*, non modo serius adnexa sunt verba, *ad officium et opus episcopi*, sed etiam de iisdem, ut mox dicemus, judicandum aliter est quam in ritu catholico. Neque rei proficit quidquam advocasse præfationis precem, *Omnipotens Deus;* quum ea pariter deminuta sit verbis quæ *summum sacerdotium* declarent. Sane, nihil huc attinet explorare, utrum episcopatus complementum sit sacerdotii, an ordo ab illo distinctus, aut collatus, ut aiunt, *per saltum*, scilicet homini non sacerdoti, utrum effectum habeat necne. At ipse procul dubio, ex institutione Christi, ad sacramentum Ordinis verissime pertinet, atque est præcellenti gradu sacerdotium; quod nimirum et voce sanctorum Patrum et rituali nostra consuetudine *summum sacerdotium, sacri ministerii summa* nuncupatur. Inde fit ut, quoniam sacramentum Ordinis verumque Christi sacerdotium a ritu anglicano penitus extrusum est, atque adeo in consecratione episcopali ejusdem ritus nullo modo sacerdotium confertur, nullo item modo episcopatus vere ac jure possit conferri : eoque id magis

---

(1) Trid. Sess., XXIII *de Sacr. Ord., can. 1.*
(2) Trid. Sess., XXII *de Sacrif. Missæ, can. 3.*

précise, et on l'emploie aussi bien pour certains Ordres que pour la Confirmation.

Or, jusqu'à nos jours, la plupart des anglicans ont regardé comme forme propre de l'ordination sacerdotale la formule : *Reçois le Saint-Esprit ;* mais ces paroles sont loin de signifier, d'une façon précise, le sacerdoce en tant qu'Ordre, la grâce qu'il confère ou son pouvoir, qui est surtout le pouvoir *de consacrer et d'offrir le vrai corps et le vrai sang du Seigneur* (1), dans le sacrifice, qui n'est pas *la simple commémoration du sacrifice accompli sur la Croix* (2). Sans doute, on a ajouté plus tard à cette forme les mots *Pour l'office et la charge de prêtre ;* mais c'est là une preuve de plus que les anglicans eux-mêmes considéraient cette forme comme défectueuse et impropre. Cette même addition, supposé qu'elle eût pu donner à la forme la signification requise, a été introduite trop tard ; car, un siècle s'était déjà écoulé depuis l'adoption de l'Ordinal d'Edouard et, par suite, la hiérarchie étant éteinte, le pouvoir d'ordonner n'existait plus.

C'est en vain que, pour les besoins de la cause, de nouvelles additions furent faites récemment, aux prières de ce même Ordinal. Nous ne citerons qu'un seul des nombreux arguments qui montrent combien ces formules du rite anglican sont insuffisantes pour le but à atteindre : il tiendra lieu de tous les autres. Dans ces formules, on a retranché de propos délibéré tout ce qui, dans le rite catholique, fait nettement ressortir la dignité et les devoirs du sacerdoce, elle ne peut donc être la forme convenable et suffisante d'un sacrement, celle qui passe sous silence ce qui devrait y être spécifié expressément.

Il en est de même de la consécration épiscopale. En effet, non seulement les mots *Pour l'office et la charge de l'évêque* ont été ajoutés trop tard à la formule *Reçois le Saint-Esprit,* mais encore, comme Nous le dirons bientôt, ces paroles doivent être interprétées autrement que dans le rite catholique. Il ne sert de rien d'invoquer sur ce point la prière qui sert de préambule : *Dieu tout-puissant,* puisqu'on y a également retranché les mots qui désignent le *sacerdoce suprême.* En vérité, il serait étranger à la question d'examiner ici si l'épiscopat est le complément du sacerdoce ou un Ordre distinct ; rechercher si l'épiscopat conféré *per saltum,* c'est-à-dire à un homme qui n'est pas prêtre, produit ou non son effet, serait également inutile. Il est hors de doute et il ressort de l'institution même du Christ que l'épiscopat fait véritablement partie du sacrement de l'Ordre et qu'il est un sacerdoce d'un degré supérieur ; c'est d'ailleurs ce qu'insinue le langage habituel des saints Pères et les termes usités dans notre rituel où il est appelé le *sacerdoce suprême, le sommet du ministère sacré.* D'où il résulte que le sacrement de l'Ordre et le vrai sacerdoce du Christ ayant été entièrement bannis du rite anglican, et la consécration épiscopale du même rite ne conférant aucunement le sacerdoce, l'épiscopat ne peut non plus être vraiment et légitimement conféré, d'autant plus que, parmi les principales

---

(1) Conc. de Trente, Sess. XXIII, *du Sacr. de l'Ordre, can. 1.*
(2) Conc. de Trente, Sess. XXII, *du Sacrif. de la Messe, can. 3.*

quia in primis episcopatus muniis illud scilicet est, ministros ordinandi in sanctam Eucharistiam et sacrificium.

Ad rectam vero plenamque Ordinalis anglicani æstimationem, præter ista per aliquas ejus partes notata, nihil profecto tam valet quam si probe æstimetur quibus adjunctis rerum conditum sit et publice constitutum. Longum est singula persequi, neque est necessarium : ejus namque ætatis memoria satis diserte loquitur, cujus animi essent in Ecclesiam catholicam auctores Ordinalis, quos adsciverint fautores ab heterodoxis sectis, quo demum consilia sua referrent. Nimis enimvero scientes quæ necessitudo inter fidem et cultum, inter *legem credendi et legem supplicandi* intercedat, liturgiæ ordinem, specie quidem redintegrandæ ejus formæ primævæ, ad errores Novatorum multis modis deformarunt. Quamobrem toto Ordinati non modo nulla est aperta mentio sacrificii, consecrationis, sacerdotii, potestatisque consecrandi et sacrificii offerendi; sed immo omnia hujusmodi rerum vestigia, quæ superessent in precationibus ritus catholici non plane rejectis, sublata et deleta sunt de industria, quod supra attigimus. Ita per se apparet nativa Ordinalis indoles ac spiritus, uti loquuntur. Hinc vero ab origine ducto vitio, si valere ad usum ordinationum minime potuit, nequaquam decursu ætatum, quum tale ipsum permanserit, futurum fuit ut valeret. Atque ii egerunt frustra qui inde a temporibus Caroli I conati sunt admittere aliquid sacrificii et sacerdotii, nonnullâ dein ad Ordinale facta accessione : frustraque similiter contendit pars ea Anglicanorum non ita magna, recentiore tempo re coalita, quæ arbitratur posse idem Ordinale ad sanam rectamque sententiam intelligi et deduci. Vana, inquimus, fuere et sunt hujusmodi conata : idque hac etiam de causa, quod, si qua quidem verba, in Ordinali anglicano ut nunc est, porrigant se in ambiguum, ea tamen sumere sensum eumdem nequeunt quem habent in ritu catholico. Nam semel novato ritu, ut vidimus, quo nempe negetur vel adulteretur sacramentum Ordinis, et a quo quævis notio repudiata sit consecrationis et sacrificii; jam minime constat formula, *Accipe Spiritum Sanctum,* qui Spiritus, cum gratia nimirum sacramenti, in animam infunditur; minimeque constant verba illa, *ad officium et opus presbyteri* vel *episcopi* ac similia, quæ restant nomina sine re quam instituit Christus. — Hujus vim argumenti perspectam ipsi habent plerique Anglicani, observantiores Ordinalis interpretes; quam non dissimulanter eis objiciunt qui nove ipsum interpretantes, Ordinibu-inde collatis pretium virtutemque non suam spe vana affingunt. Eodem porro argumento vel uno illud etiam corruit, opinantium posse in legitimam Ordinis formam sufficere precationem, *Omnipotens Deus, bonorum omnium largitor,* quæ sub initium

fonctions de l'épiscopat, se trouve celle d'ordonner les ministres pour la Sainte Eucharistie et le Saint Sacrifice.

Pour apprécier d'une façon exacte et complète l'Ordinal anglican, en dehors des points mis en lumière par certains passages, rien assurément ne vaut l'examen scrupuleux des circonstances dans lesquelles il a été composé et publié. Les passer toutes en revue serait long et inutile; l'histoire de cette époque montre assez éloquemment quel esprit animait les auteurs de l'Ordinal à l'égard de l'Eglise catholique, quels appuis ils ont demandés aux sectes hétérodoxes, et quel but ils poursuivaient. Ne sachant que trop la relation nécessaire qui existe entre la foi et le culte, entre *la loi de croyance et la loi de prière*, ils ont grandement défiguré l'ensemble de la liturgie conformément aux doctrines erronées des novateurs, sous prétexte de la ramener à sa forme primitive. Aussi, dans tout l'Ordinal, non seulement il n'est fait aucune mention expresse du sacrifice, de la consécration, du sacerdoce, du pouvoir de consacrer et d'offrir le sacrifice, mais encore les moindres traces de ces institutions, qui subsistaient encore dans les prières du rite catholique en partie conservées, ont été supprimées et effacées avec le soin signalé plus haut.

Ainsi apparaissent d'eux-mêmes le caractère et l'esprit original de l'Ordinal. Si, vicié dès le début, celui-ci ne pouvait être suivi pour les ordinations, il ne pouvait de même être employé validement dans la suite des temps, puisqu'il demeurait tel quel. C'est donc en vain que, dès l'époque de Charles I*er*, plusieurs s'efforcèrent d'admettre quelque chose du sacrifice et du sacerdoce, aucune addition n'ayant été faite depuis à l'Ordinal; c'est en vain également qu'un petit nombre d'anglicans récemment réunis pensent pouvoir donner à cet Ordinal une interprétation satisfaisante et régulière.

Ces efforts, disons-Nous, ont été et sont stériles, et cela pour cet autre motif que si l'Ordinal anglican actuel présente quelques expressions ambiguës, elles ne peuvent revêtir le même sens que dans le rite catholique. En effet, l'adoption d'un nouveau rite qui nie ou dénature le sacrement de l'Ordre et qui répudie toute notion de consécration et de sacrifice enlève à la formule *Reçois le Saint-Esprit* toute sa valeur; car cet Esprit ne pénètre dans l'âme qu'avec la grâce du sacrement. Perdent aussi leur valeur les paroles *Pour l'office et la charge de prêtre ou d'évêque* et autres semblables; ce ne sont plus alors que de vains mots, sans la réalité de la chose instituée par le Christ.

La force de cet argument apparaît à la plupart des anglicans eux-mêmes qui interprètent rigoureusement l'Ordinal; ils l'opposent franchement à ceux qui, à l'aide d'une interprétation nouvelle et poussés par un vain espoir, attribuent aux Ordres ainsi conférés une valeur et une vertu qu'ils n'ont pas. Cet argument détruit à lui seul l'opinion qui regarde comme forme légitime suffisante du sacrement de l'Ordre la prière *Omnipotens Deus, bonorum omnium largitor*, qui

est ritualis actionis; etiamsi forte haberi ea posset tamquam sufficiens in ritu aliquo catholico quem Ecclesia probasset. — Cum hoc igitur intimo *formæ defectu* conjunctus est *defectus intentionis*, quam æque necessario postulat, ut sit, sacramentum. De mente vel intentione, utpote quæ per se quiddam est interius, Ecclesia non judicat : at quatenus extra proditur, judicare de ea debet. Jamvero quum quis ad sacramentum conficiendum et conferendum materiam formamque debitam serio ac rite adhibuit, eo ipso censetur id nimirum facere intendisse quod facit Ecclesia. Quo sane principio, innititur doctrina quæ tenet esse vere sacramentum vel illud, quod ministerio hominis hæretici aut non baptizati, dummodo ritu catholico, conferatur. Contra, si ritus immutetur, eo manifesto consilio ut alius inducatur ab Ecclesia non receptus, utque id repellatur quod facit Ecclesia et quod ex institutione Christi ad naturam attinet sacramenti, tunc palam est, non solum necessariam sacramento intentionem deesse, sed intentionem immo haberi sacramento adversam et repugnantem.

Isthæc omnia diu multumque reputavimus apud Nos et cum Venerabilibus Fratribus Nostris in *Suprema* judicibus; quorum etiam Cœtum singulariter coram Nobis advocare placuit feria v, die xvi julii proximi, in commemoratione Mariæ D. N. Carmelitidis. Iique ad unum consensere, propositam causam jam pridem ab Apostolica Sede plene fuisse et cognitam et judicatam : ejus autem denuo instituta actaque quæstione, emersisse illustrius quanto illa justitiæ sapientiæque pondere totam rem absolvisset. Verumtamen optimum factu duximus supersedere sententiæ, quo et melius perpenderemus conveniretne expediretque eamdem rem auctoritate Nostra rursus declarari, et uberiorem divini luminis copiam supplices imploraremus. — Tum considerantibus Nobis ut idem caput disciplinæ, etsi jure jam definitum, a quibusdam revocatum sit in controversiam, quacumque demum causa sit revocatum; ex eoque pronum fore ut perniciosus error gignatur non paucis qui putent se ibi Ordinis sacramentum et fructus reperire ubi minime sunt, visum est in Domino sententiam Nostram edicere.

Itaque omnibus Pontificum Decessorum in hac ipsa causa decretis usquequaque assentientes, eaque plenissime confirmantes ac veluti renovantes actoritate Nostra, motu proprio certa scientia, prenunciamus et declaramus, ordinationes ritu anglicano actas, irritas prorsus fuisse et esse, omninoque nullas.

Hoc restat, ut quo ingressi sumus *Pastoris magni* nomine et animo veritatem tam gravis rei certissimam commonstrare,

se trouve au commencement de l'ordination; et cela même si cette prière pouvait être regardée comme suffisante dans quelque rite catholique que l'Eglise aurait approuvé.

A ce *vice de forme* intrinsèque, se lie le *défaut d'intention* : or, la forme et l'intention sont également nécessaires à l'existence du sacrement. La pensée ou l'intention, en temps qu'elle est une chose intérieure, ne tombe pas sous le jugement de l'Eglise; mais celle-ci doit en juger la manifestation extérieure. Ainsi, quelqu'un qui, dans la confection et la collation d'un sacrement, emploie sérieusement et suivant le rite la matière et la forme requises, est censé, par le fait même, avoir eu l'intention de faire ce que fait l'Eglise.

C'est sur ce principe que s'appuie la doctrine d'après laquelle est valide tout sacrement conféré par un hérétique ou un homme non baptisé, pourvu qu'il soit conféré selon le rite catholique. Au contraire, si le rite est modifié dans le dessein manifeste d'en introduire un autre non admis par l'Eglise et de rejeter celui dont elle se sert et qui, par l'institution du Christ, est attaché à la nature même du sacrement, alors, évidemment, non seulement l'intention nécessaire au sacrement fait défaut, mais il y a là une intention contraire et opposée au sacrement.

Tout ce qui précède, Nous l'avons longtemps et mûrement médité Nous-même d'abord, puis avec Nos Vénérables Frères juges de la *Suprema*. Nous avons même spécialement convoqué cette assemblée en Notre présence, le jeudi 16 juillet dernier, en la fête de Notre-Dame du Mont-Carmel. Ils furent unanimes à reconnaître que la cause proposée avait été déjà depuis longtemps pleinement instruite et jugée par le Siège Apostolique; que l'enquête nouvelle ouverte à ce sujet n'avait fait que démontrer d'une façon plus lumineuse avec quelle justice et quelle sagesse la question avait été tranchée. Toutefois, Nous avons jugé bon de surseoir à Notre sentence, afin de mieux apprécier l'opportunité et l'utilité qu'il pouvait y avoir à prononcer de nouveau la même décision par Notre autorité et afin d'appeler sur Nous, du ciel, par Nos supplications, une plus grande abondance de lumière.

Considérant alors que ce même point de discipline, quoique déjà canoniquement défini, est remis en discussion par quelques-uns — quel que soit le motif de la controverse, — et qu'il en pourrait résulter une erreur funeste pour un grand nombre qui pensent trouver le sacrement de l'Ordre et ses fruits là où ils ne sont nullement, il Nous a paru bon, dans le Seigneur, de publier Notre sentence.

C'est pourquoi, Nous conformant à tous les décrets de Nos prédécesseurs relatifs à la même cause, les confirmant pleinement et les renouvelant par Notre autorité, de Notre propre mouvement et de science certaine, Nous prononçons et déclarons que les ordinations conférées selon le rite anglican ont été et sont absolument vaines et entièrement nulles.

Puisque c'est en qualité et avec les sentiments de *Pasteur suprême* que Nous avons entrepris de montrer la très certaine vérité d'une affaire aussi grave, il Nous reste à exhorter dans le même esprit

eodem adhortemur eos qui Ordinum atque Hierarchiæ beneficia sincera voluntate optent ac requirant. Usque adhuc fortasse, virtutis christianæ intendentes ardorem, religiosius consulentes divinas litteras, pias duplicantes preces, incerti tamen hæserunt et anxii ad vocem Christi jamdiu intime admonentis. Probe jam vident quo se bonus ille invitet ac velit. Ad unicum ejus ovile si redeant, tum vero et quæsita beneficia assecuturi sunt et consequentia salutis præsidia, quorum administram fecit ipse Ecclesiam, quasi redemptionis suæ custodem perpetuam et procuratricem in gentibus. Tum vero *haurient aquas in gaudio de fontibus Salvatoris*, sacramentis ejus mirificis; unde fideles animæ in amicitiam Dei remissis vere peccatis, restituuntur, cælesti pane aluntur et roborantur, adjumentisque maximis affluunt ad vitæ adeptionem æternæ. Quorum bonorum revera sitientes, utinam *Deus pacis, Deus totius consolationis* faciat compotes atque expleat perbenignus — Hortationem vero Nostram et vota eos majorem in modum spectare volumus, qui religionis ministri in communitatibus suis habentur. Homines ex ipso officio præcedentes doctrina et auctoritate, quibus profecto cordi est divina gloria et animorum salus, velint alacres vocanti Deo parere in primis et obsequi, præclarumque de se edere exemplum. Singulari certe lætitia eos Ecclesia mater excipiet omnique complectetur bonitate et providentia, quippe quos per arduas rerum difficultates virtus animi generosior ad sinum suum reduxerit. Ex hac vero virtute dici vix potest quæ ipsos laus maneat in coetibus fratrum per catholicum orbem, quæ aliquando spes et fiducia ante Christum judicem, quæ ab illo præmia in regno cœlesti! Nos quidem, quantum omni ope licuerit, eorum cum Ecclesia reconciliationem fovere non desistemus; ex qua et singuli et ordines, id quod vehementer cupimus, multum capere possunt ad imitandum. Interea veritatis gratiæque divinæ patentem cursum ut secundare contendant fideliter, per viscera misericordiæ Dei nostri rogamus omnes et obsecramus.

Præsentes vero litteras et quæcumque in ipsis habentur nullo unquam tempore de subreptionis aut obreptionis sive intentionis Nostræ vitio aliove quovis defectu notari vel impugnari posse; sed semper validas et in suo robore fore et esse, atque ab omnibus cujusvis gradus et præeminentiæ inviolabiliter in judicio et extra observari debere decernimus: irritum quoque et inane si secus super his a quoquam, quavis auctoritate vel præ-

ceux qui souhaitent et recherchent sincèrement le bienfait des Ordres et de la hiérarchie. Jusqu'à ce jour peut-être, excitant leur ardeur pour la vertu, relisant avec plus de piété les Saintes Écritures, redoublant leurs ferventes prières, ils ne répondaient néanmoins qu'avec incertitude et anxiété à la voix du Christ qui les pressait déjà d'appels intérieurs. Ils voient aujourd'hui clairement où ce bon Pasteur les appelle et les veut. Qu'ils rentrent au bercail, ils obtiendront alors les bienfaits désirés et les secours qui en résultent pour le salut, secours dont lui-même a confié l'administration à l'Église, gardienne perpétuelle de sa Rédemption et chargée d'en distribuer les fruits aux nations. Alors *ils puiseront avec joie l'eau des fontaines du Sauveur* qui sont ses sacrements merveilleux, lesquels rendent l'amitié de Dieu aux fidèles vraiment purifiés de leurs péchés, les nourrissent et les fortifient du pain céleste et leur donnent en abondance de précieux secours pour conquérir la vie éternelle.

S'ils ont véritablement soif de ces biens, que le *Dieu de paix*, le *Dieu de toute consolation*, dans sa bonté infinie, les en fasse jouir sans limite.

Nous voulons que Notre exhortation et Nos vœux s'adressent plus spécialement à ceux qui sont considérés par leurs communautés comme des ministres de la religion. Que ces hommes placés au-dessus des autres par leurs fonctions, leur science et leur autorité, qui ont certainement à cœur la gloire de Dieu et le salut des âmes, s'empressent de répondre et d'obéir au Dieu qui les appelle; ils donneront ainsi un noble exemple. C'est avec une joie singulière que leur Mère l'Église les recevra, les entourera de sa bonté et de ses attentions, comme cela convient pour des hommes qu'une vertu plus généreuse aura fait rentrer dans son sein à travers des difficultés plus particulièrement ardues. On peut à peine dire quel enthousiasme suscitera cette courageuse résolution dans les assemblées de leurs frères, à travers le monde catholique, quel espoir et quelle confiance elle leur permettra un jour, devant le Christ leur juge, et quelle récompense ce Christ leur réserve dans le royaume des cieux. Pour Nous, autant que Nous l'avons pu, Nous ne cessons de favoriser leur réconciliation avec l'Église, dans laquelle, soit isolément, soit en masse — ce que Nous souhaitons très vivement, — ils peuvent choisir beaucoup d'exemples à imiter.

En attendant, prions tous et demandons, par les entrailles de la miséricorde divine, qu'ils s'efforcent de seconder fidèlement l'action évidente de la vérité et de la grâce divine.

Nous décrétons que cette Lettre et tout ce qu'elle renferme ne pourra jamais être taxé ou accusé d'addition, de suppression, de défaut d'intention de Notre part ou de tout autre défaut; mais qu'elle est et sera toujours valide et dans toute sa force, qu'elle devra être inviolablement observée par tous, de quelque grade ou prééminence qu'on soit revêtu, soit en jugement soit hors jugement; déclarant vain et nul tout ce qui pourrait y être ajouté de différent par n'importe qui, quelle que soit son autorité et sous

textu, scienter vel ignoranter contigerit attentari declarantes, contrariis non obstantibus quibuscumque.

Volumus autem ut harum litterarum exemplis, etiam impressis, manu tamen Notarii subscriptis et per constitutum in ecclesiastica dignitate virum sigillo munitis, eadem habeatur fides quæ Nostræ voluntatis significationi his præsentibus ostensis haberetur.

Datum Romæ apud Sanctum Petrum anno Incarnationis Dominicæ millesimo octingentesimo nonagesimo sexto, idibus septembribus, Pontificatus Nostri anno decimo nono.

A. card. BIANCHI   C. card. DE RUGGIERO
Pro-Datarius

VISA

DE CURIA I. DE AQUILA E VICECOMITIBUS.

Loco ✠ *Plumbi*

Reg. in Secret. Brevium.

I. CUGNONI.

n'importe quel prétexte, sciemment ou par ignorance, et rien de contraire ne devra y faire obstacle.

Nous voulons, en outre, que les exemplaires de cette Lettre même imprimés, portant toutefois le visa d'un notaire et munis du sceau par un homme constitué en dignité ecclésiastique, fassent foi comme le ferait la signification de Notre volonté si on la lisait dans la présente Lettre.

Donné à Rome, auprès de Saint-Pierre, l'an de l'Incarnation du Seigneur mil huit cent quatre-vingt-seize, aux ides de septembre, en l'année de Notre Pontificat la dix-neuvième,

C. card. de RUGGIERO.

A. card. BIANCHI,
Pro-Datarius.

VISA
DE CURIA I. DE AQUILA E VICECOMITIBUS.

Loco ✠ *Plumbi*
Reg. in Secret. Brevium.

I. CUGNONI.

DISCOURS DU SOUVERAIN PONTIFE

AU SACRÉ COLLÈGE

Prononcé dans l'audience solennelle du 23 décembre 1896, en réponse à l'adresse lue par le cardinal Oreglia, doyen.

Notre âge avancé et les fréquentes amertumes dont Notre âme est abreuvée Nous rendent plus douce que jamais la consolation de célébrer les solennités de Noël, accompagné des vœux du Sacré Collège. Pour Nous, plein de reconnaissance envers le Seigneur, Père de toute bonté, qui a daigné Nous assister affectueusement jusqu'ici, Nous le conjurons chaque jour de ne point permettre que la fin de Notre vie mortelle s'écoule sans utilité pour son Eglise. Qu'il Nous accorde la grâce de pouvoir, qu'elle qu'en soit la durée, la consacrer tout entière à sa gloire et particulièrement à l'œuvre de restauration que vous venez, Monsieur le Cardinal, de mentionner il y a un instant. Il est très vrai, en effet, que, dans les longues et multiples tempêtes au milieu desquelles s'épuisent les individus et les peuples, il était de Notre devoir d'indiquer la vertu surhumaine de la religion du Christ pour le salut commun. Et de fait, le zèle à ramener aux institutions chrétiennes notre siècle soupçonneux et rebelle a été l'un des buts que Nous avons poursuivis avec le plus d'amour dans le cours assez long de Notre ministère. Pour cela, Nous Nous sommes efforcé plus d'une fois d'inviter les nations à fixer attentivement leurs regards, sans se laisser détourner par des idées préconçues, sur la vraie nature de l'Eglise et de la Papauté. Certes, si elles étaient mieux connues par les uns, moins dénaturées à dessein par les autres, elles suffiraient d'elles-mêmes à dissiper les préjugés et à conquérir les esprits les plus indociles. Elle apparaîtrait telle qu'elle est, l'Epouse du Nazaréen, non pas ennemie, mais auxiliatrice de tout bon progrès social. Alors les sociétés humaines pourraient vraiment compter sur une paix durable et sur leur vrai salut, grâce aux influences du christianisme qui communiquerait de nouveau sa force vivifiante aux institutions de l'ordre civil et social. Pour Nous, jamais Nous ne détournerons Nos yeux et Notre cœur de ce dessein suprême.

A vrai dire, la haute mission qui Nous incombe, ardue par

elle-même, est rendue plus malaisée par les conjonctures présentes. Et Nous ne parlons pas des obstacles qu'a rencontrés et que rencontrera toujours l'apostolat de la vérité et de la justice ; mais Nous entendons parler des conditions extérieures auxquelles depuis plus de vingt-cinq ans se trouve astreint le Souverain Pontife. C'est en vain qu'on recourt aux sophismes et aux fictions juridiques ; depuis que l'indépendance du Siège Apostolique est atteinte dans sa forme providentielle, il n'est pas possible d'en maintenir intacte, d'une manière sûre et convenable, la liberté nécessaire. A quoi bon les lois imaginées pour sauvegarder la personne et la dignité du Pontife! Nous avons expérimenté encore tout récemment quelle efficace protection Nous en devons attendre. Il n'y avait pas longtemps que Notre parole venait de retentir en Orient en faveur des malheureux Arméniens, alors que, dans un moment d'angoisse pour notre péninsule, Nous avons accueilli la pensée de consoler sur une terre lointaine et ennemie des centaines de braves trahis par la fortune des armes. La paternité spirituelle et l'amour de la patrie ont été Notre mobile ; et, dans Notre désir d'être utile, Nous avons entrevu, sans Nous arrêter pour autant, la possibilité de ce qui est arrivé ensuite. Eh bien! tout le monde a pu voir comment cet acte même de charité a été livré, sans défense, à l'opprobre et à la calomnie.

Ainsi la direction du nouvel état de chose et l'esprit qui les informe sont toujours les mêmes. On persiste à maintenir à l'état aigu un grave conflit qui trouble des millions de consciences et qui pèse comme une infortune sur les destinées de l'Italie. Erreur lamentable, et le ciel Nous est témoin combien elle Nous est douloureuse. Mais cela n'affaiblit point Nos espérances, car il veille secrètement jusque sur les voies de la politique humaine, le Très-Haut qui tient en ses mains le cœur des hommes, et qui, à l'heure de la miséricorde, guérit les nations.

Nous répondons par le plus sincère échange aux vœux affectueux du Sacré Collège, en lui souhaitant la plus grande abondance des dons célestes. Recevez-en le gage et l'augure dans la bénédiction apostolique que Nous accordons avec une paternelle affection aux cardinaux, ainsi qu'aux évêques, aux prélats et à toutes les personnes ici présentes.

(Traduit d'après le texte officiel italien, publié par l' « Osservatore Romano ».)

LETTRE DU PAPE
Au Très Puissant
MÉNÉLIK
Négus Negesti, *Empereur d'Ethiopie,*
LÉON XIII, PAPE

Très puissant Negus Negesti, salut et prospérité.

Il vous a plu jadis de saluer, par un acte spontané, le commencement de Notre Pontificat, et, dix ans après, à l'occasion de Notre Jubilé sacerdotal, vous Nous avez offert un nouveau témoignage de votre courtoisie. Ces preuves de bienveillance ont réjoui Notre cœur; elles honorent le vôtre. Aussi, est-ce à votre cœur de monarque et de chrétien que s'adresse aujourd'hui Notre parole pour vous engager à un acte de générosité souveraine. La victoire a laissé en vos mains de nombreux prisonniers. Ce sont des jeunes gens vigoureux et dignes de respect, qui, à la fleur de l'âge et à l'aurore des belles espérances, ont été enlevés à leurs familles et à leur patrie.

Leur captivité n'augmente ni la mesure de votre puissance, ni l'étendue de votre prestige; mais, plus elle se prolonge, plus vive est la douleur dans l'âme de milliers de mères et d'épouses innocentes.

Pour Nous, pénétré de la sainte mission que Nous a confiée Notre-Seigneur Jésus-Christ, et qui s'étend à toutes les nations chrétiennes, Nous les aimons comme des fils. — Agréez donc la demande que le cœur d'un Père vous fait au nom de la Trinité divine, au nom de la Vierge bénie, au nom de tout ce qui vous est plus cher en ce monde : veuillez sans retard leur rendre la liberté.

Très puissant Négus Negesti, ne vous refusez pas à vous montrer magnanime aux yeux des nations. Enregistrez cette page glorieuse dans les annales de votre règne! Que sont, après tout, les droits impitoyables de la guerre à côté des droits et des devoirs de la fraternité humaine?

Dieu vous en rendra une riche récompense, car il est Père miséricordieux! Mille voix s'élèveront en chœur pour vous bénir, et la Nôtre se fera entendre la première. En attendant, Nous implorons du ciel sur la famille royale tous les biens désirables.

Donné à Rome, près Saint-Pierre, le 11 mai de l'année 1896, de Notre Pontificat la dix-neuvième.

LEO PP. XIII.

LETTRE DE MÉNÉLIK

Léon, vainqueur de la tribu de Juda,

Ménélik, élu du Seigneur, roi des rois d'Éthiopie,

Parvienne à Sa Sainteté

LÉON XIII, PAPE

Salut !

J'ai reçu par Mgr Macaire la lettre paternelle où Votre Sainteté, après avoir rappelé gracieusement nos relations antérieures, faisait appel à mes sentiments de clémence en faveur des prisonniers italiens que la volonté de Dieu a mis entre mes mains. J'ajoute que Votre Sainteté ne pouvait choisir pour interpréter ses sentiments un envoyé plus éloquent et plus sympathique que S. Exc. Mgr Cyrille Macaire.

J'ai été vivement ému en lisant l'admirable lettre du Père commun des chrétiens et en écoutant le langage de son illustre envoyé, et le premier mouvement de mon cœur avait été de donner à Votre Sainteté la satisfaction qu'elle me demandait si noblement, car, moi aussi, je pleure sur les nombreuses et innocentes victimes de cette guerre cruelle, que j'ai conscience de n'avoir point provoquée.

Malheureusement, mon vif désir de réaliser les vœux de Votre Sainteté a été contrarié par l'attitude imprévue du gouvernement italien, qui, après m'avoir exprimé le désir de faire la paix et de rétablir les bonnes relations entre nous, continue à agir à mon égard comme si nous étions en état de guerre.

Mon devoir de roi et de père de mon peuple m'interdit, en ces circonstances, de sacrifier la seule garantie de paix qui se trouve entre mes mains, à la satisfaction d'être agréable à Votre Sainteté et à moi-même.

C'est avec la plus profonde tristesse que, après avoir tout pesé dans ma conscience de monarque et de chrétien, je suis contraint de renvoyer à des temps meilleurs le témoignage d'affection et de haute estime que j'aurais souhaité donner à Votre Sainteté.

J'espère que la grande voix de Votre Sainteté, que tous les chrétiens entendent avec respect, s'élèvera en faveur de la justice de ma cause, qui est celle de l'indépendance du peuple dont Dieu m'a confié le gouvernement, et qu'elle rendra ainsi très prochaine la réalisation de notre commun désir de rendre à leurs familles ceux qui en sont séparés.

Je puis, en attendant, rassurer Votre Sainteté sur le sort des prisonniers italiens, que je n'ai cessé de protéger et de traiter selon les devoirs de la charité chrétienne, et auxquels, à la considération de Votre Sainteté, j'accorderai encore, s'il est possible, des adoucissements.

Ecrit à notre ville d'Addis-Ababa, le 22 mascaram 1889 de l'an de grâce (1er octobre 1896).

SANCTISSIMI DOMINI NOSTRI

LEONIS

DIVINA PROVIDENTIA

PAPAE XIII

EPISTOLA ENCYCLICA

AD PATRIARCHAS PRIMATES ARCHIEPISCOPOS
EPISCOPOS ALIOSQUE LOCORUM ORDINARIOS
PACEM ET COMMUNIONEM CUM APOSTOLICA SEDE HABENTES

VENERABILIBUS FRATRIBUS PATRIARCHIS
PRIMATIBUS, ARCHIEPISCOPIS, EPISCOPIS ALIISQUE
LOCORUM ORDINARIIS PACEM ET COMMUNIONEM
CUM APOSTOLICA SEDE HABENTIBUS

LEO PP. XIII

VENERABILES FRATRES
Salutem et apostolicam benedictionem.

Fidentem piumque animum erga Virginem beatissimam, quem inde a teneris haustum, totâ vita studuimus alere et augere, jam saepius in summo Pontificatu licuit Nobis apertiusque testari. Tempora enim nacti aeque calamitosa rei christianae ac populis ipsis periculosa, nempe cognovimus quanti foret ad providendum, commendare vel maxime illud salutis pacisque praesidium quod in augusta Genitrice sua benignissime Deus humano generi attribuit, perpetuo eventu in Ecclesiae fastis insigne. Hortationibus votisque Nostris multiplex gentium catholicarum sollertia respondit, religione praesertim sacratissimi ROSARII excitata: neque copia desiderata est fructuum optimorum. Nos tamen expleri nequaquam possumus celebrandâ Matre divina, quae vere est *omni laude dignissima,* et commendando amoris studio in Matrem eamdem hominum, quae *plena est misericordiae, plena gratiarum.* Quin etiam animus, apostolicis curis defatigatus, quo propius sentit demigrandi tempus instare, eo contentiore fiducia respicit Illam, ex qua, tamquam ex felici aurora, inocciduae faustitatis

LETTRE ENCYCLIQUE

DE NOTRE TRÈS SAINT-PÈRE LÉON XIII

PAPE PAR LA DIVINE PROVIDENCE

AUX PATRIARCHES, PRIMATS, ARCHEVÊQUES, ÉVÊQUES ET AUTRES ORDINAIRES EN PAIX ET EN COMMUNION AVEC LE SIÈGE APOSTOLIQUE

A NOS VÉNÉRABLES FRÈRES LES PATRIARCHES, PRIMATS, ARCHEVÊQUES, ÉVÊQUES ET AUTRES ORDINAIRES EN PAIX ET EN COMMUNION AVEC LE SIÈGE APOSTOLIQUE

LÉON XIII, PAPE

VÉNÉRABLES FRÈRES

Salut et Bénédiction apostolique.

La confiance et la piété que Nous avons conçues, dès notre enfance, pour la Bienheureuse Vierge, et que Nous Nous sommes efforcé d'entretenir et de développer toute notre vie, ont été souvent durant Notre Pontificat l'objet de témoignages publics. Les temps que nous traversons sont funestes aux intérêts chrétiens en même temps que dangereux pour les peuples eux-mêmes; Nous avons vu par là de quelle importance il était pour l'avenir de recommander instamment l'appui efficace et pacifique que Dieu, dans sa bonté, a donné au genre humain en la personne de son auguste Mère et dont l'histoire de l'Eglise raconte à chaque page les effets merveilleux. Les nations catholiques ont répondu avec un empressement universel à Nos exhortations et à Nos vœux; elles ont ranimé surtout la dévotion du Très Saint ROSAIRE, qui n'a manqué de produire une moisson abondante de fruits excellents. Cependant, Nous ne pouvons Nous lasser de célébrer la divine Mère vraiment *digne de toute louange* et de recommander un amour empressé pour cette Mère des hommes, *pleine de miséricorde, pleine de grâces*. Bien plus, Notre âme, accablée par les sollicitudes apostoliques, sentant s'approcher le moment de quitter cette vie, tourne avec d'autant plus de joie ses regards confiants vers Celle qui est comme l'aurore bénie du

lætitiæque processit dies. Quod si, Venerabiles Fratres, jucundum memoratu est, aliis Nos datis ex intervallo litteris collaudasse Rosarii precem, utpote quæ multis modis et pergrata sit ei cujus honori adhibetur, et iis perutilis cedat qui rite adhibeant, æque est jucundum posse nunc idem insistere et confirmare propositum. Hinc autem præclara se dat occasio ut mentes animosque ad religionis incrementa more paterno adhortemur, et acuamus in eis præmiorum spem immortalium.

Precandi formæ, de qua dicimus, appellatio adhæsit propria Rosarii, velut si rosarum suavitatem venustatemque sertorum contextu suo imitetur. Quod quidem ut peraptum est instituto colendæ Virginis, quæ *Rosa mystica* Paradisi merito salutatur, quæque universorum Regina stellante ibi corona præfulget, ita videtur nomine ipso adumbrare augurium, cultoribus suis ab ille oblatum, de gaudiis sertisque cælestibus. — Hoc autem perspicue apparet, si quis Rosarii marialis rationem consideret. Nihil quippe est quod Christi Domini et Apostolorum tum præcepta tum exempla gravius suadeant, quam invocandi Dei exorandique officium. Patres deinde ac doctores commonuerunt tantæ id esse necessitatis, ut homines eo neglecto, sibi frustra de sempiterna salute assequenda confidant. Quum vero cuiquam oranti, ex rei suaple vi atque ex promissione Christi, aditus pateat ad impetrandum, ex duabus tamen præcipue rebus, ut nemo ignorat, maximam efficacitatem trahit precatio; si perseveranter assidua, si complurium sit in unum collata. Alterum ea declarant plena bonitatis invitamenta Christi, *petite, quaerite, pulsate* (1); plane ad similitudinem parentis optimi, qui liberorum vult ille quidem indulgere optatis, sed etiam gaudet se diu rogari ab eis et quasi precibus fatigari, ut ipsorum animos arctius sibi devinciat. De altero idem Dominus non semel testatus est : *Si duo ex vobis consenserint super terram, de omni re quamcumque petierint, fiet illis a Patre meo*, eo quod, *ubi sunt duo vel tres congregati in nomine meo, ibi sum in medio eorum* (2). Ex quo illud Tertulliani nervose dictum : *Coimus in cœtum et congregationem, ut ad Deum, quasi manu facta, precationibus ambiamus; hæc Deo grata vis est* (3) : illudque commemorabile Aquinatis : *Impossibile est multorum preces non exaudiri, si ex multis orationibus fiat quasi una* (4). — Ea utraque commendatio egregie in Rosario præstat. In hoc enim, plura ne persequamur, eisdem ingeminandis precibus regnum gratiæ et gloriæ suæ a Patre cælesti

(1) Matth. vii, 7.
(2) Matth. xviii, 19, 20.
(3) *Apologet.* c. xxxix.
(4) *In Evang. Matth.* c. xviii.

jour éternellement bienheureux. S'il Nous est doux, vénérables Frères, de rappeler Nos autres Lettres publiées à intervalles réguliers en vue de louer le Rosaire, cette prière, si agréable sous tous les rapports, à Celle qu'il s'agit d'honorer, et si utile à ceux qui la récitent bien, il Nous est doux également de pouvoir aujourd'hui encore insister sur Nos intentions et les affirmer de nouveau. Cela Nous donne une excellente occasion d'exhorter paternellement les esprits et les cœurs à croître en piété et de raviver en eux l'espoir des immortelles récompenses.

La prière dont Nous parlons a été décorée du beau nom de Rosaire comme si elle avait quelque chose du parfum suave des roses et de la grâce des guirlandes fleuries. Non seulement elle est bien faite pour honorer la Vierge que l'on salue à juste titre comme la *Rose mystique* du Paradis et qui y règne en souveraine, le front ceint d'un diadème étoilé, mais son nom lui-même semble présager la couronne de joies célestes que Marie offrira à ses serviteurs. — Cela devient évident quand on considère l'essence même du Rosaire. Rien, en effet, ne nous est conseillé davantage par les préceptes et les exemples de Notre-Seigneur et des apôtres que d'invoquer et de prier Dieu. En outre, d'après les Pères et les docteurs, la nécessité de la prière est telle que les hommes espéreraient en vain leur salut éternel s'ils négligeaient ce devoir. Mais si la prière, par sa nature même et en vertu de la promesse du Christ, est le moyen de plaire à Dieu, elle tire son efficacité, comme chacun le sait, de deux qualités : elle doit être assidue et faite en commun. La première condition est indiquée par l'invitation pleine de bonté que nous adresse le Christ : *Demandez, cherchez, frappez!* (1) à la façon d'un père excellent qui veut, certes, satisfaire les désirs de ses enfants, mais aime aussi à être longtemps prié et comme fatigué par leurs demandes, afin de s'attacher leurs cœurs par des liens plus étroits. La seconde nous est suggérée par le Seigneur lui-même à maintes reprises : *Si deux d'entre vous s'accordent sur la terre à demander quelque chose, ils l'obtiendront de mon Père, car là où deux ou trois sont réunis en mon nom, je suis au milieu d'eux* (2). C'est à ce propos que Tertullien dit avec force : *Nous nous réunissons en assemblée pour entourer Dieu de nos prières en nous tenant comme par la main; cette violence est agréable à Dieu* (3). Saint Thomas d'Aquin a dit aussi cette parole mémorable : *Il est impossible que les prières d'une multitude ne soient pas exaucées si ces nombreuses prières n'en forment qu'une seule* (4). — Cette double qualité se trouve éminemment dans le Rosaire. Dans cette prière, en effet, pour ne pas Nous étendre davantage, nous redoublons nos supplications pour demander au Père céleste le règne de sa grâce et de sa gloire; nous invoquons

---

(1) Matth. VII, 7.
(2) Matth. XVIII, 19, 20.
(3) *Apol.* ch. XXXIX.
(4) *Sur l'Evang. de S. Matth.*, ch. XVIII.

implorare contendimus; Virginemque Matrem etiam atque etiam obsecramus ut culpæ obnoxiis succurrere nobis deprecando velit, quum in omni vita, tuum sub horam extremam quæ gradus est ad æternitatem. Ejusdem autem Rosarii formula ad precationem communiter habendam optime accommodata est : ut non sine causa nomen etiam *psalterii mariani* obtinuerit. Atque ea religiose custodienda est vel redintegranda consuetudo quæ apud patres viguit, quum familiis christianis, æque in urbibus atque in agris, id sanctum erat ut, decedente die, ab æstu operum ante effigiem Virginis rite convenientes, Rosarii cultum alterna laude persolverent.

Quo ipsa fideli concordique obsequio admodum delectata, sic eis aderat perinde ac bona mater in corona filiorum, pacis domesticæ impertiens munera, quasi pacis prænuncia cælestis. — Hac quidem communis precationis virtute spectata, inter ea quæ pluries de Rosario placuit decernere, etiam ediximus : « Nobis esse in optatis ut in diœceseon singularum templo principe quotidie, in templis curialibus diebus festis singulis, ipsum recitetur (1) ». Id autem constanter et studiose fiat : libentesque videmus id fieri et propagari in aliis quoque publicæ pietatis solemnibus, atque in pompis peregrinantium ad insigniora templa, quarum commendanda est frequentia increscens. — Quiddam præterea et perjucundum et salubre animis habet ista precum laudumque marialium consociatio. Nosque ipsi tunc maxime sensimus, ac memor gestit animus revocare, quum per singularia quædam tempora Pontificatus Nostri in basilica Vaticana adfuimus, circumfuso omnium ordinum numero ingenti, qui una Nobiscum mente, voce, fiducia, per Rosarii mysteria et preces enixe supplicabant Adjutrici nominis catholici præsentissimæ.

Ecquis vero fiduciam in præsidio et ope Virginis tantopere collocatam, putare velit et arguere nimiam? Certissime quidem perfecti Conciliatoris nomen et partes alii nulli conveniunt quam Christo, quippe qui unus, homo idem et Deus, humanum genus summo Patri in gratiam restituerit : *Unus mediator Dei et hominum homo Christus Jesus, qui dedit redemptionem semetipsum pro omnibus* (2). At vero si *nihil prohibet*, ut docet Angelicus, *aliquos alios secundum quid dici mediatores inter Deum et homines, prout scilicet cooperantur ad unionem hominis cum Deo dispositive et ministerialiter* (3), cujusmodi sunt angeli sanctique cælites, prophetæ et utriusque testamenti sacerdotes,

---

(1) Litt. apost. *Salutaris ille*, datæ die xxiv decembr. an. MDCCCLXXXIII.
(2) I Tim. II, 5, 6.
(3) III, q. XXVI, aa. 1, 2.

avec instance la Vierge-Mère afin que, par son intercession, elle vienne en aide à de pauvres pécheurs durant toute la vie et à notre dernière heure qui est la porte de l'éternité. Le Rosaire s'adapte aussi très bien à la prière commune, et ce n'est pas sans raison qu'on l'a appelé le *Psautier de Marie*. Il faut donc garder religieusement ou faire renaître cette coutume autrefois en vigueur chez nos ancêtres; dans les familles chrétiennes, à la ville comme aux champs, c'était un usage sacré, à la chute du jour, de se réunir après le dur labeur devant l'image de la Vierge et d'alterner la récitation des prières. Marie recevait avec complaisance ce témoignage de fidélité et d'union cordiale; elle était au milieu d'eux comme une bonne mère entourée d'une couronne d'enfants, elle leur donnait les bienfaits de la paix domestique, présage de la paix céleste.

Aussi, considérant cette efficacité de la prière commune, entre autres décisions concernant le Rosaire, Nous avons déclaré « souhaiter que cette prière fût récitée chaque jour dans la cathédrale de chaque diocèse et tous les jours de fête dans les églises paroissiales » (1), que cette pratique soit observée avec constance et avec zèle. Nous voyons d'ailleurs avec joie qu'elle est suivie et qu'elle se répand dans d'autres manifestations solennelles de la piété publique ainsi que dans les pèlerinages aux sanctuaires célèbres dont il faut louer le nombre toujours croissant.

C'est une source de suavité et de grâces pour les âmes que cette union de prières et de louanges à Marie. Nous-même — et Notre reconnaissance Nous porte à le rappeler, — Nous l'avons ressenti surtout dans certaines circonstances solennelles de Notre Pontificat, alors que Nous étions dans la basilique vaticane entouré d'hommes de toute condition qui, unissant leurs cœurs, leurs voix et leur confiance, suppliaient ardemment avec Nous, par les mystères et les invocations du Rosaire, la très puissante Auxiliatrice des nations chrétiennes.

Et qui pourrait croire et déclarer excessive la confiance que Nous avons placée dans le secours et la protection de la Vierge? Assurément, le nom et le rôle de parfait Conciliateur ne conviennent à nul autre qu'au Christ; lui seul, Dieu et homme tout ensemble, a reconcilié le genre humain avec le Père céleste. *Il n'y a qu'un seul médiateur entre Dieu et les hommes, Jésus-Christ, qui s'est offert lui-même pour la rédemption de tous* (2). Mais si, comme l'enseigne le Docteur angélique, *rien n'empêche que quelques autres soient appelés en un sens médiateurs entre Dieu et les hommes, en tant qu'ils coopèrent à l'union de l'homme avec Dieu dispositivement et par leur ministère* (3), tels que les anges et les saints prophètes et les prêtres des deux Testaments, évidemment le même titre de gloire convient plus

---

(1) Lett. apost. *Salutaris ille*, du XXIV déc. MDCCCLXXXIII.
(2) I Tim. II, 5, 6.
(3) III quest. XXVI, art. 1 et 2.

profecto ejusdem gloriæ decus Virgini excelsæ cumulatius convenit. Nemo etenim unus cogitari quidem potest qui reconciliandis Deo hominibus parem atque illa operam vel unquam contulerit vel aliquando sit collaturus. Nempe ipsa ad homines in sempiternum ruentes exitium Servatorem adduxit, jam tum scilicet quum pacifici sacramenti nuntium, ab Angelo in terras allatum, admirabili assensu, *loco totius humanæ naturæ* (1), excepit : ipsa est *de qua natus est Jesus,* vera scilicet ejus Mater, ob eamque causam digna et peraccepta *ad Mediatorem Mediatrix.* — Quarum rerum mysteria quum in Rosarii ritu ex ordine succedant piorum animis recolenda et contemplanda, inde simul elucent Mariæ promerita de reconciliatione et salute nostra. Nec potest quisquam non suavissime affici quoties eam considerat, quæ vel in domo Elisabethæ administra charismatum divinorum apparet, vel Filium pastoribus, regibus, Simeoni præbet infantem. Quid vero quum consideret, sanguinem Christi causa nostra profusum ac membra in quibus ille Patri vulnera accepta, *nostræ pretia libertatis,* ostendit, non aliud ea esse nisi carnem et sanguinem Virginis? siquidem, *caro Jesu caro est Mariæ; et quamvis gloria resurrectionis fuerit magnificata; eadem tamen carnis mansit et manet natura quæ suscepta est de Maria* (2).

Sed alius quidam fructus insignis e Rosario consequitur, cum temporum ratione omnino connexus; cujus Nos alias mentionem intulimus. Is nimirum est fructus, ut quando virtus fidei divinæ tam multis vel periculis vel incursibus objecta quotidie est, homini christiano hinc etiam bene suppetat quo alere eam possit et roborare. — *Auctorem fidei et consummatorem* nominant Christum divina eloquia (3) : *auctorem,* eo quia docuit ipse homines multa quæ crederent, de se præcipue in quo *inhabitat omnis plenitudo divinitatis* (4), idemque gratiâ et velut unctione sancti Spiritus benigne dat unde credant; *consummatorem,* quia res per velamen in mortali vita ab eis perceptas, pandit ipse apertas in cælo, ubi habitum fidei in claritudinem gloriæ commutabit. Sane vero in Rosarii instituto luculenter eminet Christus; cujus vitam meditando conspicimus, et privatam in gaudiis, et publicam summos inter labores doloresque ad mortem, denique gloriosam, quæ ab anastasi triumphantis, in æternitatem profertur sedentis ad dexteram Patris. Et quoniam fides, ut plena dignaque sit, se prodat necesse est, *corde enim creditur ad justitiam, ore autem confessio fit ad salutem* (5); propterea ad hanc etiam habemus

(1) S. Th. III, q. xxx, a. 1.
(2) *De assumpt. B. M. V. c. v. inter opp.* S. Aug.
(3) Hebr., XIII, 2.
(4) Col., II, 9.
(5) Rom., X, 10.

amplement à la Sainte Vierge, car il est impossible de concevoir quelqu'un qui, pour réconcilier les hommes avec Dieu, ait pu dans le passé ou puisse dans l'avenir agir aussi efficacement que Marie. C'est elle qui a donné un Sauveur aux hommes courant à leur perte éternelle, lorsque, à l'annonce du *Sacrement de paix* apporté par l'Ange sur la terre, elle donna son admirable consentement *au nom de tout le genre humain* (1) : elle est celle *de qui est né Jésus;* elle est sa vraie Mère, et, pour ce motif, une digne et agréable *Médiatrice auprès du Médiateur.*

Ces mystères sont, dans le Rosaire, proposés successivement au souvenir et à la méditation des pieux fidèles, et l'on voit par là le rôle glorieux de Marie dans l'œuvre de notre réconciliation et de notre salut. Et on ne peut se défendre d'une douce émotion à la vue de Marie, soit dans la maison d'Elisabeth, où elle apparaît comme l'instrument des grâces divines, soit quand elle présente son Fils aux bergers, aux rois, à Siméon. Mais quels sentiments éprouvera-t-on à la pensée que le sang du Christ répandu pour nous, et les membres sur lesquels Il montre à son Père les blessures reçues *comme prix de notre liberté*, ne sont autre chose que le corps et le sang de la Vierge? Car *la chair de Jésus est la chair de Marie; et, quoique exaltée par la gloire de la résurrection, la nature de cette chair est restée et demeure la même qui a été prise en Marie* (2).

Le Rosaire produit un autre fruit remarquable et bien en rapport avec les nécessités de notre temps; Nous l'avons rappelé ailleurs. Il consiste en ce que, au moment où la foi est exposée à tant d'attaques et de périls, le Rosaire fournit au chrétien un aliment pour la nourrir et la fortifier.

Les divines Ecritures appellent le Christ *Auteur et Consommateur de la foi* (3); *Auteur*, parce qu'Il a lui-même enseigné aux hommes un grand nombre des vérités qu'ils devaient croire, surtout celles qui le concernent, lui en qui *habite toute la plénitude de la divinité* (4); *Consommateur*, parce qu'Il rend évident dans le ciel ce que l'homme ne perçoit dans sa vie mortelle qu'à travers un voile, et qu'il y changera la foi présente en l'illumination de la gloire. Evidemment, dans le plan du Rosaire, la figure du Christ se détache clairement. C'est sa vie que nous considérons : nous méditons sa vie privée dans les mystères joyeux; sa vie publique, au milieu des plus grands travaux et des plus vives douleurs jusqu'à sa mort; enfin sa vie glorieuse, sa résurrection triomphante et son retour à la droite du Père où il siège éternellement.

La foi, pour être entière et irréprochable, doit nécessairement se manifester, *car on croit dans son cœur pour la justification, mais on confesse la foi par la bouche pour son salut* (5); or, nous trouvons

---

(1) S. Thom. III. quest. xxx, art. 1.
(2) *Assomption de la Bienheureuse Vierge Marie*, ch. v, opusc. de S. Aug.
(3) Héb. xii, 2.
(4) Col. ii, 9.
(5) Rom. x, 10.

ex Rosario facultatem optimam. Nam per eas quibus intexitur vocales preces, licet expromere ac profiteri fidem in Deum, providentissimum nostri patrem, in venturi sæculi vitam, in peccatorum remissionem; etiam in mysteria Trinitatis augustæ, Verbi hominis facti, maternitatis divinæ atque alia. Nemo autem est nescius quantum sit pretium meritumque fidei. Quippe fides non secus est ac lectissimum germen, virtutis omnis flores in præsentia emittens, quibus probemur Deo, fructus deinde allaturum qui perpetuo maneant : *Nosse enim te consummata justitia est, et scire justitiam et virtutem tuam radix est immortalitatis* (1). — Admonet locus ut unum adjiciamus, attinens nimirum ad officia virtutum quæ jure suo postulat fides. Est inter eas pœnitentiæ virtus, ejusque pars etiam est *abstinentia,* non uno nomine et debita et salutaris. In quo quidem si filios suos Ecclesia clementius in dies habet, at videant ipsi diligentiam sibi omnem esse adhibendam ut indulgentiam maternam aliis compensent officiis. Libet vero in hanc pariter causam eumdem Rosarii usum cum primis proponere, qui bonos pœnitentiæ fructus, maxime ab angoribus Christi et Matris recolendis, æque potest efficere.

Nitentibus igitur ad summum bonorum, sane quam providenti consilio hoc Rosarii adjumentum exhibitum est, idque tam promptum omnibus atque expeditum ut nihil magis. Quivis enim religione vel mediocriter institutus eo facile uti et cum fructu potest; neque res est tanti temporis quæ cujusquam negotiis afferat moram. Opportunis clarisque exemplis abundant annales sacri : satisque est cognitum multos semper fuisse, qui vel sustinentes graviora munera, vel curis operosis distenti, hanc tamen pietatis consuetudinem nullo unquam die intermisere. — Qua cum re suaviter congruit intimus ille religionis sensus quo animi erga coronam sacram feruntur, ut eam adament tamquam individuam vitæ comitem fidumque præsidium, eamdemque in agone supremo complexi, auspicium dulce teneant ad *immarcescibilem gloriæ coronam.* Auspicio plurimum favent beneficia *sacræ indulgentiæ,* si perinde habeantur ac digna sunt : his enim amplissime Rosarii institutum a Decessoribus Nostris et a Nobismetipsis est auctum. Eaque certe et morientibus et vita functis, quasi per manus misericordis Virginis impertita, valde sunt profutura, quo maturius expetitæ pacis lucisque perpetuæ fruantur solatiis.

Hæc, Venerabiles Fratres, permovent Nos ut formam pietatis tam excellentem, tamque utilem ad capiendum salutis portum, laudare et commendare gentibus catholicis ne cessemus. Sed alia præterea id ipsum suadet causa gravissima, de qua jam

(1) Sap., xv, 3.

précisément dans le Rosaire un moyen excellent de confesser la foi. En effet, par les prières vocales qui en forment la trame, nous pouvons exprimer notre foi en Dieu, notre Père et notre Providence, en la vie du siècle futur, en la rémission des péchés; nous confessons également les mystères de l'auguste Trinité, du Verbe fait homme, de la Maternité divine, etc.; or, personne n'ignore le prix et le mérite de la foi. La foi n'est autre chose que le germe choisi d'où naissent actuellement les fleurs de toute vertu, qui nous rendent agréables à Dieu, et d'où naîtront plus tard des fruits éternels. *La connaissance de toi-même est, en effet, la parfaite justice; la connaissance de ta justice et de ta vertu est la racine de l'immortalité* (1).

Il y a lieu d'ajouter ici un mot sur la pratique des vertus que la foi réclame. Parmi elles, se trouve la pénitence, qui comprend elle-même l'*abstinence*, vertu nécessaire à plus d'un titre et très efficace. Si l'Église, sur ce point, se montre de jour en jour plus clémente envers ses enfants, que ceux-ci, en retour, comprennent qu'ils doivent s'ingénier à compenser par d'autres œuvres cette indulgence maternelle. Dans ce but, il est bon de proposer en premier lieu la dévotion du Rosaire, qui peut également produire de bons fruits de pénitence, surtout par la méditation des souffrances du Christ et de sa Mère.

Au milieu de Nos efforts pour arriver au souverain bien, avec quelle sage providence le Rosaire Nous a été offert comme un secours à la portée de tous et plus facile qu'aucun autre. En effet, une connaissance même médiocre de la religion suffit pour qu'on puisse se servir du Rosaire avec fruit, et le temps qu'il exige n'est pas d'une durée telle qu'il soit pour les affaires une cause de retard.

Les annales sacrées abondent en exemples opportuns et célèbres. On sait que beaucoup de personnes chargées de lourdes fonctions ou absorbées par des occupations laborieuses n'ont jamais omis un seul jour cette pieuse coutume. A cela se rapporte fort bien cette affection religieuse qui nous porte instinctivement vers la « Couronne de Marie », qui nous la fait aimer comme la compagne inséparable de notre vie et notre fidèle protectrice, qui nous la fait embrasser dans le combat suprême comme le doux présage de l'*incorruptible couronne de gloire*. Cette espérance se trouve encore confirmée par le bienfait des indulgences sacrées, si on les tient en l'estime qui leur est due; car la dévotion du Rosaire en a été enrichie et par nos prédécesseurs et par Nous-même. Ces indulgences, dispensées en quelque sorte par les mains mêmes de la Vierge miséricordieuse, seront d'un grand profit aux mourants et aux défunts et les feront jouir plus tôt de la paix si désirée et de la lumière éternelle.

Ces motifs, vénérables Frères, Nous engagent à ne pas cesser de louer et de recommander aux nations catholiques une forme si excellente de la piété, une dévotion si utile pour nous conduire au port du salut.

(1) Sag. xv, 3.

sæpius litteris et allocutione animum aperuimus. — Videlicet, quum Nos quotidie acrius ad agendum impellat id votum, quod ex divino Christi Jesu Corde concepimus, initæ dissidentium reconciliationis fovendæ, intelligimus quidem hanc præstantissimam unitatem nulla re melius parari posse et adstringi quam sanctarum precum virtute. Obversatur exemplum Christi, qui ut alumni disciplinæ suæ essent in fide et caritate *unum*, effusa ad Patrem obsecratione rogavit. Deque valida in idem deprecatione Matris ejus sanctissimæ, illustre documentum in historia est apostolica. In qua commemoratur primus Discipulorum cœtus, promissam almi Spiritus amplitudinem magna spe flagitans et expectans; simulque Mariæ præsentia comprecantis singulariter commemoratur: *Hi omnes erant perseverantes unanimiter in oratione cum Maria matre Jesu* (1). Ut igitur ad eam, tamquam ad unitatis fautricem et custodem eximiam, recte se Ecclesia exoriens precando adjunxit, id similiter his temporibus per orbem catholicum fieri peropportunum est; toto præsertim octobri, quem mensem jamdiu Nos divinæ Matri, pro afflictis Ecclesiæ temporibus implorandæ, deditum sacrumque solemni Rosarii ritu voluimus.—Proinde caleat ubique hujusmodi precis studium, ad propositum in primis sanctæ unitatis. Neque aliud quidquam Mariæ gratius acceptiusque fuerit, utpote quæ Christo maxime conjuncta, maximopere id cupiat et velit ut qui uno eodemque donati sunt ejus baptismate, una omnes eademque fide perfectaque caritate cum ipso et inter se cohæreant. — Ejusdem vero fidei mysteria augusta altius in animis per Rosarii cultum insideant, eo felicissimo fructu ut *imitemur quod continent et quod promittunt assequamur.*

Interea munerum divinorum auspicem caritatisque Nostræ testem, singulis vobis cleroque ac populo vestro Apostolicam benedictionem peramanter impertimus.

Datum Romæ apud Sanctum Petrum die XX Septembris anno MDCCCXCVI, Pontificatus Nostri decimo nono.

LEO PP. XIII

---

(1) Act. I. 14.

Mais Nous y sommes encore excité par une raison d'une haute importance au sujet de laquelle, dans plusieurs de Nos lettres et allocutions, Nous avons manifesté Notre volonté. Nos actions, en effet, s'inspirent plus ardemment chaque jour du désir — conçu dans le divin Cœur de Jésus — de favoriser le mouvement de réconciliation qui se dessine parmi les dissidents. Or, Nous comprenons que cette admirable unité ne peut être mieux préparée et mieux réalisée que par la vertu de saintes prières. Nous avons présent à l'esprit l'exemple du Christ qui, dans une prière à son Père, lui demanda que ses disciples fussent *un* dans la foi et la charité. Que sa très sainte Mère ait fait, elle aussi, avec ferveur cette même prière, nous en avons une preuve célèbre entre toutes dans l'histoire apostolique. Celle-ci nous représente la première assemblée des apôtres implorant et attendant avec une grande confiance l'effusion promise de l'Esprit-Saint et en même temps Marie priant au milieu d'eux. *Tous persévéraient ensemble dans la prière avec Marie, Mère de Jésus* (1).

C'est pourquoi, de même que l'Eglise à son berceau s'est justement unie à Marie dans la prière comme à la promotrice et à la gardienne excellente de l'unité, de même aujourd'hui, il convient d'agir de la sorte dans tout l'univers catholique, surtout durant le mois d'octobre, que depuis longtemps, en raison des temps affligés que traverse l'Eglise, Nous avons voulu dédier et consacrer à la divine Marie par la récitation solennelle du Rosaire.

Que partout donc on redouble d'ardeur pour cette dévotion, en vue surtout d'obtenir la sainte unité. Rien ne saurait être plus doux ni plus agréable à Marie : unie au Christ d'une façon intime, Elle désire et souhaite ardemment qu'une même foi et un même amour unissent au Christ et entre eux les hommes gratifiés du même et unique baptême. Que les mystères augustes de cette foi pénètrent par le Rosaire plus profondément dans les âmes, en vue de cet heureux résultat, afin que *nous imitions ce qu'ils contiennent et que nous obtenions ce qu'ils promettent*.

En attendant, comme gage des bienfaits divins et comme témoignage de Notre affection, Nous vous accordons de bon cœur, à chacun de vous, à votre clergé et à votre peuple, la bénédiction apostolique.

Donné à Rome, auprès de Saint-Pierre, le 20 septembre de l'an 1896, de notre Pontificat le dix-neuvième.

LÉON XIII, PAPE.

---

(1) Act. I, 14.

DILECTO FILIO NOSTRO

FRANCISCO S. R. E. CARDINALI RICHARD

ARCHIEPISCOPO PARISIENSI

LEO P. P. XIII

Dilecte Fili Noster, salutem et Apostolicam benedictionem

Nuperrime, per solemnia Christi nascentis, singularis plane ritus in omni Gallia peractus est, sacerrimis a Baptismo promissionibus renovatis et confirmatis; quo ritu nihil certe præclarius esse atque opportunius poterat ad sæcularem cumulandam celebritatem initæ apud Francos christianæ fidei. Tuæ interea supervenere litteræ, significantes quoddam te consilium, eximia quæ est solertia tua, suscepisse, quod cum ea ipsa celebritate omnino congruere, neque carere bono religionis fructu videatur. Nam propediem annus explebitur quintus et vicesimus, ex quo monumentum templi votivi, bene precante Decessore Nostro, ista in urbe principe condi cœptum est sacratissimo Cordi Jesu Servatoris; ut ibi summa ejus clementia, communi nationis nomine, Sedi Apostolicæ et patriæ misere afflictis diu noctuque exoraretur. Anniversariam igitur facti memoriam tu censuisti ampliore ceremoniæ cultu prosequendam et solemni quoque gratiarum actione decorandam: eaque re postulasti a Nobis ut idem tuum propositum et comprobare auctoritate vellemus, et sacris muneribus quorum est apud Nos potestas, augere. Utrumque Nos propenso animo facimus; atque eo facimus libentiores quod, quum primum in Monte Martyrum, illustri sane et augusto loco, initia fundarentur templi, jam tum cogitatione præcepimus quantum inde gloriæ Christo Domino, et quam præstabilia bona in gentem essent profectura. Commemorabile autem est, quemadmodum in eam tam ingentis operis molitionem studia universæ Galliæ exarserint, miro animorum consensu, pietate insigni, splendida et constanti liberalitate. Nobismetipsis collaudandæ rei non una oblata est occasio. Id nimirum præstitimus per litteras ad te, Dilecte Fili Noster, datas anno MDCCCXCI, quum ædificatio eo esset perducta ut religioni publicæ satis patere posset; auspiciique causâ quædam sacræ indulgentiæ beneficia placuit nobis largiri. Tum litteris item ad te triennio post perscriptis, gratulati id sumus, templum religiose adeuntium permagnam jam esse

A NOTRE CHER FILS
FRANÇOIS CARDINAL RICHARD
ARCHEVÊQUE DE PARIS
LÉON XIII, PAPE

Notre cher Fils, salut et bénédiction apostolique.

Il y a peu de jours, durant les solennités de Noël, la France entière vient d'accomplir un grand acte de religion : c'était le renouvellement et la confirmation des promesses de son baptême; et il était, assurément, impossible de donner un plus beau et plus naturel couronnement aux fêtes séculaires de l'initiation des Francs à la foi chrétienne. C'est à ce moment que nous sont parvenues les lettres où vous Nous faisiez part d'un dessein qui, inspiré par la sagesse qui vous distingue, semblait s'accorder merveilleusement avec ces récentes fêtes et ne pouvait manquer d'avoir d'heureux résultats pour la religion. Nous sommes, en effet, à la veille de voir se terminer la vingt-cinquième année depuis que, avec la bénédiction de notre prédécesseur, fut commencée dans votre capitale la construction d'une église votive en l'honneur du Sacré-Cœur de Jésus, et où l'on viendrait, au milieu des maux qui affligeaient à la fois le Siège apostolique et votre patrie, implorer jour et nuit, au nom commun de la nation, son infinie miséricorde. Vous avez donc pensé qu'il convenait de célébrer cet anniversaire par une cérémonie plus solennelle, dont l'éclat serait rehaussé par de publiques actions de grâces, et vous Nous avez demandé d'accorder à votre projet la sanction de Notre autorité et le bénéfice des faveurs spirituelles dont Nous avons la dispensation.

C'est de grand cœur que Nous vous accordons cette double faveur; et Nous le faisons d'autant plus volontiers que, du jour même où sur la colline de Montmartre, sur ce sol si glorieux et si saint, furent posés les fondements de ce temple, Notre pensée entrevit d'avance la gloire qui en reviendrait au Christ Notre-Seigneur, et le bien précieux qui en résulterait pour la nation. Peut-on, d'ailleurs, oublier l'ardeur avec laquelle la France entière a contribué à l'exécution de cette grande œuvre, ce merveilleux concours de toutes les âmes, cette foi insigne, cette générosité vraiment splendide et qui ne s'est jamais interrompue? Plus d'une fois l'occasion s'est présentée à Nous de lui décerner Nos louanges. Nous l'avons fait par la lettre que nous vous adressions, Notre cher Fils, en l'année 1891, au moment où l'édifice se trouva assez avancé pour être ouvert au culte public, et il Nous plut de marquer son inauguration par la concession de quelques saintes indulgences. Trois ans après, Nous vous avons encore écrit pour vous exprimer Notre joie d'apprendre que l'affluence des pieux visiteurs était si considérable dans ce

frequentiam vicemque perpetuam adorantium, atque etiam haberi ibidem veluti sedem altricem optimorum vario genere institutorum : Nostræ autem gratulationis testem, donarium adjecimus ac pecuniæ pro facultate subsidium. Quocirca faustam, quæ rursus incidit, opportunitatem pari nos voluntate amplexi, nobilissimam Gallorum gentem simul adhortamur ad præclari operis perfectionem, simul vehementer jubemus suarum spem rerum in Christo Deo potissimum collocare. Neque enim obscure apparet divinæ providentiæ de ea consilium : ut quæ sacratissimi Cordis Jesu mysterium prima accepit mirabiliter benignissimeque patefactum, ad Ipsum pœnitens et devota, tanquam ad fontem miserationis omnisque gratiæ, majore in dies fiducia confugiat, feliciter haustum sanationem malorum, voluntatum in commune bonum concordiam, earum rerum omnium fecunditatem, quarum ope religio et patria veris floreant incrementis. — Itaque Nos egregium propositum tuum, Dilecte Fili Noster, probantes et confirmantes, potestatem tibi facimus ut in eodem templo votivo, constituta die hujus mensis XVII, sacra augusto Jesu Nomini recolendo, solemni ritu Nostraque auctoritate benedicas populo cum plenaria admissorum indulgentia; qua præsentes fruantur, consuetis ad id conditionibus rite servatis. Præterea, quicumque eo ipso die idem templum pie visitaverint, ibique preces aliquas Deo ad mentem Nostram effuderint, eis omnibus et singulis indulgentiam septem annorum totidemque quadragenarum in Domino concedimus. Tribuimus autem ut hujusce indulgentiæ participes esse possint Religiosi utriusque sexus in Communitatibus degentes, qui legitima impediti causa templum ipsum nequeant adire, dummodo conditionem quæ supra dicta est, orandi ad mentem Nostram, in ecclesia vel sacello proprio coram venerabili Sacramento præstiterint. Habe interea, Dilecte Fili Noster, peculiaris erga te benevolentiæ pignus, Apostolicam benedictionem quam cuncto item Galliæ clero ac populo peramanter impertimus.

Datum Romæ apud Sanctum Petrum die VI januarii anno MDCCCXCVII, Pontificatus Nostri decimo nono.

LEO P. P. XIII.

saint temple, que la succession des adorateurs y était perpétuelle, et qu'il devenait comme un foyer où venaient s'alimenter les œuvres les plus admirables et les plus diverses : et, comme témoignage de cette joie, Nous ajoutions, dans la proportion de Nos ressources, l'offrande d'un secours pécuniaire.

Aussi, c'est avec le même empressement que Nous saisissons l'heureuse occasion qui s'offre encore une fois à Nous de Nous adresser à la noble nation française, soit pour l'exhorter à mettre la dernière main à cette œuvre magnifique, soit pour la presser avec instance de mettre particulièrement en Jésus-Christ, notre Dieu, l'espoir de ses destinées. Il ne Nous paraît point douteux, en effet, que tel a été sur elle le conseil de la divine Providence : appelée la première à recevoir la merveilleuse et miséricordieuse révélation du mystère du Sacré-Cœur de Jésus, c'est à ce même Cœur que, *pénitente et dévouée*, elle doit, avec une confiance toujours croissante, recourir comme à la source de tout pardon et de toute grâce, pour y trouver le remède salutaire à tous ses maux, l'union de toutes les volontés pour l'intérêt commun et l'abondance de tous les biens qui font la véritable grandeur de la religion et de la patrie.

C'est pourquoi, Notre Cher Fils, approuvant et confirmant votre noble dessein, Nous vous autorisons à donner au peuple dans cette même église votive, à la date que vous avez fixée, le 17 de ce mois, fête du Saint Nom de Jésus, la bénédiction solennelle en Notre nom, avec le bénéfice de l'indulgence plénière pour tous les fidèles qui auront rempli les conditions ordinaires. De plus, à tous ceux qui, le même jour, visiteront pieusement la même église et y adresseront à Dieu quelques prières à notre intention, Nous accordons dans le Seigneur, à tous et à chacun, une indulgence de sept ans et de sept quarantaines. Et nous voulons qu'à cette même indulgence puissent participer les religieux de l'un ou de l'autre sexe, qui, vivant en communauté, sont empêchés par une raison légitime de faire cette visite, pourvu que la condition susénoncée, de prier à Notre intention, soit par eux accomplie dans leur église ou leur chapelle propre, devant le Très Saint-Sacrement.

Et, en attendant, recevez, Notre Cher Fils, comme gage de Notre particulière affection pour Vous, la bénédiction apostolique, que, de tout cœur, Nous accordons en même temps à tout le clergé et à tout le peuple de la France.

Donné à Rome, près Saint-Pierre, le 6 janvier de l'année 1897, de Notre Pontificat a dix-neuvième.

LÉON XIII, PAPE.

LETTRE DE S. S. LÉON XIII

A NOS CHERS FILS

B.-M. LANGÉNIEUX, F. RICHARD, P.-L. GOOSSENS

A. PERRAUD et V.-L. LECOT,

Cardinaux prêtres de la Sainte Église Romaine;

A nos vénérables Frères les archevêques et évêques, à nos chers fils les Abbés, qui se sont réunis à Reims pour célébrer l'anniversaire du baptême de Clovis,

LÉON XIII, Pape.

Chers Fils, vénérables Frères, salut et bénédiction apostolique.

Il Nous a été certes bien doux d'apprendre que les espérances que Nous vous avions données dans l'effusion de notre cœur, au commencement de cette année, s'étaient réalisées naguère à Reims. C'est, en effet, en présence d'une superbe assemblée d'évêques et par des manifestations solennelles de piété et d'actions de grâces, maintes fois répétées, qu'a été célébré le 1400° anniversaire de ce jour où, après avoir déjà porté bien haut par ses exploits l'antique gloire des Francs, Clovis, une fois baptisé, poursuivant des desseins d'ordre plus élevé, sut amener, par l'ascendant de son exemple, plusieurs milliers de ses sujets à la pratique de la religion chrétienne.

Cette commémoration nous a été d'autant plus agréable qu'elle offrait au peuple français une occasion plus excellente de puiser des énergies nouvelles pour ranimer, accroître même les gloires de la foi des ancêtres, et de renouveler, à une heure si propice, dans ces pieux pèlerinages venus de tous les points de la France pour vénérer les reliques de saint Remi, dont la translation a été faite avec tant de magnificence, les engagements pris jadis au jour du baptême.

Mais Nous regardons comme une inspiration de la divine Providence, que vous ayez cherché une sorte de couronnement à tout ce qui s'est fait si opportunément à Reims, dans la dévotion et dans les grâces du Rosaire de Marie, auquel Nous avons, par des actes multiples, spécialement consacré ce mois d'octobre tout entier; car on ne saurait guère trouver de moyen plus pratique pour asseoir solidement dans les esprits les enseignements de la foi, et procurer ainsi le progrès dans la vertu.

Aussi nous décernons des éloges exceptionnels et mérités au zèle si généreusement dépensé dans une œuvre d'une telle importance, et Nous Nous faisons un devoir de vous remercier très vivement des Lettres par lesquelles, en Nous donnant le récit de ces solennités, vous Nous témoignez votre affection et votre dévouement. Nous y avons lu avec satisfaction les vœux que vous formez d'un même cœur pour Notre santé et l'expression de votre reconnaissance pour les faveurs que Nous vous avons accordées, dans le but d'exciter les fidèles à s'unir pour célébrer avec plus d'éclat l'anniversaire de cet événement, le plus heureux de vos annales religieuses.

Mais ce qui nous a surtout réjoui et consolé, c'est la très noble ardeur que vous déployez pour amener vos concitoyens à répondre, comme le firent leurs aïeux, à Notre toute particulière affection pour la Fille aînée de l'Eglise.

Vous n'ignorez pas, en effet, avec quelle insistance et pour quel motif Nous souhaitons que parmi les citoyens français, pour la sauvegarde des intérêts religieux et pour l'accroissement de la prospérité du pays, l'accord de la foi et des volontés devienne, par l'action des évêques et sous leur direction, de jour en jour plus parfait.

C'est pourquoi, espérant qu'il en sera selon que Nous l'aurons désiré et conseillé, Nous vous accordons affectueusement dans le Seigneur, à chacun de vous, à votre clergé et à votre peuple, comme gage des faveurs divines et en témoignage de Notre toute spéciale bienveillance, la bénédiction apostolique.

Donné à Rome, auprès de Saint-Pierre, le 28 octobre 1896, l'an 19 de notre Pontificat.

LEO PP. XIII.

LETTRE DE S. S. LÉON XIII

A S. G. Mgr MATHIEU

ARCHEVÊQUE DE TOULOUSE

---

*A notre Vénérable Frère François-Désiré Mathieu,
archevêque de Toulouse.*

LEO PP. XIII

Vénérable Frère, salut et bénédiction apostolique.

Nous avons reçu votre Lettre pastorale pour le Carême de l'année courante, et nous vous félicitons des leçons si justes, si modérées, si affectueuses, si bien adaptées aux circonstances présentes, que vous y donnez à vos diocésains, particulièrement dans le paragraphe *huitième*, relatif aux recommandations et aux enseignements émanés de Notre autorité suprême.

Vous l'avez compris, et vous le faites bien entendre dans votre Lettre, Nous n'avons jamais voulu rien ajouter ni aux appréciations des grands docteurs sur la valeur des diverses formes de gouvernement, ni à la doctrine catholique et aux traditions de ce Siège apostolique sur le degré d'obéissance dû aux pouvoirs constitués. En appropriant aux circonstances présentes ces maximes traditionnelles, loin de Nous ingérer dans les questions d'ordre temporel débattues parmi vous, Notre ambition était, est et sera de contribuer au bien moral et au bonheur de la France, toujours fille aînée de l'Eglise, en conviant les hommes de toute nuance, qu'ils aient pour eux la puissance du nombre, ou la gloire du nom, ou le prestige des dons de l'esprit, ou l'influence pratique de la fortune, à se grouper utilement à cette fin sur le terrain des institutions en vigueur.

Et, en vérité, s'associer à l'action mystérieuse de la Providence, qui, pour tous les siècles, toutes les sociétés, toutes les phases de la vie d'un peuple, a des ressources inouïes, lui donner son concours en sacrifiant sans réserve le respect humain, l'intérêt propre, l'attachement aux idées personnelles; arriver ainsi à diminuer le mal, à réaliser dans une certaine mesure le bien dès aujourd'hui, et à le préparer plus étendu pour demain, c'est infiniment plus avisé, plus noble, plus louable que de s'agiter dans le vide, ou de s'endormir dans le bien-être au grand préjudice des intérêts de la religion et de l'Eglise.

En vous appliquant, Vénérable Frère, par la netteté de votre langage, à faire comprendre dans ce sens Nos intentions et Nos exhortations, en sorte qu'on ne puisse y trouver ni prétexte aux insinuations malveillantes, ni recommandation abusive pour des théories propres à compromettre la concorde, non à la consolider, vous faites une œuvre agréable à Notre cœur; et Nous avons la confiance que votre voix trouvera de l'écho, non seulement dans votre catholique diocèse, mais au delà, puisqu'il s'agit de vérités amies, qui méritent d'être partout bien accueillies.

Et Nous souhaitons que tous les hommes honnêtes et droits inclinent l'oreille et réfléchissent, comprenant, à vos accents, tout ce que le patriotisme emprunte à la religion de clairvoyance et de dévouement.

De fait, quand l'esprit de mensonge et de révolte a pu asseoir son trône et recruter dans toutes les classes de la société des ouvriers et des fauteurs, il est bien nécessaire que les enfants de la lumière, les Pasteurs des âmes surtout, sachent mettre une entente et une constance majeure pour affermir le règne de la justice sur les larges bases de la vérité et de la charité.

En vous encourageant, Vénérable Frère, à poursuivre infatigablement par vos paroles et par vos actes ce noble but, Nous vous accordons pour vous, pour votre clergé et pour tous vos fidèles, la bénédiction apostolique.

Rome, du Vatican, le 28 mars 1897.

LEO PP. XIII.

SANCTISSIMI DOMINI NOSTRI
LEONIS
DIVINA PROVIDENTIA
PAPAE XIII
CONSTITUTIO APOSTOLICA

DE PROHIBITIONE ET CENSURA LIBRORUM

LEO EPISCOPUS
SERVUS SERVORUM DEI

AD PERPETUAM REI MEMORIAM

Officiorum ac munerum, quæ diligentissime sanctissimæque servari in hoc apostolico fastigio oportet, hoc caput atque hæc summa est, assidue vigilare atque omni ope contendere, ut integritas fidei morumque christianorum ne quid detrimenti capiat. Idque, si unquam alias, maxime est necessarium hoc tempore, cum, effrenatis licentia ingeniis ac moribus, omnis fere doctrina, quam servator hominum Jesus Christus tuendam Ecclesiæ suæ ad salutem generis humani permisit, in quotidianum vocatur certamen atque discrimen. Quo in certamine variæ profecto atque innumerabiles sunt inimicorum calliditates artesque nocendi: sed cum primis est plena periculorum intemperantia scribendi disseminandique in vulgus quæ prave scripta sunt. Nihil enim cogitari potest perniciosius ad inquinandos animos per contemptum religionis perque illecebras multas peccandi. Quamobrem tanti metuens mali, et incolumitatis fidei ac morum custos et vindex Ecclesia, maturrime intellexit remedia contra ejusmodi pestem esse sumenda: ob eamque rem id perpetuo studuit, ut homines, quoad in se esset, pravorum librorum lectione, hoc est pessimo veneno, prohiberet. Vehemens hac in re studium beati Pauli viderunt proxima originibus tempora: similique ratione perspexit sanctorum Patrum vigilantiam, jussa episcoporum, Conciliorum decreta, omnis consequens ætas.

CONSTITUTION APOSTOLIQUE
DE NOTRE T. S. P. LÉON XIII
PAPE
PAR LA DIVINE PROVIDENCE

DE L'INTERDICTION ET DE LA CENSURE DES LIVRES

LEON EVÊQUE
SERVITEUR DES SERVITEURS DE DIEU

AD PERPETUAM REI MEMORIAM

Des devoirs et des charges dont le soin religieux incombe à Notre dignité apostolique, le principal, qui les résume tous, est de veiller assidûment et d'ordonner tous Nos efforts à ce que la foi et les mœurs n'aient rien à souffrir dans leur intégrité. Si cette vigilance a jamais été nécessaire, c'est surtout à notre époque, où, au milieu d'une licence effrénée des esprits et des cœurs, presque toutes les doctrines dont Jésus-Christ le Sauveur des hommes a confié la garde à son Eglise pour le salut du genre humain sont tous les jours attaquées et mises en péril. Dans ce combat, les habiletés de nos ennemis et leurs moyens de nuire sont certes variés et innombrables; au premier rang est une dangereuse intempérance qui fait publier et répandre dans les masses de pernicieux écrits. On ne peut, en effet, rien concevoir de plus funeste ni de plus corrupteur pour les esprits que ce mépris public de la religion et cet exposé des nombreux appâts du vice. Aussi, dans la crainte d'un si grand mal, l'Eglise, gardienne vigilante de la foi et des mœurs, a vite compris prendre des mesures contre un tel fléau : c'est pourquoi sa constante préoccupation a été de détourner les hommes autant qu'elle le pouvait de ce terrible poison qu'est la lecture des mauvais livres. Les premiers âges du christianisme furent témoins du zèle ardent de saint Paul sur ce point; et les siècles suivants purent constater la vigilance des Saints Pères, les décisions des évêques, les décrets des Conciles tendant au même but.

Præcipue vero monumenta litterarum testantur, quanta cura diligentiaque in eo evigilaverint romani Pontifices, ne hæreticorum scripta, malo publico, impune serperent. Plena est exemplorum vetustas. Anastasius I scripta Origenis perniciosiora, Innocentius I Pelagii, Leo magnus Manichæorum opera omnia gravi edicto damnavere. Cognitæ eadem de re sunt litteræ *decretales* de recipiendis et non recipiendis libris, quas Gelasius opportune dedit. Similiter, decursu ætatum, Monothelitarum. Abælardi, Marsilii Patavini, Wicleffi et Hussii pestilentes libros, sententia apostolicæ Sedis confixit.

Sæculo autem decimo quinto, comperta arte nova libraria, non modo in prave scripta animadversum est, quæ lucem aspexissent, sed etiam ne qua ejus generis posthac ederentur, caveri cœptum. Atque hanc providentiam non levis aliqua causa, sed omnino tutela honestatis ac salutis publicæ per illud tempus postulabat: propterea quod artem per se optimam, maximarum utilitatum parentem, christianæ gentium humanitati propagandæ natam, in instrumentum ingens ruinarum nimis multi celeriter deflexerant. Magnum prave scriptorum malum ipsa vulgandi celeritate majus erat ac velocius effectum. Itaque saluberrimo consilio cum Alexander VI, tum Leo X decessores Nostri, certas tulere leges, utique congruentes iis temporibus ac moribus, quæ officinatores librarios in officio continerent.

Mox graviore exorto turbine, multo vigilantius ac fortius opportuit malarum hæreseon prohibere contagia. Idcirco idem Leo X, posteaque Clemens VII gravissime sanxerunt, ne cui legere, neu retinere, Lutheri libros fas esset. Cum vero pro illius ævi infelicitate crevisset præter modum atque in omnes partes pervasisset perniciosorum librorum impura colluvies, ampliore ac præsentiore remedio opus esse videbatur. Quod quidem remedium opportune primus adhibuit Paulus IV decessor Noster, videlicet elencho proposito scriptorum et librorum, a quorum usu cavere fideles oporteret. Non ita multo post Tridentinæ Synodi Patres gliscentem scribendi legendique licentiam novo consilio coercendam curaverunt. Eorum quippe voluntate jussuque lecti ad id præsules et theologi non solum augendo perpoliendoque Indici, quem Paulus IV ediderat, dedere operam, sed Regulas etiam conscripsere, in editione, lectione, usuque librorum servandas: quibus Regulis Pius IV apostolicæ auctoritatis robur adjecit.

Verum salutis publicæ ratio, quæ Regulas Tridentinas initio genuerat, novari aliquid in eis, labentibus ætatibus, eadem jussit. Quamobrem romani Pontifices nominatimque Clemens VIII, Alexander VII, Benedictus XIV, ignari temporum et memores

L'histoire atteste le soin et le zèle vigilant des Pontifes romains à empêcher la libre diffusion des ouvrages hérétiques, véritable calamité publique. L'antiquité chrétienne est pleine de ces exemples. Anastase Ier condamna rigoureusement les écrits dangereux d'Origène; Innocent Ier ceux de Pélage, et Léon le Grand tous ceux des manichéens. On connaît aussi les *Décrétales*, publiées si à propos par Gélase sur l'acceptation et la prohibition des livres. De même, dans le cours des siècles, des sentences du Siège Apostolique ont frappé les livres funestes des monothélites, d'Abélard, de Marsile, de Padoue, de Wicleff et de Huss.

Au XVe siècle, après l'invention de l'imprimerie non seulement on s'occupa des mauvais écrits déjà parus, mais 'on commença à prendre des mesures pour empêcher dans la suite la publication d'ouvrages de ce genre. Ces précautions étaient nécessitées, non par des motifs sans importance, mais par le besoin absolu de protéger l'honnêteté publique et d'assurer le salut de la société; en effet, cet art, excellent en soi, fécond en grands avantages, propre à favoriser la civilisation chrétienne des nations, avait été promptement transformé, par un trop grand nombre, en un puissant instrument de ruines. Les funestes effets des mauvais écrits étaient aggravés et précipités par la rapidité de leur diffusion. C'est donc très sagement qu'Alexandre VI et Léon X, nos prédécesseurs, établirent des lois précises, fort appropriées au temps et aux mœurs de l'époque, pour maintenir les libraires dans le devoir.

Bientôt s'éleva une tempête plus redoutable, et il fallut s'opposer avec une vigilance et une énergie croissantes à la contagion des hérésies. C'est pourquoi le même Léon X, puis Clément X, interdirent, sous les peines les plus graves, de lire ou de conserver les livres de Luther. Mais les malheurs des temps ayant grossi le flot impur des mauvais livres qui envahissait tous les pays, une répression plus étendue et plus efficace parut s'imposer. C'est ce remède que sut appliquer le premier Paul IV en dressant le catalogue des écrits et livres interdits aux fidèles. Peu de temps après, les Pères du Concile de Trente mirent un nouveau frein à la licence croissante des écrits et des lectures. Sur leur ordre, des prélats et des théologiens désignés pour cela augmentèrent et perfectionnèrent l'Index édité par Paul IV et établirent les règles à suivre dans l'édition, la lecture et l'usage des livres; Pie IV confirma ces règles de son autorité apostolique.

Le souci du bien public, qui avait inspiré au début les règles du Concile de Trente, commanda également d'y apporter quelques modifications dans le cours des siècles. Aussi les Pontifes Romains, notamment Clément VIII, Alexandre VII, Benoît XIV, connaissant

prudentiæ, plura decrevere, quæ ad eas explicandas atque accommodandas tempori valuerunt.

Quæ res præclare confirmant præcipuas romanorum Pontificum curas in eo fuisse perpetuo positas, ut opinionum errores morumque corruptelam, geminam hanc civitatum labem ac ruinam, pravis libris gigni ac disseminari solitam, a civili hominum societa:e defenderent. Neque fructus fefellit operam, quamdiu in rebus publicis administrandis rationi imperandi ac prohibendi lex æterna præfuit, rectoresque civitatum cum potestate sacra in unum consensere.

Quæ postea consecuta sunt nemo nescit. Videlicet cum adjuncta rerum atque hominum sensim mutavisset dies, fecit id Ecclesia prudenter more suo, quod, perspecta natura temporum, magis expedire atque utile esse hominum saluti videretur. Plures Regularum Indicis præscriptiones, quæ excidisse opportunitate pristinæ videbantur, vel decreto ipsa sustulit, vel more usuque alicubi invalescente antiquari benigne simul ac provide sivit. Recentiore memoria, datis ad Archiepiscopos Episcoposque e principatu pontificio litteris, Pius IX Regulam X magna ex parte mitigavit. Præterea, propinquo jam Concilio magno Vaticano, doctis viris, ad argumenta paranda delectis, id negotium dedit, ut expenderent atque æstimarent Regulas Indicis universas, judiciumque ferrent, quid de iis facto opus esset. Illi commutandas, consentientibus sententiis, judicavere. Idem se et sentire et petere a Concilio plurimi ex Patribus aperte profitebantur. Episcoporum Galliæ exstant hac de re litteræ, quarum sententia est, necesse esse et sine cunctatione faciendum, ut *illæ Regulæ et universa res Indicis novo prorsus modo nostræ ætati melius attemperato et observatu faciliori instaurarentur.* Idem eo tempore judicium fuit Episcoporum Germaniæ, plane petentium, ut *Regulæ Indicis..... recenti revisioni et redactioni submittantur.* Quibus Episcopi concinunt ex Italia aliisque e regionibus complures.

Qui quidem omnes, si temporum, si institutorum civilium, si morum popularium habeatur ratio, sane æqua postulant et cum materna Ecclesiæ sanctæ caritate convenientia. Etenim in tam celeri ingeniorum cursu, nullus est scientiarum campus, in quo litteræ licentius non excurrant : inde pestilentissimorum librorum quotidiana colluvies. Quod vero gravius est, in tam grandi malo non modo connivent, sed magnam licentiam dant leges publicæ. Hinc, ex una parte, suspensi religione animi plurimorum : ex altera, quidlibet legendi impunita copia.

Hisce igitur incommodis medendum rati, duo facienda duximus, ex quibus norma agendi in hoc genere certa et perspicua

les besoins de leur époque et tenant compte des lois de la prudence, publièrent des décrets expliquant ces règles et les appropriant aux circonstances.

Tous ces faits prouvent clairement que les Pontifes Romains se sont constamment préoccupés de prémunir la société contre les erreurs de l'esprit et la corruption des mœurs; cette double cause de ruine et de honte pour les États, engendrée et multipliée par les mauvais livres. Le résultat ne trompa point leurs efforts aussi longtemps que la loi éternelle présida aux ordres et aux interdictions dans le gouvernement des peuples, et que les chefs d'État agirent d'un commun accord avec l'autorité religieuse.

On sait ce qui arriva dans la suite. Les hommes et les circonstances s'étant sensiblement modifiés, l'Église, avec sa prudence accoutumée, prenant en considération les besoins de l'époque, fit ce qui parut plus utile et plus avantageux. Quelques prescriptions de l'Index, qui avaient perdu de leur opportunité, furent rapportées par décret, ou bien l'Église les laissa, avec bienveillance et sagesse, tomber en désuétude. Plus récemment, par des lettres adressées aux archevêques et évêques, Pie IX, en vertu de son autorité apostolique, adoucit en grande partie la règle X. En outre, peu avant le Concile du Vatican, il confia à des savants, chargés de préparer les questions à traiter, le soin d'examiner, d'apprécier toutes les règles de l'Index, et de juger quelles décisions il serait bon de prendre. Tous furent d'avis de les modifier. La plupart des Pères déclaraient ouvertement qu'ils acceptaient ces modifications et même les désiraient. Il existe à ce sujet une lettre des évêques français, proclamant la nécessité d'établir sans retard *ces règles et tout ce qui concerne l'Index sur de nouvelles bases, mieux adaptées à notre siècle, les rendant ainsi plus faciles à observer.* Ce fut aussi à cette époque l'avis des évêques d'Allemagne, qui demandaient nettement *une revision et une rédaction nouvelle des règles de l'Index.* Nombre d'évêques d'Italie et d'ailleurs partageaient ce sentiment.

Si on tient compte de l'époque, de la constitution actuelle et des mœurs des peuples, la demande de tous ces évêques n'avait rien que de légitime et de conforme à la maternelle charité de l'Église. En effet, étant donnée la marche si rapide des esprits, il n'est aucun point du vaste champ des sciences, où les écrivains ne fassent de trop libres incursions; de là, ce flot quotidien de livres néfastes. Et, ce qui est plus grave, c'est non seulement la complicité des lois civiles pour un si grand mal, mais la liberté sans bornes qu'on leur accorde. Il en résulte, d'une part, que beaucoup d'esprits abandonnent la religion; d'autre part, qu'on peut impunément lire tout ce qu'on veut.

Pour remédier à ces maux, Nous avons pris deux décisions propres à donner à tous sur ce point une ligne de conduite précise et bien déterminée : la revision consciencieuse de l'Index et sa publi-

omnibus suppetat. Videlicet librorum improbatæ lectionis diligentissime recognosci indicem; subinde, maturum cum fuerit, ita recognitum vulgari jussimus. Præterea ad ipsas Regulas mentem adjecimus, easque decrevimus, incolumi earum natura, efficere aliquanto molliores, ita plane ut iis obtemperare, dummodo quis ingenio malo non sit, grave arduumque esse non possit. In quo non modo exempla sequimur decessorum Nostrorum, sed maternum Ecclesiæ studium imitamur: quæ quidem nihil tam expetit, quam se impertire benignam, sanandosque ex se natos ita semper curavit, curat, ut eorum infirmitati amanter studioseque parcat.

Itaque matura deliberatione, adhibitisque S. R. E. Cardinalibus e sacro Consilio libris notandis, edere *Decreta Generalia* statuimus, quæ infra scripta, unaque cum hac Constitutione conjuncta sunt; quibus idem sacrum Consilium posthac utatur unice, quibusque catholici homines toto orbe religiose pareant. Ea vim legis habere sola volumus, abrogatis *Regulis* sacrosanctæ Tridentinæ synodi jussu editis, *Observationibus, Instructione, Decretis, Monitis*, et quovis alio decessorum Nostrorum hac de re statuto jussuque, una excepta Constitutione Benedicti XIV *Sollicita et provida*, quam, sicut adhuc viguit, ita in posterum vigere integram volumus.

DECRETA GENERALIA

DE PROHIBITIONE ET CENSURA LIBRORUM

TITULUS I

De prohibitione librorum.

CAPUT I

De prohibitis apostatarum, hæreticorum, schismaticorum, aliorumque scriptorum libris.

1. Libri omnes, quos ante annum MDC aut Summi Pontifices, aut Concilia œcumenica damnarunt, et in novo Indice non recensentur, eodem modo damnati habeantur, sicut olim damnati fuerunt: iis exceptis, qui per hæc Decreta Generalia permittuntur.

2. Libri apostatarum, hæreticorum, schismaticorum et quorumcumque scriptorum hæresim vel schisma propugnantes, aut ipsa religionis fundamenta utcumque evertentes, omnino prohibentur.

3. Item prohibentur acatholicorum libri, qui ex professo de

cation. Quant aux règles elles-mêmes, Nous leur avons donné un nouveau caractère, et tout en respectant leur nature, Nous les avons adoucies, de sorte qu'il ne soit ni difficile ni pénible de s'y conformer pour tout homme bien disposé. En cela, Nous suivons l'exemple de Nos prédécesseurs et Nous imitons la maternelle sollicitude de l'Église ; celle-ci ne désire rien tant que de se montrer bienveillante, elle a toujours su, elle a toujours à cœur d'entourer de soins zélés et affectueux la faiblesse de ses fils souffrants.

Aussi, après un mûr examen, et après avoir pris conseil des cardinaux de la Sacrée Congrégation de l'Index, Nous avons publié les *Décrets généraux* reproduits ci-dessous et joints à cette Constitution, décrets que cette même Congrégation devra appliquer uniquement dans la suite, et auxquels devront se conformer exactement les catholiques de l'univers entier. Nous voulons qu'ils aient seuls force de loi, abrogeant les *Règles* du Saint Concile de Trente, les *Observations, Instructions, Décrets, Avertissements* et décisions de tous Nos prédécesseurs en cette matière, à l'exception de la seule Constitution de Benoît XIV *SOLLICITA ET PROVIDA* que Nous voulons demeurer en vigueur dans l'avenir comme elle l'a été jusqu'à ce jour.

DÉCRETS GÉNÉRAUX

SUR LA PROHIBITION

ET LA CENSURE DES LIVRES

TITRE I

De l'interdiction des livres.

CHAPITRE PREMIER

De l'interdiction des livres des apostats, des hérétiques, des schismatiques et autres écrivains.

1. Tous les livres condamnés avant 1600 par les Souverains Pontifes ou les Conciles œcuméniques et non mentionnés dans le nouvel Index devront être regardés comme condamnés de la même façon qu'autrefois, à l'exception de ceux qui sont autorisés par les présents décrets généraux.
2. Les livres des apostats, des hérétiques, des schismatiques et de tout autre écrivain, propageant l'hérésie ou le schisme, ou ébranlant en quelque façon les fondements de la religion, sont absolument prohibés.
3. Sont prohibés de même les ouvrages des auteurs non catholiques

religione tractant, nisi constet nihil in eis contra fidem catholicam contineri.

4. Libri corumdem auctorum, qui ex professo de religione non tractant, sed obiter tantum fidei veritates attingunt, jure ecclesiastico prohibiti non habeantur, donec speciali decreto proscripti haud fuerint.

CAPUT II

De Editionibus textus originalis et versionum non vulgarium Sacræ Scripturæ.

5. Editiones textus originalis et antiquarum versionum catholicarum Sacræ Scripturæ, etiam Ecclesiæ Orientalis, ab acatholicis quibuscumque publicatæ, etsi fideliter et integre editæ appareant, iis duntaxat, qui studiis theologicis vel biblicis dant operam, dummodo tamen non impugnentur in prolegomenis aut adnotationibus catholicæ fidei dogmata, permittuntur.

6. Eadem ratione, et sub iisdem conditionibus, permittuntur aliæ versiones Sacrorum Bibliorum sive latina, sive alia lingua non vulgari ab acatholicis editæ.

CAPUT III

De versionibus vernaculis Sacræ Scripturæ.

7. Cum experimento manifestum sit, si Sacra Biblia vulgari lingua passim sine discrimine permittantur, plus inde, ob hominum temeritatem, detrimenti, quam utilitatis oriri, versiones omnes in lingua vernacula, etiam a viris catholicis confectæ, omnino prohibentur, nisi fuerint ab Apostolica Sede approbatæ, aute ditæ sub vigilantia Episcoporum cum adnotationibus desumptis ex Sanctis Ecclesiæ Patribus, atque ex doctis catholicisque scriptoribus.

8. Interdicuntur versiones omnes Sacrorum Bibliorum, quavis vulgari lingua ab acatholicis quibuscumque confectæ, atque illæ præsertim, quæ per Societates Biblicas a Romanis Pontificibus non semel damnatas divulgantur, cum in iis saluberrimæ Ecclesiæ leges de divinis libris edendis funditus posthabeantur.

Hæ nihilominus versiones iis, qui studiis theologicis vel biblicis dant operam, permittuntur : iis servatis, quæ supra (n. 5) statuta sunt.

traitant de la religion *ex-professo*, à moins qu'ils ne contiennent évidemment rien de contraire à la foi catholique.

4. Les livres de ces mêmes auteurs qui ne traitent pas *ex-professo* de la religion, mais qui ne touchent qu'en passant les vérités de la foi, ne seront pas regardés comme défendus de droit ecclésiastique tant qu'ils n'auront pas été interdits par un décret spécial.

CHAPITRE II

Des éditions du texte original et des versions de la Sainte Ecriture en langue non vulgaire.

5. Les éditions du texte original et des anciennes versions catholiques, même celles de l'Eglise orientale, publiées par des écrivains non catholiques quels qu'ils soient, bien que fidèles et intègres en apparence, sont permises à ceux-là seulement qui s'occupent d'études théologiques ou bibliques, pourvu toutefois qu'elles n'attaquent ni dans les préfaces, ni, dans les notes, des dogmes de la foi catholique.

6. Pour le même motif, aux mêmes conditions, sont autorisées les autres versions des Saints Livres éditées par des non catholiques, soit en latin, soit dans une autre langue non vulgaire.

CHAPITRE III

Des versions de la Sainte Ecriture en langue vulgaire.

7. L'expérience prouvant que, si les Bibles en langue vulgaire sont autorisées sans discernement, il en résulte, à cause de l'imprudence des esprits, plus d'inconvénients que d'avantages, toutes les versions en langue vulgaire, même faites par des catholiques, sont absolument prohibées, si elles n'ont pas été approuvées par le Siège Apostolique, ou éditées sous la surveillance des évêques avec des notes tirées des Pères de l'Eglise et de savants auteurs catholiques.

8. Sont interdites toutes les versions des Saints Livres faites par des écrivains non catholiques quels qu'ils soient, en n'importe quelle langue vulgaire, et notamment celles publiées par les Sociétés bibliques, que plus d'une fois les Pontifes Romains condamnèrent, car, dans l'édition de ces livres, les lois salutaires de l'Eglise sur ce point ont été complètement négligées.

Néanmoins, l'usage de ces versions est permis à ceux qui s'occupent d'études théologiques ou bibliques, pourvu qu'ils observent les conditions établies ci-dessus (n° 5).

CAPUT IV

De libris obscenis.

9. Libri, qui res lascivas seu obscenas ex professo tractant, narrant, aut docent, cum non solum fidei, sed et morum, qui hujusmodi librorum lectione facile corrumpi solent, ratio habenda sit, omnino prohibentur.

10. Libri auctorum sive antiquorum, sive recentiorum, quos classicos vocant, si hac ipsa turpitudinis labe infecti sunt, propter sermonis elegantiam et proprietatem, iis tantum permittuntur, quos officii aut magisterii ratio excusat : nulla tamen ratione pueris vel adolescentibus, nisi solerti cura expurgati, tradendi aut prælegendi erunt.

CAPUT V

De quibusdam specialis argumenti libris.

11. Damnantur libri, in quibus Deo, aut Beatæ Virgini Mariæ, vel Sanctis, aut Catholicæ Ecclesiæ ejusque Cultui, vel Sacramentis, aut Apostolicæ Sedi detrahitur. Eidem reprobationis judicio subjacent ea opera, in quibus inspirationis Sacræ Scripturæ conceptus pervertitur, aut ejus extensio nimis coarctatur. Prohibentur quoque libri, qui data opera Ecclesiasticam Hierarchiam, aut statum clericalem vel religiosum probris afficiunt.

12. Nefas esto libros edere, legere aut retinere in quibus sortilegia, divinatio, magia, evocatio spirituum, aliæque hujus generis superstitiones docentur, vel commendantur.

13. Libri aut scripta, quæ narrant novas apparitiones, revelationes, visiones, prophetias, miracula, vel quæ novas inducunt devoticnes, etiam sub prætextu quod sint privatæ, si publicentur absque legitima Superiorum Ecclesiæ licentia, proscribuntur.

14. Prohibentur pariter libri, qui duellum, suicidium vel divortium licita statuunt, qui de sectis massonicis, vel aliis ejusdem generis societatibus agunt, easque utiles et non perniciosas Ecclesiæ et civili societati esse contendunt, et qui errores ab Apostolica Sede proscriptos tuentur.

CAPUT VI

De Sacris Imaginibus et Indulgentiis.

15. Imagines quomodocumque impressæ Domini Nostri Jesu Christi, Beatæ Mariæ Virginis, Angelorum atque Sanctorum,

CHAPITRE IV

Des livres obscènes.

9. Les livres qui traitent *ex-professo* de sujets lascifs ou obscènes qui contiennent des récits ou des enseignements de ce genre, sont absolument prohibés, car il faut se préoccuper, non seulement de la foi, mais encore des mœurs, qui, d'ordinaire, sont facilement corrompues par ces sortes de livres.

10. Les livres classiques, anciens ou modernes, s'ils sont entachés de ce vice, sont permis, à cause de l'élégance et de l'originalité du style à ceux-là seulement qu'excusent les devoirs de leur charge ou de l'enseignement; mais ils ne devront être, sous aucun prétexte, remis ou lus aux enfants ou aux jeunes gens s'ils n'ont été expurgés avec un soin minutieux.

CHAPITRE V

De certains livres spéciaux.

11. Sont condamnés les livres qui contiennent des attaques envers Dieu, la Bienheureuse Vierge Marie, les saints, l'Eglise catholique et son culte, les sacrements ou le Siége Apostolique. La même condamnation frappe les livres qui dénaturent la notion de l'inspiration de la Sainte Ecriture ou qui en limitent trop l'étendue. Sont également interdits les ouvrages qui outragent systématiquement la hiérarchie ecclésiastique, l'état clérical ou religieux.

12. Il est défendu de publier, de lire ou de garder les livres qui enseignent ou recommandent les sortilèges, la divination, la magie, l'évocation des esprits et autres superstitions analogues.

13. Les livres ou écrits qui racontent de nouvelles apparitions, révélations, visions, prophéties, nouveaux miracles ou qui suggèrent de nouvelles dévotions, même sous prétexte quelles sont privées, sont interdits s'ils sont publiés sans l'autorisation des supérieurs ecclésiastiques.

14. Sont encore défendus les ouvrages établissant que le duel, le suicide ou le divorce sont licites; qui traitent des sectes maçonniques ou autres semblables, prétendent qu'elles sont utiles à l'Eglise et à la société loin de leur être funestes, et qui soutiennent des erreurs condamnées par le Siège Apostolique.

CHAPITRE VI

Des saintes images et des indulgences.

15. Sont absolument interdites les images de Notre-Seigneur Jésus-Christ, de la Bienheureuse Vierge Marie, des Anges, des Saints ou

vel aliorum Servorum Dei ab Ecclesiæ sensu et decretis difformes, omnino vetantur. Novæ vero, sive preces habeant adnexas, sive absque illis edantur, sine Ecclesiasticæ potestatis licentia non publicentur.

16. Universis interdicitur indulgentias apocryphas, et a Sancta Sede Apostolica proscriptas vel revocatas quomodocumque divulgare. Quæ divulgatæ jam fuerint, de manibus fidelium auferantur.

17. Indulgentiarum libri omnes, summaria, libelli, folia, etc., in quibus earum concessiones continentur, non publicentur absque competentis auctoritatis licentia.

CAPUT VII

De libris liturgicis et precatoriis.

18. In authenticis editionibus Missalis, Breviarii, Ritualis, Cæremonialis Episcoporum, Pontificalis romani, aliorumque librorum liturgicorum a Sancta Sede Apostolica approbatorum, nemo quidquam immutare præsumat : si secus factum fuerit, hæ novæ editiones prohibentur.

19. Litaniæ omnes, præter antiquissimas et communes, quæ in Breviariis, Missalibus, Pontificalibus ac Ritualibus continentur, et præter Litanias de Beata Virgine, quæ in sacra Æde Lauretana decantari solent, et litanias Sanctissimi Nominis Jesu jam a Sancta Sede approbatas, non edantur sine revisione et approbatione Ordinarii.

20. Libros, aut libellos precum, devotionis, vel doctrinæ institutionisque religiosæ, moralis, asceticæ, mysticæ, aliosque hujusmodi, quamvis ad fovendam populi christiani pietatem conducere videantur, nemo præter legitimæ auctoritatis licentiam publicet : secus prohibiti habeantur.

CAPUT VIII

De Diariis, foliis et libellis periodicis.

21. Diaria, folia et libelli periodici, qui religionem aut bonos mores data opera impetunt, non solum naturali, sed etiam ecclesiastico jure proscripti habeantur.

Curent autem Ordinarii, ubi opus sit, de hujusmodi lectionis periculo et damno fideles opportune monere.

22. Nemo e catholicis, præsertim e viris ecclesiasticis, in hujusmodi diariis, vel foliis, vel libellis periodicis, quidquam, nisi suadente justa et rationabili causa, publicet.

autres Serviteurs de Dieu, quel que soit le système de reproduction employé, si elles s'écartent de l'esprit et des décrets de l'Eglise. Les nouvelles images, avec ou sans prières, ne devront être publiées qu'avec la permission de l'autorité ecclésiastique.

16. Il est interdit de répandre des indulgences apocryphes, supprimées ou révoquées par le Saint-Siège. Si elles ont déjà été répandues parmi les fidèles, on devra les en retirer.

17. Aucun livre, sommaire, opuscule, feuille volante, etc., contenant des concessions d'indulgences, ne pourra être publié qu'avec la permission de l'autorité compétente.

CHAPITRE VII

Des livres de liturgie et de prières.

18. Dans les éditions authentiques du Missel, du Bréviaire, du Rituel, du Cérémonial des évêques, du Pontifical Romain et autres livres liturgiques approuvés par le Saint-Siège, on ne devra introduire aucune modification; sinon, ces nouvelles éditions sont prohibées.

19. A l'exception des litanies les plus anciennes et les plus communes insérées dans les Bréviaires, Missels, Pontificaux et Rituels, à l'exception également des litanies de la Sainte Vierge chantées à l'église de Lorette, et de celles du Saint Nom de Jésus, déjà approuvées par le Saint-Siège, on ne pourra publier de litanies sans la revision et l'approbation de l'Ordinaire.

20. Les livres ou opuscules de prières, de dévotion, de doctrine et d'enseignement religieux, moral, ascétique, mystique, bien qu'ils paraissent propres à entretenir la piété des fidèles, ne pourront être publiés sans la permission de l'autorité légitime sous peine d'être prohibés.

CHAPITRE VIII

Des journaux, feuilles et publications périodiques.

21. Les journaux, feuilles et publications périodiques qui attaquent systématiquement la religion ou les bonnes mœurs sont prohibés non seulement de droit naturel, mais encore de droit ecclésiastique.

Les Ordinaires auront soin, là où c'est nécessaire, d'avertir à propos les fidèles du péril et des pernicieux effets de telles lectures.

22. Les catholiques et surtout les ecclésiastiques n'écriront rien dans ces journaux, feuilles ou publications, sans un motif juste et raisonnable.

CAPUT IX

De facultate legendi et retinendi libros prohibitos.

23. Libros sive specialibus, sive hisce Generalibus Decretis proscriptos, ii tantum legere et retinere poterunt, qui a Sede Apostolica, aut ab illis, quibus vices suas delegavit, opportunas fuerint consecuti facultates.

24. Concedendis licentiis legendi et retinendi libros quoscumque prohibitos Romani Pontifices Sacram Indicis Congregationem præposuere. Eadem nihilominus potestate gaudent, tum Suprema Sancti Officii Congregatio, tum Sacra Congregatio de Propaganda Fide pro regionibus suo regimini subjectis. Pro Urbe tantum, hæc facultas competit etiam Sacri Palatii Apostolici Magistro.

25. Episcopi aliique Prælati jurisdictione quasi episcopali pollentes, pro singularibus libris, atque in casibus tantum urgentibus, licentiam concedere valent. Quod si iidem generalem a Sede Apostolica impetraverint facultatem, ut fidelibus libros proscriptos legendi retinendique licentiam impertiri valeant, eam nonnisi cum delectu et ex justa et rationabili causa concedant.

26. Omnes qui facultatem apostolicam consecuti sunt legendi et retinendi libros prohibitos, nequeunt ideo legere et retinere libros quoslibet, aut ephemerides ab Ordinariis locorum proscriptas, nisi eis apostolico indulto expressa facta fuerit potestas legendi et retinendi libros a quibuscumque damnatos. Meminerint insuper qui licentiam legendi libros prohibitos obtinuerunt, gravi se præcepto teneri hujusmodi libros ita custodire, ut ad aliorum manus non perveniant.

CAPUT X

De denuntiatione pravorum librorum.

27. Quamvis catholicorum omnium sit, maxime eorum qui doctrina prævalent, perniciosos libros Episcopis, aut Apostolicæ Sedi denuntiare, id tamen speciali titulo pertinet ad Nuntios, Delegatos Apostolicos, locorum Ordinarios, atque Rectores Universitatum doctrinæ laude florentium.

28. Expetit ut in pravorum librorum denuntiatione non solum libri titulus indicetur, sed etiam, quoad fieri potest, causæ exponantur ob quas liber censura dignus existimatur. Iis autem ad quos denuntiatio defertur, sanctum erit denuntiantium nomina secreta servare.

CHAPITRE IX

De la permission de lire et de garder des livres prohibés.

23. Ceux-là seuls pourront lire et garder les livres condamnés par des décrets spéciaux ou par les présents décrets généraux, qui en auront reçu régulièrement l'autorisation du Siège Apostolique ou d'un de ses délégués.

24. Les Pontifes Romains ont attribué à la Sacrée Congrégation de l'Index le pouvoir de concéder la permission de lire et de garder tout livre prohibé. Jouissent aussi de cette faculté : la Suprême Congrégation du Saint Office, la Sacrée Congrégation de la Propagande pour les régions qui dépendent d'elle, et, pour Rome, le Maître du Sacré Palais apostolique.

25. Les Evêques et autres Prélats ayant une juridiction quasi-épiscopale auront le pouvoir d'accorder ces permissions pour des livres déterminés et seulement dans des cas urgents. S'ils ont obtenu du Siège Apostolique la faculté générale d'autoriser les fidèles à lire et à garder les livres condamnés, ils ne devront en user qu'avec discernement, pour des causes justes et raisonnables.

26. Ceux qui ont obtenu l'autorisation apostolique de lire et de garder des livres prohibés ne peuvent pas pour cela lire ou garder n'importe quels livres ou publications périodiques condamnés par l'Ordinaire du lieu, à moins que leur indult apostolique ne mentionne expressément la permission de lire et de garder les livres condamnés par n'importe quelle autorité. En outre, ceux qui ont cette autorisation se souviendront qu'ils sont rigoureusement tenus d'empêcher ces livres de tomber en d'autres mains.

CHAPITRE X

De la dénonciation des mauvais livres.

27. Il appartient à tous les catholiques, surtout à ceux qui ont une science plus éminente, de dénoncer les mauvais livres aux Evêques ou au Siège Apostolique; toutefois, c'est plus spécialement la fonction des Nonces, Délégués Apostoliques, Ordinaires des lieux et Recteurs d'Universités.

28. Dans la dénonciation des mauvais livres, il est bon d'indiquer non seulement le titre, mais encore, autant que possible, les causes qui doivent en motiver la censure. Ceux qui reçoivent la dénonciation considéreront comme un devoir sacré l'obligation de taire le nom des dénonciateurs.

29. Ordinarii, etiam tanquam Delegati Sedis Apostolicæ, libros, aliaque scripta noxia in sua diœcesi edita vel diffusa proscribere, et e manibus fidelium auferre studeant. Ad Apostolicum judicium ea deferant opera vel scripta, quæ subtilius examen exigunt, vel in quibus ad salutarem effectum consequendum supremæ auctoritatis sententia requiri videatur.

TITULUS II

De censura librorum

CAPUT I

De Prælatis librorum censuræ præpositis.

30. Penes quos potestas sit Sacrorum Bibliorum editiones et versiones adprobare vel permittere ex iis liquet, quæ supra (n. 7) statuta sunt.

31. Libros ab Apostolica Sede proscriptos nemo audeat iterum in lucem edere : quod si ex gravi et rationabili causa singularis aliqua exceptio hac in re admittenda videatur, id nunquam fiet, nisi obtenta prius sacræ Indicis Congregationis licentia, servatisque conditionibus ab ea præscriptis.

32. Quæ ad causas Beatificationum et Canonizationum Servorum Dei utcumque pertinent, absque beneplacito Congregationis Sacris Ritibus tuendis præpositæ publicari nequeunt,

33. Idem dicendum de Collectionibus Decretorum singularum Romanarum Congregationum : hæ nimirum Collectiones edi nequeunt, nisi obtenta prius licentia, et servatis conditionibus a moderatoribus uniuscujusque Congregationis præscriptis.

34. Vicarii et Missionarii Apostolici Decreta Sacræ Congregationis Propagandæ Fidei præpositæ de libris edendis fideliter servent.

35. Approbatio librorum, quorum censura præsentium Decretorum vi Apostolicæ Sedi vel Romanis Congregationibus non reservatur, pertinet ad Ordinarium loci in quo publici juris fiunt.

36. Regulares, præter Episcopi licentiam, meminerint teneri se, sacri Concilii Tridentini decreto, operis in lucem edendi facultatem a Prælato, cui subjacent, obtinere. Utraque autem concessio in principio vel in fine operis imprimatur.

37. Si Auctor Romæ degens librum non in Urbe, sed alibi imprimere velit, præter approbationem Cardinalis Urbis Vicarii et Magistri Sacri Palatii Apostolici, alia non requiritur.

29. Les Ordinaires et les Délégués Apostoliques interdiront les livres et autres écrits nuisibles publiés ou répandus dans leur diocèse, et s'efforceront de les soustraire des mains des fidèles. Ils déféreront au jugement du Saint-Siège ceux de ces ouvrages ou écrits qui réclament un examen plus approfondi, ou ceux pour lesquels une sentence de l'autorité suprême paraît nécessaire pour obtenir un heureux résultat.

TITRE II

De la censure des livres.

CHAPITRE PREMIER

Des Prélats préposés à la censure des livres.

30. Ceux qui ont le droit d'approuver ou de permettre les éditions et versions des livres sacrés sont désignés dans les dispositions ci-dessus (n° 7).

31. Que personne n'ose publier à nouveau des livres déjà condamnés par le Saint-Siège ; si, pour une cause grave et raisonnable, on croit devoir faire exception à cette règle, qu'on ne se le permette jamais sans avoir obtenu au préalable la permission de la Sacrée Congrégation de l'Index et en observant les conditions qu'elle a prescrites.

32. Les écrits concernant d'une façon quelconque les causes de Béatification et de Canonisation des Serviteurs de Dieu ne peuvent être publiés sans le bon plaisir de la Sacrée Congrégation des Rites.

33. La même règle s'applique aux Collections des Décrets de toutes les Congrégations Romaines ; ces Collections ne peuvent être publiées sans une autorisation préalable, en suivant les règles prescrites par les Préfets de chaque Congrégation.

34. Les Vicaires et Missionnaires Apostoliques doivent observer fidèlement les Décrets de la Sacrée Congrégation de la Propagande concernant la publication des livres.

35. L'approbation des livres dont la censure n'est pas réservée par les présents Décrets au Siège Apostolique ou aux Congrégations Romaines appartient à l'Ordinaire du lieu où ces livres sont publiés.

36. Les Réguliers se souviendront que, pour publier leurs livres, un décret du Saint Concile de Trente les oblige à obtenir, outre l'autorisation de l'évêque, celle du Supérieur dont ils dépendent. Cette double permission devra être imprimée au commencement ou à la fin de l'ouvrage.

37. Si un auteur habitant Rome fait imprimer un livre, non à Rome, mais ailleurs, il n'a besoin d'autre permission que celle du Cardinal Vicaire et du Maître du Sacré Palais Apostolique.

CAPUT II

De censorum officio in prævio librorum examine.

38. Curent Episcopi, quorum muneris est facultatem libros imprimendi concedere, ut eis examinandis spectatæ pietatis et doctrinæ viros adhibeant, de quorum fide et integritate sibi polliceri queant, nihil eos gratiæ daturos, nihil odio, sed omni humano affectu posthabito, Dei duntaxat gloriam spectaturos et fidelis populi utilitatem.

39. De variis opinionibus atque sententiis (juxta Benedicti XIV præceptum) animo a præjudiciis omnibus vacuo, judicandum sibi esse censores sciant. Itaque nationis, familiæ, scholæ, instituti affectum excutiant, studia partium seponant. Ecclesiæ sanctæ dogmata, et communem Catholicorum doctrinam, quæ Conciliorum generalium Decretis, Romanorum Pontificum Constitutionibus, atque Doctorum consensu continentur, unice præ oculis habeant.

40. Absoluto examine, si nihil publicationi libri obstare videbitur, Ordinarius, in scriptis et omnino gratis, illius publicandi licentiam, in principio vel in fine operis imprimandam, auctori concedat.

CAPUT III

De libris præviæ censuræ subjiciendis.

41. Omnes fideles tenentur præviæ censuræ ecclesiasticæ eos saltem subjicere libros, qui divinas Scripturas, Sacram Theologiam, Historiam ecclesiasticam, Jus Canonicum, Theologiam naturalem, Ethicen, aliasve hujusmodi religiosas aut morales disciplinas respiciunt, ac generaliter scripta omnia, in quibus religionis et morum honestatis specialiter intersit.

42. Viri e clero seculari ne libros quidem, qui de artibus scientiisque mere naturalibus tractant, inconsultis suis Ordinariis publicent, ut obsequentis animi erga illos exemplum præbeant.

Iidem prohibentur quominus, absque prævia Ordinariorum venia, diaria vel folia periodica moderanda suscipiant.

CAPUT IV

De typographis et editoribus librorum.

43. Nullus liber censuræ ecclesiasticæ subjectus excudatur, nisi in principio nomen et cognomen tum auctoris, tum editoris

CHAPITRE II

Devoirs des censeurs dans l'examen préalable des livres.

38. Les évêques, étant chargés d'autoriser l'impression des livres, auront soin de préposer à l'examen de ces ouvrages des hommes d'une piété et d'une science reconnues, dont la foi et l'équité soient à l'abri de tout soupçon, et qui, loin de rien accorder à la faveur ou à l'antipathie, laissent de côté toute considération humaine. Ces examinateurs n'auront en vue que la gloire de Dieu et l'utilité du peuple chrétien.

39. Suivant l'ordre de Benoît XIV, les censeurs devront juger les avis et les opinions avec un esprit libre de tout préjugé. Ainsi donc, qu'ils se dépouillent de tout esprit de nationalité, de famille, d'école, d'institut et de parti. Qu'ils aient uniquement en vue les dogmes de l'Eglise et la doctrine commune contenue dans les décrets des Conciles généraux, les Constitutions des Pontifes Romains et l'enseignement unanime des Docteurs.

40. L'examen achevé, si rien ne paraît s'opposer à la publication du livre, l'Ordinaire devra accorder à l'auteur, par écrit et gratuitement, la permission de le publier; celle-ci devra être imprimée au commencement ou à la fin de l'ouvrage.

CHAPITRE III

Des livres soumis à la censure préalable.

41. Les fidèles sont tenus de soumettre préalablement à la censure ecclésiastique au moins les livres qui traitent des divines Ecritures, de la théologie, de l'Histoire ecclésiastique, du Droit canon, de la Théologie naturelle, de la Morale et autres sciences religieuses ou morales du même genre, et en général tous les écrits qui traitent en particulier de la religion et des mœurs.

42. Les membres du clergé séculier ne doivent pas même publier de livres traitant d'arts et de sciences purement naturelles sans consulter leur Ordinaire, donnant ainsi l'exemple de l'obéissance à son égard.

Il leur est également interdit d'accepter, sans l'autorisation préalable de l'Ordinaire, la direction de journaux ou publications périodiques.

CHAPITRE IV

Des imprimeurs et des éditeurs.

43. Aucun livre soumis à la censure ecclésiastique ne pourra être imprimé s'il ne porte en tête le nom et le surnom de l'auteur et de

præferat, locum insuper et annum impressionis atque editionis. Quod si aliquo in casu, justas ob causas, nomen auctoris tacendum videatur, id permittendi penes Ordinarium potestas sit.

44. Noverint typographi et editores librorum novas ejusdem operis approbati editiones, novam approbationem exigere, hanc insuper textui originali tributam, ejus in aliud idioma versioni non suffragari.

45. Libri ab Apostolica Sede damnati ubique gentium prohibiti censeantur, et in quodcumque vertantur idioma.

46. Quicumque librorum venditores, præcipue qui catholico nomine gloriantur, libros de obscenis ex professo tractantes, neque vendant, neque commodent, neque retineant : ceteros prohibitos venales non habeant, nisi a Sacra Indicis Congregatione veniam per Ordinarium impetraverint, nec cuiquam vendant nisi prudenter existimare possint, ab emptore legitime peti.

CAPUT V

De pœnis in Decretorum Generalium transgressores statutis.

47. Omnes et singuli scienter legentes, sine auctoritate Sedis Apostolicæ, libros apostatarum et hæreticorum hæresim propugnantes, nec non libros cujusvis auctoris per Apostolicas Litteras nominatim prohibitos, eosdemque libros retinentes, imprimentes et quomodolibet defendentes, excommunicationem ipso facto incurrunt, Romano Pontifici speciali modo reservatam.

48. Qui sine Ordinarii approbatione Sacrarum Scripturarum libros, vel earumdem adnotationes vel commentarios imprimunt, aut imprimi faciunt, incidunt ipso facto in excommunicationem nemini reservatam.

49. Qui vero cetera transgressi fuerint, quæ his Decretis Generalibus præcipiuntur, pro diversa reatus gravitate serio ab Episcopo moneantur; et, si opportunum videbitur, canonicis etiam pœnis coerceantur.

Præsentes vero litteras et quæcumque in ipsis habentur nullo unquam tempore de subreptionis aut obreptionis sive intentionis Nostræ vitio aliove quovis defectu notari vel impugnari posse; sed semper validas et in suo robore fore et esse, atque ab omnibus cujusvis gradus et præeminentiæ inviolabiliter in judicio et extra observari debere, decernimus : irritum quoque et inane si secus super his a quoquam, quavis auctoritate vel prætextu, scienter vel ignoranter contigerit attentari declarantes, contrariis non obstantibus quibuscumque.

Volumus autem ut harum litterarum exempli, etiam impres-

l'éditeur, le lieu et l'année de l'impression et de l'édition. Si, en certains cas, pour de justes motifs, il paraît bon de taire le nom de l'auteur, l'Ordinaire pourra le permettre.

44. Les imprimeurs et éditeurs doivent savoir que toute nouvelle édition d'un ouvrage approuvé exige une approbation nouvelle et que l'autorisation accordée au texte original n'est pas valable pour les traductions en d'autres langues.

45. Les livres condamnés par le Saint-Siège seront considérés comme prohibés dans le monde entier et en quelque langue qu'ils soient traduits.

46. Les libraires, surtout les catholiques, s'abstiendront de vendre, de prêter et de garder les livres traitant *ex professo* de sujets obscènes; ils n'auront pas en vente les autres livres interdits, à moins d'en avoir obtenu l'autorisation de la Sacrée Congrégation de l'Index: en ce cas, ils ne pourront les vendre qu'à ceux qu'ils peuvent considérer comme ayant le droit de les acheter.

CHAPITRE V

Des peines portées contre ceux qui transgressent les Décrets Généraux.

47. Quiconque lit sciemment, sans l'autorisation du Siège Apostolique, des livres d'apostats ou d'hérétiques, soutenant une hérésie, ainsi que les livres nominalement condamnés, de n'importe quel auteur; quiconque garde ces livres, les imprime ou s'en fait le défenseur, encourt *ipso facto* l'excommunication réservée spécialement au Souverain Pontife.

48. Ceux qui, sans l'approbation de l'Ordinaire, impriment ou font imprimer les Livres Saints, des annotations ou commentaires, encourent *ipso facto* l'excommunication non réservée.

49. Ceux qui auront transgressé les autres prescriptions des présents Décrets Généraux seront sévèrement réprimandés par leur Evêque en raison de leur culpabilité; et, si cela paraît opportun, ils seront même frappés des peines canoniques.

Nous décrétons que les présentes lettres et tout leur contenu ne pourront jamais être taxées ou accusées d'ajout, de soustraction ou d'un défaut quelconque d'intention de Notre part; mais elles sont, seront toujours valides et dans toute leur force, elles devront être observées inviolablement, *in judicio et extra*, par toute personne, de quelque dignité et prééminence qu'elle soit; Nous déclarons nul et vain tout ce qui pourra être fait, par qui que ce soit, pour y introduire un changement quelconque, quels que soient le prétexte ou l'autorité sur lesquels on s'appuie sciemment ou inconsciemment, nonobstant toutes dispositions contraires.

Nous voulons que les exemplaires de ces lettres, même imprimés,

sis, manu tamen Notarii subscriptis et per constitutum in ecclesiastica dignitate virum sigillo munitis, eadem habeatur fides quæ Nostræ voluntatis significationi his præsentibus ostensis haberetur.

Nulli ergo hominum liceat hanc paginam Nostræ constitutionis, ordinationis, limitationis, derogationis, voluntatis infringere, vel ei ausu temerario contra ire. — Si quis autem hoc attentare præsumpserit, indignationem omnipotentis Dei et beatorum Petri et Pauli apostolorum ejus se noverit incursurum.

Datum Romæ apud Sanctum Petrum, anno Incarnationis Dominicæ, millesimo octingentesimo nonagesimo septimo, VIII. Kal. Februarias, Pontificatus Nostri decimo nono.

A. card. MACCHI.

A. PANICI, *Subdatarius.*

VISA

DE CURIA I. DE AQUILA E VICECOMITIBUS.

Loco ✠ *Plumbi*
Reg. in. Secret. Brevium.

I. CUGNONIUS.

mais signés de la main d'un notaire et munis du sceau par un dignitaire ecclésiastique, fassent foi de Notre volonté, comme le feraient ces présentes lettres si on les montrait elles-mêmes.

Donc, personne n'a le droit d'altérer ou de contredire témérairement cette Constitution en ce qu'elle dispose, limite, déroge et commande. — Si quelqu'un tentait de le faire, qu'il sache qu'il encourt l'indignation du Dieu tout-puissant et des bienheureux apôtres Pierre et Paul.

Donné à Rome, près de Saint-Pierre, l'an de l'Incarnation du Sauveur 1897, le 8 des Calendes de février, de notre Pontificat le dix neuvième.

A. Card. MACCHI.

A. PANICI, *Subdatarius*.

VISA

DE CURIA I. DE AQUILA E VICECOMITIBUS.

Loco ✠ *Plumbi.*
Reg. in. Secret. Brevitum.

I. CUGNONIUS.

SANCTISSIMI DOMINI NOSTRI

LEONIS DIVINA PROVIDENTIA PAPÆ XIII

LITTERÆ APOSTOLICÆ

DE PRIVILIGEIIS AMERICÆ LATINÆ

LEO PP. XIII

AD FUTURAM REI MEMORIAM

Trans Oceanum Atlanticum ad alteram orbis partem divinæ providentiæ benigna dispositione per Christophorum Columbum aperto itinere, Ecclesia Dei multa ibi mortalium millia reperit, quos, ut suum munus atque opus erat, a latebris et fero cultu ad humanitatem et mansuetudinem traduceret, ab errore et superstitione ad communionem bonorum omnium, quæ per Jesum Christum parta sunt, ab interitu ad vitam revocaret. Quod quidem salutare munus, ipso vivente adhuc repertore Columbo, ab Alexandro VI Pontifice Maximo decessore Nostro inchoatum perpetuo caritatis tenore ita Ecclesia insistere perrexit, pergit, ut temporibus nostris ad extremam usque Patagoniam sacras suas expeditiones auspicato protulerit. Campus enim spatio interminatus, cessatione ipsa atque otio ferax, si diligenter subigatur et colatur, fructus edit lætos atque uberes, cultorumque laboribus atque industriæ optime respondet.

Quamobrem Romani Pontifices decessores Nostri nullo non tempore destiterunt ad Americæ culturam novos operarios mittere, quos ut acrius elaborarent præstantioresque ab opere suo fructus demeterent, singularibus facultatibus et privilegiis auxerunt, atque extraordinaria auctoritate et potestate corroborarunt. Quibus freti Missionarii, lumine religionis catholicæ per Americæ regiones longe lateque diffuso, brevi interjecto annorum spatio, in iis præsertim locis ubi novi incolæ ab Europa commigrantes, nominatim Hispani, domicilium sibi sedemque stabilem collocaverant, templa excitarunt, monasteria condi-

LETTRE APOSTOLIQUE

DE S. S. LÉON XIII

PAPE PAR LA DIVINE PROVIDENCE

SUR LES PRIVILÈGES DE L'AMÉRIQUE LATINE

LÉON XIII, PAPE

AD FUTURAM REI MEMORIAM

Après que, par une aimable disposition de la Providence divine, Christophe Colomb eut ouvert à travers l'Atlantique une route vers le Nouveau Monde, l'Église de Dieu y trouva des milliers d'hommes qu'elle devait, suivant sa mission, ramener de l'état sauvage à la civilisation et à la douceur des mœurs, de l'erreur et de la superstition à la participation de tous les biens acquis par Jésus-Christ, de la mort à la vie.

Cette œuvre de salut fut commencée, du vivant même de Christophe Colomb, par le pape Alexandre VI, Notre prédécesseur; depuis, sans que jamais sa charité se soit ralentie, l'Église a poursuivi cette tâche, elle la poursuit encore de notre temps et elle envoie avec succès ses missionnaires jusqu'à l'extrémité de la Patagonie. En effet, un champ sans limite, fertilisé par le repos, s'il est un jour soigneusement cultivé, produit des fruits aussi agréables qu'abondants, et rémunère largement le laboureur de ses labeurs et de son activité.

Aussi, les Pontifes romains, Nos prédécesseurs, n'ont-ils jamais cessé d'envoyer de nombreux ouvriers en Amérique, et, pour accroître leur zèle et le résultat de leurs travaux, ils les comblèrent de pouvoirs et de privilèges et leur donnèrent une autorité spéciale.

Alors, après avoir répandu pendant quelques années dans toute l'Amérique la lumière du catholicisme, les missionnaires élevèrent des églises, fondèrent des monastères, des paroisses, ouvrirent des écoles, constituèrent des diocèses par l'autorité du Souverain Pon-

derunt, parœcias, scholas aperuerunt, diœceses ex potestate Summorum Pontificum constituerunt. Ex quo factum est ut Americæ magna pars ab avita religione novorum incolarum et ab origine eorum linguæ haberi et dici possit America Latina.

At illud proprium est humanarum institutionum et legum, ut nihil sit in eis tam sanctum et salutare quod vel consuetudo non demutet, vel tempora non invertant, vel mores non corrumpant. Sic in Ecclesia Dei, in qua cum absoluta immutabilitate doctrinæ varietas disciplinæ conjungitur, non raro evenit, ut quæ olim apta erant atque idonea, ea labens ætas faciat vel inepta, vel inutilia, vel etiam contraria.

Quare antiquis privilegiis temporis decursu vel ex parte abrogatis, vel aliàs ut plurimum insufficientibus, singulari Maximorum Pontificum largitione, aliæ adjectæ sunt facultates sub determinatis formulis, vel singulis Americæ Latinæ Episcopis deinceps delegari solitæ, vel pro extraordinariis quibusdam casibus et determinatis regionibus concessæ, quarum series si antiqua privilegia numero et extensione superat, difficultates tamen quæ sunt circa naturam, vigorem et numerum eorumdem e medio non tollit. Ad hæc amovenda incommoda decessor Noster sanctæ memoriæ Pius IX, datis ad id similibus litteris die 1 octobris anni MDCCCLXVII, plura ex antiquis privilegiis pro Republica Æquatoris ad triginta annorum spatium confirmavit, seu quatenus opus fuerat denuo concessit.

Quum vero ex monumentis ecclesiasticis Americam Latinam respicientibus, quæ magna peritorum diligentia collecta atque investigata sunt, probe constet multa ex privilegiis Indiæ Occidentali concessis partim haud vigere, partim in dubium esse revocanda, Nos qui Americanas gentes egregie de Ecclesia Romana meritas singulari amore prosequimur, ad tollendas in re tanti momenti perplexitates et angustias animi, quæ Episcopos illarum diœcesium aliosque, quorum interest, non raro exagitant, totum dictorum privilegiorum negotium deferri jussimus speciali Congregationi Venerabilium Fratrum Nostrorum S. R. E. Cardinalium, qui post maturam deliberationem novorum privilegiorum catalogum, exclusis catalogis, summariis et recensionibus in conciliis provincialibus vel aliter editis, conficiendum censuerunt, confectumque Apostolica auctoritate probandum.

Nos igitur re mature perpensa, pro ea, quam gerimus, de omnibus Ecclesiis sollicitudine, eorumdem Venerabilium Fratrum Nostrorum S. R. E. Cardinalium, ne Clerus et populus illarum regionum anteactorum privilegiorum memoria et usu penitus privati maneant, sententiam tenuimus et quæ infra recensentur privilegia pro omnibus Americæ Latinæ singulisque diœcesibus et ditionibus de Apostolicæ potestatis plenitudine ad proximum

tife, surtout dans les régions où s'étaient établis d'une façon stable les émigrants d'Europe, et en particulier ceux d'Espagne.

De là vint qu'une grande partie de l'Amérique prit le nom d'Amérique latine, à cause de la religion et de la langue de ses nouveaux habitants.

Mais c'est le propre des institutions et des lois humaines qu'elles n'aient rien de si sacré et de si utile qui ne soit modifié par l'usage, transformé par le temps, corrompu par les mœurs.

Ainsi, dans l'Eglise de Dieu, qui unit la variété de la discipline à l'absolue immutabilité du dogme, il arrive fréquemment que des dispositions, jadis opportunes et excellentes, deviennent dans la suite déplacées, inutiles ou même nuisibles.

Les anciens privilèges étant, ou tombés en désuétude, ou abrogés en partie, ou insuffisants pour la plupart, les Souverains Pontifes, par bonté spéciale, y ajoutèrent d'autres pouvoirs bien déterminés et qui, dans la suite, furent ordinairement délégués personnellement aux évêques de l'Amérique latine ou accordés pour certains cas extraordinaires et des régions déterminées. Ces pouvoirs surpassèrent en nombre et en étendue les anciens privilèges, mais ne supprimèrent pas les difficultés sur leur nature, leur maintien et leur nombre. Pour mettre fin à ces inconvénients, Notre prédécesseur, Pie IX, de sainte mémoire, dans une lettre du 1er octobre 1867, confirma pour trente ans en faveur de l'Equateur plusieurs privilèges anciens ou les accorda de nouveau autant que besoin était.

Mais l'étude des documents ecclésiastiques concernant l'Amérique latine, collationnés et examinés avec soin par des savants, démontre que beaucoup de privilèges accordés à l'Inde occidentale sont tombés en désuétude ou sont d'une authenticité douteuse.

En conséquence, ayant une affection spéciale pour les peuples américains, qui ont bien mérité de l'Eglise romaine, nous avons voulu faire disparaître, en un si important sujet, les difficultés et les embarras fréquents des évêques de ces diocèses et des autres intéressés.

Nous avons confié cette affaire à une Congrégation spéciale de nos Vénérables Frères les cardinaux de la sainte Eglise romaine. Ceux-ci, après un mûr examen, ont pensé qu'il fallait dresser et faire approuver par l'autorité apostolique un catalogue de nouveaux privilèges, annulant les listes, sommaires et catalogues publiés dans les Conciles provinciaux ou autrement.

Après un attentif examen de la question, à cause de Notre sollicitude pour toutes les Eglises, Nous avons adopté l'avis de ces mêmes Vénérables Frères cardinaux de la sainte Eglise romaine, afin que le clergé et les fidèles de ces pays ne demeurent pas entièrement privés du souvenir et de la jouissance de leurs anciens privilèges. Par cette lettre, dans la plénitude du pouvoir apostolique, Nous accordons, pour trente ans, à chacun des diocèses et à chacune des juridictions de l'Amérique latine, les privilèges énumérés ci-dessous.

triginta annorum spatium hisce ipsis litteris concedimus. Quare, quod bonum, felix, faustumque sit et universæ Americæ Latinæ Ecclesiæ benevertat, mandamus, edicimus :

I. Ut electi Episcopi in Americæ Latinæ ditionibus commorantes postquam promotionis litteras Apostolicas acceperint, nisi aliter in præfatis litteris præscriptum sit, a quocumque maluerint catholico Antistite, gratiam et communionem Apostolicæ Sedis habente, accitis et assistentibus, si alii Episcopi assistentes absque gravi incommodo reperiri nequeant, duobus vel tribus presbyteris in ecclesiastica dignitate constitutis, vel Cathedralis Ecclesiæ Canonicis, consecrationis munus accipere valeant.

II. Ut Concilii Provincialis celebratio ad duodecim annos differri possit, reservato Metropolitæ jure illud frequentius, prout necessitas postulaverit, celebrandi, nisi aliter per Sedem Apostolicam postea ordinatum fuerit.

III. Ut Episcopi Sacrum Chrisma, quod ex indico etiam, vero tamen balsami liquore fieri potest, et Olea Sacra conficere possint iis sacerdotibus adstantibus qui adstare potuerint, et, urgente necessitate, extra diem Cœnæ Domini.

IV. Ut adhiberi possint Sacra Olea etiam antiqua, non tamen ultra quatuor annos, dummodo corrupta ne sint, et peracta omni diligentia, nova vel recentiora Sacra Olea haberi nequeant.

V. Ut pro omnibus et solis regionibus seu locis, in quibus magnæ distantiæ causa vel ob aliud grave impedimentum perdifficile sit Parochis vel Missionariis ad Baptismum conferendum aquam Sabbato Sancto et Pentecoste benedictam ex fontibus baptismalibus, ubi asservatur, desumere et secum circumferre, Ordinarii, nomine Sanctæ hujus Sedis, concedere possint Parochis et Missionariis supra dictis facultatem benedicendi aquam baptismalem ea breviori formula, qua Missionarios in Peruvia apud Indos Summus Pontifex Paulus III uti concessit, quæque in appendice ad rituale Romanum legitur.

VI. Ut si propter defectum temporis, improbamque defatigationem, aliisque gravibus de causis perdifficile sit omnes adhibere cæremonias pro Baptismo adultorum præscriptas, Parochi et Missionarii, de prævio Ordinarii consensu, uti possint solis ritibus, qui in Constitutione Pauli III « Altitudo » diei Junii MDXXXVII designantur. Insuper ut in iisdem rerum adjunctis Ordinarii nomine Sanctæ Sedis concedere valeant Parochis et Missionariis usum ordinis Baptismi parvulorum, onerata in usu hujusmodi facultatis eorumdem Ordinariorum conscientia super existentia gravis necessitatis.

VII. Ut in omnibus et singulis ditionibus Americæ Latinæ, nulla excepta, omnes sacerdotes tam sæculares quam regulares,

En conséquence, pour la prospérité, le bien et le bonheur de toute l'Eglise de l'Amérique latine, nous ordonnons et décrétons ce qui suit :

I. Les évêques élus qui résident dans l'Amérique latine, après avoir reçu leurs lettres apostoliques de promotion et à moins que ces lettres ne contiennent d'autres prescriptions, pourront être sacrés par un évêque catholique de leur choix, en paix et communion avec le Siège Apostolique ; s'ils ne peuvent trouver d'autres évêques sans grandes difficultés, ils pourront se faire assister par deux ou trois prêtres constitués en dignité ou par des chanoines de l'église cathédrale.

II. La tenue du Concile provincial pourra être différée pendant douze ans ; le métropolitain conserve le droit de le réunir plus fréquemment suivant les besoins et si le Siège Apostolique n'en ordonne pas autrement dans la suite.

III. Les évêques pourront procéder à la confection du Saint Chrême et des Saintes Huiles en présence des prêtres auxquels il sera possible d'y assister, et même en dehors du Jeudi-Saint, en cas de nécessité urgente. Pour le Saint Chrême, il est permis d'employer du baume indien, pourvu qu'il soit naturel.

IV. On pourra employer même des Saintes Huiles anciennes ne remontant pas à plus de quatre ans, pourvu qu'elles ne soient pas corrompues, malgré les recherches les plus actives, et qu'il soit impossible de s'en procurer de nouvelles ou de moins anciennes.

V. Dans les lieux ou dans les pays où, soit à cause des grandes distances, soit à cause de graves empêchements, il est très difficile aux curés et missionnaires de prendre aux fonts baptismaux et d'emporter avec eux de l'eau bénite le Samedi-Saint ou à la Pentecôte, pour conférer le sacrement de Baptême, les Ordinaires pourront, au nom du Saint-Siège, accorder à ces curés et ces missionnaires le pouvoir de bénir l'eau baptismale par la formule plus brève que le pape Paul III a permise aux missionnaires du Pérou et qui se trouve en appendice dans le rituel romain.

VI. Si, faute de temps ou à cause de grandes fatigues ou pour tout autre motif grave, il est très difficile de faire toutes les cérémonies prescrites pour le baptême des adultes, les curés et missionnaires, avec le consentement préalable de l'Ordinaire, pourront n'employer que les rites indiqués dans la Constitution *Altitudo* de Paul III (1er juin 1537).

De plus, dans ces mêmes circonstances, les Ordinaires pourront, au nom du Saint-Siège, accorder aux curés et aux missionnaires la permission d'employer l'*Ordo Baptismi parvulorum;* Nous laissons à ces Ordinaires la responsabilité de juger en conscience de la gravité des motifs justifiant cette autorisation.

VII. Dans toutes les Juridictions de l'Amérique latine sans exception, tous les prêtres séculiers et réguliers, aussi longtemps qu'ils

quamdiu in præfatis ditionibus moram duxerint, et non aliàs, singulis annis die secunda Novembris seu die sequenti, juxta rubricas Missalis Romani, qua nempe commemoratio omnium fidelium defunctorum ab Ecclesia universali recolitur, tres Missas singuli celebrare possint et valeant, ita tamen ut unam tantum eleemosynam accipiant, videlicet pro prima Missa duntaxat, et in ea quantitate tantum, quæ a Synodalibus Constitutionibus seu a loci consuetudine regulariter præfinita fuerit; fructum autem medium secundæ et tertiæ Missæ non peculiari quidem defuncto, sed in suffragium omnium fidelium defunctorum omnino applicent, ad normam Constitutionis Benedicti XIV Pontificis Maximi « Quod expensis » diei XXVI Augusti MDCCXLVIII.

VIII. Ut omnes fideles annuæ Confessionis et Communionis præcepto satisfacere possint a dominica Septuagesimæ usque ad octavam diem solemnitatis Corporis Christi inclusive.

IX. Ut omnes fideles lucrari possint indulgentias et jubilæa, quæ requirunt Confessionem, Communionem et jejunium, dummodo servato jejunio, si loco inhabitent, ubi impossibile prorsus vel difficile admodum sit Confessarii copiam habere, corde saltem contriti sint cum proposito firmo confitendi admissa quam primum poterunt, vel ad minus intra unum mensem.

X. Ut Indi et Nigritæ intra tertium et quartum tam consanguinitatis quam affinitatis gradum matrimonia contrahere possint.

XI. Ut Indi et Nigritæ quocumque anni tempore nuptiarum benedictionem accipere possint, dummodo iis temporibus, quibus ab Ecclesia prohibentur nuptiæ, pompæ apparatum non adhibeant.

XII. Ne Indi et Nigritæ jejunare teneantur præterquam in feriis sextis Quadragesimæ, in Sabbato Sancto, et in pervigilio Natalis D. N. J. C.

XIII. Ut præterea Indi et Nigritæ absque ullo onere, seu solutione eleemosynæ, uti possint indulto, quod Quadragesimale dicitur, et quo fideles respectivæ diœcesis seu regionis ab Apostolica Sede donantur; ideoque carnibus, ovis et lactaciniis vesci possint omnibus diebus ab Ecclesia vetitis, exceptis quoad carnes diebus in superiori paragrapho XII notatis.

XIV. Ut quandocumque in causis tam criminalibus, quam aliis quibuscumque forum ecclesiasticum concernentibus a sententiis pro tempore latis appellari contigerit, si prima sententia ab Episcopo lata fuerit, ad Metropolitanum; si vero prima sententia lata sit ab ipso Metropolitano, ad Ordinarium viciniorem absque alio Sedis Apostolicæ rescripto appelletur; et si secunda sententia primæ conformis fuerit, vim rei judicatæ obtineat, et executioni per eum, qui eam tulerit, demandetur, quacumque appellatione non obstante; si vero illæ duæ sive ab Ordinario

demeureront dans ces États, mais non ailleurs, pourront chaque année, le 2 novembre ou le lendemain, selon les rubriques du missel romain qui fixe à cette date pour l'Église universelle la commémoraison de tous les fidèles trépassés, célébrer chacun trois messes ; ils ne pourront recevoir qu'une seule aumône, pour la première messe seulement et sans dépasser l'honoraire fixé régulièrement par les Constitutions synodales ou par la coutume.

Ils appliqueront la seconde messe et la troisième, non à un défunt particulier, mais à tous les fidèles défunts collectivement, suivant les prescriptions du pape Benoît XIV dans la Constitution *Quod expensis* (26 août 1748).

VIII. Tous les fidèles pourront satisfaire au précepte de la confession et de la communion annuelles depuis le dimanche de la Septuagésime jusqu'à l'octave de la Fête-Dieu inclusivement.

IX. Tous les fidèles qui habitent des lieux où il est impossible ou très difficile d'avoir le choix d'un confesseur pourront gagner les indulgences et les jubilés qui exigent la confession, la communion et le jeûne, pourvu qu'ils observent le jeûne et qu'ils aient la contrition avec le ferme propos de se confesser le plus tôt possible, au moins dans le délai d'un mois.

X. Les Indiens et les nègres pourront contracter mariage au troisième et au quatrième degré de consanguinité et d'affinité.

XI. Les Indiens et les nègres pourront recevoir à toute époque de l'année la bénédiction nuptiale pourvu qu'aux époques où les noces sont prohibées par l'Église ils s'abstiennent de tout apparat.

XII. Les Indiens et les nègres ne seront tenus au jeûne que les vendredis du Carême, le Samedi-Saint et la veille de Noël.

XIII. Les Indiens et les nègres pourront, sans obligation de verser une aumône, user de l'indult dit *quadragésimal*, accordé respectivement par le Saint-Siège aux fidèles de chaque diocèse.

Ils pourront donc user d'aliments gras, d'œufs et de laitage, tous les jours où ces aliments sont prohibés par l'Église.

L'interdiction des aliments gras est maintenue aux jours indiqués ci-dessus, paragraphe XII.

XIV. Dans toutes les causes criminelles ou autres, relevant de la juridiction ecclésiastique, lorsque appel aura été interjeté de sentences à titre *provisoire*, si la première sentence a été portée par l'évêque, on en appellera au métropolitain ; si la première sentence est du métropolitain lui-même, on en appellera à l'Ordinaire le plus voisin sans autre rescrit du Saint-Siège.

Si la seconde sentence est conforme à la première, elle aura force de chose jugée et sera rendue exécutoire par celui qui l'aura portée, nonobstant tout autre appel.

Si les deux sentences portées, soit par l'Ordinaire et le métropo-

et Metropolitano, sive a Metropolitano et Ordinario viciniore latæ, conformes non fuerint, tunc ad alterum Metropolitanum vel Episcopum ei, a quo primo fuit lata sententia, viciniorem ejusdem provinciæ appelletur, et duas ex ipsis tribus sententias conformes, quas vim rei judicatæ habere volumus, is, qui postremo loco judicaverit, exequatur, quacumque appellatione non obstante. Cum autem recursus ad Apostolicam Sedem etiam omisso medio, sive ante sive post sententias judicum inferiorum semper integer manere debeat, ad normam juris, in usu hujus privilegii omnino servandæ erunt sequentes conditiones: 1° Ut in singulis causis salva maneat cuique litiganti facultas ad hanc Apostolicam Sedem etiam post primam sententiam recurrendi; 2° Ut in singulis actibus expressa fiat Apostolicæ delegationis mentio; 3° Ut causæ majores sint eidem Apostolicæ Sedi reservatæ ad normam Sacri Concilii Tridentini; 4° Et quoad causas matrimoniales ea custodiantur, quæ in Constitutione Benedicti XIV, cujus initium « Dei miseratione », præstituta sunt.

Abrogatis deletisque Auctoritate Nostra Apostolica omnibus et singulis Indiarum Occidentalium privilegiis quocumque nomine vel forma ab hac Sancta Sede prius concessis.

Contrariis quibuscumque etiam speciali et individua mentione dignis non obstantibus.

Datum Romæ apud Sanctum Petrum sub annulo Piscatoris, die solemni Paschæ, XVIII Aprilis MDCCCLXXXXVII, Pontificatus Nostri Anno vigesimo.

A. CARD. MACCHI.

litain, soit par le métropolitain et l'Ordinaire le plus voisin, ne sont pas conformes, on en appellera à un autre métropolitain ou à l'évêque de la même province le plus voisin de celui qui a porté la première sentence.

Le dernier juge rendra exécutoires les deux des trois sentences qui seront conformes et auxquelles Nous voulons qu'il soit donné force de chose jugée, nonobstant tout autre appel.

Mais le recours même immédiat au Siège Apostolique, soit avant, soit après la sentence des juges inférieurs, doit demeurer *entier*, suivant la règle du droit.

Dans l'exercice de ce privilège, on devra donc observer les conditions suivantes :

1° Dans chaque cause, chacune des deux parties aura le droit de recourir au Siège Apostolique, même après la première sentence ;

2° Dans tous les actes, la délégation apostolique devra être mentionnée expressément ;

3° Les causes majeures sont réservées au Siège Apostolique selon la règle du saint Concile de Trente ;

4° Pour les causes matrimoniales, on observera ce qui est prescrit dans la Constitution *Dei miseratione* de Benoît XIV.

Nous abrogeons et révoquons par Notre autorité apostolique tous et chacun des privilèges accordés antérieurement, sous quelque nom ou forme que ce soit, aux Indes occidentales par le Saint-Siège, nonobstant toutes dispositions contraires, même celles qui exigent une mention spéciale et nominative.

Donné à Rome, près de Saint-Pierre, sous l'anneau du Pêcheur, en la solennité de Pâques, le 18 avril 1897, la vingtième année de Notre Pontificat.

A., Card. MACCHI.

SANCTISSIMI DOMINI NOSTRI

LEONIS DIVINA PROVIDENTIA PAPÆ XIII

EPISTOLA ENCYCLICA

AD PATRIARCHAS PRIMATES ARCHIEPISCOPOS EPISCOPOS ALIOS QUE LOCORUM ORDINARIOS PACEM ET COMMUNIONEM CUM APOSTOLICA SED HABENTES

VENERABILIBUS FRATRIBUS
PATRIARCHIS, PRIMATIBUS, ARCHIEPISCOPIS, EPISCOPIS
ALIISQUE LOCORUM ORDINARIIS
PACEM ET COMMUNIONEM CUM APOSTOLICA SEDE
HABENTIBUS

LEO PP. XIII

VENERABILES FRATRES

SALUTEM ET APOSTOLICAM BENEDICTIONEM

Divinum illud munus quod humani generis causâ a Patre acceptum Jesus Christus sanctissime obiit, sicut eo tanquam ad ultimum spectat, ut homines vitæ compotes fiant in sempiterna gloria beatæ, ita huc proxime attinet per sæculi cursum, ut divinæ gratiæ habeant colantque vitam, quæ tandem in vitam floreat cœlestem. Quamobrem omnes ad unum homines cujusvis nationis et linguæ Redemptor ipse invitare ad sinum Ecclesiæ suæ summa benignitate non cessat : *Venite ad me omnes; Ego sum vita; Ego sum pastor bonus.* Hic tamen secundum altissima quædam consilia, ejusmodi munus noluit quidem per se in terris usquequaque conficere et explere; verum quod ipse traditum a Patre habuerat, idem Spiritui Sancto tradidit perficiendum. Atque jucunda memoratu ea sunt quæ Christus, paulo antequam terras relinqueret, in discipulorum cœtu affirmavit : *Expedit*

LETTRE ENCYCLIQUE

DE S. S. LÉON XIII

PAPE PAR LA DIVINE PROVIDENCE

AUX PATRIARCHES, PRIMATS, ARCHEVÊQUES, ÉVÊQUES ET AUTRES ORDINAIRES EN PAIX ET COMMUNION AVEC LE SIÈGE APOSTOLIQUE

A NOS VÉNÉRABLES FRÈRES
LES PATRIARCHES, PRIMATS, ARCHEVÊQUES,
ÉVÊQUES ET AUTRES ORDINAIRES
EN PAIX ET COMMUNION AVEC LE SIÈGE APOSTOLIQUE

LÉON XIII, PAPE

VÉNÉRABLES FRÈRES

SALUT ET BÉNÉDICTION APOSTOLIQUE

La mission divine que Jésus-Christ a reçue du Père et qu'il a si bien remplie auprès du genre humain, a pour fin dernière la béatitude des hommes au sein de la gloire éternelle et pour fin prochaine, dans cette vie, la possession et la conservation de la grâce dont la vie du ciel doit être le dernier épanouissement. Aussi le Rédempteur ne cesse-t-il d'inviter avec bienveillance les hommes de toute nation et de toute langue à se réunir dans le sein de l'Eglise : *Venez tous à moi, Je suis la vie; C'est moi le bon pasteur.*

Toutefois, il n'a pas voulu, pour des motifs insondables, achever lui-même cette mission sur toute la terre, mais il a confié au Saint-Esprit le soin de couronner l'œuvre qu'il avait reçue du Père. Elles sont douces à rappeler les paroles que le Christ, sur le point de quitter ce monde, prononçait au milieu de ses disciples : *Il est de votre intérêt que je m'en aille; car si je ne m'en vais pas, le Paraclet*

vobis ut ego vadam : si enim non abiero, Paraclitus non veniet ad vos; si autem abiero, mittam eum ad vos (1). Hæc enim affirmans, causam discessus sui reditusque ad Patrem eam potissimum attulit, utilitatem ipsis alumnis suis profecto accessuram ab adventu Spiritus Sancti : quem quidem una monstravit, a se æque mitti atque adeo procedere sicut a Patre, eumdemque fore qui opus a semetipso in mortali vita exactum, deprecator, consolator, præceptor, absolveret. Multiplici nempe virtuti hujusce Spiritus, qui in procreatione mundi *ornavit cælos* (2) et *replevit orbem terrarum* (3), in ejusdem redemptione perfectio operis erat providentissime reservata. — Jamvero Christi Servatoris, qui princeps pastorum est et episcopus animarum nostrarum, exempla Nos imitari, ipso opitulante, continenter studuimus, religiose insistentes idem ipsius munus, Apostolis creditum in primisque Petro, *cujus etiam dignitas in indigno herede non deficit* (4). Hoc adducti consilio, quæcumque in perfunctione jam diuturna summi pontificatus aggressi sumus instandoque persequimur, ea conspirare voluimus ad duo præcipue. Primum, ad rationem vitæ christianæ in societate civili et domestica, in principibus et in populis instaurandam; propterea quod nequaquam nisi a Christo vera in omnes profluat vita. Tum ad eorum fovendam reconciliationem qui ab Ecclesia catholica vel fide vel obsequio dissident; quum hæc ejusdem Christi certissima sit voluntas, ut ii omnes in unico Ovili suo sub Pastore uno censeantur. Nunc autem, quum humani exitus adventantem diem conspicimus, omnino permovemur animo ut Apostolatus Nostri operam, qualemcumque adhuc deduximus, Spiritui Sancto, qui Amor vivificans est, ad maturitatem fecunditatemque commendemus. Propositum Nostrum quo melius uberiusque eveniat, deliberatum habemus alloqui vos per sollemnia proxima sacræ Pentecostes de præsentia et virtute mirifica ejusdem Spiritus; quantopere nimirum et in tota Ecclesia et in singulorum animis ipse agat efficiatque præclarâ copia charismatum supernorum. Inde fiat, quod vehementer optamus, ut fides excitetur vigeatque in animis de mysterio Trinitatis augustæ, ac præsertim pietas augeatur et caleat erga divinum Spiritum, cui plurimum omnes acceptum referre debent quotquot vias veritatis et justitiæ sectantur : nam, quemadmodum Basilius prædicavit, *Dispensationes circa hominem, quæ factæ sunt a magno Deo et Servatore nostro*

---

(1) Joann., XVI, 7.
(2) Job, XXVI, 13.
(3) Sap., I, 7.
(4) S. Leo M., ser. II, in anniv. ass. suæ.

ne viendra pas vers vous; si, au contraire, je m'en vais, je vous l'enverrai (1). Par cette affirmation, le Christ donnait la meilleure raison possible de son départ et de son retour vers son Père : les avantages certains que ses disciples devaient retirer de la descente de l'Esprit-Saint. Il montrait en même temps que ce dernier, envoyé par lui, procédait de lui comme du Père, et qu'il devait terminer, comme invocateur, consolateur, précepteur, l'ouvrage accompli par le Fils durant sa vie mortelle. C'est, en effet, à la vertu multiple de cet Esprit qui, lors de la création, *orna les cieux* (2) et *remplit la sphère du monde* (3), que l'achèvement de l'œuvre rédemptrice était providentiellement réservée. Nous Nous sommes continuellement efforcé, avec le secours du Christ-Sauveur, prince des pasteurs et gardien de nos âmes, d'imiter les exemples qu'il nous a donnés, en nous attachant religieusement à la fonction confiée par lui aux apôtres, et particulièrement à Pierre *dont la dignité ne saurait défaillir, même dans un héritier indigne* (4). Dans ce but, Nous avons fait converger vers deux fins principales tous les travaux entrepris et poursuivis durant Notre pontificat déjà si long : en premier lieu, la restauration de la vie chrétienne dans la société et dans la famille, chez les princes et chez les peuples, toute véritable vie découlant du Christ; en second lieu, la réconciliation de tous ceux qu'un motif de foi ou d'obéissance sépare de l'Eglise catholique, puisque le désir manifeste du Christ est de réunir tous les hommes en un seul bercail sous un seul pasteur. Aujourd'hui, voyant approcher le terme de Notre vie, Nous éprouvons plus vivement que jamais le désir de recommander à l'Esprit-Saint, qui est amour vivifiant, l'œuvre de Notre apostolat, quels que soient les résultats obtenus jusqu'ici, pour qu'il la féconde et l'amène à pleine maturité.

Afin que ces fruits soient meilleurs et plus abondants, Nous avons résolu, à l'occasion des solennités de la Pentecôte, de vous entretenir de la présence et de la vertu merveilleuse du Saint-Esprit, c'est-à-dire de l'action et de l'influence qu'il exerce dans toute l'Eglise et dans chacune de nos âmes par l'admirable abondance des dons célestes. Notre désir le plus ardent est de voir la foi au mystère de l'auguste Trinité se ranimer à nouveau dans les esprits, et amener par là une augmentation et un nouvel embrasement de piété à l'égard de cet Esprit divin, auquel principalement doivent rendre grâces tous ceux qui suivent les voies de la vérité et de la justice.

Car, comme l'a dit saint Basile : *Qui niera que les dons faits à*

---

(1) S. Jean, xvi, 7.
(2) Job, xxvi, 13.
(3) Sag., i, 7.
(4) S. Léon le G. Serm. II, *pour l'anniversaire de son élévation au Pontificat.*

Jesu Christo juxta bonitatem Dei, quis neget per Spiritus gratiam esse adimpletas (1) ?

Antequam rem aggredimur institutam, nonnulla de Triadis sacrosanctæ mysterio placet atque utile erit attingere. Hoc namque *substantia novi testamenti* a sacris doctoribus appellatur, mysterium videlicet unum omnium maximum, quippe omnium veluti fons et caput; cujus cognoscendi contemplandique causâ, in cœlo angeli, in terris homines procreati sunt, quod, in testamento veteri adumbratum, ut manifestius doceret, ab angelis ad homines Deus ipse descendit : *Deum nemo vidit unquam : Unigenitus Filius qui est in sinu Patris, ipse enarravit* (2). Quisquis igitur de Trinitate scribit aut dicit, illud ob oculos teneat oportet quod prudenter monet Angelicus : *Quum de Trinitate loquimur, cum cautela et modestia est agendum, quia, ut Augustinus dicit, nec periculosius alicubi erratur, nec laboriosius aliquid quæritur, nec fructuosius aliquid invenitur* (3). Periculum autem ex eo fit, ne in fide aut in cultu vel divinæ inter se Personæ confundantur vel unica in ipsis natura separetur; nam, *fides catholica hæc est, ut unum Deum in Trinitate et Trinitatem in unitate veneremur.* Quare Innocentius XII, decessor Noster, sollemnia quædam honori Patris propria postulantibus omnino negavit. Quod si singula Incarnati Verbi mysteria certis diebus festis celebrantur, non tamen proprio ullo festo celebratur Verbum, secundum divinam tantum naturam : atque ipsa etiam Pentecostes sollemnia non ideo inducta antiquitus sunt, ut Spiritus Sanctus per se simpliciter honoraretur, sed ut ejusdem recoleretur adventus sive externa missio. Quæ quidem omnia sapienti consilio sancita sunt, ne quis forte a distinguendis Personis ad divinam essentiam distinguendam prolaberetur. Quin etiam Ecclesia ut in fidei integritate filios contineret, sanctissimæ Trinitatis festum instituit, quod Joannes XXII deinde jussit ubique agendum; tum altaria et templa eidem dicari permisit; atque Ordinem religiosorum captivis redimendis, qui Trinitati devotus omnino est ejusque titulo gaudet, non sine cœlesti nutu rite comprobavit. Multaque rem confirmant. Cultus enim qui sanctis Cœlitibus atque Angelis, qui Virgini Deiparæ, qui Christo tribuitur, is demum in Trinitatem ipsam redundat et desinit. In precationibus quæ uni Personæ adhibentur, item de ceteris mentio est; in forma supplicationum, singulis quidem Personis seorsum invocatis, communis earum invocatio subjicitur; psalmis hymnisque idem omnibus præconium accedit in Patrem et Filium et

---

(1) *De Spiritu Sancto*, C. XVI, 39.
(2) Joann., I, 18.
(3) *Sum. th.*, 1, q. XXXI, a. 2. — *De Trin.* l. I, c. 3.

l'homme par Dieu et par Notre Sauveur Jésus-Christ, selon la bonté de Dieu, soient un effet de la grâce de l'Esprit (1)?

Avant d'aborder Notre sujet, il nous plaît et il sera utile de dire quelques mots du mystère de la Très Sainte Trinité, appelé par les Docteurs *la substance du Nouveau Testament*, c'est-à-dire le plus grand de tous les mystères, la source et le fondement de tous les autres.

C'est pour le connaître et le contempler que les anges ont été créés dans le ciel et les hommes sur la terre. Ce mystère était voilé dans l'Ancien Testament, et c'est pour le manifester plus clairement que Dieu lui-même est descendu du séjour des anges vers les hommes : *Jamais personne n'a vu Dieu; le Fils unique de Dieu, qui est dans le sein du Père, l'a révélé lui-même* (2). Donc quiconque écrit ou parle sur la Trinité, doit avoir devant les yeux le sage conseil du Docteur angélique : *Lorsque nous parlons de la Trinité, il faut de la prudence et de la réserve, parce que, comme le dit saint Augustin, il n'y a pas de sujet où l'erreur soit plus dangereuse, les investigations plus laborieuses, ni les découvertes plus fructueuses* (3). Le danger, dans la foi ou dans le culte, est de confondre entre elles les personnes divines ou de diviser leur nature unique; car *la foi catholique vénère un seul Dieu dans la Trinité et la Trinité dans l'unité*. Aussi, Innocent XII, Notre prédécesseur, refusa-t-il absolument, malgré de vives instances, d'autoriser une fête spéciale en l'honneur du Père. Que si on fête en particulier les mystères du Verbe incarné, il n'existe aucune fête honorant uniquement la nature divine du Verbe, et les solennités de la Pentecôte elles-mêmes ont été établies dès les premiers temps, non en vue d'honorer exclusivement l'Esprit-Saint pour lui-même, mais pour rappeler sa descente, c'est-à-dire sa mission extérieure.

Tout cela a été sagement décidé, afin que la distinction des personnes n'entraînât pas une distinction dans l'essence divine. En outre, pour maintenir ses enfants dans l'intégrité de la foi, l'Eglise a institué une fête de la Sainte Trinité, rendue ensuite obligatoire par Jean XXII; elle permit de dédier à la Trinité des autels et des églises, et après une manifestation de la volonté divine, elle approuva un Ordre religieux fondé pour la délivrance des captifs, voué à la Trinité, dont il porte le nom. Les preuves abondent à ce sujet.

En effet, le culte rendu aux habitants des cieux, aux anges, à la Vierge-Mère, au Christ, rejaillit finalement sur la Trinité elle-même.

Dans les prières adressées à l'une des trois personnes, on fait mention des autres; dans les litanies, une invocation commune accompagne l'invocation adressée séparément à chacune des trois personnes. Dans les psaumes et les hymnes, la même louange est adressée au Père et au Fils et au Saint-Esprit; les bénédictions, les

---

(1) *Du Saint-Esprit*, ch. XVI, n° 39.
(2) S. Jean, I, 18.
(3) *Somme théol.*, I, q. XXXI, art. 2. — *De la Trinité*. I, 3.

Spiritum Sanctum; benedictiones, ritus, sacramenta comitatur aut conficit sanctæ imploratio Trinitatis. Atque hæc ipsa jampridem Apostolus præmonuerat in ea sententia : *Quoniam ex ipso et per ipsum et in ipso sunt omnia; ipsi gloria in sæcula* (1): inde significans Personarum trinitatem, hinc unitatem affirmans naturæ, quæ quum una eademque singulis sit Personis, ideo singulis, tanquam uni eidemque Deo, æterna æque majestatis gloria debetur. Quod testimonium edisserens Augustinus, *Non confuse*, inquit, *accipiendum est quod ait Apostolus, ex ipso et per ipsum et in ipso; ex ipso dicens propter Patrem, per ipsum propter Filium, in ipso propter Spiritum Sanctum* (2). — Aptissimeque Ecclesia, ea Divinitatis opera in quibus potentia excellit, tribuere Patri, ea in quibus excellit sapientia, tribuere Filio, ea in quibus excellit amor, Spiritui Sancto tribuere consuevit. Non quod perfectiones cunctæ atque opera extrinsecus edita Personis divinis communia non sint; sunt enim *indivisa opera Trinitatis, sicut et indivisa est Trinitatis essentia* (3), quia, uti tres Personæ divinæ *inseparabiles sunt, ita inseparabiliter operantur* (4) : verum quod ex comparatione quadam et propemodum affinitate quæ inter opera ipsa et Personarum proprietates intercedit, ea alteri potius quam alteris addicuntur sive, ut aiunt, appropriantur: *Sicut similitudine vestigii vel imaginis in creaturis inventa, utimur ad manifestationem divinarum Personarum, ita et essentialibus attributis; et hæc manifestatio Personarum per essentialia attributa appropriatio dicitur* (5). Hoc modo Pater qui est *principium totius Deitatis* (6), idem causa est effectrix universitatis rerum et Incarnationis Verbi et sanctificationis animorum, *ex ipso sunt omnia;* ex ipso, propter Patrem. Filius autem, *Verbum, Imago Dei*, idem est causa exemplaris unde res omnes formam et pulchritudinem, ordinem et concentum imitantur; qui extitit nobis via, veritas, vita, hominis cum Deo reconciliator, *per ipsum sunt omnia;* per ipsum, propter Filium. Spiritus vero Sanctus idem est omnium rerum causa ultima, eo quia sicut in fine suo voluntas lateque omnia conquiescunt, non aliter ille, qui divina bonitas est ac Patris ipsa Filiique inter se caritas, arcana ea opera de salute hominum sempiterna, impulsione quadam valida suavique complet et perficit, *in ipso sunt omnia;* in ipso, propter Spiritum Sanctum.

Rite igitur inviolateque custodito religionis studio, toti debito

(1) Rom., XI, 36.
(2) *De Trin.*, l. VI, c. 10. — l. I, c. 6.
(3) S. Aug. *de Trin.*, l. I, c. 4 et 5.
(4) S. Aug. ib.
(5) S. Th. I, q. XXXIX, a. 7.
(6) S. Aug. *de Trin.*, l. IV, c. 20.

cérémonies rituelles, les sacrements, sont accompagnés ou suivis d'une prière à la Sainte Trinité. Ces pratiques nous avaient été déjà conseillées depuis longtemps par l'Apôtre : *Car tout est de lui, par lui et en lui; gloire à lui dans les siècles* (1). Ces paroles signifiaient d'une part la trinité des personnes, et d'autre part affirmaient l'unité de nature.

Celle-ci étant la même pour chaque personne, on doit également à chacun, comme à un seul et même Dieu, la gloire éternelle due à la majesté divine. Saint Augustin, citant ce témoignage, ajoute : *Il ne faut pas prendre dans un sens vague ces mots de l'Apôtre* « *De lui-même, par lui-même et en lui-même* »; *il dit* « *de lui-même* » *à cause du Père,* « *par lui-même* » *à cause du Fils,* « *en lui-même* » *à cause du Saint-Esprit* (2). C'est avec beaucoup d'à-propos qu'on attribue habituellement au Père les œuvres divines où éclate la puissance, au Fils celles où brille la sagesse, au Saint-Esprit celles où domine l'amour.

Non que toutes les perfections et toutes les œuvres extérieures ne soient communes aux personnes divines; en effet, *les œuvres de la Trinité sont indivisibles comme l'essence de la Trinité elle-même* (3), parce que *l'action des trois personnes divines est aussi inséparable que leur essence* (4); mais parce que, en vertu d'une certaine comparaison, et, pour ainsi dire, d'une affinité entre les œuvres et les propriétés des personnes, telle œuvre est attribuée ou, comme on dit, *appropriée*, à telle personne plutôt qu'à telle autre : *les similitudes d'impressions et d'images fournies par les créatures nous servent pour représenter les personnes divines, il en est de même de leurs attributs essentiels; cette manifestation des personnes par leurs attributs essentiels s'appelle appropriation* (5). Il s'en suit que le Père, *principe de toute divinité* (6), est en même temps la cause créatrice de l'université des êtres, de l'incarnation du Verbe et de la sanctification des âmes : *De lui sont toutes choses;* l'Apôtre dit *de lui,* à cause du Père.

Le Fils, *Verbe, image de Dieu,* est en même temps la cause exemplaire que reflètent toutes choses dans leur forme et leur beauté, leur ordre et leur harmonie; il est pour nous la voie, la vérité, la vie, le réconciliateur de l'homme avec Dieu : par lui sont toutes choses; l'Apôtre dit *par lui* à cause du Fils. Le Saint-Esprit est la cause finale de tous les êtres, parce que, de même que la volonté et généralement toute chose se repose en sa fin, ainsi l'Esprit-Saint, qui est la bonté divine et l'amour naturel du Père et du Fils, complète et achève par une impulsion forte et douce les opérations secrètes qui ont pour résultat final le salut éternel de l'homme : *En lui sont toutes choses;* l'Apôtre dit *en lui* à cause du Saint-Esprit.

Gardant avec un soin jaloux le zèle religieux dû à la Trinité

---

(1) Rom., xi, 36.
(2) *De la Trinité,* l. vi, 10; T. I, 6.
(3) S. Aug., *De la Trinité,* I, ch. iv et v.
(4) S. Aug., *ibid.*
(5) S. Thom., I., Part. q. XXXIX, art. VII
(6) S. Aug., *De la Trinité,* l. IV, ch. xx.

Trinitati beatissimæ, quod magis magisque in christiano populo æquum est inculcari, ad virtutem Spiritus Sancti exponendam oratio Nostra convertitur. — A principio respici oportet ad Christum, conditorem Ecclesiæ et nostri generis Redemptorem. Sane in operibus Dei externis illud eximie præstat Incarnati Verbi mysterium, in quo divinarum perfectionum sic enitet lux ut quidquam supra ne cogitari quidem possit, et quo aliud nullum humanæ naturæ esse poterat salutarius. Hoc igitur tantum opus, etsi totius Trinitatis fuit, attamen Spiritui Sancto tanquam proprium adscribitur : ita ut de Virgine sic Evangelia commemorent : *Inventa est in utero habens de Spiritu Sancto*, et : *Quod in ea natum est, de Spiritu Sancto est* (1). Idque merito adscribitur ei qui Patris et Filii est caritas; quum hoc *magnum pietatis Sacramentum* (2) sit a summa Dei erga homines caritate profectum, prout Joannes commonet : *Sic Deus dilexit mundum ut Filium suum unigenitum daret* (3). Accedit quod natura humana evecta inde sit ad conjunctionem *personalem* cum Verbo : quæ dignitas non ullis quidem data est ejus promeritis, sed ex integra plane gratia, proptereaque ex munere veluti proprio Spiritus Sancti. Ad rem apposite Augustinus : *Iste modus*, inquit, *quo est natus Christus de Spiritu Sancto, insinuat nobis gratiam Dei, qua homo nullis præcedentibus meritis, in ipso primo exordio naturæ suæ quo esse cœpit, Verbo Dei copularetur in tantam personæ unitatem, ut idem ipse esset Filius Dei qui Filius hominis, et Filius hominis qui Filius Dei* (4). Divini autem Spiritus operâ non solum conceptio Christi effecta est, sed ejus quoque sanctificatio animæ, quæ *unctio* in sacris libris nominatur (5) : atque adeo omnis ejus actio *præsente Spiritu peragebatur* (6), præcipueque sacrificium sui : *Per Spiritum Sanctum semetipsum obtulit immaculatum Deo* (7). — Ista qui perpenderit, nihil erit ei mirum quod charismata omnia almi Spiritus in animam Christi affluxerint. Namque in ipso copia insedit gratiæ singulariter plena, quanto maximo videlicet modo atque efficacitate haberi possit; in ipso omnes sapientiæ scientiæque thesauri, gratiæ gratis datæ, virtutes, donaque omnino omnia quæ tum Isaiæ oraculis nuntiata (8), tum significata sunt admirabili ea columba ad Jordanem, quum eas aquas suo Christus baptismate ad sacramen-

(1) Matth., I, 18, 20.
(2) I, Tim., III, 16.
(3) Ibid., III, 16.
(4) *Enchir.*, C. XXXX. — S. Th. 3ª, qu. XXXII a. 1.
(5) Actor., X, 38.
(6) S. Basil., *de Sp. S.* c. XVI.
(7) Hebr., IX, 14.
(8) Ibid., IV, 1; XI, 2, 3.

entière, et qu'il importe d'inculquer de plus en plus au peuple chrétien, abordons enfin l'exposé de la vertu de l'Esprit-Saint. Le premier aspect sous lequel il nous faut considérer le Christ est celui de fondateur de l'Eglise et de rédempteur du genre humain. Certes, parmi les œuvres extérieures de Dieu, la plus remarquable est le mystère du Verbe incarné où la splendeur des perfections divines brille d'un tel éclat qu'il est impossible d'imaginer plus grande splendeur ni rien de plus salutaire pour l'humanité. Cette œuvre si grande, bien qu'appartenant à la Trinité entière, est attribuée spécialement au Saint-Esprit; aussi les Evangiles parlent-ils de la Vierge en ces termes: *Elle fut trouvée ayant conçu du Saint-Esprit*, et : *Ce qu'elle a conçu est du Saint-Esprit* (1). C'est à bon droit qu'on attribue cette œuvre à celui qui est l'Amour du Père et du Fils, puisque ce *grand témoignage d'amour* (2) vient de l'affection infinie de Dieu pour les hommes, comme nous en avertit Saint Jean : *Dieu a aimé le monde au point de lui donner son Fils unique* (3). Ajoutez que la nature humaine a été élevée par là à l'union *personnelle* avec le Verbe ; cette dignité ne lui a été nullement accordée à cause de ses mérites, mais par un pur effet de la grâce et, par suite, c'est un bienfait propre du Saint-Esprit.

Il faut citer sur ce sujet la judicieuse remarque de saint Augustin : *La manière dont le Christ a été conçu par l'opération de l'Esprit-Saint nous fait voir quelle est la bonté de Dieu; par elle, en effet, la nature humaine, sans aucun mérite antérieur, fut unie, dès le premier instant de son existence, au Verbe de Dieu dans une telle unité de personne que le Fils de Dieu fut le même être que le Fils de l'homme et le Fils de l'homme le même être que le Fils de Dieu* (4). La vertu de l'Esprit-Saint a opéré non seulement la conception du Christ, mais aussi la santification de son âme appelée *Onction* par les Livres Saints (5); tous ses actes, et en particulier son sacrifice, furent *accomplis sous l'influence de l'Esprit-Saint* (6). C'est par l'Esprit-Saint qu'il s'est offert lui-même à Dieu victime immaculée (7). Pour qui pèse ces choses, quoi d'étonnant que les dons du Saint-Esprit aient afflué dans l'âme du Christ? En lui a résidé une telle abondance de grâce qu'il ne peut y en avoir de plus grande ni de plus efficace; en lui se trouvaient tous les trésors de la sagesse et de la science, les grâces gratuites, les vertus, en un mot tous les dons prédits par les oracles d'Isaïe (8), symbolisés par la colombe du Jourdain lorsque le Christ sanctifia ce fleuve par son baptême en vue de créer un

---
(1) S. Matth., I, 18, 20.
(2) I Timoth., III, 16.
(3) III, 16.
(4) *Enchir.* XL. — S. Thom. III Part. q. XXXII, art. 1.
(5) Act. X, 38.
(6) S. Basile. *De l'Esp. S.* XVI.
(7) Héb. IX, 14.
(8) IV, 1 ; XI, 2, 3.

tum novum consecravit. Quo loco illa ejusdem Augustini recte conveniunt : *Absurdissimum est dicere quod Christus, quum jam triginta esset annorum, accepit Spiritum Sanctum, sed venit ad baptismum, sicut sine peccato, ita non sine Spiritu Sancto. Tunc ergo,* scilicet in baptismate, *corpus suum, id est Ecclesiam, præfigurari dignatus est, in qua præcipue baptizati accipiunt Spiritum Sanctum* (1). Itaque Spiritus Sancti et præsentia conspicua super Christum et virtute intima in anima ejus, duplex ejusdem Spiritus præsignificatur missio, ea nimirum quæ in Ecclesia manifesto patet, et ea quæ in animis justorum secreto illapsu exercetur.

Ecclesia, quæ jam concepta, ex latere ipso secundi Adami, velut in cruce dormientis, orta erat, sese in lucem hominum insigni modo primitus dedit die celeberrima Pentecostes. Ipsáque die beneficia sua Spiritus Sanctus in mystico Christi corpore prodere cœpit, ea mira effusione quam Joel propheta jampridem viderat (2), nam Paraclitus *sedit super Apostolos ut novæ coronæ spirituales per linguas igneas imponerentur capiti illorum* (3). Tum vero Apostoli *de monte descenderunt,* ut Chrysostomus scribit, *non tabulas lapideas in manibus portantes, sicut Moyses, sed Spiritum in mente circumferentes, et thesaurum quemdam ac fontem dogmatum et charismatum effundentes* (4). — Ita plane eveniebat illud extremum Christi ad Apostolos suos promissum de Spiritu Sancto mittendo, qui doctrinæ, ipso afflante, traditæ completurus ipse esset et quodammodo obsignaturus depositum : *Adhuc multa habeo vobis dicere, sed non potestis portare modo; quum autem venerit ille Spiritus veritatis, docebit vos omnem veritatem* (5). Hic enim qui Spiritus est veritatis, utpote simul a Patre, qui verum æternum est, simul a Filio, qui veritas est substantialis, procedens, haurit ab utroque una cum essentia omnem veritatis quanta est amplitudinem : quam quidem veritatem impertit ac largitur Ecclesiæ auxilio præsentissimo providens ut ipsa ne ulli unquam errori obnoxia sit, utque divinæ doctrinæ germina alere copiosius in dies possit et frugifera præstare ad populorum salutem. Et quoniam populorum salus, ad quam nata est Ecclesia plane postulat ut hæc munus idem in perpetuitatem temporum persequatur, perennis idcirco vita atque virtus a Spiritu Sancto suppetit, quæ Ecclesiam conservat augetque. *Ego rogabo Patrem, et alium Paraclitum dabit vobis, ut maneat*

---

(1) *De Trin.*, l. XV, c. 26.
(2) *Ibid.*, II, 28, 29.
(3) Cyr. hierosol., *cate h.* 17.
(4) *In Matth. hom.*, I. — II Cor. III, 3.
(5) Joann., XVI, 12, 13.

nouveau sacrement. Cette thèse s'appuie merveilleusement sur les paroles suivantes de saint Augustin : *Il est absurde de dire que le Christ reçut l'Esprit-Saint à l'âge de trente ans, mais il vint au baptême sans péché et partant avec l'Esprit-Saint.* En cette circonstance, c'est-à-dire lors de son baptême, *il daigna symboliser à l'avance son corps mystique, l'Eglise, dans laquelle les baptisés reçoivent le Saint-Esprit d'une manière spéciale* (1). Donc l'apparition visible du Saint-Esprit au-dessus du Christ et son influence invisible dans l'âme du Sauveur représentent sa double mission : l'une visible, dans l'Eglise ; l'autre invisible, dans les âmes justes.

L'Eglise, déjà conçue, et qui était sortie, pour ainsi dire, des flancs du nouvel Adam dormant sur la croix, s'est manifestée pour la première fois aux hommes d'une manière éclatante le jour célèbre de la Pentecôte. En ce jour, le Saint-Esprit commença à répandre ses bienfaits dans le corps mystique du Christ, par cette admirable effusion que le prophète Joël avait vue longtemps à l'avance (2) ; car le Paraclet *siège au-dessus des apôtres afin de placer sur leurs têtes, sous forme de langues de feu, de nouvelles couronnes spirituelles* (3).

Alors, écrit saint Jean Chrysostome, les apôtres *descendirent de la montagne, portant en leurs mains, non des tables de pierre comme Moïse, mais portant dans leur âme l'Esprit-Saint qui répandait comme un trésor et un fleuve de vérités et de grâces* (4). Ainsi se réalisait la dernière promesse du Christ à ses apôtres, relative à l'envoi de l'Esprit-Saint qui devait compléter par ses inspirations et sceller pour ainsi dire son enseignement : *J'ai encore beaucoup de choses à vous dire, mais vous ne pouvez les porter en ce moment. Lorsque l'Esprit de vérité sera venu, il vous enseignera toute vérité* (5).

Celui qui, procédant à la fois du Père, vérité éternelle, et du Fils, vérité substantielle, est lui-même Esprit de vérité, et tire de l'un et de l'autre l'essence et en même temps toute vérité, donne à l'Eglise cette même vérité, veillant, par une présence et un appui continus, à ce qu'elle ne soit jamais exposée à l'erreur, et qu'elle puisse de jour en jour féconder plus abondamment les germes destinés à porter des fruits de salut pour les peuples. Et comme l'Eglise, moyen de salut pour les peuples, doit poursuivre sa tâche jusqu'à la fin des temps, l'Esprit-Saint lui donne, pour l'accroître et la conserver, une vie et une force éternelles : *Je prierai mon Père et il vous donnera un autre Paraclet, l'Esprit de vérité, pour*

---

(1) *De la Trinité*, l. xv, ch. xxvi.
(2) ii, 28, 29.
(3) Cyrille de Jérusalem, *Catéchèse*, 17.
(4) I *Hom. sur S. Mat.* — II Cor., iii, 3.
(5) S. Jean, xvi, 12, 13.

vobiscum in æternum, Spiritum veritatis (1). Ab ipso namque episcopi constituuntur, quorum ministerio non modo filii generantur, sed etiam patres, sacerdotes videlicet, ad eam regendam enutriendamque eodem sanguine quo est a Christo redempta : *Spiritus Sanctus posuit episcopos regere Ecclesiam Dei, quam acquisivit sanguine suo* (2). Utrique autem, episcopi et sacerdotes, insigni Spiritus munere id habent ut peccata pro potestate deleant, secundum illud Christi ad Apostolos : *Accipite Spiritum Sanctum; quorum remiseritis peccata, remittuntur eis, et quorum retinueritis, retenta sunt* (3). Porro Ecclesiam opus esse plane divinum, alio nullo argumento præclarius constat quam charismatum quibus undique illa ornatur splendore et gloria; auctore nimirum et datore Spiritu Sancto. Atque hoc affirmare sufficiat quod quum Christus caput sit Ecclesiæ, Spiritus Sanctus sit ejus anima : *Quod est in corpore nostro anima, id est Spiritus Sanctus in corpore Christi, quod est Ecclesia* (4). — Quæ ita quum sint, nequaquam comminisci et expectare licet aliam ullam ampliorem uberioremque *divini Spiritus manifestationem et ostensionem* : quæ enim nunc in Ecclesia habetur, maxima sane est, eaque tamdiu manebit quoad Ecclesiæ contingat ut, militiæ emensa stadium, ad triumphantium in cœlesti societate lætitiam educatur.

Quantum vero et quo modo Spiritus Sanctus in animis singulorum agat, id non minus admirabile est, quanquam intellectu paulo est difficilius, eo etiam quia omnem intuitum fugiat oculorum. Hæc pariter Spiritus effusio tantæ est copiæ, ut Christus ipse, cujus de munere proficiscitur, abundantissimo amni similem dixerit, prout est apud Joannem : *Qui credit in me, sicut dicit Scriptura, flumina de ventre ejus fluent aquæ vivæ;* cui testimonio idem Evangelista explanationem subjicit : *Hoc autem dixit de Spiritu, quem accepturi erant credentes in eum* (5). Certum quidem est, in ipsis etiam hominibus justis qui ante Christum fuerunt, insedisse per gratiam Spiritum Sanctum, quemadmodum de prophetis, de Zacharia, de Joanne Baptista, de Simeone et Anna scriptum accepimus; quippe in Pentecoste non ita se Spiritus Sanctus tribuit, *ut tunc primum esse sanctorum inhabitator inciperet, sed ut copiosius inundaret, cumulans sua dona, non ichoans nec ideo novus opere, quia ditior largitate* (6). Verum, si et illi in filiis Dei numerabantur, conditione tamen perinde erant ac servi; quia etiam filius *nihil differt a servo*

(1) Joann., XIV, 16, 17.
(2) Act., XX, 28.
(3) Joann., XX, 22, 23.
(4) S. Aug., serm. CLXXXVII *de temp.*
(5) *Ibid.*, VII, 38, 39
(6) S. Leo M. hom. III, *de Pentec.*

qu'il demeure toujours avec vous (1). C'est par lui que sont constitués les évêques, dont le ministère engendre non seulement des fils, mais encore des pères, c'est-à-dire les prêtres, pour gouverner l'Eglise et la nourrir de ce sang du Christ qui l'a rachetée : *l'Esprit-Saint a établi les évêques pour gouverner l'Eglise de Dieu qu'il a acquise de son sang* (2). Les uns et les autres, évêques et prêtres, par une grâce insigne du Saint-Esprit, ont le pouvoir d'effacer les péchés, selon cette parole du Christ aux apôtres : *Recevez le Saint-Esprit; les péchés seront remis à ceux à qui vous les remettrez et retenus à ceux à qui vous les retiendrez* (3). Aucune preuve ne démontre plus clairement la divinité de l'Eglise que la gloire dont le Saint-Esprit l'a revêtue. Qu'il Nous suffise d'affirmer que, si le Christ est la tête de l'Eglise, l'Esprit-Saint en est l'âme : *l'Esprit-Saint est dans l'Eglise, corps mystique du Christ, ce que l'âme est dans notre corps* (4).

Cela étant, on ne saurait attendre une plus grande et plus féconde *manifestation de l'Esprit divin;* celle qui a lieu maintenant dans l'Eglise est parfaite et elle durera jusqu'à ce que l'Eglise, après avoir achevé la période de luttes, jouisse dans le ciel de la joie du triomphe.

Comment et dans quelle mesure le Saint-Esprit agit dans les âmes, cela n'est pas moins admirable, bien que plus difficile à comprendre par cela même que nos yeux ne le peuvent saisir. Cette effusion de l'Esprit divin est si abondante que le Christ lui-même, dont elle découle, l'a comparée à un fleuve très abondant, comme on le voit dans saint Jean : *Celui qui croit en moi,* dit l'Ecriture, *verra des fleuves d'eau vive couler de son sein;* l'Evangéliste explique ce témoignage : *Il dit cela de l'Esprit-Saint que devaient recevoir tous ceux qui croiraient en lui* (5).

Il est hors de doute que l'Esprit-Saint a habité par la grâce dans les justes qui précédèrent le Christ, comme cela est écrit des prophètes, de Zacharie, de Jean-Baptiste, de Siméon et d'Anne; l'Esprit-Saint, en effet, est venu le jour de la Pentecôte, *non pour commencer à habiter l'âme des saints, mais pour la pénétrer davantage; non pour commencer à leur accorder ses dons, mais pour les en combler; non pour faire œuvre nouvelle, mais pour augmenter la générosité de ses largesses* (6). Cependant, si ces hommes étaient comptés parmi les fils de Dieu, ils n'en demeuraient pas moins semblables, par leur condition, à des esclaves, car *le fils ne diffère en rien de l'es-*

---

(1) S. Jean, xiv, 16, 17.
(2) Actes, xx, 28.
(3) S. Jean, xx, 22, 23.
(4) S. Aug. *Serm.* CLXXXVII *sur le temps.*
(5) vii, 38, 39.
(6) S. Léon le G., Hom. III. *De la Pentecôte.*

quousque est *sub tutoribus et actoribus* (1) ; ac præter quam quod justitia in illis non erat nisi ex Christi meritis adventuri, communicatio Spiritus Sancti post Christum facta multo est copiosior, propemodum ut arram pretio vincit res pacta, atque ut imagini longe præstat veritas. Hoc propterea affirmavit Joannes : *Nondum erat Spiritus datus, quia Jesus nondum erat glorificatus* (2). Statim igitur ut Christus, *ascendens in altum*, regni sui gloria tam laboriose parta potitus est, divitias Spiritus Sancti munifice reclusit, *dedit dona hominibus* (3). Nam, *certa illa Spiritus Sancti datio vel missio post clarificationem Christi futura erat qualis nunquam antea fuerat, neque enim antea nulla fuerat sed talis non fuerat* (4). Siquidem natura humana necessario serva est Dei : *Creatura serva est, servi nos Dei sumus secundum naturam* (5) ; quin etiam ob communem noxam natura nostra omnis in id vitium dedecusque prolapsa est, ut præterea infensi Deo extiterimus ; *Eramus natura filii iræ* (6). Tali nos a ruina exitioque sempiterno nulla usquam vis tanta erat quæ posset erigere et vindicare. Id vero Deus, humanæ naturæ conditor, summe misericors præstitit per Unigenum suum ; cujus beneficio factum, ut homo in gradum nobilitatemque, unde exciderat, cum donorum locupletiore ornatu sit restitutus. Eloqui nemo potest quale sit opus istud divinæ gratiæ in animis hominum; qui propterea luculenter tum in sacris litteris tum apud Ecclesiæ patres, et regenerati et creaturæ novæ et consortes divinæ naturæ et filii Dei et deifici similibusque laudibus appellantur. — Jamvero tam ampla bona non sine causa debentur quasi propria Spiritui Sancto. Ipse enim est *Spiritus adoptionis filiorum, in quo clamamus : Abba, Pater*; idemque paterni amoris suavitate corda perfundit : *Ipse Spiritus testimonium reddit spiritui nostro quod sumus filii Dei* (7). Cui rei declarandæ opportune cadit ea, quam Angelicus perspexit, similitudo inter utramque Spiritus Sancti operam; quippe per eum ipsum et *Christus est in sanctitate conceptus ut esset Filius Dei naturalis, et alii sanctificantur ut sint filii Dei adoptivi* (8). Ita, multo quidem nobilius quam in rerum natura fiat, ab amore oritur spiritualis regeneratio, ab Amore scilicet increato.

Hujus regenerationis et renovationis initia sunt homini per

(1) Gal., IV, 1, 2.
(2) Ibid., VII, 39.
(3) Eph., IV, 8.
(4) S. Aug. de Trin., l. IV, c. 20.
(5) S. Cyr. alex., *Thesaur.* l. V, c. 5.
(6) Eph., II, 3.
(7) Rom., VIII, 15, 16.
(8) S. Th., 3ᵃ q. XXXII, a 1.

clave tant qu'il est dans la main des tuteurs et des maîtres (1); outre qu'il n'y avait pas en eux la justice, si ce n'est celle qui provenait des mérites du Christ à venir, la communication de l'Esprit-Saint après la venue du Christ fut incomparablement plus abondante et surpassa les précédentes, un peu comme la somme convenue l'emporte en valeur sur les arrhes, comme la réalité l'emporte sur la figure. Saint Jean a donc pu dire : *L'Esprit-Saint n'avait pas encore été donné parce que Jésus n'avait pas été glorifié* (2). Aussitôt que le Christ, *montant au ciel*, eût pris possession de la gloire de son royaume qu'il avait si laborieusement acquise, il répandit généreusement les richesses de l'Esprit-Saint et *fit part de ses dons aux hommes* (3). *Ce don, cet envoi du Saint-Esprit après la glorification du Christ était tel qu'il n'y en avait jamais eu auparavant, non qu'auparavant il n'eût jamais été envoyé, mais il n'avait jamais été envoyé de cette façon* (4).

En effet, la nature humaine est nécessairement servante de Dieu : *la créature est servante et nous sommes les serviteurs de Dieu par nature* (5).

En outre, à cause de la faute commune, notre nature est tombée dans un tel abîme de vice et de honte que nous étions devenus les ennemis de Dieu : *Nous étions par nature fils de colère* (6).

Nulle puissance n'était capable de nous arracher à cette ruine et de nous sauver de la perte éternelle. Cette tâche, Dieu, créateur de l'homme, l'a accomplie dans sa souveraine miséricorde par son Fils unique, grâce auquel nous avons été rétablis avec une plus grande abondance de dons dans la dignité et la noblesse que nous avions perdues. Dire quelle a été cette œuvre accomplie par la grâce divine dans l'âme humaine est chose impossible; aussi les Livres Saints et les Pères de l'Eglise nous appellent-ils heureusement régénérés, créatures nouvelles, participant de la nature divine, fils de Dieu, déifiés et autres titres analogues. Ce n'est pas sans raison que de si grands bienfaits sont attribués spécialement au Saint-Esprit. Il est *l'Esprit d'adoption des fils par lequel nous crions : Abba, Père*; c'est lui qui répand dans les cœurs la suavité de l'amour paternel : *ce même Esprit nous fait comprendre que nous sommes les fils de Dieu* (7). Pour l'expliquer, la similitude constatée par l'Ange de l'école entre les deux œuvres de l'Esprit-Saint vient fort à propos; par lui, *le Christ a été conçu dans la sainteté pour être le Fils naturel de Dieu et les autres sont sanctifiés pour devenir fils adoptifs de Dieu* (8); ainsi, l'amour, mais l'amour incréé, produit une régénération spirituelle bien supérieure à ce qui pourrait se faire dans la nature.

Cette régénération et rénovation commence pour l'homme au

---

(1) Gal., iv, 1, 2,
(2) vii, 39.
(3) Ephés., iv, 8.
(4) S. Aug. *De la Trinité*. iv, 20.
(5) S. Cyrille d'Alex. *Thesaur.* v, 5.
(6) Ephés., ii, 3,
(7) Rom., viii, 15, 16.
(8) S. Th. III Part. q. XXXII, a 1.

baptisma : in quo sacramento, spiritu immundo ab anima depulso, illabitur primum Spiritus Sanctus, eamque similem sibi facit : *Quod natum est ex Spiritu, spiritus est* (1). Uberiusque per sacram confirmationem, ad constantiam et robur christianæ vitæ, sese dono dat idem Spiritus ; a quo nimirum fuit victoria martyrum et virginum de illecebris' corruptelarum triumphus. Sese, inquimus, dono dat Spiritus Sanctus : *Caritas Dei diffusa est in cordibus nostris per Spiritum Sanctum qui datus est nobis* (2). Ipse enimvero non modo affert nobis divina munera, sed eorumdem est auctor, atque etiam munus ipse est supremum ; qui a mutuo Patris Filiique amore procedens, jure habetur et nuncupatur *altissimi donum Dei*. — Cujus doni natura et vis quo illustrius pateat, revocare oportet ea quæ in divinis litteris tradita sacri doctores explicaverunt, Deum videlicet adesse rebus omnibus in eisque esse, *per potentiam, in quantum omnia ejus potestati subduntur ; per præsentiam, in quantum omnia nuda sunt et aperta oculis ejus ; per essentiam, in quantum adest omnibus ut causa essendi* (3). At vero in homine est Deus non tantummodo ut in rebus, sed eo amplius cognoscitur ab ipso et diligitur ; quum vel duce natura bonum sponte amemus, cupiamus, conquiramus. Præterea Deus ex gratia insidet animæ justæ tanquam in templo, modo penitus intimo et singulari ; ex quo etiam sequitur ea necessitudo caritatis, qua Deo adhæret anima conjunctissime, plus quam amico amicus possit benevolenti maxime et dilecto, eoque plene suaviterque fruitur. — Hæc autem mira conjunctio, quæ suo nomine *inhabitatio* dicitur, conditione tantum seu statu ab ea discrepans qua cœlites Deus beando complectitur, tametsi verissime efficitur præsenti totius Trinitatis numine, *ad eum veniemus et mansionem apud eum faciemus* (4), attamen de Spiritu Sancto tanquam peculiaris prædicatur. Siquidem divinæ et potentiæ sapientiæ vel in homine improbo apparent vestigia ; caritatis, quæ propria Spiritus veluti nota est, alius nemo nisi justus est particeps. Atque illud cum re cohæret, eumdem Spiritum nominari Sanctum, ideo etiam quod ipse, primus summusque Amor, animos moveat agatque ad sanctitatem, quæ demum amore in Deum continetur. Quapropter Apostolus quum justos appellat templum Dei, tales non expresse Patris aut Filii appellat, sed Spiritus Sancti : *An nescitis quoniam membra vestra templum sunt Spiritus Sancti, qui in vobis est, quem habetis a Deo* (5) ? — Inhabitantem in animis piis Spiritum Sanctum

(1) Joann. III, 7.
(2) Rom. V, 5.
(3) S. Th. Iª, q. VIII, a. 3.
(4) Joann., XIV, 23.
(5) I Cor., VI, 19.

baptême : en ce sacrement, l'âme se dépouille de l'esprit impur, est pénétrée pour la première fois de l'Esprit-Saint qui la rend semblable à lui : *Ce qui est né de l'Esprit est esprit* (1).

Ce même Esprit se donne dans la Confirmation d'une façon plus abondante pour assurer la fermeté et la vigueur de la vie chrétienne; c'est à lui que les martyrs et les vierges ont dû leurs triomphes sur les attraits de la corruption. L'Esprit-Saint, disons-nous, se donne lui-même : *L'amour de Dieu a été répandu en nos cœurs par l'Esprit-Saint qui nous a été donné* (2). Non seulement il nous apporte les grâces divines, mais il en est l'auteur et il est lui-même le don suprême; procédant du mutuel amour du Père et du Fils, il est et on l'appelle à juste titre *le don du Dieu Très-Haut*. Pour mettre plus en lumière la nature et la force de ce don, il importe de rappeler les explications données par les Docteurs d'après les enseignements des Saintes Lettres : Dieu est présent en toutes choses *par sa puissance*, en tant que tout lui est soumis; *par sa présence*, en tant que tout est à découvert devant ses yeux; *par son essence*, en tant qu'il est pour tous les êtres la cause de leur existence (3). Mais Dieu n'est pas seulement dans l'homme comme il est dans les choses; il est, de plus, connu et aimé de lui, puisque notre nature nous fait elle-même aimer, désirer et poursuivre le bien. Enfin Dieu, par sa grâce, réside dans l'âme juste ainsi qu'en un temple, d'une façon très intime et spéciale. De là ce lien d'amour qui unit étroitement l'âme à Dieu plus qu'un ami ne peut l'être à son meilleur ami, et la fait jouir de lui avec une pleine suavité.

Cette admirable union, appelée *inhabitation*, dont l'état bienheureux des habitants du ciel ne diffère que par la condition, est cependant produite très réellement par la présence de toute la Trinité : *Nous viendrons en lui et nous ferons en lui notre demeure* (4). Elle est attribuée néanmoins d'une façon spéciale au Saint-Esprit. En effet, des traces de la puissance et de la sagesse divines se manifestent même chez un homme pervers; mais le juste seul participe à l'amour, qui est la caractéristique du Saint-Esprit. Ce qui le confirme, c'est que cet Esprit est appelé Saint parce qu'étant le premier et le suprême amour, il conduit les âmes à la sainteté qui, en dernière analyse, consiste dans l'amour de Dieu. C'est pourquoi l'Apôtre, appelant les justes temples de Dieu, ne les appelle pas expressément temples du Père ou du Fils, mais du Saint-Esprit : *Ne savez-vous pas que vos membres sont les temples du Saint-Esprit qui est en vous, que vous avez reçu de Dieu* (5)? L'abondance des biens célestes qui résultent de la

---

(1) S. Jean, III, 7.
(2) Rom., v, 5.
(3) S. Thomas, I, q. VIII, art. 3.
(4) S. Jean, XIV, 23.
(5) Cor., VI, 19.

ubertas munerum cœlestium multis modis consequitur. Nam, quæ est Aquinatis doctrina, *Quum Spiritus Sanctus procedat ut amor, procedit in ratione doni primi; unde dicit Augustinus, quod per donum quod est Spiritus S: ictus, multa propria dona dividuntur membris Christi* (1). In his autem muneribus sunt arcanæ illæ admonitiones invitationesque, quæ instinctu Sancti Spiritus identidem in mentibus animisque excitantur; quæ si desint, neque initium viæ bonæ habetur, neque progressicnes, neque exitus salutis æternæ. Et quoniam hujusmodi voces et motiones occulte admodum in animis fiunt, apte in sacris paginis similes nonnunquam habentur venientis auræ sibilo; easque Doctor Angelicus scite confert motibus cordis, cujus tota vis est in animante perabdita: *Cor habet quamdam influentiam occultam, et ideo cordi comparatur Spiritus Sanctus, qui invisibiliter Ecclesiam vivificat et unit* (2). — Hoc amplius, homini justo, vitam scilicet viventi divinæ gratiæ et per congruas virtutes tanquam facultates agenti, opus plane est septenis illis quæ proprie dicuntur Spiritus Sancti donis. Horum enim beneficio instruitur animus et munitur ut ejus vocibus atque impulsioni facilius promptiusque obsequatur; hæc propterea dona tantæ sunt efficacitatis ut eum ad fastigium sanctimoniæ adducant, tantæque excellentiæ ut in cœlesti regni eadem, quanquam perfectius, perseverent. Ipsorumque ope charismatum provocatur animus et effertur ad appetendas adipiscendasque beatitudines evangelicas quæ, perinde ac flores verno tempore erumpentes, indices ac nuntiæ sunt beatitatis perpetuo mansuræ. Felices denique sunt fructus ii, ab Apostolo enumerati (3) quos hominibus justis in hac etiam caduca vita Spiritus parit et exhibet, omni refertos dulcedine et gaudio; cujusmodi esse debent a Spiritu, *qui est in Trinitate genitoris genitique suavitas ingenti largitate atque ubertate perfundens omnes creaturas* (4). — Itaque divinus Spiritus in æterno sanctitatis lumine a Patre et a Verbo procedens, amor idem et donum, postquam se per velamen imaginum in testamento veteri exhibuit, plenam sui copiam effudit in Christum in ejusque corpus mysticum, quod est Ecclesia; atque homines in pravitatem et corruptelam abeuntes præsentia et gratia sua tam salutariter revocavit, ut jam non de terra terreni, longe alia saperent et vellent, quasi de cœlo cœlestes.

Hæc omnia quum tanta sint, quumque Spiritus Sancti bonitatem in nos immensam luculenter declarent, omnino postulant

---

(1) *Summ. th.*, I^a, q. XXXVIII, a. 2. — S. Aug. *de Trin.* l. XV, c. 13.
(2) *Summ. th.*, 3^a, q. VIII, a. 1 ad 3.
(3) Gal. V, 22.
(4) S. Aug. *de Trin.* l. VI, c. 9

présence du Saint-Esprit dans les âmes pieuses se manifeste de beaucoup de manières. Telle est, en effet, la doctrine de saint Thomas d'Aquin : *Puisque l'Esprit-Saint procède comme amour, il procède en qualité de premier don; c'est pourquoi saint Augustin dit que, par le don qui est l'Esprit-Saint, beaucoup de dons particuliers sont distribués aux membres du Christ* (1). Parmi ces dons se trouvent ces secrets avertissements, ces mystérieuses invitations qui, par une impulsion de l'Esprit-Saint, sont faits aux âmes et sans lesquels on ne peut ni s'engager dans la voie de la vertu, ni progresser, ni parvenir au terme du salut éternel. Puisque ces paroles et ces influences se produisent secrètement dans les âmes, c'est avec à propos que les Saintes Lettres les comparent quelquefois au souffle de la brise; et le Docteur Angélique les assimile avec raison aux mouvements du cœur dont toute la force est cachée dans l'être qu'il anime : *Le cœur a une certaine influence secrète, c'est pourquoi on lui compare l'Esprit-Saint qui vivifie et unit l'Église d'une façon invisible* (2).

De plus, le juste qui vit déjà de la vie de la grâce, et chez lequel les vertus jouent le rôle des facultés dans l'âme, a absolument besoin des sept dons qu'on appelle plus particulièrement dons du Saint-Esprit. Par ces dons, l'esprit se fortifie et devient apte à obéir plus facilement et plus promptement aux paroles et aux impulsions du Saint-Esprit; aussi ces dons sont d'une telle efficacité qu'ils conduisent l'homme au plus haut degré de la sainteté, ils sont si excellents qu'ils demeureront les mêmes dans le royaume des cieux, quoique dans un degré plus parfait. Grâce à eux, l'âme est amenée et excitée à acquérir les béatitudes évangéliques, ces fleurs que le printemps voit éclore, signes précurseurs de la béatitude éternelle. Enfin, quelle suavité dans ces fruits énumérés par l'Apôtre (3), apportés par l'Esprit-Saint aux âmes justes même en cette vie périssable, pleins de douceur et d'allégresse, tels qu'il convient à l'Esprit de les produire, *lui qui est, dans la Trinité, la suavité du Père et du Fils, et qui répand sur toutes les créatures ses généreuses et fécondes largesses* (4). L'Esprit divin procédant du Père et du Verbe dans l'éternelle lumière de la sainteté, en temps qu'amour et don, après s'être montré dans l'Ancien Testament sous les voiles des figures, s'est répandu lui-même avec abondance dans le Christ et dans l'Église son corps mystique. Par sa présence et sa grâce, il a transformé les hommes plongés dans la corruption et le vice d'une façon si complète que, n'étant plus terrestres tout en restant sur la terre, ils deviennent semblables à des habitants du ciel.

Puisque ces dons sont si grands et qu'ils montrent si nettement l'immense bonté de l'Esprit-Saint à notre égard, ils nous obligent à

---

(1) *Som. th.*, I, q. XXXVIII, art. 2. — S. Aug. *De la Trinité*, l. XV, ch. 19.
(2) *Som. th.* III, q. VIII, art. 1ᵉʳ ad. 3.
(3) Galat., v, 22.
(4) S. Aug. *De la Trinité*, VI, 9.

a nobis, ut obsequii pietatisque studium in eum quam maxime intendamus. Id autem christiani homines recte optimeque efficient, si eumdem certaverint majore quotidie cura et noscere et amare et exorare: cujus rei gratia sit hæc ad ipsos, prout sponte fluit paterno ex animo, cohortatio. — Fortasse ne hodie quidem in eis desunt, qui similiter rogàti ut quidam olim a Paulo apostolo, acceperint ne Spiritum Sanctum, respondeant similiter: *Sed neque si Spiritus Sanctus est, audivimus* (1). Sin minus, multi certe in ejus cognitione valde deficiunt; cujus quidem crebro usurpant nomen in religiosis actibus exercendis, sed ea fide quæ crassis tenebris circumfusa est. Quapropter quotquot sunt sacri concionatores curatoresque animarum hoc meminerint esse suum, ut quæ ad Spiritum Sanctum pertinent diligentius atque uberius populo tradant; sic tamen ut difficiles subtilesque absint controversiæ, et prava eorum stultitia devitetur qui omnia etiam arcana divina temere conantur perscrutari. Illud potius commemorandum enucleateque explanandum est, quam multa et magna beneficia ab hoc largitore divino et manaverint ad nos et manare non desinant; ut vel error vel ignoratio tantarum rerum, *lucis filiis* indigna, prorsus depellatur. Hoc autem propterea urgemus, non modo quia id attingit mysterium quo ad vitam æternam proxime dirigimur, ob eamque rem firme credendum; verum etiam quia bonum quo clarius pleniusque habetur cognitum, eo impensius diligitur et amatur. — Nempe Spiritui Sancto, quod alterum præstandum esse monuimus, debetur amor, quia Deus est: *Diliges Dominum Deum tuum ex toto corde tuo, ex tota anima tua et ex tota fortitudine tua* (2). Amandusque idem est, quippe substantialis, æternus, primus amor; amore autem nihil est amabilius; multoque id magis quia summis ipse nos cumulavit beneficiis, quæ ut largientis benevolentiam testantur, ita gratum animum accipientis reposcunt. Quia amor duplicem habet utilitatem neque eam exiguam. Nam tum ad illustriorem in dies notitiam de Spiritu Sancto capiendam nos exacuet; *Amans* enim, ut Angelicus ait, *non est contentus superficiali apprehensione amati, sed nititur singula quæ ad amatum pertinent intrinsecus disquirere, et sic ad interiora ejus ingreditur, sicut de Spiritu Sancto, qui est amor Dei, dicitur quod scrutatur etiam profunda Dei* (3): tum cœlestium donorum copiam nobis conciliabit largiorem, eo quod donantis manum ut angustus animus contrahit, ita gratus et memor dilatat. Curandum tamen magnopere ut iste amor ejusmodi sit qui non in cogitatione

---

(1) Act. XIX, 2.
(2) Deut. VI, 5.
(3) I Cor. II, 10 — *Summ. th.* 1ª 2ᵃᵉ, q. XXVIII, a. 2.

lui témoigner la plus grande piété et soumission. Nous y parviendrons aisément en nous appliquant chaque jour davantage à le connaître, l'aimer, l'invoquer : puisse cette exhortation, sortie de Notre cœur paternel, provoquer cet amour. — Peut-être y a-t-il encore aujourd'hui des chrétiens qui, interrogés comme ceux auxquels l'Apôtre demandait jadis s'ils avaient reçu le Saint-Esprit, répondraient comme eux : *Mais nous n'avons même pas entendu dire qu'il y eût un Saint-Esprit* (1). Du moins beaucoup ne connaissent pas cet Esprit ; ils le nomment souvent dans leurs exercices de piété, mais avec une foi très peu éclairée. En conséquence, que les prédicateurs et tous ceux qui ont charge d'âmes se souviennent qu'il leur incombe le devoir de transmettre avec zèle et en détail tout ce qui concerne le Saint-Esprit, en écartant toutefois les controverses ardues et subtiles, afin d'éviter les vaines témérités de ceux qui voudraient imprudemment scruter tous les mystères divins. Il importe plutôt de rappeler clairement les bienfaits sans nombre qui ne cessent de découler sur nous de cette source divine ; ainsi, ils dissiperont entièrement l'erreur et l'ignorance indignes des *fils de lumière*. Nous insistons sur ce point, non seulement parce qu'il s'agit d'un mystère qui nous conduit directement à la vie éternelle, et que, par conséquent, nous devons croire fermement, mais encore parce que le bien est d'autant plus aimé qu'il est plus connu. On doit aimer l'Esprit-Saint, — et c'est le second sujet que Nous avions annoncé — parce qu'il est Dieu : *Tu aimeras le Seigneur ton Dieu de tout ton cœur, de toute ton âme et de toutes tes forces* (2). On doit aussi l'aimer parce qu'il est l'Amour premier, substantiel, éternel, et rien n'est plus aimable que l'amour ; on doit l'aimer d'autant plus qu'il nous a comblés de plus grands bienfaits qui témoignent de sa munificence et appellent notre gratitude. Cet amour a une double utilité fort appréciable. Il nous excitera à acquérir chaque jour une connaissance plus complète de l'Esprit-Saint : *Celui qui aime*, dit le Docteur angélique, *ne se contente pas d'un aperçu superficiel de l'objet aimé ; mais il s'efforce d'en rechercher tous les détails intimes, et il pénètre tellement dans son intimité, qu'on dit de l'Esprit-Saint, Amour de Dieu, qu'il scrute même les profondeurs divines* (3), et il nous accordera ses dons célestes en abondance, d'autant plus que, si l'ingratitude ferme la main du bienfaiteur, par contre, la reconnaissance la fait rouvrir. Il faut veiller à ce que cet amour ne se borne pas à une aride connaissance ni à

---

(1) Actes, XIX, 2.
(2) Deutér. VI, 5.
(3) I Cor. II, 10. — *Som. th.* Iª IIᵃᵉ, q. XXVIII, a. 2.

arida externoque obsequio subsistat, sed ad agendum prosiliat, refugiat maxime a culpa; quum hæc Spiritui Sancto, peculiari quodam nomine, accidat injuriosior. Quanticumque enim sumus, tanti sumus ex bonitate divina; quæ eidem Spiritui præsertim adscribitur: hunc benigne sibi facientem is offendit qui peccat, quique ipsis ejus abusus muneribus et bonitati confisus, quotidie magis insolescit. — Ad hæc, quum veritatis ille sit Spiritus, si quis ex infirmitate aut inscitia deliquerit, forsitan excusationis aliquid apud Deum habeat; at qui per malitiam veritati repugnet ab eaque se avertat, in Spiritum Sanctum peccat gravissime. Quod quidem ætate nostra increbruit adeo, ut deterrima ea tempora advenisse videantur a Paulo prænuntiata, quibus homines justissimo Dei judicio obcæcati, falsa pro veris habituri sint, et *hujus mundi principi*, qui mendax est et mendacii pater, tanquam veritatis magistro credituri: *Mittet illis Deus operationem erroris ut credant mendacio* (1) *in novissimis temporibus discedent quidam a fide, attendentes spiritibus erroris et doctrinis dæmoniorum* (2). — Quoniam vero Spiritus Sanctus in nobis, ut supra monuimus, quasi suo quodam in templo habitat, suadendum est illud Apostoli: *Nolite contristare Spiritum Sanctum Dei, in quo signati estis* (3). Idque ipsum non satis est, indigna omnia defugere, sed omni virtutum laude christianus homo nitere debet, ut hospiti tam magno tamque benigno placeat, castimonia in primis et sanctitudine; casta enim et sancta addecent templum. Hinc idem Apostolus: *Nescitis quia templum Dei estis, et Spiritus Dei habitat in vobis? Si quis autem templum Dei violaverit, disperdet illum Deus; templum enim Dei sanctum est, quod estis vos* (4); formidolosæ eæ quidem, sed perquam justæ minæ. — Postremo, Spiritum Sanctum exorari et obsecrari oportet, quippe cujus præsidio adjumentisque nemo unus non egeat maxime. Ut enim quisque est inops consilii, viribus infirmus, ærumnis pressus, pronus in vetitum, ita ad eum confugere debet qui luminis, fortitudinis, consolationis, sanctitatis fons patet perennis. Atque illa homini in primis necessaria, admissorum venia, ab eo potissimum expetenda est: *Spiritus Sancti proprium est quod sit donum Patris et Filii, remissio autem peccatorum fit per Spiritum Sanctum, tanquam per donum Dei* (5); de quo Spiritu apertius habetur in ordine rituali:

(1) II Thess. II, 10.
(2) I Tim. IV, 1.
(3) Eph. IV, 30.
(4) I Cor. III, 16, 17.
(5) *Summ. th.* 3ª, q. III, a, 8 ad 3.

un hommage purement extérieur; qu'il soit, au contraire, prompt à agir, et surtout qu'il évite le péché, qui offense particulièrement le Saint-Esprit. En effet, tout ce que nous sommes, nous le sommes par la bonté divine, qui est attribuée spécialement au Saint-Esprit. Il offense donc son Bienfaiteur celui qui pèche et qui, abusant de ses dons et de sa bonté, devient chaque jour plus audacieux.

Comme Il est Esprit de vérité, si quelqu'un tombe par faiblesse ou ignorance, il aura peut-être une excuse aux yeux de Dieu, mais celui qui, par malice, combat la vérité et s'en détourne, pèche gravement contre le Saint-Esprit. Cette faute s'est tellement multipliée de nos jours, qu'il semble que nous soyons arrivés à cette époque perverse prédite par saint Paul, où les hommes, aveuglés par un juste jugement de Dieu, regarderont comme vrai ce qui est faux et croiront au *Prince de ce monde*, qui est menteur et père du mensonge, comme s'il était le docteur de la vérité. *Dieu leur enverra l'esprit d'erreur, afin qu'ils croient au mensonge* (1); *dans les derniers temps, certains abandonneront la foi, s'attachant à l'esprit d'erreur et aux doctrines diaboliques* (2). Mais puisque l'Esprit-Saint, comme Nous l'avons dit, habite en nous ainsi qu'en un temple, il faut rappeler le précepte de l'Apôtre : *Ne contristez pas l'Esprit de Dieu dont vous portez le signe* (3). Il ne suffit pas d'éviter le mal, mais le chrétien doit briller de l'éclat de toutes les vertus, afin de plaire à un hôte si grand et si bienfaisant; au premier rang, doivent se trouver la pureté et la sainteté, qualités qui conviennent à un temple.

C'est pourquoi le même Apôtre dit : *Ignorez-vous que vous êtes le temple de Dieu, et que l'Esprit de Dieu habite en vous? Si quelqu'un profane le temple de Dieu, Dieu le perdra; car le temple que vous êtes est saint* (4); menace terrible, il est vrai, mais combien juste! — Enfin, il faut prier l'Esprit-Saint, car il n'est personne qui n'ait le plus grand besoin de son aide et de son secours. Comme nous sommes tous dépourvus de sagesse et de force, accablés par les épreuves, portés au mal, nous devons tous chercher un refuge auprès de celui qui est la source éternelle de la lumière, de la force de la consolation, de la sainteté. C'est à lui surtout qu'il faut demander ce bien indispensable aux hommes, la rémission des péchés : *le propre de l'Esprit-Saint est d'être le don du Père et du Fils; la rémission des péchés se fait par l'Esprit-Saint, en tant que don de Dieu* (5). C'est de cet Esprit que la liturgie dit expressément: *il est*

---

(1) II Thessal., II, 10.
(2) I Tim. IV, 1.
(3) Ephés., IV, 30.
(4) I Corinth. III, 16, 17.
(5) Som. th. III, q. III, a. 8 ad. 3.

Ipse est remissio omnium peccatorum (1). — Quanam vero ratione sit exorandus, perapte docet Ecclesia, quæ supplex eum compellat et obtestatur suavissimis quibusque nominibus : *Veni pater pauperum, veni dator munerum, veni lumen cordium: consolator optime, dulcis hospes animæ, dulce refrigerium:* eumdemque enixe implorat ut eluat, ut sanet, ut irriget mentes atque corda, detque confidentibus et *virtutis meritum* et *salutis exitum* et *perenne gaudium.* Nec dubitare ullo pacto licet an hujusmodi preces auditurus ille sit, quo auctore scriptum legimus : *Ipse Spiritus postulat pro nobis gemitibus inenarrabilibus* (2). Demum hoc est fidenter assidueque supplicandum, ut nos quotidie magis et luce sua illustret et caritatis suæ quasi facibus incendat ; sic enim fide et amore freti acriter enitamur ad præmia sempiterna, quoniam ipse *est pignus hereditatis nostræ* (3).

Habetis, Venerabiles Fratres, quæ ad fovendum Spiritus Sancti cultum monendo hortandoque placuit edicere : minimeque dubitamus, quin ope præsertim navitatis sollertiæque vestræ præclaros in christiano populo sint fructus latura. Nostra quidem tantæ huic rei persequendæ nulla unquam defutura est opera, atque etiam consilium est ut, quibus subinde modis videbitur opportunius, idem pietatis studium tam præstabile alamus et provehamus. Interea, quoniam biennio ante, datis litteris *Provida matris*, peculiares preces, easque ad maturandum christianæ unitatis bonum, in solemnibus Pentecostes catholicis commendavimus, libet de hoc ipso capite ampliora quædam decernere. Decernimus igitur et mandamus ut per orbem catholicum universum, hoc anno itemque annis in perpetuum consequentibus, supplicatio novendialis ante Pentecosten, in omnibus curialibus templis et, si Ordinarii locorum utile judicarint, in aliis etiam templis sacrariisve fiat. Omnibus autem qui eidem novendiali supplicationi interfuerint, et ad mentem Nostram, rite oraverint, eis annorum septem septemque quadragenarum apud Deum indulgentiam in singulos dies concedimus ; tum plenariam in uno quolibet eorumdem dierum vel festo ipso die Pentecostes, vel etiam quolibet ex octo subsequentibus, modo rite confessione abluti sacraque communione refecti ad eamdem mentem Nostram pie supplicaverint. Quibus beneficiis frui pariter eos posse volumus quos publicis illis precibus legitima causa prohibeat, vel ubi non ita commode, secundum Ordinarii prudentiam, in templo res fieri possit ; dum tamen supplicationi novendiali privatim detur opera ceteræque conditiones expleantur. Hoc

---

(1) *In Miss. rom. fer.* III *post Pent.*
(2) Rom. VIII, 26.
(3) Eph. I, 14.

la rémission de tous les péchés (1). Comment faut-il le prier? l'Eglise nous l'enseigne très clairement, elle qui le supplie et l'adjure par les noms les plus doux : *Venez, Père des pauvres; venez, distributeur des grâces; venez, lumière des cœurs; consolateur excellent, doux hôte de l'âme, agréable rafraîchissement;* elle le conjure de laver, de purifier, de baigner nos esprits et nos cœurs, de donner à ceux qui ont confiance en lui *le mérite de la vertu, une heureuse mort et la joie éternelle.* Et l'on ne peut douter qu'il n'écoute ces prières, celui qui a écrit de lui-même : *l'Esprit lui-même supplie pour nous avec des gémissements inénarrables*(2). Enfin, il faut lui demander assidûment et avec confiance de nous éclairer de plus en plus, de nous brûler des feux de son amour, afin qu'appuyés sur la foi et la charité, nous marchions avec ardeur vers les récompenses éternelles, car *il est le gage de notre héritage* (3).

Vous connaissez maintenant, vénérables Frères, les avis et les exhortations qu'il Nous a plu de publier pour accentuer le culte de l'Esprit-Saint. Ces conseils, Nous n'en doutons pas, porteront, avec le secours de votre zèle, des fruits excellents parmi le peuple chrétien. Pour y arriver, Nous ne négligerons aucun effort et Nous travaillerons à nourrir encore cette piété par tous les moyens favorables. Il y a deux ans, dans Notre Lettre *Provida matris*, Nous recommandions pour la Pentecôte des prières destinées à hâter l'unité du peuple chrétien; aujourd'hui, il Nous plaît de prendre à ce sujet des décisions plus étendues. Nous décrétons donc et Nous ordonnons que dans tout le monde catholique, cette année et les suivantes, une neuvaine soit faite avant la Pentecôte dans toutes les églises paroissiales, et, si l'Ordinaire le juge bon, dans toutes les églises. A tous ceux qui auront pris part à cette neuvaine et prié à Nos intentions, Nous accordons une indulgence de sept ans et sept quarantaines pour chaque jour; Nous accordons une indulgence plénière pour l'un de ces jours, soit le jour même de la Pentecôte, soit un jour de l'octave, à tous ceux qui, s'étant confessés, auront communié et prié à Nos intentions. Ceux qui, pour un motif légitime, ne pourront prendre part à ces prières publiques, ou dans l'église desquels elles ne pourront être faites d'après le jugement de l'Ordinaire, participeront à ces mêmes faveurs spirituelles pourvu qu'après avoir fait la neuvaine en particulier, ils remplissent les conditions prescrites,

---

(1) Missel Rom. mardi ap. Pent.
(2) Rom., VIII, 26.
(3) Ephés. I, 14.

præterea placet de thesauro Ecclesiæ in perpetuum tribuere, ut si qui vel publice vel privatim preces aliquas ad Spiritum Sanctum pro pietate sua iterum præstent quotidie per octavam Pentecostes ad festum inclusive sanctæ Trinitatis, ceterisque ut supra conditionibus rite satisfecerint, ipsis liceat utramque iterum consequi Indulgentiam. Quæ omnia indulgentiæ munera etiam animabus piis igni purgatorio addictis converti in suffragium posse, misericorditer in Domino concedimus.

   Jam Nobis mens animusque ad ea revolat vota quæ initio aperuimus; quorum eventum summis precibus a divino Spiritu flagitamus, flagitabimus. Agite, Venerabiles Fratres, Nostris cum precibus vestras consocietis, vobisque hortatoribus universæ christianæ gentes conjungant suas, adhibita conciliatrice potenti et peraccepta Virgine Beatissima. Quæ ipsi rationes cum Spiritu Sancto intercedant intimæ admirabilesque, probe nostis; ut Sponsa ejus immaculata merito nominetur. Ipsius deprecatio Virginis multum profecto valuit et ad mysterium Incarnationis et ad ejusdem Paracliti in Apostolorum coronam adventum. Communes igitur preces pergat ipsa suffragio suo benignissima roborare, ut in universitate nationum tam misere laborantium divina rerum prodigia per almum Spiritum feliciter instaurentur, quæ vaticinatione Davidica sunt celebrata : *Emitte Spiritum tuum et creabuntur, et renovabis faciem terræ* (1). — Cœlestium vero donorum auspicem et benevolentiæ Nostræ testem vobis, Venerabiles Fratres, Clero populoque vestro Apostolicam benedictionem peramanter in Domino impertimus.

   Datum Romæ apud Sanctum Petrum die IX maii anno MDCCCLXXXXVII, Pontificatus Nostri vigesimo.

, LEO PP. XIII.

---

(1) Ps. CIII, 30.

Nous accordons en outre à perpétuité du trésor de l'Eglise, à ceux qui réciteront chaque jour, en public ou en particulier, des prières au Saint-Esprit depuis l'octave de la Pentecôte jusqu'à la fête de la Sainte Trinité tout en remplissant les conditions indiquées plus haut, la faculté de gagner les deux indulgences. Enfin, Nous permettons d'appliquer toutes ces indulgences aux âmes du Purgatoire.

Notre esprit et Notre attention se reportent maintenant aux vœux que nous émettions au début; Nous demandons et demanderons encore leur réalisation à l'Esprit-Saint par d'ardentes prières. Unissez-vous à Nous, vénérables Frères, et que toutes les nations catholiques joignent leur voix à la Nôtre et s'adressent à la puissante et bienheureuse Vierge. Vous savez quels liens intimes et admirables l'unissent à cet Esprit dont elle est appelée l'Epouse immaculée. Sa prière contribua au mystère de l'Incarnation et à la descente du Saint-Esprit sur les apôtres. Qu'elle fortifie nos communes prières par son bienveillant suffrage afin que l'Esprit renouvelle en faveur des malheureux de cette vie les merveilles chantées par David : *Vous enverrez votre Esprit-Saint et tout sera créé, et vous renouvellerez la face de la terre* (1). Comme gage des faveurs célestes et en témoignage de Notre bienveillance, recevez, vénérables Frères, pour vous, pour votre clergé et pour votre peuple, la bénédiction apostolique que Nous vous accordons très affectueusement dans le Seigneur.

Donné à Rome, près de Saint-Pierre, le 9 mai 1897, la vingtième année de notre pontificat.

LÉON XIII, PAPE

(1) Ps. ciii, 30.

SANCTISSIMI DOMINI NOSTRI

LEONIS DIVINA PROVIDENTIA PAPÆ XIII

EPISTOLA ENCYCLICA

AD PATRIARCHAS, PRIMATES, ARCHIEPISCOPOS, EPISCOPOS, ALIOSQUE LOCORUM ORDINARIOS PACEM ET COMMUNIONEM CUM APOSTOLICA SEDE HABENTES

DE ROSARIO MARIALI

VENERABILIBUS FRATRIBUS

PATRIARCHIS, PRIMATIBUS, ARCHIEPISCOPIS, EPISCOPIS

ALIISQUE LOCORUM ORDINARIIS

PACEM ET COMMUNIONEM CUM APOSTOLICA SEDE

HABENTIBUS

LEO PP. XIII

VENERABILES FRATRES

SALUTEM ET APOSTOLICAM BENEDICTIONEM

Augustissimæ Virginis Mariæ foveri assidue cultum et contentiore quotidie studio promoveri quantum privatim publicæque intersit, facile quisque perspiciet, qui secum reputaverit quam excelso dignitatis et gloriæ fastigio Deus ipsam collocarit. Eam enim ab æterno ordinavit ut Mater Verbi fieret humanam carnem assumpturi; ideoque inter omnia, quæ essent in triplici ordine naturæ, gratiæ, gloriæque pulcherrima, ita distinxit, ut merito eidem Ecclesia verba illa tribuerit: *Ego ex ore Altissimi prodivi primogenita ante omnem creaturam* (1). Ubi autem volvi primum

---

(1) Eccl., xxiv, 5.

LETTRE ENCYCLIQUE

DE NOTRE TRÈS SAINT-PÈRE LÉON XIII
PAPE PAR LA DIVINE PROVIDENCE

AUX PATRIARCHES, PRIMATS, ARCHEVÊQUES, ÉVÊQUES ET AUTRES ORDINAIRES EN PAIX ET EN COMMUNION AVEC LE SIÈGE APOSTOLIQUE

DU ROSAIRE DE MARIE

A NOS VÉNÉRABLES FRÈRES
LES PATRIARCHES, PRIMATS, ARCHEVÊQUES,
ÉVÊQUES ET AUTRES ORDINAIRES
EN PAIX ET EN COMMUNION AVEC LE SIÈGE APOSTOLIQUE

LÉON XIII, PAPE

VÉNÉRABLES FRÈRES
SALUT ET BÉNÉDICTION APOSTOLIQUE

Si on considère à quel degré éminent de dignité et de gloire Dieu a placé la très auguste Vierge Marie, on comprendra facilement combien il importe aux intérêts privés et publics d'entretenir assidûment son culte et de le répandre avec un zèle chaque jour plus ardent.

Dieu l'a choisie de toute éternité pour devenir la Mère du Verbe, qui devait revêtir la nature humaine; aussi, il l'a tellement élevée au-dessus de tout ce qu'il devait y avoir de plus beau dans les trois ordres de la nature, de la grâce et de la gloire, que l'Église lui attribue avec raison ces paroles: *Je suis sortie de la bouche du Très-Haut la première avant toute créature* (1).

(1) Eccl., xxiv, 5.

cœpere sæcula, lapsis in culpam humani generis auctoribus infectisque eâdem labe posteris universis, quasi pignus constituta est instaurandæ pacis atque salutis. — Nec dubiis honoris significationibus Unigenitus Dei Filius sanctissimam matrem est prosecutus. Nam et dum privatam in terris vitam egit, ipsam adscivit utriusque prodigii administram quæ tunc primum patravit: alterum gratiæ, quo ad Mariæ salutationem exultavit infans in utero Elisabeth; alterum naturæ, quo aquam in vinum convertit ad Canæ nuptias : et quum supremo vitæ suæ publicæ tempore novum conderet Testamentum divino sanguine obsignandum, eamdem dilecto Apostolo commisit verbis illis dulcissimis : *Ecce mater tua* (1). Nos igitur qui, licet indigni, vices ac personam gerimus in terris Jesu Christi Filii Dei, tantæ Matris persequi laudes nunquam desistemus, dum hac lucis usura fruemur. Quam quia sentimus haud futuram Nobis, ingravescente ætate, diuturnam, facere non possumus quin omnibus et singulis in Christo filiis Nostris Ipsius cruce pendentis extrema verba, quasi testamento relicta, iteremus : *Ecce mater tua*. Ac præclare quidem Nobiscum actum esse censebimus, si id Nostræ commendationes effecerint, ut unusquisque fidelis Mariali cultu nihil habeat antiquius, nihil carius, liceatque de singulis usurpare verba Joannis, quæ de se scripsit: *Accepit eam discipulus in sua* (2). — Adventante igitur mense Octobri, ne hoc quidem anno patimur, Venerabiles Fratres, carere vos Litteris Nostris, rursus adhortantes sollicitudine qua possumus maxima, ut Rosarii recitatione studeat sibi quisque ac laboranti Ecclesiæ demereri. Quod quidem precandi genus divina providentia videtur sub hujus sæculi exitum mire invaluisse, ut languescens fidelium excitaretur pietas; idque maxime testantur insignia templa ac sacraria Deiparæ cultu celeberrima. — Huic divinæ Matri, cui flores dedimus mense Maio, velimus omnes fructiferum quoque Octobrem singulari pietatis affectu esse dicatum. Decet enim utrumque hoc anni tempus ei consecrari, quæ de se dixit : *Flores mei fructus honoris et honestatis* (3).

Vitæ societas atque conjunctio, ad quam homines natura feruntur, nulla ætate fortasse arctior effecta est, aut tanto studio tamque communi expetita, quam nostrâ. Nec quisquam sane id reprehendat, nisi vis hæc naturæ nobilissima ad prava sæpe consilia detorqueretur, convenientibus in unum atque in varii generis societates coeuntibus impiis hominibus *adversus Domi-*

---

(1) Joæn., xix, 27.
(2) *Ib.*
(3) Eccl., xxiv, 23.

Puis, dès que les siècles eurent commencé leur cours, lorsque les premiers pères du genre humain furent tombés dans le péché, souillant toute leur postérité de la même tache, Marie fut constituée le gage du rétablissement de la paix et du salut.

Le Fils unique de Dieu a prodigué à sa Très Sainte Mère des témoignages non équivoques de respect.

Durant sa vie cachée, il l'a prise pour auxiliaire dans les deux premiers miracles qu'il accomplit alors : l'un, miracle de la grâce qui, à la salutation de Marie, fit tressaillir en son sein l'enfant d'Elisabeth ; l'autre, miracle de la nature, qui changea l'eau en vin aux noces de Cana. Et, à la fin de sa vie publique, au moment d'établir le Nouveau Testament qu'il devait sceller de son sang divin, il confia Marie à l'apôtre bien-aimé par ces douces paroles : *Voici votre Mère.*

Nous donc qui, quoique indigne, sommes ici-bas le Vicaire et le Représentant de Jésus-Christ Fils de Dieu, Nous ne cesserons jamais de poursuivre la glorification d'une telle Mère tant que la lumière brillera pour Nous. Cette période ne devant pas être longue — le poids grandissant des années Nous en avertit, — Nous ne pouvons Nous empêcher de redire à tous Nos fils en Jésus-Christ les dernières paroles que le divin Crucifié nous a laissées comme en testament : *Voici votre Mère* (1).

Et Nous estimerons que Nos efforts ont pleinement abouti si, grâce à Nos exhortations, tous les fidèles n'ont désormais rien de plus à cœur, rien de plus cher que le culte de Marie, et si on peut appliquer à chaque chrétien ce que saint Jean a écrit de lui-même : *Le disciple la reçut dans sa maison* (2).

Aussi, Vénérables Frères, à l'approche du mois d'octobre, Nous ne pouvons omettre de vous écrire à nouveau une exhortation aussi ardente que possible, afin que tous s'appliquent, par la récitation du Rosaire, à acquérir des mérites pour eux-mêmes et pour l'Eglise militante.

D'ailleurs, la divine Providence semble avoir permis, pour ranimer la piété languissante des fidèles, que ce genre de prière prît, à la fin de ce siècle, une extension merveilleuse, témoin les temples magnifiques et les célèbres sanctuaires voués au culte de la Mère de Dieu.

Cette divine Mère a reçu nos fleurs au mois de mai, Nous voudrions qu'un généreux élan de la piété universelle lui dédiât également octobre, le mois des fruits. Il convient, en effet, de consacrer ces deux saisons à celle qui a dit d'elle-même : *Mes fleurs sont des fruits d'honneur et de vertu* (3).

La communauté de vie, les liens sociaux pour lesquels l'homme a une inclination naturelle, n'ont jamais été peut-être aussi étroits, ni recherchés avec une ardeur aussi vive et aussi générale qu'à notre époque. Et certes, personne ne s'en plaindrait, si ce très noble penchant de la nature n'était souvent détourné vers le mal, les impies

---

(1) S. Jean, xix, 27.
(2) *Ib.*
(3) Eccl., xxiv, 23.

num et adversus Christum ejus (1). Cernere tamen est, idque profecto accidit jucundissimum, inter catholicos etiam adamari magis cœptos pios cœtus; eos haberi confertissimos; iis quasi communibus domiciliis christianæ vinculo dilectionis ita adstringi cunctos et quasi coalescere, ut vere fratres et dici posse et esse videantur. Neque enim, Christi caritate sublata, fraterna societate et nomine gloriari quisquam potest; quod acriter olim Tertullianus hisce verbis persequebatur: *Fratres vestri sumus jure naturæ matris unius, etsi vos parum homines, quia mali fratres. At quanto dignius fratres et dicuntur et habentur qui unum patrem Deum agnoscunt, qui unum spiritum biberunt sanctitatis, qui de uno utero ignorantiæ ejusdem ad unam lucem expaverint veritatis?* (2) Multiplex autem ratio est, qua catholici homines societates hujusmodi saluberrimas inire solent. Huc enim et circuli, ut aiunt, et rustica æraria pertinent, idemque conventus animis per dies festos relaxandis, et secessus pueritiæ advigilandæ, et sodalitia, et cœtus alii optimis consiliis instituti complures. Profecto hæc omnia, etsi nomine, forma, aut suo quæque peculiari ac proximo fine, recens inventa esse videantur, re tamen ipsa sunt antiquissima. Constat enim, in ipsis christianæ religionis exordiis ejus generis societatum vestigia reperiri. Serius autem legibus confirmatæ, suis distinctæ signis, privilegiis donatæ, divinum ad cultum in templis adhibitæ, aut animis corporibusve sublevandis destinatæ, variis nominibus, pro varia temporum ratione, appellatæ sunt. Quarum numerus in dies ita percrebuit, ut, in Italia maxime, nulla civitas, oppidum nullum, nulla ferme parœcia sit, ubi non illæ aut complures, aut aliquæ certe habeantur.

In his minime dubitamus præclarum dignitatis locum assignare sodalitati, quæ a Sanctissimo Rosario nuncupatur. Nam sive ejus spectetur origo, e primis pollet antiquitate, quod ejusmodi institutionis auctor fuisse feratur ipse Dominicus pater; sive privilegia æstimentur, quamplurimis ipsa ornata est Decessorum Nostrorum munificentiâ. — Ejus institutionis forma et quasi anima est Mariale Rosarium, cujus de virtute fuse alias locuti sumus. Verumtamen ipsius Rosarii vis atque efficacitas, prout est officium Sodalitati, quæ ab ipso nomen mutuatur, adjunctum, longe etiam major apparet. Neminem enim latet, quæ sit omnibus orandi necessitas, non quod immutari possint divina decreta, sed, ex Gregorii sententia, *ut homines postulando mereantur*

(1) Ps. ii, 2.
(2) Apolog., c. xxxix.

se réunissant et formant divers groupes *contre le Seigneur et contre son Christ* (1).

Toutefois, on peut constater, — et cela Nous est fort agréable, — que, chez les catholiques, on apprécie davantage les associations pieuses; leurs réunions sont plus nombreuses; elles sont comme une demeure commune où les fidèles sont unis par les liens de la charité chrétienne et pour ainsi dire font corps, de sorte qu'on peut les appeler et qu'ils semblent être vraiment frères.

Et, en effet, si on supprime la charité du Christ, personne ne peut se glorifier de cette union fraternelle et de ce nom de frère; c'est ce que Tertullien exposait jadis en ces termes énergiques : *Nous sommes vos frères parce que nous avons la même mère naturelle, quoique vous soyez à peine des hommes, étant de mauvais frères. Mais à combien plus juste titre sont-ils appelés frères et regardés comme tels ceux qui reconnaissent Dieu pour leur même Père, qui ont sucé le même esprit de sainteté, qui, du même sein de la même ignorance, ont été conduits à la même lumière de la vérité?* (2)

Les catholiques constituent ordinairement ces sociétés très utiles sous des formes diverses. Ici, ce sont des cercles et des caisses rurales; là, des réunions organisées pour reposer les esprits les jours de fête, des patronages pour la jeunesse, des confréries et une multitude d'autres associations formées dans des buts excellents.

D'ailleurs, bien que toutes ces institutions paraissent de création récente par leur titre, leur forme ou leur but spécial et immédiat, elles sont en réalité très anciennes.

On en retrouve des traces à l'origine même du christianisme. Dans la suite, elles furent confirmées par des lois, distinguées par des insignes, gratifiées de privilèges, vouées au culte divin dans les églises, consacrées aux soins des âmes et des corps et reçurent des appellations diverses suivant les époques.

Le nombre s'en est tellement accru avec les siècles, que, en Italie notamment, il n'est pas de région, de ville et presque pas de paroisse qui n'en possède un grand nombre ou au moins plusieurs.

Parmi ces groupements, Nous n'hésitons pas à donner une place d'honneur à la confrérie dite du *Très Saint Rosaire*

Si on considère son origine, elle est au premier rang par son ancienneté, car on attribue sa fondation à saint Dominique lui-même; si on tient compte des privilèges, elle en a obtenu d'innombrables de la munificence de Nos prédécesseurs.

La forme et en quelque sorte l'âme de cette institution est le Rosaire de Marie, dont Nous avons longuement exposé ailleurs la vertu.

Mais la puissance et l'efficacité de ce même Rosaire, en tant qu'il constitue une obligation imposée à la confrérie qui lui emprunte son nom, apparaît encore beaucoup plus considérable.

Nul n'ignore combien la prière est nécessaire à tous, non que les décisions divines puissent être modifiées, mais, suivant l'avis de saint Grégoire, *afin que nous méritions, par nos demandes, de recevoir ce que,*

---

(1) Ps. II, 2.
(2) Apolog., c. xxxix.

accipere quod eis Deus omnipotens ante sæcula disposuit donare (1).
Ex Augustino autem : *qui recte novit orare, recte novit vivere* (2).
At preces tunc maxime robur assumunt ad cælestem opem impetrandam, quum et publice et constanter et concorditer funduntur a multis, ita ut velut unus efficiatur precantium chorus ; quod quidem illa aperte declarant Actuum Apostolicorum, ubi Christi discipuli, expectantes promissum Spiritum Sanctum, fuisse dicuntur *perseverantes unanimiter in oratione* (3). Hunc orandi modum qui sectentur, certissimo fructu carere poterunt nunquam. Jam id plane accidit inter sodales a sacro Rosario. Nam, sicut a sacerdotibus, divini Officii recitatione, publice jugiterque supplicatur, ideoque validissime, ita, publica quodammodo, jugis, communis est supplicatio sodalium, quæ fit recitatione Rosarii, vel *Psalterii Virginis*, ut a nonnullis etiam Romanis Pontificibus appellatum est.

Quod autem, uti diximus, preces publice adhibitæ multo iis præstent, quæ privatim fundantur, vimque habeant impetrandi majorem, factum est ut Sodalitati a sacro Rosario nomen ab Ecclesiæ scriptoribus inditum fuerit « militiæ precantis, a Dominico Patre sub divinæ Matris vexillo conscriptæ », quam scilicet divinam Matrem sacræ litteræ et Ecclesiæ fasti salutant dæmonis errorumque omnium debellatricem. Enimvero Mariale Rosarium omnes, qui ejus religionis petant societatem, communi vinculo adstringit tanquam fraterni aut militaris contubernii, unde validissima quædam acies conflatur, ad hostium impetus repellendos, sive intrinsecus illis sive extrinsecus urgeamur, rite instructa atque ordinata. Quamobrem merito pii hujus instituti sodales usurpare sibi possunt verba illa S. Cypriani : *Publica est nobis et communis oratio, et quando oramus, non pro uno, sed pro toto populo oramus, quia totus populus unum sumus* (4). — Ceterum ejusmodi precationis vim atque efficaciam annales Ecclesiæ testantur, quum memorant et fractas navali prœlio ad Echinadas insulas Turcarum copias, et relatas de iisdem superiore sæculo ad Temesvariam in Pannonia et ad Corcyram insulam victorias nobilissimas. Prioris rei gestæ memoriam perennem exstare voluit Gregorius XIII, die festo instituto Mariæ victricis honori ; quem diem postea Clemens XI Decessor Noster titulo Rosarii consecravit et quotannis celebrandum in universa Ecclesia decrevit.

Ex eo autem quod precans hæc militia sit « sub divinæ Matris

(1) Dialog., l. Ier, c. 8.
(2) In Ps. cxviii.
(3) Act., i, 14.
(4) De orat. domin.

avant les siècles, le Dieu tout-puissant a résolu de nous donner (1). Et, d'autre part, saint Augustin a dit : *Celui qui sait bien prier sait bien vivre* (2).

Mais c'est lorsque les prières sont faites publiquement, avec persévérance et union, par un grand nombre de fidèles ne formant qu'un seul chœur de suppliants, qu'elles ont le plus de force pour obtenir le secours du ciel ; c'est ce que montrent clairement les Actes des Apôtres rapportant que les disciples du Christ, qui attendaient l'Esprit-Saint promis, *persévéraient unanimement dans la prière* (3).

Ceux qui prieront ainsi ne manqueront jamais d'en recueillir des fruits très certains.

C'est ce qui se produit pour les associés du Rosaire.

De même que les prêtres, par la récitation de l'office divin, adressent à Dieu des supplications publiques et permanentes, partant très efficaces ; de même la prière que font les associés en récitant le Rosaire ou le *Psautier de la Vierge*, comme l'ont appelé plusieurs Pontifes Romains, est, en quelque sorte, publique, permanente et commune.

C'est parce que les prières publiques, ainsi que Nous l'avons dit, sont très préférables aux prières privées et ont une puissance d'impétration beaucoup plus grande, que les écrivains ecclésiastiques ont appelé la confrérie du Rosaire « la milice priante enrôlée par saint Dominique sous l'étendard de la Mère de Dieu », de cette divine Mère que les Saintes Lettres et les annales de l'Église saluent comme celle qui a triomphé du démon et de toutes les erreurs.

De fait, le Rosaire unit tous ceux qui demandent leur admission dans cette confrérie, d'une manière analogue à des frères et à des soldats, et constitue ainsi une sorte d'armée régulièrement organisée et dressée, capable de repousser facilement les assauts de nos ennemis intérieurs et extérieurs.

Les membres de cette pieuse association ont donc le droit de s'appliquer ces paroles de saint Cyprien : *Nous avons une prière publique et commune ; et, quand nous prions, ce n'est pas pour un seul, mais pour tout le peuple, car tout le peuple est réuni en un seul* (4).

L'histoire de l'Église atteste l'efficacité de cette prière : elle nous rappelle la défaite des troupes turques près des îles Échinades, et les victoires éclatantes remportées au siècle dernier sur le même peuple à Temesvar, en Hongrie, et à l'île de Corfou.

Grégoire XIII voulut perpétuer le souvenir du premier de ces triomphes par l'institution d'une fête en l'honneur de Marie victorieuse. Plus tard, Notre prédécesseur, Clément XI, appela cette solennité fête du Rosaire et décréta qu'elle serait célébrée chaque année dans l'Église universelle.

Cette milice priante, étant « enrôlée sous l'étendard de Marie », en

---

(1) Dial., l. Iᵉʳ, ch. viii.
(2) Sur le psaume cxviii.
(3) Act., i, 14.
(4) Sur l'Oraison dominicale.

vexillo conscripta », nova eidem virtus, novus honor accedit. Huc maxime spectat repetita crebro, in Rosarii ritu, post orationem dominicam, angelica salutatio. Tantum vero abest ut hoc dignitati Numinis quodammodo adversetur, quasi suadere videatur majorem nobis in Mariæ patrocinio fiduciam esse collocandam quam in divina potentia, ut potius nihil Ipsum facilius permoveat propitiumque nobis efficiat. Catholica enim fide docemur, non ipsum modo Deum esse precibus exorandum, sed beatos quoque cœlites (1), licet ratione dissimili, quod a Deo, tanquam a bonorum omnium fonte, ab his, tanquam ab intercessoribus petendum sit. *Oratio*, inquit S. Thomas, *porrigitur alicui dupliciter, uno modo quasi per ipsum implenda, alio modo, sicut per ipsum impetranda. Primo quidem modo soli Deo orationem porrigimus, quia omnes orationes nostræ ordinari debent ad gratiam et ad gloriam consequendam, quæ solus Deus dat, secundum illud Psalmi* LXXXIII *12 :* « *gratiam et gloriam dabit Dominus* ». *Sed secundo modo orationem porrigimus sanctis Angelis et hominibus, non ut per eos Deus nostras petitiones cognoscat, sed ut eorum precibus et meritis orationes nostræ sortiantur effectum. Et ideo dicitur, Apoc.* VIII, *4, quod ascendit fumus incensorum de orationibus sanctorum de manu Angeli coram Deo* (2). Jam quis omnium, quotquot beatorum incolunt sedes, audeat cum augusta Dei Matre in certamen demerendæ gratiæ venire? Ecquis in Verbo æterno clarius intuetur, quibus angustiis premamur, quibus rebus indigeamus? Cui majus arbitrium permissum est permovendi Numinis? Quis maternæ pietatis sensibus æquari cum ipsa queat? Id scilicet causæ est cur beatos quidem cœlites non eadem ratione precemur ac Deum, *nam a sancta Trinitate petimus ut nostri misereatur, ab aliis autem sanctis quibuscumque petimus ut orent pro nobis* (3); implorandæ vero Virginis ritus aliquid habeat cum Dei cultu commune, adeo ut Ecclesia his vocibus ipsam compellet, quibus exoratur Deus : *Peccatorum miserere*. Rem igitur optimam præstant sodales a sacro Rosario, tot salutationes et Mariales preces quasi serta rosarum contexentes. Tanta enim Mariæ est magnitudo, tanta, qua apud Deum pollet, gratia, ut qui opis egens non ad illam confugiat, is optet nullo alarum remigio volare.

Alia etiam Sodalitatis, de qua loquimur, laus est, nec prætereunda silentio. Quoties enim Marialis recitatione Rosarii salutis

---

(1) Conc. Trid. sess. XXV.
(2) S. Th. 2ª 2ᵃᵉ, q. LXXXIII, a. IV.
(3) *Ib.*

acquiert une nouvelle force et un nouvel honneur. C'est le but que vise spécialement, dans la prière du Rosaire, la répétition fréquente de la Salutation angélique après la récitation de l'Oraison dominicale.

Bien loin d'être en quelque sorte incompatible avec l'honneur dû à la Divinité, bien loin de paraître insinuer qu'il faut placer dans la protection de Marie une confiance plus grande qu'en la puissance divine, cette prière est au contraire celle qui peut le plus facilement toucher Dieu et nous le rendre propice.

En effet la foi catholique nous enseigne que nous devons prier Dieu et les saints (1), mais le mode diffère : il faut s'adresser à Dieu comme à la source de tous les biens, aux saints en tant qu'intercesseurs.

On peut prier quelqu'un de deux façons, dit saint Thomas : *on lui demande ou ce qu'il peut nous donner lui-même, ou ce qu'il peut nous obtenir d'un autre. Nous ne prions que Dieu suivant le premier mode, car toutes nos prières doivent avoir pour but final l'obtention de la grâce et de la gloire que donne Dieu seul, comme il est dit au psaume* LXXXIII, *verset* 12 : « *Dieu donnera la grâce et la gloire.* » *Mais nous prions de la seconde manière les anges et les saints, non pour qu'ils fassent connaître nos demandes à Dieu, mais afin que, par leurs prières et leurs mérites, nos demandes soient exaucées. Et c'est pourquoi il est dit dans l'Apocalypse* (VIII, 4) *que la fumée des parfums s'éleva, avec les prières des saints, de la main de l'ange devant Dieu* (2).

Or, pour une grâce à obtenir, quel est l'habitant du ciel qui oserait rivaliser avec l'auguste Mère de Dieu ? Qui voit plus clairement, dans le Verbe de Dieu, nos angoisses et nos besoins ? Qui, plus qu'elle, a reçu le pouvoir de toucher la Divinité ? Qui peut égaler les effusions de sa tendresse maternelle ?

C'est précisément pour cette raison que, si nous ne prions pas les bienheureux habitants du ciel de la même manière que Dieu — car à la Sainte Trinité nous demandons d'avoir pitié de nous et à tous les saints, quels qu'ils soient, nous demandons de prier pour nous (3), — notre manière d'implorer la Vierge a néanmoins quelque chose de commun avec le culte de Dieu, et l'Église lui adresse la même formule de supplication qu'elle emploie pour Dieu : *Ayez pitié des pécheurs*.

C'est donc une œuvre excellente qu'accomplissent les membres du saint Rosaire, en tressant pour ainsi dire comme des roses tant de salutations et de prières à Marie.

Telle est, en effet, la grandeur de Marie, si puissante est la faveur dont elle jouit auprès de Dieu, que ne pas recourir à elle dans ses besoins, ce serait vouloir, sans ailes, s'élever dans les airs.

La confrérie dont Nous parlons a aussi une autre qualité qu'il ne faut point passer sous silence :

Toutes les fois que, par la récitation du Rosaire de Marie, nous

---

(1) Conc. de Trente, sess. XXV.
(2) S. Th. 2ª, 2ᵉ, q. LXXXIII, a. IV.
(3) S. Th., *ibid*.

nostræ mysteria commentamur, toties officia sanctissima, cœlesti quondam Angelorum militiæ commissa, similitudine quadam æmulamur. Ea ipsi, suo quæque tempore mysteria revelarunt, eorum fuere pars magna, iisdem adfuere seduli, vultu modo ad gaudium composito, modo ad dolorem, modo ad triumphalis gloriæ exultationem. Gabriel ad Virginem mittitur nuntiatum Verbi æterni Incarnationem. Bethlemico in antro, Salvatoris in lucem editi gloriam Angeli cantibus prosequuntur. Angelus Josepho auctor est fugæ arripiendæ, seque in Ægyptum recipiendi cum puero. Jesum in horto præ mœrore sanguine exsudantem Angelus pio alloquio solatur. Eumdem, devicta morte, sepulcro excitatum, Angeli mulieribus indicant. Evectum ad cœlum Angeli referunt atque inde reversurum prædicant angelicis comitatum catervis, quibus electorum animas admisceat secumque rapiat ad ætherios choros, super quos *exaltata est Sancta Dei Genitrix.* Piissima igitur Rosarii prece inter sodales utentibus ea maxime convenire possunt, quibus Paulus Apostolus novos Christi asseclas alloquebatur : *Accessistis ad Sion montem, et civitatem Dei viventis, Jerusalem cœlestem, et multorum millium Angelorum frequentiam* (1). Quid autem divinius quidve suavius, quam contemplari cum Angelis cum iisque precari? Quanta niti spe liceat atque fiducia, fruituros olim in cælo beatissima angelorum societate eos, qui in terris eorum ministerio sese quodammodo addiderunt?

His de causis Romani Pontifices eximiis usque præconiis Marianam hujusmodi Sodalitatem extulerunt, in quibus eam Innocentius VIII *devotissimam Confraternitatem* (2) appellat; Pius V affirmat, ejusdem virtute hæc consecuta: *Cœperunt Christi fideles in alios viros repente mutari, hæresum tenebræ remitti et lux catholicæ fidei aperiri* (3); Sixtus V, attendens quam fuerit hæc institutio religioni frugifera, ejusdem se studiosissimum profitetur; alii denique multi, aut præcipuis eam indulgentiis, iisque uberrimis auxere, aut in peculiarem sui tutelam, dato nomine variisque editis benevolentiæ testimoniis, receperunt. — Ejusmodi Decessorum Nostrorum exemplis permoti, Nos etiam, Venerabiles Fratres, vehementer hortamur vos atque obsecramus, quod sæpe jam fecimus, ut sacræ hujus militiæ singularem curam adhibeatis, atque ita quidem, ut, vobis adnitentibus, novæ in dies evocentur undique

---

(1) Heb., xii, 22.
(2) *Splendor paternæ gloriæ,* die 26 febr. 1491.
(3) *Consueverunt RR. PP.,* die 17 sept. 1569.

méditons les mystères de notre salut, nous imitons en quelque manière la fonction très sainte confiée jadis à la milice céleste des anges.

Ce sont eux qui ont révélé ces mystères au temps marqué, ils y ont joué un rôle important et ont rempli cette charge avec grand soin, dans une attitude tour à tour joyeuse, douloureuse et triomphante.

Gabriel est envoyé à la Vierge pour lui annoncer l'Incarnation du Verbe Éternel. A la grotte de Bethléem, des anges célèbrent par leurs chants la gloire du Sauveur qui vient de naître.

Un ange avertit Joseph de prendre la fuite et de se réfugier en Égypte avec l'Enfant. Au jardin des Oliviers, Jésus, accablé de douleur, exhale de son corps une sueur de sang ; un ange le console dans un pieux entretien.

Lorsque, triomphant de la mort, il est sorti du sépulcre, des anges l'annoncent aux saintes femmes. Des anges racontent que Jésus est monté au ciel et proclament qu'il en reviendra escorté des milices angéliques, auxquelles il joindra les âmes des élus pour les conduire avec lui aux chœurs célestes, au-dessus desquels *a été exaltée la Sainte Mère de Dieu*.

C'est donc aux associés récitant la pieuse prière du Rosaire que peuvent le plus exactement s'appliquer ces paroles de l'apôtre saint Paul aux nouveaux disciples du Christ : *Vous avez gravi la montagne de Sion et vous êtes entrés dans la cité du Dieu vivant, la Jérusalem céleste, en compagnie d'un grand nombre de milliers d'anges* (1).

Quoi de plus divin, quoi de plus suave que de contempler et de prier avec les anges ? Quelle confiance, quelle espérance on peut concevoir de jouir un jour dans le ciel de la bienheureuse société des anges lorsque, ici-bas, on les a en quelque sorte aidés dans leur ministère ?

C'est pour ces motifs que les Pontifes Romains ont toujours comblé d'éloges magnifiques cette confrérie dévouée à Marie. Innocent VIII, notamment, l'appelle *la très dévote confrérie* (2).

Pie V attribue les résultats suivants à son efficacité : *Les fidèles se changent soudain en d'autres hommes, les ténèbres de l'hérésie se dissipent et la lumière de la foi catholique se révèle* (3).

Sixte-Quint, observant combien cette institution a été utile à la religion, déclare qu'il lui est très dévoué ; enfin, un grand nombre d'autres Papes ont enrichi cette dévotion des indulgences les plus précieuses et les plus abondantes ou l'ont prise sous leur protection particulière, soit en se faisant inscrire dans la confrérie, soit en donnant publiquement divers témoignages de leur bienveillance.

A l'exemple de Nos prédécesseurs, Nous aussi, Vénérables Frères, Nous vous demandons instamment, ainsi que Nous l'avons déjà fait souvent, et Nous vous conjurons d'entourer spécialement de vos soins cette milice sacrée ; que, grâce à vos efforts, chaque jour, de nouvelles recrues accourent et s'enrôlent.

---

(1) Héb., XII, 22.
(2) *Splendor paternæ gloriæ*, 26 fév. 1491.
(3) *Consueverunt RR. PP.*, 17 sept. 1569.

copiæ atque scribantur. Vestra opera et eorum, qui e clero subdito vobis curam gerunt animarum, noscant ceteri e populo, atque ex veritate æstiment, quantum in ea Sodalitate virtutis sit, quantum utilitatis ad æternam hominum salutem. Hoc autem contentione poscimus eo majore, quod proximo hoc tempore iterum viguit pulcherrima in sanctissimam Matrem pietatis manifestatio per Rosarium, quod *perpetuum* appellant. Huic Nos instituto libenti animo benediximus; ejus ut incrementis sedulo vos naviterque studeatis, magnopere optamus. Spem enim optimam concipimus, laudes precesque fore validissimas, quæ, ex ingenti multitudinis ore ac pectore expressæ, nunquam conticescant; et per varias terrarum orbis regiones dies noctesque alternando, conspirantium vocum concentum cum rerum divinarum meditatione conjungant. Quam quidem laudationum supplicationumque perennitatem, multis abhinc sæculis, divinæ illæ significarunt voces, quibus Oziæ cantu compellabatur Judith: *Benedicta es tu filia a Domino Deo excelso præ omnibus mulieribus super terram,... quia hodie nomen tuum ita magnificavit, ut non recedat laus tua de ore hominum.* Iisque vocibus universus populus Israel acclamabat: *Fiat, fiat* (1).

Interea, cœlestium beneficiorum auspicem, paternæque Nostræ benevolentiæ testem, vobis, Venerabiles Fratres, et clero populoque universo, vestræ fidei vigilantiæque commisso, Apostolicam benedictionem peramanter in Domino impertimus.

Datum Romæ, apud S. Petrum, die XII septembris MDCCCXCVII, Pontificatus Nostri anno vicesimo.

LEO PP. XIII.

---

(1) Jud., xiii, 23 et seq.

Que par vous et par ceux de vos prêtres qui ont charge d'âmes, le peuple connaisse et apprécie véritablement l'efficacité de cette confrérie et son utilité pour le salut éternel des hommes.

Nous vous le demandons avec d'autant plus d'insistance que, tout récemment encore, on a organisé une nouvelle manifestation très touchante de la piété envers Notre Très Sainte Mère, par le *Rosaire perpétuel*.

Nous bénissons avec plaisir cette institution; Nous souhaitons vivement que vous consacriez à sa propagation votre activité et votre zèle.

Nous avons un ferme espoir en la très grande force de ces louanges et de ces prières, qui, sortant des lèvres et du cœur d'une immense multitude, ne se taisent jamais, et qui, alternant nuit et jour à travers toutes les régions du globe, harmonisent avec la méditation des mystères divins le concert continu des voix qui prient.

Ce sont ces louanges et ces prières permanentes que présageaient, il y a plusieurs siècles, ces mots sublimes adressés à Judith dans le cantique d'Ozias : *O fille, tu es bénie par le Seigneur, le Dieu Très-Haut, au-dessus de toutes les femmes de la terre..... car aujourd'hui il a donné une telle gloire à ton nom, que ton éloge sera toujours sur les lèvres des hommes.* Et à ces mots tout le peuple d'Israël s'écriait : *Ainsi soit-il! Ainsi soit-il!* (1)

En attendant, comme gage des bienfaits célestes et en témoignage de Notre paternelle bienveillance, Nous vous accordons affectueusement dans le Seigneur, Vénérables Frères, à vous, à votre clergé et à tout le peuple confié à votre piété et à votre vigilance, la Bénédiction Apostolique.

Donné à Rome, auprès de Saint-Pierre, le 12 septembre MDCCCXCVII, la vingtième année de Notre Pontificat.

LÉON XIII, PAPE

---

(1) Judith, XIII, 23 et suiv.

L'UNIVERSITÉ CATHOLIQUE DE WASHINGTON

Mgr Keane, recteur de l'Université catholique de Washington, a donné sa démission à la requête du Souverain Pontife. Voici la traduction de la lettre que Léon XIII avait fait parvenir à ce prélat par l'intermédiaire de S. Em. le cardinal Gibbons :

A Notre Vénérable Frère Jean-Joseph Keane, évêque d'Ajasso.

Vénérable Frère, salut et bénédiction apostolique.

Il est d'usage que ceux qui sont désignés pour présider les Universités catholiques ne conservent pas leur charge à perpétuité. Cette coutume a été inspirée par de sages raisons, et les Pontifes romains ont toujours pris soin qu'on s'y conformât. Puisque, vénérable Frère, vous avez été pendant plusieurs années à la tête de l'Université de Washington, pour la fondation et la prospérité de laquelle vous avez montré un louable zèle et une grande activité, il Nous a paru préférable que l'usage ci-dessus mentionné ne fût pas violé et qu'un autre homme, dont le nom doit Nous être proposé par les évêques, fût désigné pour vous succéder dans cette honorable situation.

Cependant, pour qu'en résignant votre charge, vous jouissiez des égards dus à votre personne et à votre dignité, Nous avons résolu de vous élever à l'archiépiscopat. Plein de sollicitude pour votre bien-être, Nous vous laissons le choix de rester dans votre pays ou, si vous préférez, de venir à Rome. Dans le premier cas, Nous vous réserverons un siège archiépiscopal désigné par le vote des évêques des Etats-Unis. Dans le second, Nous vous accueillerons très affectueusement et Nous vous donnerons place parmi les consulteurs de la Congrégation des Etudes et de la Congrégation de la Propagande; dans l'une et l'autre, vous pourrez travailler beaucoup pour l'intérêt de la religion aux Etats-Unis. De plus, dans le second cas, Nous vous assignerions un revenu convenable pour votre entretien.

Ayant confiance, vénérable Frère, que vous accepterez cet acte administratif avec une cordiale bonne volonté, Nous vous accordons très affectueusement la bénédiction apostolique comme gage de Notre affection paternelle.

Donné à Rome, de Saint-Pierre, le 15 septembre 1896, dans la dix-neuvième année de Notre Pontificat.

LÉON XIII PAPE.

Mgr Keane a, le lendemain de la réception, adressé au Souverain Pontife la lettre suivante :

Université catholique d'Amérique.

Washington, 29 septembre.

Très Saint-Père,

S. Em. le cardinal Gibbons m'a remis hier la lettre par laquelle Votre Sainteté m'a fait savoir que mon administration arrive à son terme, et qu'un autre recteur est sur le point d'être désigné.

Sans un moment d'hésitation, j'accepte la volonté de Votre Sainteté sur ce point comme une manifestation de la Providence de Dieu, et, dès cet instant, je résigne entre les mains de Son Eminence le chancelier la charge de recteur, avec tous les droits qui y sont attachés.

Remerciant Votre Sainteté pour le choix qu'elle m'accorde, je préfère rester dans mon pays et y rester sans aucune position officielle quelle qu'elle soit, dans le calme et la paix.

De Votre Sainteté, le très humble fils en Jésus-Christ.

Jean-J. Keane, *évêque d'Ajasso.*

ODE DE S. S. LÉON XIII
A L'OCCASION DU XIVe CENTENAIRE
DU BAPTÊME DE LA FRANCE

A l'occasion du quatorzième centenaire du baptême de Clovis, S. S. le Pape Léon XIII a envoyé à S. Em. le cardinal Langénieux une éloquente poésie latine, pleine de grâce et de fraîcheur, sur Clovis et sur les gloires de la France.

Nous donnons *in extenso* le texte latin et la traduction française de cette poésie, dans laquelle le baptême de la France est célébré par une voix si auguste et sous une forme si délicate.

Vivat Christus, qui diligit Francos!
Vive le Christ qui aime les Francs!

**OB MEMORIAM AVSPICATISSIMI EVENTVS
QVVM FRANCORVM NATIO
PRÆEVNTE CLODOVEO REGE
SE CHRISTO ADDIXIT**

Gentium custos Deus est. Repente
Sternit insignes humilesque promit;
Exitus rerum tenet atque nutu
           Temperat aequo.

Teutonum pressus Clodoveus armis,
Ut suos vidit trepidos pericli,
Fertur has voces iterasse, ad astra
           Lumina tendens

Dive, quem supplex mea saepe coniux
Nuncupat Iesum, mihi dexter adsis;
Si iuves promptus validusque, totum
           Me tibi dedam.

Illico excussus pavor : acriores
Excitat virtus animos; resurgit
Francus in pugnam; ruit, et cruentos
           Disiicit hostes.

Victor i, voti Clodovee compos,
Sub iugo Christi caput obligatum
Pone; te Remis manet infulata
           Fronte sacerdos.

Ludor? en signis positis ad aram
Ipse rex sacris renovatur undis,
Et cohors omnis populusque dio
           Tingitur amne.

Roma ter felix, caput o renatae
Stirpis humanae, tua pande regna;
Namque victrices tibi sponte lauros
     Francia defert.

Te colet matrem; tua maior esse
Gestiet natu : potiore vita
Crescet, ac summo benefida Petro
     Clara feretur.

Ut mihi longum libet intueri
Agmen heroum! Domitor ferocis
Fulget Astolfi, pius ille sacri
     Iuris amator.

Remque Romanam populantis ultor :
Bis per abruptas metuendus alpes
Irruit, summoque Petro volentes
     Asserit urbes.

Laetus admiror Solymis potitas
Vindices *sancti tumuli* phalanges :
Me Palaestinis renovata campis
     Proelia tangunt.

O novum robur celebris puellae
Castra perrumpens inimica! turpem
Galliae cladem repulit Ioanna
     Numine freta.

O quot illustres animae nefanda
Monstra Calvini domuere, gentem
Labe tam dira prohibere fortes
     Sceptraque regni!

Quo feror? tempus redit auspicatum
Prisca quo virtus animis calescat.
Ecce, Remensis ciet atque adurget
     Corda triumphus.

Gallicae gentes, iubaris vetusti
Ne quid obscuret radios, cavete,
Neve suffundat malesuadus error
     Mentibus umbras.

Vos regat Christus, sibi quos revinxit;
Obsequi sectis pudeat probrosis;
Occidat livor, sociasque in unum
     Cogite vires.

Saecla bis septem calor actuosae
Perstitit vitae, renuens perire :
Currite ad Veslam *: novus aestuabit
     Pectore fervor.

* Flumen alluens Remos, ubi rei christianæ apud Francos dedicata sunt initia.

Dissitis floret magis usque terris
Gallicum nomen : populis vel ipsis
Adsit eois, Fideique sanctae
      Vota secundet.

Nil Fidei Christi prius : hac adempta
Nil diu felix. Stetit unde priscae
Summa laus genti, manet inde iugis
      Gloria Gallos.

LEO XIII.

TRADUCTION

EN MÉMOIRE DU TRÈS HEUREUX ÉVÉNEMENT QUI AMENA LA NATION DES FRANCS, A LA SUITE DE SON ROI CLOVIS, A SE CONSACRER AU CHRIST

Le Maître des nations, c'est Dieu. Soudain il abat les puissants, il exalte les humbles ; il tient dans sa main les événements, il les gouverne au gré de sa justice.

On dit que Clovis, accablé par les armées teutonnes, voyant ses soldats éperdus devant le péril, s'est écrié, les yeux levés au ciel :

« O Dieu, toi que Clotilde dans ses prières appelle souvent Jésus, sois-moi propice ! Si tu m'accordes un prompt et puissant secours, je me donnerai à toi sans réserve ! »

L'effroi se dissipe aussitôt ; les âmes réconfortées reprennent une nouvelle ardeur ; le Franc se retrouve pour le combat : il s'élance et disperse ses cruels ennemis.

Vainqueur, ton vœu est comblé. Va, Clovis, tu l'as promis, incline ta tête sous le joug du Christ ! A Reims t'attend le Pontife, le front ceint de la mitre.

Est-ce un rêve ? Les étendards entourent l'autel, le roi lui-même est purifié par l'eau sainte ; l'armée entière et le peuple sont baptisés dans l'onde sacrée !

O Rome trois fois heureuse ! reine de l'humanité régénérée, étends ton empire ; car voici que LA FRANCE vient d'elle-même déposer à tes pieds les lauriers de ses victoires.

Elle t'honorera comme une mère ; elle sera fière d'être ta fille première-née ; elle grandira par un principe de vie supérieur, et sa fidélité au Pontife suprême la portera à la gloire.

Que j'aime à contempler la longue série de ses héros ! Le vainqueur du farouche Astolphe brille au premier rang, pieux champion du droit sacré.

Vengeur de Rome contre celui qui l'avait dévastée, deux fois il s'élance redoutable à travers les sommets escarpés des Alpes, et il garantit au successeur de Pierre des villes qui se donnent elles-mêmes.

Quelle joie d'admirer ces phalanges, maîtresses de Jérusalem, qui ont délivré le *saint Tombeau!* Quelle émotion de suivre leurs expéditions répétées dans les plaines de la Palestine!

O puissance inouïe de cette noble enfant qui force les camps ennemis! Jeanne, soutenue par Dieu, a écarté de la France les hontes de la défaite.

O légions d'âmes vaillantes qui ont terrassé l'hydre du calvinisme et préservé, par l'énergie, d'un affreux désastre et la nation et son trône!

Mais, où suis-je emporté? Voici que reviennent les temps heureux où l'antique vertu réchauffe les âmes; voici que le triomphe de Reims excite et presse tous les cœurs.

Peuple de France, prends garde que rien ne vienne obscurcir l'éclat de ton passé glorieux, et que l'erreur aux perfides conseils ne répande ses ténèbres dans les esprits.

Que le Christ soit votre Roi, ô vous qu'il s'est attachés! Honte à qui se fait l'esclave de sectes infâmes! Périssent les haines parmi vous! et que toutes vos forces unies ne forment plus qu'un faisceau.

Quatorze siècles durant, l'ardeur de votre vie si active a persisté, se refusant à mourir : revenez aux rives de la Vesle (1) et vos cœurs s'enflammeront de nouveau.

Jusque sur les terres lointaines, le nom français devient chaque jour plus puissant. Aux peuples de l'Orient eux-mêmes, qu'il soit secourable et qu'il seconde l'expansion de notre foi sainte.

La foi au Christ est au-dessus de tout. Sans elle, pas de prospérité durable. C'est par elle que s'est élevé si haut l'antique honneur de votre nation; c'est par elle aussi que la gloire de la France restera immortelle.
LEON XIII.

LE TRIDUUM DE SAINTE-CLOTILDE

S. S. Léon XIII a envoyé la lettre suivante à S. Em. le cardinal Richard à propos du triduum de Sainte-Clotilde.

Dilecto Filio Nostro
Francisco S. E. R. Cardinali Richard
Archiepiscopo Parisiensi,

LEO P. P. XIII.
Dilecte fili Noster, salutem et Apostolicam benedictionem.
Suavi nimirum gaudio quod capimus a multiplici significatione

(1) Cette rivière traverse Reims, ville qui fut pour la France le berceau de la foi.

pietatis, qua tota Gallia, adhortationibus obsecuta Nostris, sæcularem recolit christianæ regenerationis suæ memoriam, nova quædam causa cumulum videtur afferre.

Nunciatum est enim, Curiam quæ istic in tutela est santæ Clotildæ, præter peregrinationem ad Rhemense templum ipso die sacro Patronæ suæ in exemplum actam, certum propositum nuper suscepisse eum eisdem sæcularibus festis apprime congruens. Assensu quippè concessuque tuo, triduanas supplicationes in suo templo indicere censuit, quibus eidem Reginæ sanctæ, proprii habeantur honores, sub exitum temporis quod vobis sacrum esse ad modum Jubilæi tribuimus. Æquitatem rei probe suadent eximia Illius promerita de ipso faustissimo eventu quem celebratis. Quare Nos ejusdem Curiæ consilium non laudamus modo, sed etiam tibi, Dilecte Fili Noster, commendamus; minime dubitantes quin pia et grata animorum affectio frequentes ad ea solemnia cives Parisienses adductura sit in vota effusos. Atque hoc sit præcipuum votum, ut deprecante Patrona cœlesti, avitæ religionis studium ne in animis ullo modo deferveat sed acriores immo concipiat spiritus, fructuumque honestissimorum pristinam referat ubertatem.

Vota Nostra perlibentes in idem conjungimus, auspiciumque addimus Apostolicæ benedictionis; quam tibi, Dilecte Fili Noster, Curiæque Clotildianæ et clero tuo populoque universo amantissime impertimus.

Datum Romæ apud sanctum Petrum, die I decembris anno MDCCCXCVI, Pontificatus Nostri decimo nono.

LEO P. P. XIII.

LES NOCES DE DIAMANT DE S. S. LÉON XIII

A l'occasion du soixantième anniversaire de sa première messe, le Souverain Pontife Léon XIII a adressé la lettre suivante à S. Em. le cardinal Rampolla :

A M. le cardinal Marien Rampolla del Tindaro, archiprêtre de Notre basilique patriarcale du Vatican.

Monsieur le Cardinal,

Nous avons résolu de faire à la basilique Vaticane un don qui répondra opportunément à la cérémonie eucharistique de demain, décrétée par le Chapitre de cette basilique, pour le soixantième anniversaire de Notre sacerdoce.

Lorsque, sur le sol de Rome, fut élevé, il y a peu d'années, un monument public pour glorifier la pensée rebelle à la parole de Dieu, plusieurs hommes de bonne volonté se trouvèrent d'accord pour faire confectionner à leurs frais un objet sacré pour Nous être offert en témoignage de leurs dévoués sentiments et en dédommagement de cette profanation. On fit exécuter en effet un ostensoir dans lequel, vous le savez, Monsieur le cardinal, est symbolisée une idée qui l'emporte de beaucoup sur la valeur de la matière et sur le mérite de l'art. C'est précisément de cet ostensoir que Nous voulons faire don à la basilique Vaticane. Ce souvenir durable de la foi et de la piété de milliers d'Italiens ne pourrait être mieux placé qu'auprès de la symbolique Confession de Saint-Pierre.

En attendant, comme gage des faveurs célestes, Nous vous accordons, ainsi qu'au Chapitre et à tout le clergé de la basilique Vaticane la bénédiction apostolique.

LÉON XIII, PAPE.

Du Vatican, le 31 décembre 1897.

SANCTISSIMI DOMINI NOSTRI

LEONIS DIVINA PROVIDENTIA PAPÆ XIII

EPISTOLA ENCYCLICA.

AD ARCHIEPISCOPOS ET EPISCOPOS AUSTRIÆ
GERMANIÆ, HELVETIORUM

DE MEMORIA SÆCULARI B. PETRI CANISII

VENERABILIBUS FRATRIBUS ARCHIEPISCOPIS ET EPISCOPIS
AUSTRIÆ, GERMANIÆ, HELVETIORUM

LEO PP. XIII

VENERABILES FRATRES
SALUTEM ET APOSTOLICAM BENEDICTIONEM

Militantis Ecclesiæ suadet utilitas, non minus quam decus, ut quos excellens virtus ac pietas altius evexit ad gloriam triumphantis, eorum solemni ritu sæpius memoria instauretur. Per has enim honoris significationes antiquæ subit recordatio sanctitatis, opportuna illa quidem semper, infestis autem virtuti ac fidei temporibus saluberrima. Ac præsenti quoque anno divinæ providentiæ beneficio fit, ut de expleto sæculo tertio ab obitu *Petri Canisii*, viri sanctissimi, lætari Nobis liceat, nihil magis pensi habentibus quam ut iis artibus excitentur bonorum animi, quibus per eum virum tam feliciter christianæ reipublicæ consultum fuit. Refert enim præsens ætas similitudines quasdam ejus temporis, in quod incidit Canisius, quum novarum rerum cupidinem et liberioris doctrinæ cursum ingens jactura fidei sequeretur morumque perversitas. Utramque pestem, quum a ceteris omnibus, tum impensius a juventute propulsandam curavit alter ille post Bonifacium Germaniæ Apostolus, neque solum opportunis concionibus aut disputandi subtilitate, sed scholis præsertim institutis editisque optimis libris. Cujus præclara exem-

LETTRE ENCYCLIQUE

DE

NOTRE TRÈS SAINT-PÈRE LÉON XIII
PAPE PAR LA DIVINE PROVIDENCE

AUX ARCHEVÊQUES ET ÉVÊQUES D'AUTRICHE,
D'ALLEMAGNE ET DE SUISSE,

AU SUJET DU CENTENAIRE DU B. PIERRE CANISIUS

A NOS VÉNÉRABLES FRÈRES LES ARCHEVÊQUES ET ÉVÊQUES
D'AUTRICHE, D'ALLEMAGNE ET DE SUISSE

LÉON XIII, PAPE

VÉNÉRABLES FRÈRES

SALUT ET BÉNÉDICTION APOSTOLIQUE

L'intérêt de l'Eglise militante, non moins que le souci de son honneur exigent que l'on célèbre fréquemment par des cérémonies solennelles la mémoire de ceux que leur vertu et leur piété éminentes ont élevés à un rang glorieux dans l'Eglise triomphante. Ces hommages publics font revivre le souvenir de leur sainteté, souvenir qu'il est toujours bon de rappeler, mais dont l'évocation est particulièrement salutaire dans les époques hostiles à la vertu et à la foi. Cette année, où, par un bienfait de la divine Providence, il Nous est permis de fêter le troisième centenaire de la mort du grand saint que fut *Pierre Canisius*, qu'il Nous soit permis de Nous réjouir, Nous qui n'avons rien plus à cœur que de voir les hommes de bien ranimés par ces mêmes moyens d'action que cet homme employa avec tant de succès au service de la société chrétienne.

Il existe, en effet, certaines analogies entre notre époque et celle où vécut Canisius : époque où l'esprit de nouveauté et la liberté de doctrine furent suivies d'une diminution de foi et d'une plus grande perversité des mœurs. Délivrer de ce double fléau toutes les classes de la société et principalement la jeunesse, voilà le but que se proposa celui qui fut, après Boniface, l'apôtre de l'Allemagne ; les armes dont il se servit à cet effet furent non seulement les discours publics et les discussions, mais encore et surtout les écoles et les livres.

pla secuti multi etiam de vestra gente impigri homines iisdemque usi armis contra genus hostium minime rude, nunquam destiterunt ad religionis præsidium ac dignitatem, nobilissimas quasque disciplinas tueri, omnem honestarum artium cultum incenso animo persequi, libentibus ac probantibus romanis Pontificibus, quibus solertissima semper cura fuit ut litterarum staret antiqua majestas, et humanitas omnis nova in dies incrementa susciperet. Neque vos latet, Venerabiles Fratres, si quid Nobis ipsis maxime cordi fuit, id spectasse adolescentiam recte ac salubriter instituendam, cui rei certe, quantum licuit, ubicumque prospeximus. Nunc vero præsenti utimur occasione libenter, Petri Canisii strenui ducis exemplum ob oculos ponentes iis qui in Ecclesiæ castris militant Christo, ut, quum secum reputaverint justitiæ armis arma consocianda esse doctrinæ, causam religionis acrius tueri possint atque felicius.

Quanti negotii munus susceperit vir catholicæ fidei retentissimus, proposita sibi causâ rei sacræ et civilis, facile occurrit Germaniæ faciem intuentibus sub initia rebellionis lutheranæ. Immutatis moribus atque in dies magis collabentibus, facilis ad errorem aditus fuit; error autem ipse ruinam morum ultimam maturavit. Hinc sensim plures a catholica fide desciscere; mox pervagari malum virus provincias fere universas, tum omnis conditionis fortunæque homines inficere, adeo ut multorum animis opinio insideret causam religionis in illo imperio ad extrema esse deductam, morboque curando vix quidquam superesse remedii. Atque actum plane de summis rebus erat, nisi præsenti ope Deus adstitisset. Supererant quidem in Germania viri antiquæ fidei, doctrina et religionis studio conspicui; supererant principes domus Bavaricæ et Austriacæ imprimisque rex romanorum Ferdinandus, ejus nominis primus, quibus firmum erat rem catholicam totis viribus tueri atque defendere. At novum longeque validissimum periclitanti Germaniæ subsidium addidit Deus, opportune natam ea tempestate Loyolaei Patris societatem, cui primus inter Germanos nomen dedit Petrus Canisius. — Huc profecto non attinet singula persequi de hoc viro eximiæ sanctitatis; quo studio patriam dissidiis ac seditionibus laceratam curaverit ad animorum consensionem et veterem concordiam revocare, quo ardore cum erroris magistris in disputationis certamen venerit, quibus concionibus animos excitaverit, quas molestias tulerit, quot regiones peragrarit, quam graves legationes fidei causâ susceperit. Verum, ut ad arma illa doctrinæ animum referamus, quam ea constanter tractavit, quam apte, quam prudenter, quam opportune! Qui quum Messana reversus esset, quo se contulerat dicendi magister, mox sacris

A son exemple, beaucoup parmi vous ont employé avec ardeur ces mêmes armes contre des ennemis fort habiles, et n'ont cessé, pour la défense et l'honneur de la religion, d'étudier les plus nobles sciences et de cultiver les arts libéraux. Ils étaient soutenus en cela par l'approbation déclarée des Pontifes romains, dont la constante préoccupation a toujours été de maintenir l'antique splendeur des lettres et de faire progresser toutes les branches de la civilisation. Vous n'ignorez pas, Vénérables Frères, que Nous-même avons toujours eu à cœur de veiller principalement à la bonne éducation de la jeunesse et que Nous l'avons assurée partout, autant que cela Nous a été possible.

Nous profitons volontiers de cette occasion pour présenter comme modèle le vaillant chef que fut Pierre Canisius à tous ceux qui combattent pour le Christ dans le camp de l'Eglise, afin qu'ils se persuadent qu'à la justice de la cause il faut unir les armes de la science et qu'ils puissent ainsi défendre la religion d'une façon à la fois plus vigoureuse et plus efficace.

Combien fut grande la tâche entreprise par cet homme si attaché à la foi catholique dans l'intérêt de l'Eglise et de la société, c'est ce que l'on comprendra facilement si l'on considère l'état de l'Allemagne au commencement de la révolte luthérienne : la corruption des mœurs, de jour en jour plus profonde, ouvrit la porte à l'erreur, et celle-ci, à son tour, hâta la décadence morale; le nombre de ceux qui abandonnaient la foi catholique allait toujours croissant; bientôt le venin de l'hérésie envahit la plupart des provinces, il infesta les hommes de tout rang à tel point que beaucoup regardèrent la cause de la religion dans cet empire comme extrêmement compromise et l'existence du remède à opposer au fléau très problématique. Tout était perdu, en effet, si Dieu ne fût alors intervenu.

Il restait encore, il est vrai, en Allemagne, des hommes à la foi solide, remarquables par leur science et leur amour de la religion; il restait les princes de la maison de Bavière, ceux de la maison d'Autriche et, à leur tête, le roi des Romains, Ferdinand Ier, tous résolus à conserver et à défendre de toutes leurs forces la religion catholique. Mais le plus puissant appui que Dieu envoya à l'Allemagne en péril fut sans contredit la Société de Loyola; elle naquit en effet à cette époque troublée, et Pierre Canisius fut le premier de sa nation à y entrer.

Ce n'est point ici le lieu de rappeler en détail la vie de cet homme si éminent en sainteté : le zèle avec lequel il entreprit de ramener à la concorde et à l'union sa patrie déchirée par les dissensions et les révoltes, l'ardeur qu'il mit à discuter publiquement avec les maîtres de l'erreur, comment il ranima les cœurs par ses discours, les persécutions qu'il eut à subir, les pays qu'il parcourut et les difficiles missions dont il se chargea dans l'intérêt de la foi. Mais, pour en revenir à Notre sujet, remarquons avec quelle constance, quelle habileté, quelle sagesse et quel à-propos il mania toujours les armes de la science.

A son retour de Messine, où il était allé comme professeur de belles-lettres, il se consacra à l'enseignement de la science sacrée

disciplinis tradendis in Coloniæ Ingoldstadii, Viennæ Academiis egregiam operam dedit, in quibus regiam tenens viam probatorum scholæ christianæ doctorum, theologiæ *scholasticæ* magnitudinem Germanorum animis aperuit. A qua quum fidei hostes eo tempore summopere abhorrerent, quod ea catholica veritas fulciretur maxime, hanc scilicet studiorum rationem instaurandam curavit publice in lyceis atque in collegiis Societatis Jesu, quibus ipse excitandis tantum operæ industriæque contulerat. Neque eumdem a sapientiæ fastigio puduit ad litterarum initia descendere et pueros erudiendos suscipere, scriptis etiam in eorum usum litterariis libris atque grammaticis. Quemadmodum vero a principum aulis, ad quos orationes habuisset, sæpe redibat concionaturus ad populum, ita, quum majora scripsisset, sive de controversiis sive de moribus, componendis libellis manum admovebat, qui aut populi roborarent fidem, aut pietatem excitarent atque foverent. Mirum autem quantum in eam rem profuit, ne errorum laqueis imperiti caperentur, edita ab ipso catholicæ doctrinæ Summa, densum opus ac pressum, nitore latino excellens, Ecclesiæ Patrum stylo non indignum. Huic præclaro operi, quod in omnibus pene Europæ regnis ingenti plausu a doctis exceptum est, mole cedunt, non utilitate, celebratissimi duo illi *catechismi,* in rudiorum usum a beato viro conscripti, alter imbuendis religione pueris, alter erudiendis ipsâ adolescentibus, qui in litterarum studio versarentur. Uterque, ubi primum editus est, tantam catholicorum iniit gratiam ut omnium fere manibus teneretur, qui christianæ veritatis elementa traderent, neque in scholis tantum, veluti lac pueris sugendum, adhiberetur, sed publice in communem utilitatem explicaretur in templis. Quo factum est ut Canisius per annos trecentos communis catholicorum Germaniæ magister habitus fuerit, utque in populari sermone duo hæc plane idem sonarent Canisium nosse ac veritatem christianam retinere.

Hæc viri sanctissimi documenta ineundam bonis omnibus viam indicant satis. Novimus quidem, Venerabiles Fratres, hanc vestræ gentis laudem esse præclaram, ut ingenio studiisque ad patrium decus provehendum, ad privata et publica commoda procuranda sapienter utamini ac felicissime. Verum interest plurimum, quidquid sapientum ac bonorum est inter vos, pro religione conniti strenue; ad ipsius ornamentum atque præsidium omne ingenii lumen, omnes litteraturæ nervos referre; eodemque consilio quidquid ubique benevertat sive artis incremento sive doctrinæ arripere statim et cognitione complecti. Etenim si fuit unquam ætas, quæ ad rei catholicæ defensionem, doctrinæ atque eruditionis copiam maxime postularet, ea profecto nostra

dans les Académies de Cologne, d'Ingolstadt, de Vienne, et, suivant la route royale tracée par les docteurs les mieux éprouvés de l'école chrétienne, il y ouvrit au profit des Germains les trésors de la philosophie scolastique. Comme cette dernière était particulièrement en horreur aux ennemis de la foi, parce qu'elle met très vivement en lumière la vérité catholique, il la fit enseigner publiquement dans les lycées et les collèges de la Société de Jésus à la fondation desquels il avait apporté tant de zèle et de soin.

Il ne dédaigna pas de descendre des hauteurs de la science jusqu'aux éléments des lettres et de se charger de l'instruction des enfants; il écrivit même à leur usage des alphabets et des grammaires. De même que, au sortir de la cour des rois avec lesquels il avait eu des entretiens, il allait adresser la parole au peuple, ainsi, après de doctes écrits sur le dogme ou la morale, il travaillait à la composition de petits livres destinés à fortifier la foi du peuple, à exciter et à nourrir sa piété. Il obtint sur ce point d'admirables résultats et empêcha les ignorants de se laisser prendre aux filets de l'erreur : la *Somme* qu'il publia à cet effet est un ouvrage compact et serré, écrit dans une langue brillante et dont le style n'est pas indigne des Pères de l'Eglise.

Cet ouvrage remarquable fut accueilli avec enthousiasme dans presque tous les pays de l'Europe. Moins volumineux, mais non moins utiles furent les deux célèbres *Catéchismes* que le Bienheureux écrivit à l'usage des intelligences peu cultivées : l'un, à l'usage des enfants, l'autre pour les adolescents déjà appliqués à l'étude des lettres. Ces deux ouvrages obtinrent, dès leur publication, une telle faveur auprès des catholiques, que presque tous les professeurs chargés d'enseigner les éléments de la vérité les eurent entre leurs mains. On ne les employait pas seulement dans les écoles comme un lait spirituel destiné aux enfants, on les expliquait même publiquement aux fidèles dans les églises. Ainsi, pendant trois siècles, Canisius fut regardé comme le maître des catholiques en Allemagne, et, dans le langage populaire, *connaître Canisius* et *conserver la vérité chrétienne* étaient deux expressions synonymes.

Ces exemples donnés par ce grand Saint indiquent assez aux gens de bien la voie qu'ils doivent suivre. Nous savons, Vénérables Frères, que l'un des plus beaux titres de gloire de votre nation est que vous consacrez avec sagesse et avec fruit votre talent et votre activité à accroître la grandeur de votre patrie, la prospérité publique et celle des particuliers. Mais il importe avant toute chose que tout ce qu'il y a parmi vous d'hommes sages et vertueux fassent de vigoureux efforts pour assurer le bien de la religion, qu'ils consacrent à sa gloire et à sa défense toutes les lumières de leur esprit, toutes les ressources de leur talent, qu'à cette fin ils se mettent au courant de tous les progrès des arts et des sciences.

En effet, s'il y eût jamais une époque qui dût demander à la science et à l'érudition des armes pour défendre la foi catholique, c'est assurément le nôtre, où des progrès rapides dans toutes les

ætas est, in qua celerior quidam ad omnem humanitatem cursus occasionem aliquando præbet impugnandæ fidei christiani nominis hostibus. Pares igitur vires afferendæ sunt ad horum impetum excipiendum, preoccupandus locus; extorquenda e manibus arma, quibus nituntur fœdus omne inter divina et humana abrumpere. Catholicis viris ita animo comparatis atque uti decet instructis plane licebit re ipsa ostendere, fidem divinam, non modo a cultu humanitatis nullatenus abhorrere, sed ejus esse veluti culmen atque fastigium; eamdem, in iis etiam quæ longe dissita aut inter se repugnantia videantur, tam amice posse cum philosophia componi et consociari, ut altera alterius luce magis magisque collustretur : naturam, non hostem, sed comitem esse atque administram religionis; hujus haustu non modo omnis generis cognitionem ditescere, sed plurimum roboris ac vitæ litteris etiam ceterisque artibus provenire. Quantum autem sacris doctrinis ornamenti ac dignitatis accedat ex profanis ipsis disciplinis, facile intelligi potest cui hominum natura cognita sit, pronior ad ea, quæ sensus jucunde permoveant. Quare apud gentes quæ præ ceteris humanitate commendantur, vix ulla fiducia est rudi sapientiæ, eaque negliguntur maxime a doctis, quæ nullam speciem formamque præ se ferant. *Sapientibus* autem *debitores sumus* non minus quam *insipientibus,* ita ut cum illis in acie stare, hos debeamus labantes erigere ac confirmare.

Atque hic sane campus Ecclesiæ patuit latissime. Nam, ubi primum post diuturnas cædes rediit animus, quam fidem viri fortissimi sanguine obsignaverant, eadem doctissimi homines ingenio suo et scientia illustrarunt. In hanc laudem primum conspiravere Patres, iis quidem lacertis, ut fieri nihil posset valentius; voce autem plerumque erudita et romanis græcisque auribus dignæ. Quorum doctrinæ eloquentiæque quasi aculeis excitati complures deinde impetum omnem in sacrarum rerum studia conjecerunt, atque tam amplum christianæ sapientiæ quasi patrimonium collegerunt, in quo quavis ætate ceteri Ecclesiæ homines invenirent unde aut veteres superstitiones evellerent, aut nova errorum portenta subverterent. Hanc vero uberem doctorum copiam nulla non ætas effudit, ne illa quidem excepta quum pulcherrima quæque, barbarorum obnoxia rapinis, ad neglectum atque oblivionem recidissent; ita ut si antiqua illa humanæ mentis manusque miracula, si res quæ olim apud romanos aut græcos summo in honore erant, non penitus exciderunt, totum id acceptum, Ecclesiæ labori atque industriæ sit referendum.

Quod si tantum religioni lumen accedit ex doctrinæ studiis atque artium, profecto qui totos se in his collocarunt adhibeant opus est non modo cogitandi, verum etiam agendi solertiam, ne

branches de la civilisation fournissent souvent aux ennemis de la foi chrétienne l'occasion de l'attaquer. Ce sont les mêmes forces qu'il faut consacrer à repousser leur choc; il faut occuper la place avant eux et arracher de leurs mains les armes avec lesquelles ils s'efforcent de briser tout lien entre Dieu et l'homme.

Les catholiques, ainsi fortifiés et préparés, seront à même de montrer que la foi, loin d'être hostile à la science, en est comme le sommet; que, même sur les points où il y a un semblant d'opposition ou de contradiction, elle peut si bien s'accorder avec la philosophie, que les deux s'éclairent mutuellement; que la nature n'est point l'ennemie, mais la compagne et l'auxiliaire de la religion; enfin, que les inspirations de celle-ci, non seulement enrichissent tous les genres de connaissances, mais encore donnent aux lettres et aux arts une nouvelle force et une nouvelle vie.

Quant à l'éclat que les sciences sacrées retirent des sciences profanes, il est facile à concevoir pour ceux qui connaissent la nature humaine toujours inclinée vers ce qui flatte les sens. Aussi, chez les peuples d'une civilisation plus raffinée, accorde-t-on à peine quelque confiance à une sagesse rude, et les doctes laissent-ils de côté tout ce qui n'est pas empreint d'une certaine beauté et d'un certain charme. Or, *nous sommes les débiteurs des sages*, non moins que *des ignorants*, si bien que nous devons prendre rang à côté des premiers et, s'ils fléchissent, les relever et les affermir.

A ce point de vue, c'est un vaste champ que celui de l'Eglise. Quand les carnages cessèrent et qu'elle eut repris des forces, les savants apportèrent l'éclat de leur talent et de leur science à cette même foi scellée du sang de ses héros. Les Pères furent les premiers à travailler à cette œuvre d'embellissement, et la vigueur qu'ils y employèrent n'a jamais été dépassée; leur parole émérite était digne d'être entendue par les Grecs et les Romains.

Excités par leur doctrine et leur éloquence comme par un aiguillon, d'autres à leur suite consacrèrent tout leur zèle aux études sacrées et constituèrent un si riche patrimoine de sagesse chrétienne, qu'en tout temps les serviteurs de l'Eglise ont pu y puiser des armes pour détruire les anciennes erreurs ou anéantir les nouvelles fables inventées par l'hérésie. Mais ces trésors légués par les savants, plusieurs siècles les ont dissipés; ce qu'il y avait de plus précieux parmi ces richesses, exposé à l'avidité des barbares, risquait de tomber dans l'oubli. Si les antiques monuments du génie et de l'habileté de l'homme, si les objets qui étaient jadis le plus en honneur chez les Grecs et les Romains n'ont pas entièrement péri, c'est uniquement à l'Eglise qu'il faut l'attribuer.

Puisque l'étude des sciences et des arts jette un tel éclat sur la religion, ceux qui se sont voués à ces études doivent déployer, non seulement toute leur puissance intellectuelle, mais encore toute leur activité pour que la connaissance qu'ils en ont ne soit pas égoïste et stérile. Que les savants sachent donc faire servir leurs

ipsorum solivaga cognitio et jejuna videatur. Sua igitur docti studia ad christianæ reipublicæ utilitatem, privatumque otium ad commune negotium conferentes efficiant, ut sua ipsorum cognitio, non inchoata quodammodo videatur, sed cum rerum actione conjuncta. Hæc autem actio in juventute instituenda maxime cernitur; quæ quidem tanti negotii res est, ut partem laboris et curarum postulet maximam. Quamobrem vos in primis vehementer hortamur, Venerabiles Fratres, ut scholis in fidei integritate retinendis, aut ad ipsam, si opus fuerit, revocandis, sedulo advigiletis, sive quæ a majoribus institutæ, sive quæ conditæ recentius fuerunt, nec pueriles tantum, sed etiam quas medias et quas academicas vocant. Ceteri autem e vestris regionibus catholici id in primis nitantur atque efficiant, ut in institutione adolescentium sua parentibus, sua Ecclesiæ jura sarta tectaque sint. — Qua in re hæc potissimum curanda. Primum, ut catholici scholas, præsertim puerorum, non mixtas habeant, sed ubique proprias, magistrique deligantur optimi ac probatissimi. Plena enim periculi est ea disciplina, in qua aut corrupta sit, aut nulla religio, quod alterum in scholis, quas diximus mixtas, sæpe videmus contingere. Nec facile quisquam in animum inducat impune posse pietatem a doctrina sejungi. Etenim si nulla vitæ pars, neque publicis neque privatis in rebus vacare officio religionis potest, multo minus arcenda ab eo officio est ætas et consilii expers, et ingenio fervida, et inter tot corruptelarum illecebras constituta. Igitur qui rerum cognitionem sic instituat, ut nihil habeat cum religione conjunctum, is germina ipsa pulchri honestique corrumpet, is non patriæ præsidium, sed humani generis pestem ac perniciem parabit. Quid enim, Deo sublato, adolescentes poterit aut in officio retinere, aut jam a recta virtutis semita devios et in prærupta vitiorum præcipites revocare?

Necesse deinde est non modo certis horis doceri juvenes religionem, sed reliquam institutionem omnem christianæ pietatis sensus redolere. Id si desit, si sacer hic halitus non doctorum animos ac discentium pervadat foveatque, exiguæ capientur ex qualibet doctrina utilitates; damna sæpe consequentur haud exigua. Habent enim fere sua quæque pericula disciplinæ, eaque vitari vix ab adolescentibus poterunt, nisi fræna quædam divina eorum mentibus atque animis injiciantur. Cavendum igitur maxime, ne illud, quod caput est, justitiæ cultus ac pietatis, secundas partes obtineat; ne constricta juventus iis tantummodo rebus, quæ sub oculos cadunt, omnes nervos virtutis elidat; ne dum præceptores laboriosæ doctrinæ fastidia ferunt et syllabas apicesque rimantur, minime sint de vera illa sapientia solliciti, cujus *initium timor Domini,* et cujus præceptis in omnes partes

études au profit de la république chrétienne et consacrent leurs loisirs à l'utilité commune, afin que leur science ne demeure pas, pour ainsi dire, à l'état d'ébauche, mais descende sur le terrain de l'action pratique. Or, celle-ci se révèle surtout dans l'enseignement de la jeunesse, œuvre si importante, qu'elle réclame la plus grande part de leurs travaux et de leurs soins.

C'est pourquoi Nous vous exhortons, vous principalement, Vénérables Frères, à maintenir attentivement les écoles dans l'intégrité de la foi ou à y restaurer cette dernière, si besoin en est; à prodiguer vos soins aux écoles tant anciennes que nouvelles, non seulement aux écoles primaires, mais encore aux maisons d'éducation secondaire et aux Académies. Quant aux autres catholiques de votre pays, ils doivent faire en sorte que, dans l'enseignement de la jeunesse, on respecte et on conserve les droits des parents et ceux de l'Église.

Voici sur ce point les principales règles à suivre. En premier lieu, les catholiques ne doivent pas, surtout pour les enfants, adopter des écoles mixtes, mais avoir des écoles particulières; ils doivent pour cela choisir des maîtres excellents et estimés. C'est une éducation très périlleuse que celle où la religion est altérée ou nulle; or, Nous voyons que, dans les écoles mixtes, l'un et l'autre cas se produisent fréquemment. Et l'on ne doit pas se persuader que l'instruction et la piété peuvent être séparées impunément. En effet, s'il est vrai qu'à aucune époque de la vie, privée ou publique, on ne peut s'exempter de la religion, il n'en est point d'où ce devoir doive être moins écarté que ce premier âge où la sagesse fait défaut, où l'esprit est ardent et le cœur exposé à tant d'attrayantes causes de corruption.

Organiser l'enseignement de manière à lui enlever tout point de contact avec la religion, c'est donc corrompre dans l'âme les germes mêmes de la perfection et de l'honnêteté; c'est préparer, non des défenseurs à la patrie, mais une peste et un fléau pour le genre humain. Dieu une fois supprimé, quelle considération pourrait retenir les jeunes gens dans le devoir ou les y ramener quand ils se sont écartés du sentier de la vertu et qu'ils descendent vers les abîmes du vice?

En second lieu, il faut non seulement que la religion soit enseignée aux enfants à certaines heures, mais que tout le reste de l'enseignement exhale comme une odeur de piété chrétienne. S'il en est autrement, si cet arome sacré ne pénètre pas à la fois l'esprit des maîtres et celui des élèves, l'instruction, quelle qu'elle soit, ne produira que peu de fruits et aura même de graves inconvénients.

Chaque science, en effet, porte avec elle ses périls, et des jeunes gens ne sauraient y échapper si des freins divins ne retiennent leur intelligence et leur cœur. Il faut donc prendre garde que ce qui est l'essentiel, c'est-à-dire la pratique de la piété chrétienne, ne soit reléguée au second rang; que, tandis que les maîtres épellent laborieusement le mot à mot de quelque science ennuyeuse, les jeunes gens n'aient aucun souci de cette véritable sagesse dont *le commencement est la crainte de Dieu*, et aux préceptes de laquelle ils doivent

usus vitæ conformari debet. Multarum igitur rerum cognitio adjunctam habeat excolendi animi curam; omnem autem disciplinam, quævis denique ea sit, religio penitus informet ac dominetur, eademque majestate sua ac suavitate ita percellat, ut in adolescentium animis quasi aculeos relinquat.

Quandoquidem vero id Ecclesiæ semper propositum fuerit, ut omnia studiorum genera ad religiosam juvenum institutionem maxime referrentur, necesse est huic disciplinæ non modo suum esse locum, eumque præcipuum, sed magisterio tam gravi fungi neminem, qui non fuerit ad id muneris idoneus ipsius Ecclesiæ judicio et auctoritate probatus.

Verum non a puerorum tantum scholis postulat sua jura religio. Fuit tempus illud, quum legibus cujusque Academiæ imprimisque Parisiensis, cautum erat, ut studia omnia ita se theologiæ accommodarent, ut nemo judicaretur ad sapientiæ fastigium pervenisse, nisi ejus disciplinæ lauream adeptus. Augustalis autem ævi instaurator Leo decimus, ceterique ab illo Pontifices Decessores Nostri, romanum athenæum aliasque studiorum, quas vocant, universitates, quum impia bella in religionem arderent, firmas velut arces esse voluere, ubi, ductu, auspicioque christianæ sapientiæ juvenes docerentur. Ejusmodi studiorum ratio, quæ Deo rebusque sacris primas deferebat, fructus tulit haud mediocres; certe illud effecit, ut sic instituti adolescentes melius in officio continerentur. Hæc in vobis etiam fortuna iterabitur, si viribus omnibus contendetis, ut in scholis, quas medias vocant, in gymnasiis, lyceis, academiis sua religioni jura serventur. — Neque tamen id excidat unquam, consilia vel optima ad irritum cadere et inanem laborem suscipi, si animorum consensio desideretur atque in agendo concordia. Quid enim efficient bonorum divisæ vires adversus conjunctum impetum hostium? Aut quid singulorum proderit virtus, ubi nulla sit communis disciplina? Quare vehementer hortamur, ut, remotis importunis controversiis partiumque contentionibus, quæ facile animos dissociare possunt, de curando Ecclesiæ bono omnes uno ore consentiant, collatis viribus in id unum conspirent ac eamdem afferant voluntatem, *solliciti servare unitatem spiritus in vinculo pacis* (1).

Hæc suasit ut moneremus sanctissimi hominis memoria et recordatio; cujus utinam præclara exempla in animis hæreant, excitentque ejus amorem sapientiæ quæ a curanda hominum salute et Ecclesiæ dignitate tuenda nunquam recedat. Confidimus autem, vos, Venerabiles Fratres, quæ vestra præ ceteris sollicitudo est, socios et consortes habituros gloriosi laboris e

---

1) Ad Eph., IV, 3.

conformer tous les instants de leur vie. Que l'étude et la science aillent donc toujours de pair avec la culture de l'âme. Que toutes les branches de l'enseignement soient pénétrées et dominées par la religion et que celle-ci, par sa majesté et sa douceur, l'emporte tellement, qu'elle laisse, pour ainsi dire, dans l'âme des jeunes gens de bienfaisants aiguillons.

D'autre part, puisque l'intention de l'Église a toujours été que tous les genres d'études servissent principalement à la formation religieuse de la jeunesse, il est nécessaire, non seulement que cette partie de l'enseignement ait sa place, et la principale, mais encore que nul ne puisse exercer des fonctions aussi graves sans y avoir été jugé apte par le jugement de l'Église et sans avoir été confirmé dans cet emploi par l'autorité religieuse.

Mais ce n'est pas seulement dans l'éducation de l'enfance que la religion réclame ses droits.

Il fut un temps où le règlement de toute Université (celle de Paris en particulier) veillait à si bien subordonner tous les ordres d'enseignement à la science théologique que nul n'était considéré comme ayant atteint le faîte de la science s'il n'avait obtenu ses grades en théologie. Le restaurateur de l'ère augustale, Léon X, et depuis, les autres Pontifes Nos prédécesseurs, voulurent que l'Athénée romain et les autres Universités, à une époque où une guerre impie se déchaînait contre l'Église, fussent comme les fortes citadelles, où, sous la conduite et les inspirations de la sagesse chrétienne, la jeunesse reçût son enseignement. Ce système d'études, qui accordait le premier rang à Dieu et à la religion, produisit d'excellents résultats. On obtint du moins que les jeunes gens ainsi élevés demeurassent plus fidèles à leurs devoirs. Ces heureux résultats se renouvelleront chez vous si vous vous efforcez d'obtenir que dans les écoles secondaires, les gymnases, lycées, académies, les droits de la religion soient respectés.

Puissent vos efforts ne jamais se heurter à l'obstacle qui rend vaines les meilleures intentions et inutiles tous les travaux : la dissension dans les avis et le manque de concorde dans l'action. Que pourront en effet les forces divisées des gens de bien contre l'assaut de nos ennemis coalisés? A quoi servira la bravoure individuelle s'il n'y a pas une tactique commune?

C'est pourquoi Nous vous exhortons à écarter toute controverse inutile, toute contention de partis, éléments de division pour les âmes, en sorte que tous, n'ayant qu'une voix pour défendre l'Église, concentrent leurs forces pour les diriger vers un même but, dans un même sentiment, *soucieux de garder l'unité de l'esprit dans le lien de la paix.*

Ces considérations Nous ont invité à évoquer la mémoire d'un grand saint. Puissent ses illustres exemples se graver dans les esprits et y exciter cet amour de la sagesse qui le possédait lui-même; puisse cette même sagesse travailler toujours au salut des hommes et à la défense de l'Église.

Nous avons la confiance, Vénérables Frères, que vous, qui déployez en cette matière une sollicitude particulière, vous trouve-

viris doctissimis quamplurimos. Sed rem nobilem, quasi in suo sinu positam, præstare ii poterunt maxime, quicumque præclaro muneri instituendæ juventutis sunt Dei providentia præpositi. Qui, si illud meminerint, quod veteribus placuit, scientiam, quæ remota sit ab justitia, calliditatem potius quam sapientiam esse appellandam, aut melius, si animo defixerint quod Sacræ Litteræ affirmant, *vani sunt..... omnes homines, in quibus non subest scientia Dei* (1), discent armis doctrinæ non tam ad privata commoda uti, quam ad communem salutem. Fructus autem laboris industriæque suæ eosdem se laturos sperare poterunt, quos in suis olim collegiis atque institutis Petrus Canisius est consecutus, ut dociles ac morigeros experiantur adolescentes, honestis moribus ornatos, ab impiorum hominum exemplis longe abhorrentes, æque de scientia ac de virtute sollicitos. Quorum in animis ubi pietas altius radices egerit, fere aberit metus ne opinionum pravitate inficiantur aut a pristina virtute deflectant. In his Ecclesia, in his civilis societas spem optimam reponet futuros aliquando egregios cives, quorum consilio, prudentia, doctrina, et rerum civilium ordo et domesticæ vitæ tranquillitas possit salva consistere.

Quod reliquum est, Deo optimo maximo, qui est *scientiarum Dominus*, Ejusque Virgini Matri quæ *Sedes sapientiæ* appellatur, deprecatore adhibito Petro Canisio, qui doctrinæ laude tam bene est de Ecclesia catholica meritus, preces adhibeamus, ut votorum, quæ pro ipsius Ecclesiæ incremento ac pro bono juventutis concepimus, fieri compotes liceat. Hac spe freti, vobis singulis, Venerabiles Fratres, et clero populoque vestro universo, auspicem cœlestium munerum et paternæ benevolentiæ Nostræ testem, Apostolicam Benedictionem peramanter impertimus.

Datum Romæ, apud S. Petrum, die I Augusti MDCCCXCVII, Pontificatus Nostri anno vicesimo.

LEO PP. XIII.

---

(1) Sap., XIII, 1.

rez parmi les savants des hommes jaloux de partager cette gloire et ces labeurs. Mais ce sont surtout ceux à qui la Providence a dévolu la belle mission d'enseigner la jeunesse qui pourront vous prêter leur noble concours; et celui-ci, par la nature même de leur œuvre, vous est naturellement acquis.

S'ils se rappellent que la science, au dire des anciens, mérite plutôt le nom d'habileté que celui de sagesse, quand elle est séparée de la justice; ou mieux, s'ils méditent la parole de l'Ecriture : *Ils sont vains les hommes en qui n'est pas la science de Dieu* (1), ils apprendront à se servir des armes de la science, moins pour leur utilité personnelle que dans l'intérêt général. Ils pourront attendre de leur travail et de leurs efforts les mêmes fruits qu'obtint jadis Pierre Canisius dans ses collèges et ses maisons d'éducation, c'est-à-dire des jeunes gens dociles, de bonnes mœurs, vertueux, détestant les exemples des impies et trouvant un égal attrait à la science et à la vertu. Quand la piété aura jeté en eux de profondes racines, il n'y aura presque plus lieu de craindre que leurs âmes soient envahies par l'erreur ou détournées de la vertu. C'est en eux que l'Eglise, c'est en eux que la société fonderont leurs meilleures espérances; on verra en eux les citoyens honnêtes de l'avenir dont la sagesse, la prudence et la science contribueront au salut de l'ordre social et à la tranquillité de la vie domestique.

En terminant, Nous élevons nos prières vers le Dieu très bon et très grand, *le Maître des sciences*, vers la Vierge sa Mère, et Nous les prions, par l'intercession de Pierre Canisius, qui, par sa science, mérita si bien de l'Eglise catholique, d'exaucer les vœux que Nous formons pour l'accroissement de l'Eglise et pour le bien de la jeunesse. Pleins de cette espérance, Nous vous accordons de tout Notre cœur, à chacun de vous, Vénérables Frères, à votre clergé et à tout votre peuple, comme gage des faveurs célestes et comme témoignage de Notre paternelle bienveillance, la bénédiction apostolique.

Donné à Rome, auprès de Saint-Pierre, le 1er août 1897, la vingtième année de Notre Pontificat.

LÉON XIII, PAPE.

---

(1) Sag., XIII. 1.

SANCTISSIMI DOMINI NOSTRI
LEONIS DIVINA PROVIDENTIA PAPÆ XIII
CONSTITUTIO APOSTOLICA
DE UNITATE ORDINIS FRATRUM MINORUM INSTAURANDA

LEO EPISCOPUS
SERVUS SERVORUM DEI
AD PERPETUAM REI MEMORIAM

Felicitate quadam nec sane fortuito factum putamus, ut Nobis olim, in episcopatu gerendo, ex omnibus Italiæ provinciis una Francisci Assisiensis parens atque altrix Umbria contingeret. Assuevimus enim acrius et attentius de patre seraphico locorum admonitu cogitare : cumque indicia ejus permulta, ac velut impressa vestigia passim intueremur, quæ non memoriam ejus solum Nobis afferebant, sed ipsum videbantur in conspectu Nostro ponere : cum Alverniæ juga semel atque iterum ascensu superavimus : cum ob oculos ea loca versarentur, ubi editus ac susceptus in lucem ,ubi corporis exsolutus vinclis, unde ipso auctore tanta vis bonorum, tanta salus in omnes orientis atque obeuntis solis partes influxit, licuit profecto plenius ac melius cognoscere quanto viro quantum munus assignatum a Deo. Mire cepit Nos franciscana species atque forma : quoniamque intimam franciscalium institutorum virtutem magnopere ad christianam vitæ rationem videbamus conduxisse, neque eam esse hujusmodi ut consenescere vetustate possit, propterea in ipso episcopatu Perusino, ad christianam pietatem augendam tuendosque in multitudine mores probos Ordinem Tertium, quem Nosmetipsi viginti quinque jam annos profitemur, dedita opera restituere ac propagare studuimus. Eumdem animum in hoc apostolici muneris fastigium eamdemque voluntatem ex eo tempore susceptam attulimus. Ob eamque causam cum non circumscripte, sed ubique gentium eum ipsum Ordinem florere in spem beneficiorum veterum cuperemus, præscripta legum quibus regeretur, quatenus opus esse visum est, temperavimus, ut quemvis e populo christiano invitaret atque alliceret effecta mollior et accommodatior

CONSTITUTION APOSTOLIQUE
DE N. T. S. P. LÉON XIII
PAPE PAR LA DIVINE PROVIDENCE
SUR LE RÉTABLISSEMENT
DE L'UNITÉ DE L'ORDRE DES FRÈRES MINEURS

LÉON ÉVÊQUE

SERVITEUR DES SERVITEURS DE DIEU

AD PERPETUAM REI MEMORIAM

C'est, croyons-Nous, par une faveur spéciale et non par l'effet du hasard qu'il Nous a été donné d'exercer jadis l'épiscopat dans l'Ombrie, mère et nourricière de François d'Assise, de préférence à toute autre province de l'Italie. Nous y avons pris l'habitude de méditer avec amour la vie du Père séraphique que ces lieux Nous rappelaient. Autour de Nous, de nombreux souvenirs de sa vie et, pour ainsi dire, les traces de ses pas imprimés çà et là, Nous rappelaient sa mémoire et même semblaient le faire revivre sous Nos yeux. Nous avons gravi à deux reprises les sommets de l'Alverne; contemplant à nos pieds la région où François ouvrit les yeux à la lumière, où son âme fut délivrée des liens corporels, d'où, par lui, tant de bienfaits et tant de grâces se répandirent sur le monde entier, de l'Orient à l'Occident, Nous avons pu connaître plus complètement et avec plus d'exactitude la grandeur de cet homme et l'importance de la mission qui lui fut assignée par Dieu.

Nous avons été séduit par l'idée et la forme des institutions franciscaines; voyant que leur vertu intime avait beaucoup contribué à établir la vie chrétienne et que cette vertu ne pouvait s'affaiblir avec le temps, Nous avons donné, durant Notre épiscopat à Pérouse, tous Nos soins à la restauration et à la propagation du Tiers-Ordre dont Nous faisons partie déjà depuis vingt-cinq ans, afin d'accroître la piété chrétienne et de conserver dans le peuple la pureté de mœurs.

Nous avons apporté au faîte de la hiérarchie catholique le même esprit et les mêmes résolutions prises dès cette époque.

Aussi, désirant voir fleurir le Tiers-Ordre non seulement dans une région, mais par toute la terre, dans l'espoir que les effets en seront aussi salutaires qu'autrefois, Nous en avons tempéré les règles dans

temporibus disciplina. Expectationem desiderii ac spei Nostræ sat implevit exitus.

Verumtamen Noster erga magnum Franciscum et erga res ab eo institutas singularis amor omnino quiddam adhuc postulabat : idque efficere Deo aspirante decrevimus. Animum videlicet studiumque Nostrum nunc convertit ad sese franciscanus Ordo princeps : nec sane facile reperiatur in quo evigilare enixius atque amantius curas cogitationesque Nostras oporteat. Insignis est enim et benevolentia studioque Sedis Apostolicæ dignissima ea, quæ Fratrum Minorum familia nominatur, beati Franscisci frequens ac mansura soboles. Ei quidem parens suus, quas leges, quæ præcepta vivendi ipse dedisset, ea omnia imperavit ut religiosissime custodiret in perpetuitate consequentium temporum, nec frustra imperavit. Vix enim societas hominum est ulla, quæ tot virtuti rigidos custodes eduxerit, vel tot nomini christiano præcones, Christo martyres, cœlo cives ediderit : aut in qua tantus virorum proventus, qui iis artibus, quibus qui excellunt præstare ceteris judicantur, rem christianam remque ipsam civilem illustrarint, adjuverint.

Horum quidem bonorum non est dubitandum majorem et constantiorem futuram ubertatem fuisse, si arctissimum conjunctionis concordiæque vinculum, quale in prima Ordinis ætate viguit, perpetuo mansisset : quia *virtus quanto est magis unita, tanto est fortior, et per separationem minuitur* (1). Quod optime viderat et caverat mens provida Francisci, quippe qui suorum societatem præclare finxit fundavitque ut corpus unum non solubili compage aptum et connexum. Quid revera voluit, quid egit aliud cum unicam proposuit vivendi regulam, quam omnes sine ulla nec temporum nec locorum exceptione servarent; vel cum unius rectoris maximi potestati subesse atque obtemperare jussit universos ?

Ejusmodi tuendæ concordiæ præcipuum et constans in eo studium fuisse, perspicue discipulus ejus confirmat Thomas a Celano, qui *assiduum*, inquit, *votum vigilque studium in eo fuit custodire inter fratres vinculum pacis, ut quos idem spiritus traxerat, idemque genuerat pater, unius matris gremio pacifice foverentur* (2).

Verum satis in comperto sunt posteriores casus. Nimirum sive quod flexibiles hominum sunt voluntates et varia solent esse ingenia in congregatione plurimorum, sive quod communium

---

(1) S. Thom. 2ª 2ᵃᵉ, quæst. xxxvii, a. 2 ad 3ᵐ.
(2) *Vita secunda*, P. III, C. cxxi.

la mesure qui nous a paru nécessaire afin que cette discipline, plus douce et mieux appropriée à Notre temps, attirât et séduisît tous les chrétiens.

Les résultats ont suffisamment réalisé Nos désirs et Nos espérances.

Néanmoins, notre affection spéciale pour le grand saint François et ses œuvres demandaient quelque chose de plus, et Nous avons résolu de l'accomplir avec l'aide de Dieu.

Le premier Ordre franciscain attire aujourd'hui Notre attention et Notre zèle, et il serait difficile de trouver un sujet qui méritât mieux Nos soins vigilants et Notre affectueuse sollicitude.

Elle est célèbre, en effet, et bien digne de toute la bienveillance du Siège Apostolique, cette famille des Frères Mineurs, nombreuse et durable postérité du bienheureux François.

Son fondateur lui enjoignit d'observer très religieusement dans la suite des siècles toutes les lois, toutes les règles qu'il lui avait tracées ; et cet ordre ne fut pas inutile.

C'est à peine s'il existe une association d'hommes qui ait donné à la vertu tant d'observateurs fidèles ; à la foi chrétienne, tant de hérauts ; au Christ, tant de martyrs ; au ciel, tant de citoyens, et dans laquelle on ait compté tant d'hommes qui aient illustré et fait progresser l'Eglise et la civilisation elle-même par le moyen de ces arts qui valent à ceux qui y excellent la supériorité sur tout leur entourage.

Nul doute que cette prospérité n'eût été plus grande et plus continue si les liens de l'union et de la concorde étaient toujours demeurés aussi resserrés qu'aux premiers jours de l'Ordre : car, *plus une force est unie, plus elle est puissante, et c'est la séparation qui l'amoindrit* (1).

C'est ce qu'avait très bien aperçu et voulu éviter l'esprit prudent qu'était saint François quand il forma la Société de ses disciples, les constituant en un seul corps uni par des liens indissolubles.

Quel fut son vrai but et que fit-il quand il proposa une seule règle que tous devraient observer sans aucune exception de temps ni de lieu, et quand il ordonna que tous seraient soumis et obéiraient à un seul Supérieur général ?

La préoccupation principale du Saint fut toujours de maintenir la concorde ; c'est ce que confirme formellement son disciple Thomas de Celano : *Son désir incessant*, dit il, *son souci perpétuel fut de maintenir entre les Frères le lien de la paix, afin que ceux qu'avait attirés le même esprit, ceux qu'avait engendrés le même père, fussent doucement réchauffés sur le sein de la même mère* (2).

Mais on connaît assez les événements qui suivirent.

Soit parce que la volonté de l'homme est inconstante, soit parce que dans une société nombreuse les caractères sont d'ordinaire bien différents, soit parce que, dans le cours des temps, les situations

---

(1) S. Th., 2ª 2ᵉ q. xxxvii, art. 2 ad 3ᵐ.
(2) *Vita secunda*, P. III, ch. cxxi.

temporum cursus sensim ac pedetentim alio flexisset, hoc certe usu venit franciscanis ut de instituenda vita communi aliud placeret aliis.

Concordissimam illam communionem quam Franciscus spectarat et secutus erat, quamque sanctam esse apud suos voluerat, duæ res potissimum continebant : studium voluntariæ paupertatis, atque ipsius imitatio exemplorum in reliquarum exercitatione virtutum.

Hæc franciscani instituti insignia, hæc ejus fundamenta incolumitatis.

At vero summam rerum inopiam, quam vir sanctissimus in omni vita adamavit unice, ex alumnis ejus optavere nonnulli simillimam: nonnulli quibus ea visa gravior, modice temperatam maluerunt. Quare aliorum ab aliis secessione facta, hinc *Observantes* orti, illinc *Conventuales*. Similiter rigidam innocentiam, altas magnificasque virtutes, quibus ille ad miraculum eluxerat, alii quidem imitari animose ac severe, alii lenius ac remissius velle. Ex prioribus iis fratrum *Capulatorum* familiâ coalitâ, divisio tripartita consecuta est. Non idcirco tamen exaruit Ordo : nemo est enim quin sciat, sodales singularum, quas memoravimus, disciplinarum præclaris in Ecclesiam meritis præstitisse et fama virtutum.

De Ordine Conventualium, item de Capulatorum nihil omnino decernimus novi. Legitimum disciplinæ suæ jus uti possident, ita possideant utrique in posterum. Eos tantummodo hæ litteræ Nostræ spectant, qui concessu Sedis Apostolicæ antecedunt loco et honore ceteros, quique *Fratrum Minorum* merum nomen, a Leone X acceptum (1), retinent. Horum quoque in aliqua parte non est omnium vita consentiens. Quandoquidem communium jussa legum universi observare studuerunt, sed aliis alii severius.

Quæ res quatuor genera, ut cognitum est, effecit: *Observantes, Reformatos, Excalciatos* seu *Alcantarinos, Recollectos :* et tamen non sustulit funditus societatem. Quamvis enim privilegiis, statutis, varioque more altera familia ab altera differret, et cum provincias, tum domos tironum unaquæque proprias obtineret, constanter tamen omnes, ne principium prioris coagmentationis interiret, obtemperationem uni atque eidem antistiti retinuerunt, quem *Ministrum generalem totius Ordinis Minorum*, uti jus est, vocant (2).

Utcumque sit, quadripartita istæc distributio, si majorum spem bonorum, quam perfecta communitas attulisset, inter-

---

(1) Const. *Ite et vos*, IV kal. Jun. 1517.
(2) Leon. X Const. cit. *Ite et vos*.

s'étaient peu à peu modifiées, il arriva que parmi les Franciscains, ceux-ci préféraient un genre de vie, ceux-là un autre.

Cette union très étroite que François avait eue en vue et qu'il avait poursuivie, dont il avait voulu faire pour les siens un devoir sacré, reposait sur ces deux bases : le culte de la pauvreté volontaire et l'imitation des exemples du Saint dans l'exercice des autres vertus.

C'étaient là les caractères distinctifs de l'Institut franciscain et les principes de sa conservation.

Quelques disciples souhaitèrent de garder cette pauvreté absolue qui fut l'unique amour de ce grand Saint durant toute sa vie ; d'autres, qui la jugèrent trop pénible, préférèrent y apporter de légers tempéraments.

De là une séparation qui donna naissance aux *Observantins*, et aux *Conventuels*.

De même, les uns voulurent imiter vaillamment et rigidement l'austère intégrité et les hautes et magnifiques vertus que François avait poussées jusqu'au prodige ; d'autres préférèrent le suivre moins ardemment et avec plus de modération.

Les premiers formèrent la famille des Frères *Capucins*, et ce fut l'origine d'une séparation en trois groupes.

Néanmoins, l'Ordre ne fut pas épuisé pour cela, et personne n'ignore que les religieux de chacune des observances que nous venons d'énumérer ont brillé dans l'Eglise par leurs mérites éminents et l'éclat de leurs vertus.

En ce qui concerne les Conventuels et les Capucins, Nous ne décrétons absolument rien de nouveau.

Ces deux Ordres ont actuellement le droit de suivre une règle spéciale : ils conserveront ce droit à l'avenir.

La présente Lettre regarde seulement ceux qui, du consentement du Siège Apostolique, ont un rang et des honneurs supérieurs aux autres et portent plus spécialement le nom de Frères Mineurs que leur a donné Léon X (1).

Les membres de cet Ordre ont aussi observé une règle qui n'est pas la même pour tous sur certains points.

Assurément, ils se sont efforcés d'observer les prescriptions des lois communes, mais les uns plus rigoureusement, les autres moins.

C'est ce qui donna lieu, on le sait, à quatre groupes différents : les *Observantins*, les *Réformés*, les *Déchaussés* ou *Alcantarins*, les *Récollets*. Et cependant la Société ne fut pas entièrement détruite.

Bien que, par ses privilèges, constitutions et usages, chaque famille diffère des autres, et que chacune ait ses noviciats spéciaux, toutes néanmoins, voulant maintenir le principe de l'union primitive, ont toujours continué à obéir à un seul et même supérieur qu'ils appellent, suivant leur droit, *Ministre général de tout l'Ordre des Mineurs* (2).

Quoi qu'il en soit de cette division en quatre branches, si elle a empêché d'espérer les biens plus abondants qu'aurait procurés

---

(1) Const. *Ite et vos*, le 4 des cal. de juin 1517.
(2) *Ibid.*

cepit, non fregit vitæ disciplinam. Quin etiam cum singulæ auctores adjutoresque habuerint studiosos alienæ salutis et præstanti virtute sapientiaque viros, dignæ sunt habitæ quas romanorum Pontificum benevolentia complecteretur et gratia. Hoc ex capite vi et fecunditate hausta, ad fructus efferendos salutares et ad prisca franciscalium exempla renovanda valuerunt. Sed ullumne ex humanis institutis est, cui non obrepat aliquando senectus?

Certe quidem usus docet, studium virtutis perfectæ quod in ortu adolescentiaque Ordinum religiosorum tam solet esse severum, paullatim relaxari, atque animi ardorem pristinum plerumque succumbere vetustati. Ad hanc senescendi collabendique causam, quam afferre consuevit ætas, quæque omnibus est cœtibus hominum naturâ insita, altera nunc ab inimica vi accessit extrinsecus.

Scilicet atrox procella temporum, quæ centum amplius annis rem catholicam exagitat, in ipsas Ecclesiæ auxiliares copias, Ordines virorum religiosorum dicimus, naturali itinere redundavit. Despoliatos, pulsos, extorres, hostiliter habitos quæ regio, quæ ora Europæ non vidit? Permagnum ac divino tribuendum muneri, quod non excisos penitus vidimus. Jamvero duabus istis conjunctis causis plagam accepere nec sane levem: fieri enim non potuit quin duplicato fessa incommodo compago fatisceret, quin vis disciplinæ vetus, tanquam in affecto corpore vita, debilitaretur.

Hinc instaurationis orta necessitas.

Nec sane defuere in Ordinibus religiosis qui ea velut vulnera, quæ diximus, sanare, et in pristinum statum restituere se sua sponte ac laudabili alacritate conati sint.

Id Minores, etsi magnopere vellent, assequi tamen aut ægre aut nullo modo possunt, quia desideratur in eis conspirantium virium cumulata possessio. Revera præfecturam Ordinis gerenti non est in omnes familias perfecta atque absoluta potestas : certa quædam ejus acta et jussa repudiari privatæ nonnullarum leges sinunt : ex quo perspicuum est, perpetuo patere aditum repugnantium dimicationi voluntatum. Præterea variæ sodalitates, quanquam in unum Ordinem confluunt et unum quiddam aliqua ratione efficiunt ex pluribus, tamen quia propriis provinciis differunt, domibusque ad tirocinia invicem distinguuntur, nimis est proclive factu, ut suis unaquæque rebus moveatur seque magis ipsa quam universitatem diligat, ita ut, singulis pro se contendentibus, facile impediantur magnæ utilitates communes.

Denique vix attinet controversias concertationesque memorare, quas sodalitiorum varietas, dissimilitudo statutorum, disparia

l'union parfaite, elle n'a pas du moins détruit la discipline; bien plus, chacune ayant eu pour fondateurs et pour membres des hommes pleins d'ardeur pour le salut des âmes, éminents par leurs vertus et leur sagesse, elles ont mérité la bienveillance et la faveur des Pontifes Romains.

C'est à ces causes qu'elles durent leur force et leur fécondité, c'est par elles qu'elles purent renouveler les exemples des anciens Franciscains. Mais est-il une seule institution humaine que la vieillesse ne vienne pas un jour affaiblir? L'expérience enseigne que la pratique de la vertu parfaite qui, à l'origine et dans les premières années, des Ordres religieux, est d'ordinaire si rigoureuse, se relâche peu à peu et que, le plus souvent, l'ardeur première disparaît avec le temps.

A ces causes de décrépitude et de relâchement qu'apportent toujours les années et qui se trouvent naturellement dans toutes les associations humaines, est maintenant venue s'ajouter une force de destruction extérieure. Nous voulons parler des cruels orages qui bouleversent la catholicité depuis plus d'un siècle, et qui se sont naturellement abattus sur les troupes auxiliaires de l'Eglise, c'est-à-dire les Ordres religieux d'hommes. Est-il une région, un rivage qui n'ait pas vu leurs membres dépouillés, chassés, humiliés, maltraités?

Si nous n'avons pas vu ces Ordres complètement détruits, c'est là un prodige que nous ne pouvons attribuer qu'à la grâce divine.

Mais, par suite de ces causes réunies, ils ont subi une grave atteinte.

Fatalement, ce double obstacle devait relâcher l'union, affaiblir la discipline, comme s'affaiblit la vie dans un corps malade.

De là, la nécessité d'une restauration.

Certes, dans les divers Ordres religieux, il n'a pas manqué d'hommes qui, spontanément et avec un zèle louable, se sont efforcés de guérir ces sortes de plaies dont Nous venons de parler, et de ramener leur Institut à l'état primitif. Mais les Frères Mineurs, malgré leur plus vif désir, ne peuvent que difficilement atteindre ce but, ou même cela leur est impossible, parce qu'on déplore l'absence, parmi leurs membres, d'un accord parfait.

En réalité, le Général de l'Ordre n'a pas sur toutes ces familles religieuses un pouvoir complet et absolu; quelques règles spéciales leur permettent d'éluder certains de ses actes et de ses ordres.

Cet état de chose fournit toujours un prétexte à ceux qui ne veulen pas se soumettre.

En outre, ces diverses branches, bien que réunies en un seul Ordre et constituant en quelque sorte un seul tout, sont divisées en provinces différentes; elles ont des maisons de noviciat distinctes; il en résulte que chacune est portée à agir pour ses propres intérêts et à les faire passer avant ceux du corps tout entier, de telle façon que chacun ne s'occupant que de soi-même, cette situation crée facilement des obstacles aux grands avantages de la communauté.

Enfin, il est à peine besoin de rappeler les controverses et les discussions qu'engendraient souvent la variété des groupes, la diversité des constitutions, la disparité des études; si les mêmes causes

studia, tam sæpe genuerunt, quasque causæ manentes eædem renovare easdem in singulos propemodum dies queant. Quid autem perniciosius discordia? Quæ quidem ubi semel inveteravit, præcipuos vitæ nervos elidit, ac res etiam florentissimas ad occasum impellit.

Igitur confirmari et corroborari Ordinem Minorum necesse est, virium dissipatione sublata : eo vel magis quod populari ingenio popularibusque moribus volvitur ætas; proptereaque expectationem sui non vulgarem sodalitium facit virorum religiosorum ortu, victu, institutis populare. Qui populares enim habentur, multo commodius et aspirare et applicare se ad multitudinem, agendo, navando pro salute communi, possunt. Hac sibi oblata bene merendi facultate Minores quidem studiose atque utiliter usuros certo scimus, si validos, si ordine dispositos, si instructos, uti par est, tempus offenderit.

Quæ omnia cum apud Nos multum agitaremus animo, decessorum Nostrorum veniebat in mentem, qui incolumitati prosperitatique communi alumnorum franciscalium succurrere convenienter tempori, quoties oportuit, consuevere. Idem Nos ut simili studio ac pari benevolentia vellemus, non solum conscientia officii, sed illæ quoque causæ, quas initio diximus, impulere. Atqui omnino postulare tempus intelleximus, ut ad conjunctionem communionemque vitæ priscam Ordo revocetur. Ita amotis dissidiorum et contentionum causis, voluntates omnes unius nutu ductuque invicem colligatæ tenebuntur, et, quod consequens est, erit ipsa illa, quam parens legifer intuebatur, constitutionis forma restituta.

Duas ad res cogitationem adjecimus, dignas illas quidem consideratione, quas tamen non tanti esse vidimus ut consilii Nostri retardare cursum ulla ratione possent, nimirum privilegia singulorum cœtuum aboleri, et omnes quotquot ubique essent Minores, de quibus agimus, unius disciplinæ legibus æque adstringi oportere. Nam privilegia tunc certe opportuna ac frugifera cum quæsita sunt, nunc commutatis temporibus, tantum abest ut quidquam prosint religiosæ legum observantiæ, ut obesse videantur. Simili modo leges imponere unas universis incommodum atque intempestivum tamdiu futurum fuit, quoad varia Minorum sodalitia multum distarent interioris dissimilitudine disciplinæ : contra nunc, cum non nisi pertenui discrimine invicem differant.

Nihilominus instituti et moris decessorum Nostrorum memores, quia res vertebatur gravioris momenti, lumen consilii et prudentiam judicii ab iis maxime, qui eadem de re judicare recte pos-

subsistaient, elles pourraient ramener presque quotidiennement les mêmes difficultés.

Or, qu'y a-t-il de plus funeste que la discorde ? Une fois enracinée quelque part, elle détruit les principales sources de vie et mène à la ruine les entreprises les plus florissantes.

Il est donc nécessaire de fortifier et de consolider l'Ordre des Frères Mineurs en supprimant la dispersion de ses forces.

Cette nécessité est d'autant plus impérieuse que le courant du siècle est en faveur des caractères et des mœurs populaires, et qu'un Ordre de religieux, populaire par son origine, son genre de vie et ses institutions, fait augurer de grandes choses.

En effet, ceux qui ont la réputation d'être populaires peuvent beaucoup plus facilement se donner et se dévouer au peuple en agissant et en travaillant pour le salut commun.

Nous savons pertinemment que les Frères Mineurs useront efficacement et avec zèle de cette occasion qui leur est offerte de se rendre utiles, si les circonstances les trouvent forts, préparés, organisés comme il convient.

Tandis que Nous réfléchissions mûrement à ce sujet, Nous Nous rappelions Nos prédécesseurs qui, chaque fois qu'il le fallut, ne manquèrent jamais de sauvegarder l'existence des disciples de saint François et d'aider à leur prospérité d'une manière adaptée aux circonstances.

Nous voudrions faire de même avec le même zèle et une égale bienveillance, non seulement pour l'accomplissement de Notre charge, mais aussi pour les motifs indiqués plus haut.

Or, notre époque Nous a semblé demander absolument que l'Ordre soit ramené à son ancienne union et à son organisation unique. Ainsi tout motif de dissidence et de discussion écarté, toutes les volontés seront reliées entre elles par l'autorité et la direction d'un seul, et conséquemment l'Ordre représentera la forme constitutive que son fondateur et législateur avait en vue.

Nous avons aussi examiné deux points, dignes certainement de considération, mais qui ne Nous ont pas paru assez importants pour retarder d'une façon quelconque la réalisation de Notre projet: il s'agit de la nécessité d'abolir les privilèges de chacune de ces familles et de soumettre uniformément aux règles d'une même discipline tous les Frères Mineurs dont Nous parlons, en quelque lieu qu'ils se trouvent.

Sans doute, ces privilèges furent opportuns et féconds à l'époque où ils furent demandés ; maintenant, les temps ayant changé, loin d'être utiles, ils paraissent plutôt gêner l'observation de la règle.

De même, il eût été difficile et inopportun d'imposer à tous une règle unique tant que les diverses familles des Frères Mineurs étaient séparées par de très notables différences de discipline intérieure ; il en est tout autrement aujourd'hui qu'elles ne diffèrent que par de légères nuances.

Toutefois, nous rappelant les traditions et les usages de nos prédécesseurs, vu la très grande importance de cette affaire, nous avons demandé la lumière du conseil et la prudence du jugement, surtout

sent, exquisivimus. Primum quidem cum totius Ordinis Minorum legati an. MDCCCLXXXXV Assisium in consilium convenissent, cui praeerat auctoritate Nostra b. m. Ægidius Mauri S. R. E. Cardinalis, Archiepiscopus Ferrariensis, perrogari in consilio sententias jussimus, de proposita familiarum omnium conjunctione quid singuli censerent. Faciendam frequentissimi censuerunt. Imo etiam lectis ab se ex ipso illo coetu viris hoc negotium dedere ut Constitutionum codicem perscriberent, utique communem omnibus, si communionem Sedes Apostolica sanxisset, futurum. Praeterea S. R. E. Cardinales e sacro Consilio Episcoporum atque Ordinum religiosorum negotiis praeposito, qui pariter cum S. R. E. Cardinalibus e sacro Consilio christiano nomini propagando Nobis de toto hoc negotio vehementer assenserant, acta Conventus Assisiensis et omnia rationum momenta ponderanda diligentissime curaverunt, exploratisque et emendatis, sicubi visum est, Constitutionibus novissimis, testati sunt, petere se ut Ordo, sublato familiarum discrimine, unus rite constituatur. Id igitur omnino expedire atque utile esse, idemque cum proposito conditoris sanctissimi cumque ipsa Numinis voluntate congruere sine ulla dubitatione perspeximus.

Quae cum ita sint, auctoritate Nostra apostolica, harum virtute litterarum, Ordinem Minorum, variis ad hanc diem sodalitiis distinctum, ad unitatem communitatemque vitae plene cumulateque perfectam, ita ut unum atque unicum corpus efficiat, familiarum distinctione omni deleta, revocamus, revocatumque esse declaramus.

I. Is, extinctis nominibus *Observantium, Reformatorum, Excalciatorum* seu *Alcantarinorum, Recollectorum,* ORDO FRATRUM MINORUM sine ullo apposito, ex instituto Francisci patris appelletur : ab uno regatur : eisdem legibus pareat : eadem administratione utatur, ad normam Constitutionum novissimarum, quas summa fide constantiaque ab omnibus ubique servari jubemus.

II. Statuta singularia, item privilegia juraque singularia, quibus familiae singulae privatim utebantur, fruebantur, ac prorsus omnia quae differentiam aut distinctionem quoquo modo sapiant, nulla sunto : exceptis juribus ac privilegiis adversus *tertias personas :* quae privilegia, quaeque jura firma, ut justitia et aequitas postulaverit, rataque sunto.

III. Vestitum cultumque eadem omnes forma induunto.

IV. In gubernatione Ordinis universi, quemadmodum unus Minister generalis, ita Procurator unus esto : item Scriba ab actis unus : honorum caelestibus habendorum Curator unus.

V. Quicumque ex hoc die minoriticas vestes rite sumpserint,

à ceux qui étaient capables de juger la question avec compétence. D'abord, en 1895, les représentants de tout l'Ordre des Frères Mineurs s'étant réunis à Assise en un Chapitre présidé par le feu cardinal Ægidius Mauri, archevêque de Ferrare, délégué par Nous, Nous avons ordonné qu'on demandât à chaque délégué son avis sur l'union projetée de toutes les familles franciscaines.

Le plus grand nombre se prononça en faveur de l'union.

Bien plus, le Congrès choisit quelques-uns de ses membres pour travailler à la rédaction d'une Constitution qui serait commune à tous, si le Siège Apostolique sanctionnait la fusion.

Les cardinaux de la Sacrée Congrégation des Evêques et Réguliers, qui, d'accord avec les cardinaux appartenant à la Sacrée Congrégation de la Propagande, Nous avaient vivement approuvé au cours de toutes ces négociations, examinèrent avec un très grand soin les actes du Chapitre d'Assise et tous les arguments allégués.

Ayant ensuite examiné et corrigé, suivant qu'il parut utile, la Constitution récemment élaborée, ils déclarèrent demander eux-mêmes que, toute distinction de famille supprimée, l'Ordre fût reconstitué régulièrement dans l'unité.

Nous reconnûmes donc, sans hésiter, que cette union était absolument avantageuse et utile, et qu'elle était conforme au but de son très saint fondateur, aussi bien qu'à la volonté divine.

Dans ces conditions, par Notre autorité apostolique et en vertu de la présente lettre, Nous déclarons avoir ramené et Nous ramenons l'Ordre des Frères Mineurs, partagé jusqu'à ce jour en diverses associations, à l'unité et à la pleine et parfaite communauté de vie, en sorte qu'elles ne forment plus qu'un seul et unique corps, toute distinction de famille étant supprimée.

I. Les noms d'*Observantins*, *Réformés*, *Déchaussés* ou *Alcantarins*, *Récollets* sont supprimés. L'Ordre s'appellera Ordre des Frères Mineurs sans autre qualificatif, selon l'institution de son Père saint François.

Il sera gouverné par un seul Général.

Il obéira aux mêmes lois.

Il sera régi par la même administration, conformément aux récentes Constitutions, que nous ordonnons à tous d'observer en tout lieu avec la plus grande constance et la plus grande fidélité.

II. Tous les statuts, privilèges et droits spéciaux dont les familles particulières usaient et jouissaient individuellement, et absolument toutes les particularités tendant à produire d'une façon quelconque une différence ou une distinction, sont frappés de nullité.

Sont exceptés les droits et privilèges relatifs à des *tierces personnes*, qui sont confirmés ainsi que le demandent la justice et l'équité.

III. Tous revêtiront le même costume et auront le même aspect extérieur.

IV. Pour le gouvernement de tout l'Ordre, de même qu'il n'y a qu'un seul Ministre général, il n'y aura qu'un seul Procureur, un seul Secrétaire, un seul Postulateur pour la cause des saints.

V. Désormais, tous ceux qui prendront régulièrement l'habit des

quicumque majore minoreve ritu vota nuncupaverint, eos omnes sub Constitutionibus novis esse subjectos, officiisque universis, quæ inde consequuntur, adstringi jus esto. Si quis Constitutionibus novis abnuat subesse, ei habitu religioso, nuncupatione votorum, professione interdictum esto.

VI. Si qua Provincia his præceptis legibusque Nostris non paruerit, in ea nec tirocinia ponere quemquam, nec profiteri rite Ordinem liceat.

VII. Altioris perfectionis vitæque, ut loquuntur, contemplativæ cupidioribus præsto esse in provinciis singulis domum unam vel alteram in id addictam, fas esto. Ejusmodi domus jure Constitutionum novarum regantur.

VIII. Si qui e sodalibus solemni ritu professis addicere se constitutæ per has litteras disciplinæ justis de causis recusarint, eos in domos Ordinis sui certas secedere auctoritate nutuque Antistitum liceat.

IX. Provinciarum cum mutare fines, tum minuere numerum, si necessitas coegerit, Ministro generali conjuncte cum Definitoribus generalibus liceat, perrogata tamen Definitorum Provinciarum, de quibus agatur, sententia.

X. Cum Minister generalis ceterique viri Ordini universo regundo ad hanc diem præpositi magistratu se quisque suo abdicarint, Ministrum generalem dicere auctoritatis Nostræ in causa præsenti esse volumus. Definitores generales, ceterosque munera majora gesturos, qui scilicet in conventu Ordinis maximo designari solent, designet in præsenti causa sacrum Consilium Episcoporum atque Ordinum religiosorum negotiis præpositum, exquisita prius ab iis ipsis sententia, qui potestatem Definitorum generalium hodie gerunt. Interea loci Minister generalis Definitoresque generales in munere quisque versari suo pergant.

Gestit animus, quod Nostram in beatum Franciscum pietatem religionemque veterem consecrare mansuro providentiæ monumento licuit : agimusque benignitati divinæ gratias singulares, quod Nobis in summa senectute id solatii percupientibus reservavit. Quotquot autem ex Ordine Minorum sodales numerantur, pleni bonæ spei hortamur obsecramusque, ut exemplorum magni parentis sui memores, ex his rebus ipsis, quas ad commune eorum bonum decrevimus, sumant alacritatem animi atque incitamenta virtutum, ut digne ambulent *vocatione, qua vocati sunt, cum omni humilitate, et mansuetudine, cum patientia, supportantes invicem in caritate, solliciti servare unitatem spiritus in vinculo pacis* (1).

(1) Ephes., I-v, 1-3.

Frères Mineurs, tous ceux qui prononceront les vœux simples ou solennels, seront soumis aux nouvelles Constitutions et à tous les devoirs qui en découlent.

Si quelqu'un refuse de se soumettre à ces Constitutions, il lui est interdit de porter l'habit religieux, de prononcer les vœux, de faire sa profession.

VI. Si une Province ne se soumet pas à ces lois et préceptes, aucun noviciat ne pourra y être établi, et nul ne pourra y faire sa profession religieuse.

VII. On pourra, dans chaque province, réserver spécialement une ou deux maisons pour les religieux désireux d'une plus haute perfection et qui voudraient s'adonner à la vie dite contemplative. Ces maisons seront régies par les nouvelles Constitutions.

VIII. Si des religieux ayant prononcé leurs vœux solennels refusent, pour de justes motifs, d'accepter la discipline établie par cette lettre, ils pourront, avec l'agrément et sous l'autorité des évêques, se retirer dans certaines maisons de l'Ordre.

IX. Le droit de changer les limites des provinces ou d'en diminuer le nombre, si la nécessité l'exige, appartiendra au Ministre général conjointement avec les Définiteurs généraux, après toutefois qu'on aura demandé l'avis des Définiteurs de ces provinces.

X. Lorsque le Ministre général et les autres religieux préposés jusqu'à ce jour à l'administration de l'Ordre entier se seront tous démis de leurs charges, Nous voulons, pour le cas présent, que la nomination du nouveau Ministre général dépende de Notre autorité.

Les Définiteurs généraux et ceux qui remplissent les charges plus importantes, élus d'ordinaire au Chapitre général de l'Ordre, seront désignés cette fois par la Sacrée-Congrégation des Évêques et Réguliers, après qu'on aura demandé l'avis des Définiteurs généraux actuels.

En attendant, le Ministre général et les Définiteurs généraux continueront à exercer leurs charges respectives.

Nous Nous réjouissons d'avoir pu, grâce à la Providence, consacrer par un mouvement durable Notre piété et Notre dévotion ancienne envers le bienheureux François, et Nous rendons à la bonté divine de spéciales actions de grâces de ce que, en Notre extrême vieillesse, elle a bien voulu réserver cette consolation à la vivacité de Nos désirs.

C'est avec bon espoir que Nous supplions et adjurons tous les Frères Mineurs de se souvenir des exemples de leur grand fondateur; que les mesures que Nous décrétons pour leur bien commun ravivent l'ardeur de leur zèle et leur amour de la vertu.

Qu'ils marchent dignement dans la *vocation à laquelle ils ont été appelés, en toute humilité et douceur, avec patience, se supportent les uns les autres, avec charité, attentifs à conserver l'unité d'esprit et dans le lien de la paix* (1).

(1) Éphés., IV, 1-3.

Præsentes vero litteras et quæcumque in ipsis habentur nullo unquam tempore de subreptionis aut obreptionis sive intentionis Nostræ vitio aliove quovis defectu notari vel impugnari posse; sed semper validas et in suo robore fore et esse, atque ab omnibus cujusvis gradus et præminentiæ inviolabiliter in judicio et extra observari debere, decernimus; irritum quoque et inane si secus super his a quoquam, quavis auctoritate vel prætextu, scienter vel ignoranter contigerit attentari declarantes; contrariis non obstantibus quibuscumque, etiam speciali mentione dignis, quibus omnibus ex plenitudine potestatis, certa scientia et motu proprio quoad præmissa expresse derogamus, et derogatum esse declaramus.

Volumus autem, ut harum litterarum exemplis etiam impressis, manu tamen Notarii subscriptis et per constitutum in ecclesiastica dignitate virum sigillo munitis, eadem habeatur fides, quæ Nostræ voluntatis significationi, his præsentibus ostensis, haberetur.

Nulli ergo hominum liceat hanc paginam Nostræ constitutionis, ordinationis, unionis, limitationis, derogationis, voluntatis infringere, vel ei ausu temerario contraire. — Si quis autem hoc attentare præsumpserit, indignationem omnipotentis Dei et beatorum Petri et Pauli apostolorum ejus se noverit incursurum.

Datum Romæ apud S. Petrum quarto nonas octobris anno Incarnationis Dominicæ millesimo octogesimo nonagesimo septimo, Pontificatus Nostri anno vicesimo.

C. Card. ALOISI-MASELLA
PRO-DATARIUS

A. Card. MACCHI

VISA

DE CURIA I. DE AQUILA E VICECOMITIBUS

Loco ✠ Plumbi.

Reg. in Secret. Brevium.

I. CUGNONIUS

Nous décrétons que la présente Lettre, avec tout ce qu'elle contient, ne pourra jamais être infirmée ou critiquée pour cause de suppression ou d'interpolation ou pour manque d'intention de Notre part ou tout autre défaut.

Elle est et sera toujours valide et dans toute sa force, et devra être inviolablement observée *in judicio et extra* par toute personne, quelle que soit sa dignité ou sa prééminence.

Nous déclarons vain et nul tout ce qui pourra être fait par qui que ce soit pour y introduire un changement quelconque, en vertu de quelque autorité ou sous quelque prétexte que ce soit, sciemment ou inconsciemment, nonobstant toutes dispositions contraires, même celles qui ont droit à une mission spéciale, dispositions auxquelles, par la plénitude de Notre pouvoir, en parfaite connaissance de cause et de Notre propre mouvement dans la mesure indiquée par ce qui précède, Nous dérogeons et déclarons qu'il a été dérogé expressément.

Nous voulons que les exemplaires de cette Lettre, même imprimés mais signés de la main d'un notaire et munie du sceau par un dignitaire ecclésiastique, fassent foi de Notre volonté comme le ferait la présente Lettre si on la montrait elle-même.

Personne n'aura donc le droit d'affaiblir ou de contrecarrer témérairement cette Constitution en ce qu'elle dispose, unit, limite, déroge et commente. Si quelqu'un tentait de le faire, qu'il sache qu'il encourt l'indignation du Dieu tout-puissant et des bienheureux apôtres Pierre et Paul.

Donné à Rome, auprès de Saint-Pierre, le 4° jour des Nones d'octobre, l'an de l'Incarnation du Seigneur 1897, de Notre Pontificat le vingtième.

C. Card. ALOISI-MASELLA
PRO-DATARIUS

A. Card. MACCHI
VISA

DE CURIA I. DE AQUILA E VICECOMITIBUS

Loco ✠ Plumbi.

Reg. in Secret. Brevium.

I. CUGNONIUS

SANCTISSIMI DOMINI NOSTRI

LEONIS DIVINA PROVIDENTIA PAPÆ XIII

AD ARCHIEPISCOPOS, EPISCOPOS, ALIOSQUE LOCORUM ORDINARIOS FOEDERATARUM CIVITATUM CANADENSIUM PACEM ET COMMUNIONEM CUM APOSTOLICA SEDE HABENTES

VENERABILIBUS FRATRIBUS ARCHIEPISCOPIS, EPISCOPIS, ALIISQUE LOCORUM ORDINARIIS FOEDERATARUM CIVITATUM CANADENSIUM PACEM ET COMMUNIONEM CUM APOSTOLICA SEDE HABENTIBUS

LEO PP. XIII

VENERABILES FRATRES

SALUTEM ET APOSTOLICAM BENEDICTIONEM

Affari vos, quod perlibenter atque amantissime facimus, vix Nobis licet, quin sua sponte occurrat animo vetus et constans apostolicæ Sedis cum Canadensibus vicissitudo benevolentiæ consuetudoque officiorum. Ipsis rerum vestrarum primordiis comitata Ecclesiæ catholicæ caritas est : maternoque semel acceptos sinu, amplexari vos, fovere, beneficiis afficere nunquam postea desiit. Certe immortalis vir Franciscus de Laval Montmorency, primus Quebecensium episcopus, quas res proavorum memoria pro salute publica felicissime sanctissimeque gessit, auctoritate gratiaque subnixus romanorum Pontificum gessit. Neque alio ex fonte auspicia atque orsus agendarum rerum cepere consequentes episcopi, quorum tanta extitit magnitudo meritorum. Similique ratione, si spatium respicitur vetustiorum temporum, non istuc commeare nisi nutu missuque Sedis apostolicæ consuevere virorum apostolicorum generosi manipuli,

LETTRE ENCYCLIQUE

DE N. T. S. P. LÉON XIII

PAPE PAR LA DIVINE PROVIDENCE

AUX ARCHEVÊQUES, AUX ÉVÊQUES ET AUX AUTRES ORDINAIRES DE LA CONFÉDÉRATION CANADIENNE, EN PAIX ET EN COMMUNION AVEC LE SIÈGE APOSTOLIQUE (1).

A NOS VÉNÉRABLES FRÈRES LES ARCHEVÊQUES,
LES ÉVÊQUES ET LES AUTRES ORDINAIRES DE LA CONFÉDÉRATION CANADIENNE,
EN PAIX ET EN COMMUNION AVEC LE SIÈGE APOSTOLIQUE

LÉON XIII, PAPE

VÉNÉRABLES FRÈRES,

SALUT ET BÉNÉDICTION APOSTOLIQUE

En vous adressant aujourd'hui la parole, et Nous le faisons d'un cœur tout aimant, Notre pensée se porte d'elle-même à ces rapports de mutuelle bienveillance, à ces échanges de bons offices qui ont régné de tout temps entre le Siège Apostolique et le peuple canadien. A côté de votre berceau même, on trouve l'Eglise et sa charité. Et depuis qu'elle vous a accueillis dans son sein, elle n'a cessé de vous tenir étroitement embrassés et de vous prodiguer ses bienfaits. Si cet homme d'immortelle mémoire, qui fut François de Laval Montmorency, put accomplir les œuvres de si haute vertu et si fécondes pour votre pays dont furent témoins vos ancêtres, ce fut assurément appuyé sur l'autorité et sur la faveur des Pontifes romains. Ce ne fut pas non plus à d'autres sources que prirent origine et que puisèrent leur garantie de succès les œuvres des évêques subséquents, personnages de si éclatants mérites. De même encore, pour remonter à la période la plus reculée, c'est bien sous l'inspiration et sur l'initiative du Siège Apostolique que de géné-

(1) Traduction officielle.

utique cum christianæ sapientiæ lumine elegantiorem cultum atque artium honestissimarum semina allaturi. Quibus seminibus multo eorum ipsorum labore sensim maturescentibus, Canadensium natio in contentionem urbanitatis et gloriæ cum excultis gentibus sera, non impar, venit. — Istæ sunt res Nobis omnes admodum ad recordationem jucundæ; eo vel magis, quod earum permanere fructus cernimus non mediocres. Ille profecto permagnus amor in catholica multitudine studiumque vehemens divinæ religionis, quam scilicet majores vestri primum et maxime ex Gallia, tum ex Hibernia, mox quoque aliunde, auspicato advecti, et ipsi sancte coluerunt et posteris inviolate servandam tradiderunt. Quanquam, si optimam hanc hereditatem tuetur posteritas memor, facile intelligimus quantam hujus laudis partem sibi jure vindicet vigilantia atque opera vestra, venerabiles Fratres, quantam etiam vestri sedulitas Cleri : omnes quippe, concordibus animis, pro incolumitate atque incremento catholici nominis assidue contenditis, idque, ut vera fateamur, non invitis neque repugnantibus Britannici imperii legibus. Itaque communium recte factorum vestrorum cogitatione adducti, cum Nos romanæ honorem purpuræ Archiepiscopo Quebecensium aliquot ante annis contulimus, non solum ornare viri virtutes, sed omnium istic catholicorum pietatem honorifico afficere testimonio voluimus. — Ceterum de institutione laborare ineuntis ætatis, in qua et christianæ et civilis reipublicæ spes maximæ nituntur, apostolica Sedes nunquam intermisit, conjuncto vobiscum et cum decessoribus vestris studio. Hinc constituta passim adolescentibus vestris ad virtutem, ad litteras erudiendis complura eademque in primis florentia, auspice et custode Ecclesia, domicilia. Quo in genere eminet profecto magnum Lyceum Quebecense, quod ornatum atque auctum omni jure legitimo ad legum pontificiarum consuetudinem, satis testatur, nihil esse quod expetat studeatque apostolica Sedes vehementius, quam educere civium sobolem expolitam litteris, virtute commendabilem. Quamobrem summâ curâ, ut facile per vos ipsi judicabitis, animum ad eos casus adjecimus, quos catholicæ Manitobensium adolescentulorum institutioni novissima tempora attulere. Volumus enim et velle debemus omni, qua possumus, ope et contentione eniti atque efficere ut fides ac religio ne quid detrimenti capiant apud tot hominum millia, quorum Nobis maxime est commissa salus in ea præsertim civitate quæ christianæ rudimenta doctrinæ non minus quam politioris initia humanitatis ab Ecclesia catholica accepit. Cumque ea de re plurimi sententiam expectarent a Nobis, ac nosse cuperent qua sibi via, qua agendi ratione utendum, placuit nihil

reuses cohortes de missionnaires apprirent la route de votre pays, pour lui apporter, avec la lumière de l'Evangile, une culture plus élevée et les premiers germes de la civilisation. Et ce sont ces germes, qui, fécondés aussi par eux, au prix de longs et patients labeurs, ont mis le peuple canadien au niveau des plus policés et des plus glorieux, et ont fait de lui, quoique venu tardivement, leur émule.

Toutes ces choses Nous sont de fort agréable souvenir, d'autant plus qu'il en reste des fruits sous Nos yeux et de non médiocre importance. Le plus considérable de tous, assurément, c'est, parmi les multitudes catholiques, un amour et un zèle pour notre sainte religion, pour cette religion que vos ancêtres, venus providentiellement d'abord et surtout de la France, puis de l'Irlande et d'ailleurs encore dans la suite, professèrent scrupuleusement et transmirent à leur postérité comme un dépôt inviolable. Mais si leurs fils conservent fidèlement ce précieux héritage, il Nous est facile de comprendre quelle grande part de louange en revient à votre vigilance et à votre activité, vénérables frères, quelle grande part aussi au zèle de votre clergé; tous, en effet, d'une seule âme, vous travaillez assidûment à la conservation et au progrès de la foi catholique, et il faut rendre cet hommage à la vérité, sans rencontrer ni défaveur ni entrave dans les lois de l'empire britannique. Aussi, lorsque, mû par la considération de vos communs mérites, Nous conférâmes, il y a quelques années, à l'archevêque de Québec l'honneur de la pourpre romaine, Nous eûmes en vue, non seulement de relever ses vertus personnelles, mais encore de rendre un solennel hommage à la piété de tous vos catholiques.

Pour ce qui touche à l'éducation de la jeunesse, sur quoi reposent les meilleures espérances de la société religieuse et civile, le Siège Apostolique n'a jamais cessé de s'en occuper de concert avec vous et avec vos prédécesseurs; c'est ainsi qu'ont été fondées en grand nombre, dans votre pays, des institutions destinées à la formation morale et scientifique de la jeunesse, institutions qui sont si florissantes sous la garde et la protection de l'Eglise. En ce genre, l'Université de Québec, ornée de tous les titres et gratifiée de tous les droits qu'a coutume de conférer l'autorité apostolique, occupe une place d'honneur et prouve suffisamment que le Saint-Siège n'a pas eu de plus grande préoccupation ni de désir plus ardent que la formation d'une jeunesse aussi distinguée par sa culture intellectuelle que recommandable par ses vertus. Aussi, est-ce avec une extrême sollicitude, il vous est facile de le comprendre, que Nous avons suivi les événements fâcheux qui ont marqué, en ces derniers temps, l'histoire de l'éducation catholique au Manitoba. C'est Notre volonté, et cette volonté Nous est un devoir, de tendre à obtenir et d'obtenir effectivement, par tous les moyens et tous les efforts en Notre pouvoir, que nulle atteinte ne soit portée à la religion, parmi tant de milliers d'âmes dont le salut Nous a été spécialement confié, dans une région surtout qui doit à l'Eglise d'avoir été initiée à la doctrine chrétienne et aux premiers rudiments de la civilisation. Et, comme beaucoup attendaient que Nous Nous prononcions sur la question

ante statuere, quam Delegatus Noster apostolicus in rem præsentem venisset : qui, quo res statu essent exquirere diligenter et ad Nos subinde referre jussus, naviter ac fideliter effectum dedit quod mandaveramus.

Causa profecto vertitur permagni momenti ac ponderis. De eo intelligi volumus, quod septem ante annis legumlatores Provinciæ Manitobensis consessu suo de disciplina puerili decrevere : qui scilicet, quod leges Canadensis fœderis sanxerant, pueros professione catholica in ludis discendi publicis institui educarique ad conscientiam animi sui jus esse, id jus contraria lege sustulere. Qua lege non exiguum importatum detrimentum. Ubi enim catholica religio aut ignoratione negligitur, aut deditâ operâ impugnatur : ubi doctrina ejus contemnitur, principiaque unde gignitur, repudiantur, illuc accedere, eruditionis causâ, adolescentulos nostros fas esse non potest. Id sicubi factitari sinit Ecclesia, non sini ægre, ac necessitate sinit, multisque adhibitis cautionibus, quas tamen constat ad pericula declinanda nimium sæpe non valere. — Similiter ea deterrima omninoque fugienda disciplina, quæ, quod quisque malit fide credere, id sine ullo discrimine omne probet et æquo jure habeat, velut si de Deo rebusque divinis rectene sentias an secus, vera an falsa secteris, nihil intersit. Probe nostis, venerabiles Fratres, omnem disciplinam puerilem, quæ sit ejusmodi, Ecclesiæ esse judicio damnatam, quia ad labefactandam integritatem fidei tenerosque puerorum animos a veritate flectendos nihil fieri perniciosius potest.

Aliud est præterea, de quo facile vel ii assentiantur, qui cetera nobiscum dissident; nimirum non mera institutione litteraria, non solivaga jejunaque cognitione virtutis posse fieri, ut alumni catholici tales e schola aliquando prodeant, quales patria desiderat atque expectat. Tradenda eis graviora quædam et majora sunt, quo possint et christiani boni et cives frugi probique evadere : videlicet informentur ad ipsa illa principia necesse est, quæ in eorum conscientia mentis alte insederint, et quibus parere et quæ sequi debeant, quia ex fide ac religione sponte efflorescunt. Nulla est enim disciplina morum digna quidem hoc nomine atque efficax, religione posthabita. Nam omnium officiorum forma et vis ab iis officiis maxime ducitur, quæ hominem jungunt jubenti, vetanti, bona malaque sancienti Deo. Itaque velle animos bonis imbuere moribus simulque esse sinere religionis expertes tam est absonum, quam vocare ad præcipiendam virtutem, virtutis fundamento sublato. Atqui catholico homini una atque unica vera est religio catholica : proptereaque nec morum is potest, nec religionis doctrinam ullam accipere vel agnoscere, nisi ex

et demandaient que Nous leur tracions une ligne de conduite et la marche à suivre, il Nous a plu de ne rien statuer à ce sujet avant que Notre délégué apostolique fût allé sur place. Chargé de procéder à un examen soigneux de la situation et de Nous faire une relation sur l'état des choses, il a rempli fidèlement et avec zèle le mandat que Nous lui avions confié.

La question qui s'agite est assurément d'une très haute importance et d'une gravité exceptionnelle. Nous voulons parler des décisions prises, il y a sept ans, au sujet des écoles, par le parlement du Manitoba. L'acte d'union à la Confédération avait assuré aux enfants catholiques le droit d'être élevés dans des écoles publiques selon les prescriptions de leur conscience ; or, ce droit, le parlement du Manitoba l'a aboli par une loi contraire. C'est une loi nuisible. Car il ne saurait être permis à nos enfants d'aller demander le bienfait de l'instruction à des écoles qui ignorent la religion catholique ou qui la combattent positivement, à des écoles où sa doctrine est méprisée et ses principes fondamentaux répudiés. Que si l'Eglise l'a permis quelque part, ce n'a été qu'avec peine, à son corps défendant, et en entourant les enfants de multiples sauvegardes, qui, trop souvent d'ailleurs, sont reconnues insuffisantes pour parer au danger. Pareillement, il faut fuir à tout prix, comme très funestes, les écoles où toutes les croyances sont accueillies indifféremment et traitées de pair, comme si, pour ce qui regarde Dieu et les choses divines, il importait peu d'avoir ou non de saines doctrines, d'adopter la vérité ou l'erreur. Vous êtes loin d'ignorer, vénérables frères, que toute école de ce genre a été condamnée par l'Eglise, parce qu'il ne se peut rien de plus pernicieux, de plus propre à ruiner l'intégrité de la foi et à détourner les jeunes intelligences du sentier de la vérité.

Il est un autre point sur lequel Nous serons facilement d'accord avec ceux mêmes qui seraient en dissidence avec Nous pour tout le reste : savoir, que ce n'est pas au moyen d'une instruction purement scientifique, ni de notions vagues et superficielles de la vertu, que les enfants catholiques sortiront jamais de l'école tels que la patrie les désire et les attend. C'est de choses autrement graves et importantes qu'il les faut nourrir pour en faire de bons chrétiens, des citoyens probes et honnêtes : leur formation doit résulter de principes, qui, gravés au fond de leur conscience, s'imposent à leur vie comme conséquences naturelles de leur foi et de leur religion. Car, sans religion, point d'éducation morale digne de ce nom ni vraiment efficace ; attendu que la nature même et la force de tout devoir dérivent de ces devoirs spéciaux qui relient l'homme à Dieu, à Dieu qui commande, qui défend, et qui appose une sanction au bien et au mal. C'est pourquoi, vouloir des âmes imbues de bonnes mœurs et les laisser en même temps dépourvues de religion, c'est aussi chose insensée que d'inviter à la vertu après en avoir ruiné la base. Or, pour le catholique, il n'y a qu'une seule vraie religion, la religion catholique ; et c'est pourquoi, en fait de doctrines, de moralité

intima sapientia catholica petitam ac depromptam. Ergo justitia ratioque postulat, ut non modo cognitionem litterarum alumnis schola suppeditet, verum etiam eam, quam diximus, scientiam morum cum præceptionibus de religione nostra apte conjunctam, sine qua nedum non fructuosa, sed perniciosa plane omnis futura est institutio. Ex quo illa necessario consequuntur : magistris opus esse catholicis : libros ad perlegendum, ad ediscendum non alios, quam quos episcopi probarint, assumendos : liberam esse potestatem oportere constituendi regendique omnem disciplinam, ut cum professione catholici nominis, cumque officiis quæ inde proficiscuntur, tota ratio docendi discendique apprime congruat atque consentiat. — Videre autem de suis quemque liberis, apud quos instituantur, quos habeant vivendi præceptores, magnopere pertinet ad patriam potestatem. Quocirca cum catholici volunt, quod et velle et contendere officium est, ut ad liberorum suorum religionem institutio doctoris accommodetur, jure faciunt. Nec sane iniquius agi cum iis queat, quam si alterutrum malle compellantur, aut rudes et indoctos, quos procrearint, adolescere, aut in aperto rerum maximarum discrimine versari.

Ista quidem et judicandi principia et agendi, quæ in veritate justitiaque nituntur, nec privatorum tantummodo, sed rerum quoque publicarum continent salutem, nefas est in dubium revocare, aut quoquo modo deserere. Igitur cum puerorum catholicorum institutionem debitam insueta lex in Manitobensi Provincia perculisset, vestri muneris fuit, venerabiles Fratres, illatam injuriam ac perniciem libera voce refutare : quo quidem officio sic perfuncti singuli estis, ut communis omnium vigilantia ac digna episcopis voluntas eluxerit. Et quamvis hac de re satis unusquisque vestrum sit conscientiæ testimonio commendatus, assensum tamen atque approbationem Nostram scitote accedere : sanctissima enim ea sunt, quæ conservare ac tueri studuistis, studetis.

Ceterum incommoda legis Manitobensis, de qua loquimur, per se ipsa monebant, opportunam sublevationem mali opus esse concordiâ quærere. Catholicorum digna causa erat, pro qua omnes omnium partium æqui bonique cives consiliorum societate summaque conspiratione voluntatum contenderent. Quod, non sine magna jactura, contra factum. Dolendum illud etiam magis, catholicos ipsos Canadenses sententias concorditer, ut oportebat, minime in re tuenda junxisse, quæ omnium interest plurimum : cujus præ magnitudine et pondere silere studia politicarum rationum, quæ tanto minoris sunt, necesse erat.

Non sumus nescii, emendari aliquid ex ea lege cœptum. Qui fœderatis civitatibus, quique Provinciæ cum potestate præsunt,

ou de religion, il n'en peut accepter ni reconnaître aucune qui ne soit puisée aux sources mêmes de l'enseignement catholique.

La justice et la raison exigent donc que nos élèves trouvent dans les écoles, non seulement l'instruction scientifique, mais encore des connaissances morales en harmonie, comme Nous l'avons dit, avec les principes de leur religion, connaissances sans lesquelles, loin d'être fructueuse, aucune éducation ne saurait être qu'absolument funeste. De là, la nécessité d'avoir des maîtres catholiques, des livres de lecture et d'enseignement approuvés par les évêques, et d'avoir la liberté d'organiser l'école de façon que l'enseignement y soit en plein accord avec la foi catholique, ainsi qu'avec tous les devoirs qui en découlent. Au reste, de voir dans quelles institutions seront élevés les enfants, quels maîtres seront appelés à leur donner des préceptes de morale, c'est un droit inhérent à la puissance paternelle. Quand donc les catholiques demandent, et c'est leur devoir de le demander et de le revendiquer, que l'enseignement des maîtres concorde avec la religion de leurs enfants, ils usent de leur droit. Et il ne se pourrait rien de plus injuste que de les mettre dans l'alternative, ou de laisser leurs enfants croître dans l'ignorance, ou de les jeter dans un milieu qui constitue un danger manifeste pour les intérêts suprêmes de leurs âmes.

Ces principes de jugement et de conduite, qui reposent sur la vérité et la justice, et qui sont la sauvegarde des intérêts publics autant que privés, il n'est pas permis de les révoquer en doute ni de les abandonner en aucune façon. Aussi, lorsque la nouvelle loi vint frapper l'éducation catholique dans la province du Manitoba, était-il de votre devoir, vénérables frères, de protester ouvertement contre l'injustice et contre le coup qui lui était porté, et la manière dont vous avez rempli ce devoir a été une preuve éclatante de votre commune vigilance et d'un zèle vraiment digne d'évêques. Et, bien que sur ce point chacun de vous trouve une approbation suffisante dans le témoignage de sa conscience, sachez néanmoins que Nous y ajoutons Notre assentiment et Notre approbation. Car elles sont sacrées, ces choses que vous avez cherché et que vous cherchez encore à protéger et à défendre.

Du reste, les inconvénients de la loi en question avertissaient par eux-mêmes que, pour trouver au mal un adoucissement opportun, il était besoin d'une entente parfaite. Telle était la cause des catholiques que tous les citoyens droits et honnêtes sans distinction de partis eussent dû se concerter et s'associer étroitement pour s'en faire les défenseurs. Au grand détriment de cette même cause, c'est le contraire qui est arrivé. Ce qui est plus déplorable encore, c'est que les catholiques canadiens eux-mêmes n'aient pu se concerter pour défendre des intérêts qui importent à un si haut point au bien commun, et dont la grandeur et la gravité devraient imposer silence aux intérêts des partis politiques, qui sont d'ordre bien inférieur.

Nous n'ignorons pas qu'il a été fait quelque chose pour amender la loi. Les hommes qui sont à la tête du gouvernement fédéral et du gouvernement de la province ont déjà pris certaines décisions

nonnulla jam decrevere minuendorum gratiâ incommodorum, de quibus expostulare et conqueri catholici ex Manitoba merito insistunt. Non est cur dubitemus, susceptum id æquitatis amore fuisse consilioque laudabili. Dissimulari tamen id quod res est, non potest : quam legem ad sarcienda damna condidere, ea manca est, non idonea, non apta. Multo majora sunt, quæ catholici petunt, quæque eos jure petere, nemo neget. Præterea in ipsis illis temperamentis, quæ excogitata sunt, hoc etiam inest vitii quod, mutatis locorum adjunctis, carere effectu facile possunt. Tota ut res in breve cogatur, juribus catholicorum educationique puerili nondum est in Manitoba consultum satis : res autem postulat, quod est justitiæ consentaneum, ut omni ex parte consulatur, nimirum in tuto positis debitoque præsidio septis iis omnibus, quæ supra attigimus, incommutabilibus augustissimisque principiis. Huc spectandum, hoc studiose et considerate quærendum. — Cui quidem rei nihil obesse potest discordiâ pejus : conjunctio animorum est et quidam quasi concentus actionum pernecessarius. Sed tamen cum perveniendi eo, quo propositum est et esse debet, non certa quædam ac definita via sit, sed multiplex, ut fere fit in hoc genere rerum, consequitur varias esse posse de agendi ratione honestas easdemque conducibiles sententias. Quamobrem universi et singuli meminerint modestiæ, lenitatis, caritatis mutuæ : videant ne quid in verecundia peccetur, quam alter alteri debet : quid tempus exigat, quid optimum factu videatur, fraterna unanimitate, non sine consilio vestro, constituant, efficiant.

Ad ipsos ex Manitoba catholicos nominatim quod attinet, futuros aliquando totius voti compotes, Deo adjuvante, confidimus. Quæ spes primum sane in ipsa bonitate causæ conquiescit : deinde in virorum, qui res publicas administrant, æquitate ac prudentia, tum denique in Canadensium, quotquot recta sequuntur, honesta voluntate nititur. Interea tamen, quamdiu rationes suas vindicare nequeant universas, salvas aliqua ex parte habere ne recusent. Si quid igitur lege, vel usu, vel hominum facilitate quadam tribuatur, quo tolerabiliora damna, ac remotiora pericula fiant, omnino expedit atque utile est concessis uti, fructumque ex iis atque utilitatem quam fieri potest maximam capere. Ubi vero alia nulla mederi ratione incommodis liceat, hortamur atque obsecramus, ut aucta liberalitate munificentiaque pergant occurrere. Non de salute ipsorum sua, nec de prosperitate civitatum mereri melius, queant, quam si in scholarum puerilium tuitionem contulerint, quantum sua cuique sinat facultas.

Est et aliud valde dignum, in quo communis vestra elaboret industria. Scilicet vobis auctoribus, iisque adjuvantibus, qui

en vue de diminuer les griefs, d'ailleurs si légitimes, des catholiques du Manitoba. Nous n'avons aucune raison de douter qu'elles n'aient été inspirées par l'amour de l'équité et par une intention louable. Nous ne pouvons toutefois dissimuler la vérité : la loi que l'on a faite, dans un but de réparation, est défectueuse, imparfaite, insuffisante. C'est beaucoup plus que les catholiques demandent et qu'ils ont, personne n'en doute, le droit de demander. En outre, ces tempéraments mêmes que l'on a imaginés ont aussi ce défaut que, par des changements de circonstances locales, ils peuvent facilement manquer leur effet pratique. Pour tout dire, en un mot, il n'a pas encore été suffisamment pourvu aux droits des catholiques et à l'éducation de nos enfants au Manitoba. Or, tout demande dans cette question, et en conformité avec la justice, que l'on y pourvoie pleinement, c'est-à-dire que l'on mette à couvert et en sûreté les principes immuables et sacrés que Nous avons touchés plus haut. C'est à quoi l'on doit viser, c'est le but que l'on doit poursuivre avec zèle et avec prudence. Or, à cela rien de plus contraire que la discorde : il y faut absolument l'union des esprits et l'harmonie de l'action. Toutefois, comme le but que l'on s'est proposé d'atteindre, et que l'on doit atteindre en effet, n'impose pas une ligne de conduite déterminée et exclusive, mais en admet au contraire plusieurs, comme il arrive d'ordinaire en ces sortes de choses, il s'ensuit qu'il peut y avoir sur la marche à suivre une certaine multiplicité d'opinions également bonnes et plausibles. Que nul donc ne perde de vue les règles de la modération, de la douceur et de la charité fraternelle, que nul n'oublie le respect qu'il doit à autrui : mais que tous pèsent mûrement ce qu'exigent les circonstances, déterminent ce qu'il y a de mieux à faire et le fassent, dans une entente toute cordiale, et non sans avoir pris votre conseil.

Pour ce qui regarde en particulier les catholiques du Manitoba, Nous avons confiance que, Dieu aidant, ils arriveront un jour à obtenir pleine satisfaction. Cette confiance s'appuie surtout sur la bonté de leur cause, ensuite sur l'équité et la sagesse de ceux qui tiennent en main le gouvernement de la chose publique, et enfin sur le bon vouloir de tous les hommes droits du Canada. En attendant, et jusqu'à ce qu'il soit donné de faire triompher toutes leurs revendications, qu'ils ne refusent pas des satisfactions partielles. C'est pourquoi, partout où la loi, où le fait, ou les bonnes dispositions des personnes leur offrent quelques moyens d'atténuer le mal et d'en éloigner davantage les dangers, il convient tout à fait et il est utile qu'ils en usent et qu'ils en tirent le meilleur parti possible. Partout, au contraire, où le mal n'aurait pas d'autre remède, Nous les exhortons et les conjurons d'y obvier par un redoublement de généreuse libéralité. Ils ne pourront rien faire qui leur soit plus salutaire à eux-mêmes ni qui soit plus favorable à la prospérité de leur pays, que de contribuer au maintien de leurs écoles dans toute la mesure de leurs ressources.

Il est un autre point qui appelle encore vos communes sollicitudes. C'est que, par votre autorité, et avec le concours de ceux qui diri-

scholis præsunt, instituere accurate ac sapienter studiorum rationem oportet, potissimumque eniti ut, qui ad docendum accedunt, affatim et naturæ et artis præsidiis instructi accedant. Scholas enim catholicorum rectum est cum florentissimis quibusque de cultura ingeniorum, de litterarum laude, posse contendere. Si eruditio, si decus humanitatis quæritur, honestum sane ac nobile judicandum Provinciarum Canadensium propositum, augere ac provehere pro viribus expetentium disciplinam institutionis publicam, quo politius quotidie ac perfectius quiddam contingat. Atqui nullum est genus scientiæ, nulla elegantia doctrinæ, quæ non optime possit cum doctrina atque institutione catholica consistere.

Hisce omnibus illustrandis ac tuendis rebus, quæ hactenus dictæ sunt, possunt non parum ii ex catholicis prodesse, quorum opera in scriptione præsertim quotidiana versatur. Sint igitur memores officii sui. Quæ vera sunt, quæ recta, quæ christiano nomini reique publicæ utilia, pro iis religiose animoque magno propugnent: ita tamen ut decorum servent, personis parcant, modum nulla in re transiliant. Vereantur ac sancte observent episcoporum auctoritatem, omnemque potestatem legitimam: quanto autem est temporum difficultas major, quantoque dissensionum præsentius periculum, tanto insistant studiosius suadere sentiendi agendique concordiam, sine qua vix aut ne vix quidem spes est futurum ut id, quod est in optatis omnium nostrum, impetretur.

Auspicem cœlestium munerum, benevolentiæque Nostræ paternæ testem accipite apostolicam benedictionem, quam vobis, venerabiles Fratres, Clero populoque vestro peramanter in Domino impertimus.

Datum Romæ, apud S. Petrum, die VIII decembris, an. MDCCCLXXXXVII, pontificatus Nostri vigesimo.

LEO PP. XIII.

gent les établissements d'éducation, on élabore, avec soin et sagesse, tout le programme des études, et que l'on prenne surtout garde de n'admettre aux fonctions de l'enseignement que des hommes abondamment pourvus de toutes les qualités qu'elles comportent, naturelles et acquises. Il convient, en effet, que les écoles catholiques puissent rivaliser avec les plus florissantes par la bonté des méthodes de formation et par l'éclat de l'enseignement. Au point de vue de la culture intellectuelle et du progrès de la civilisation, on ne peut que trouver beau et noble le dessein conçu par les provinces canadiennes de développer l'instruction publique, d'en élever de plus en plus le niveau et d'en faire ainsi une chose toujours plus haute et plus parfaite. Or, nul genre d'étude, nul progrès du savoir humain qui ne puisse se pleinement harmoniser avec la doctrine catholique.

A expliquer et à défendre tout ce que Nous avons dit jusqu'ici, ceux-là d'entre les catholiques y peuvent puissamment contribuer, qui se sont consacrés aux travaux de la presse, surtout de la presse quotidienne. Qu'ils se souviennent donc de leur devoir. Qu'ils défendent religieusement et avec courage tout ce qui est vérité, droit, intérêts de l'Eglise et de la société ; de telle sorte pourtant qu'ils restent dignes, respectueux des personnes, mesurés en toutes choses. Qu'ils soient respectueux et qu'ils aient une scrupuleuse déférence envers l'autorité épiscopale et envers tout pouvoir légitime. Plus les temps sont difficiles, plus est menaçant le danger de division, et plus aussi ils doivent s'étudier à inculquer cette unité de pensées et d'action, sans laquelle il y a peu, ou même point d'espoir d'obtenir jamais ce qui est l'objet de nos communs désirs.

Comme gage des dons célestes et de Notre affection paternelle, recevez la bénédiction apostolique que Nous vous accordons de tout cœur dans le Seigneur, à vous, vénérables frères, à votre clergé et à vos ouailles.

Donné à Rome, près Saint-Pierre, le huitième jour de décembre de l'année 1897, la vingtième de Notre pontificat.

LÉON XIII, PAPE.

SANCTISSIMI DOMINI NOSTRI

LEONIS

DIVINA PROVIDENTIA PAPÆ XIII

EPISTOLA ENCYCLICA AD EPISCOPOS SCOTIÆ

VENERABILIBUS FRATRIBUS ARCHIEPISCOPIS
ET EPISCOPIS SCOTIÆ

LEO PP. XIII

Venerabiles Fratres, salutem et apostolicam benedictionem.

Caritatis studium, quod Nos habet de salute dissidentium fratrum sollicitos, nequaquam cessare Nos patitur, si, quos ab unico Christi ovili error varius segregatos tenet, ad complexum Pastoris boni revocare possimus. Vehementius quotidie miseram dolemus vicem hominum tanto numero, quibus christianæ fidei abest integritas. Itaque et sanctissimi conscientia officii et amantissimi hominum Sospitatoris, cujus personam nullo merito Nostro gerimus, tanquam suasu et instinctu permoti, contendere ab iis omni ope insistimus, ut instaurare nobiscum unius ejusdemque communionem fidei aliquando velint. Magnum opus, ac de humanis operibus longe difficillimum exitu: quod quidem perficere non nisi ejus est, qui omnia potest, Dei. Sed hac ipsa de causa non despondemus animum, nec deterriti a proposito sumus ob magnitudinem difficultatum, quas humana virtus perrumpere sola non potest. *Nos autem prædicamus Christum crucifixum..... Et quod infirmum est Dei, fortius est hominibus* (1). In tanto opinionum errore, in tot malis quæ vel premunt vel imminent, monstrare velut digito conamur, unde sit petenda salus, cohortando, monendo universitatem gentium ut levent *oculos in montes, unde veniet auxilium*. Quod enim Isaias prædixerat futurum, id comprobavit eventus: scilicet Ecclesia Dei ortu divino divinaque dignitate sic eminet, ut se intuentium oculis plane conspiciendam præbeat;

---

(1) I Cor., I, 23, 25.

LETTRE ENCYCLIQUE
DE N. T. S. P. LÉON XIII
PAPE PAR LA DIVINE PROVIDENCE
AUX ÉVÊQUES D'ÉCOSSE

A NOS VÉNÉRABLES FRÈRES LES ARCHEVÊQUES
ET ÉVÊQUES D'ÉCOSSE

LÉON XIII, PAPE

Vénérables Frères, salut et bénédiction apostolique,

Le zèle charitable qui Nous inspire et Nous émeut en ce qui touche (1) le salut de Nos frères dissidents ne Nous permet pas de prendre même un instant de repos, tant que nous pourrons ramener dans les bras du bon Pasteur quelques-uns de ceux que des erreurs variées retiennent loin de l'unique troupeau du Christ. Nous déplorons de plus en plus vivement le malheureux sort de ces hommes si nombreux qui ne possèdent pas l'intégrité de la foi chrétienne.

Aussi, animé par la conscience de Nos devoirs sacrés, par les conseils, et, pour ainsi dire, par l'impulsion du très aimant Sauveur des hommes que Nous représentons, sans aucun mérite de Notre part, Nous faisons tous Nos efforts pour obtenir de ces dissidents qu'un jour ils entrent avec Nous dans la communion d'une seule et même foi. L'œuvre est considérable et bien au-dessus des forces humaines : la mener à terme n'appartient qu'à celui qui peut tout, à Dieu.

Mais, pour cette raison même, Nous ne perdons pas courage, et Nous ne sommes point détourné de Notre but par la grandeur de difficultés dont la puissance humaine ne saurait triompher à elle seule. « Pour nous, nous prêchons Jésus-Christ..... Et ce qui paraît faiblesse en Dieu est plus fort que les hommes. (I Cor., I, 23, 25.) » Au milieu de tant d'opinions erronées, de tant de maux régnants ou imminents, Nous Nous efforçons de montrer pour ainsi dire du doigt où il faut chercher le salut, exhortant et instruisant toutes les nations à lever « les yeux vers les montagnes d'où leur viendra le secours ».

La prédiction d'Isaïe a été, en effet, confirmée par l'événement : l'Église de Dieu est si élevée par son origine et par sa dignité divines qu'elle se montre clairement aux yeux de ceux qui la regardent :

---

(1) Nous avons emprunté à l'*Univers* sa traduction qui est très exacte et à laquelle nous n'avons apporté que de légères modifications.

Et erit in novissimis diebus præparatus mons domus Domini in vertice montium, et elevabitur super colles (1).

Hujusmodi in curis consiliisque Nostris suum obtinet Scotia locum, quam Apostolicæ huic Sedi diu multumque dilectam, Nos ipsi proprio quodam nomine caram habemus. Ante annos viginti, libet enim commemorare, Apostolici ministerii in Scotis dedicavimus primitias, cum altero ab inito Pontificatus die ecclesiasticam apud ipsos hierarchiam restituendam curavimus. Quo ex tempore præclare vobis, Venerabiles Fratres, vestroque adnitente clero, numquam non bono studuimus istius gentis, quam quidem sua indoles amplectendæ veritati peridoneam facit. Nunc vero quoniam id ætatis sumus, ut propius jam absit humanus exitus, etiam visum est alloqui vos, Venerabiles Fratres, populoque vestro novum Apostolicæ providentiæ documentum impertire.

Turbulentissima illa tempestas, quæ in Ecclesiam sæculo decimo sexto incubuit, sicut alios nimium multos per Europam, ita Scotos maximam partem abstraxit a fide catholica, quam plus mille annis cum gloria retinuerant. Gratum Nobis est cogitatione repetere majorum vestrorum in rem catholicam non exigua promerita : itemque libet eos recordari, nec sane paucos, quorum virtute rebusque gestis Scotiæ nomen inclaruit. At vero num hodie cives vestri abnuant meminisse vicissim, quid Ecclesiæ catholicæ, quid Apostolicæ Sedi debeant? Cognita vobis planeque explorata commemoramus. — Est in vetustis annalibus vestris, Ninianum, hominem Scotum, cum ipsum legendis sacris litteris acrius cepisset studium in spiritu proficiendi, dixisse : « Surgam, circuibo mare et aridam, quæram veritatem quam diligit anima mea. Itane tantis opus est? Nonne Petro dictum est : *Tu es Petrus, et super hanc petram ædificabo Ecclesiam meam, et portæ inferi non prævalebunt adversus eam?* Igitur in fide Petri nihil minus est, nihil obscurum, nihil imperfectum, nihil adversum quod doctrinæ nequam sententiæque perversæ, quasi portæ inferi, prævalere sufficiant. Et ubi fides Petri nisi in sede Petri? Illuc certe, illuc mihi eundum est, ut exiens de terra mea et de cognatione mea et de domo patris mei merear in terra visionis videre voluntatem Domini et protegi a templo ejus (2). » Itaque Romam venerabundus properavit ; cumque ad sepulcra Apostolorum de ipso fonte et capite catholicæ veritatis large accepisset, jussu mandatuque Pontificis maximi domum reversus, romanæ fidei documentis cives imbuit, Ecclesiamque

---

(1) Is., ii, 2.
(2) Excerpta ex historia vitæ S. Niniani, Episcopi Candidæ basœ, seu Gallovidiæ, in Scotia, a S. Alfredo abbate Rievallensi conscripta.

« Et aux derniers jours une montagne sera préparée pour la maison du Seigneur sur le sommet des montagnes et elle s'élèvera au-dessus des collines. » (Is., II, 2.)

Dans Nos préoccupations et dans Nos projets, l'Ecosse tient une place telle, qu'après avoir été l'objet d'une longue et vive affection de la part de ce Siège apostolique, elle Nous est chère en quelque sorte à un titre spécial. Il y a vingt ans, en effet — Nous sommes heureux d'évoquer ce souvenir, — Nous avons consacré les prémices de Notre ministère apostolique à ce pays, alors qu'au lendemain de Notre avènement au pontificat Nous avons pris soin d'y rétablir la hiérarchie. Depuis lors, Vénérables Frères, avec le concours de votre clergé, Nous n'avons cessé de rechercher le bien de votre nation que d'ailleurs son caractère rend très apte à embrasser la vérité.

Mais maintenant, puisque Notre âge est tel que le terme de Notre vie semble proche, Nous avons jugé bon de vous adresser encore la parole, Vénérables Frères, et de donner à votre peuple une nouvelle preuve de Notre sollicitude apostolique.

Les troubles violents qui sévirent sur l'Eglise au XVIᵉ siècle arrachant à la foi catholique un trop grand nombre d'hommes à travers l'Europe entraînèrent aussi la plupart des Ecossais qui, pendant plus de mille années, avaient glorieusement conservé cette foi. Il Nous est doux de reporter Notre pensée sur les services éclatants rendus par vos ancêtres à la religion catholique. De même Nous aimons à Nous rappeler les hommes nombreux, certes, dont le courage et les exploits illustrèrent le nom de l'Ecosse. Mais vos concitoyens refuseront-ils aujourd'hui de se souvenir à leur tour de ce qu'ils doivent à l'Eglise catholique, de ce qu'ils doivent au Saint-Siège ? Nous rappelons ici des faits qui vous sont connus à fond.

Vos annales racontent que Ninias, un Ecossais, ayant conçu un ardent désir de faire des progrès dans la lecture des lettres sacrées, dit : « Je me lèverai, je parcourrai la mer et la terre, je chercherai la vérité qu'aime mon âme. Est-il donc besoin de tant de labeurs ? N'a-t-il pas été dit à Pierre : « Tu es Pierre, et sur cette pierre je « bâtirai mon église, et les portes de l'enfer ne prévaudront point « contre elle. » Donc, dans la foi de Pierre, il n'y a rien d'insuffisant, rien d'obscur, rien d'imparfait, rien contre quoi puissent prévaloir ces mauvaises doctrines et ces opinions perverses qui sont comme les portes de l'enfer.

» Et où est la foi de Pierre, si ce n'est sur le siège de Pierre ? C'est là, certes, c'est là que je dois aller, afin que, quittant ma patrie, ma famille et la maison de mon père, je mérite de voir dans la terre de vision la volonté de Dieu et d'être protégé par son temple (1). »

Il se dirigea donc en hâte vers Rome, plein de piété. Après avoir puisé largement la vérité catholique au tombeau des apôtres, comme à sa source même et à son foyer, il retourna dans son pays par l'ordre et avec une mission du Souverain Pontife, il pénétra ses concitoyens des enseignements de la foi romaine, et il fonda l'église

(1) Tiré de la vie de saint Ninias, évêque de Maison-Blanche ou de Galloway, en Ecosse, écrite par saint Alfred, abbé de Rievals.

Gallovidiensem condidit, duobus ante sæculis, quam beatus Augustinus ad Anglos appulit. Hanc fidem S. Columba, hanc ipsam veteres monachi, quorum est Ionensis sedes tam claris nobilitata virtutibus, et ipsi summo servarunt obsequio et aliis diligentissime edocuerunt. Quid Margaritam reginam memoremus, non Scotiæ tantummodo, sed christiani nominis universi lumen et decus? quæ in rerum mortalium collocata fastigio, cum nihil tamen nisi immortale ac divinum in omni vita spectavisset, suarum splendore virtutum orbem terrarum implevit. Jamvero si tantam excellentiam sanctitatis attigit, catholicæ fidei afflatu impulsuque attigit. Wallacem vero Brucemque, lumina vestri generis, nonne constantia catholicæ fidei fortissimos patriæ propugnatores præstitit? Mittimus innumerabiles alios utilissimos reipublicæ cives, quos Ecclesia parens educere nunquam destitit. Mittimus adjumenta cetera per ipsam vobis publice importata; ejus certe providentia et auctoritate celeberrima studiis optimis domicilia S. Andreæ, Glascuæ, Aberdoniæ patuerunt, ipsaque est exercendorum judiciorum civilium constituta ratio. Quamobrem intelligimus satis fuisse causæ cur honestissimum nomen *Sanctæ Sedis specialis filia* genti Scotorum adhæserit.

Verum magna ex eo tempore conversio rerum consecuta est, fide avita apud plurimos extincta. Numquamne excitatum iri censebimus? Imo vero certa quædam apparent indicia rerum, quæ spem bonam de Scotis, adjuvante Deo, inchoare jubeant. Videmus enim lenius quotidie benigniusque haberi catholicos; dogmatis catholicæ sapientiæ jam non, ut fortasse antea, contemptum vulgo adhiberi, sed favorem a multis, obsequium a non paucis; perversitates opinionum, quæ nimium quantum impediunt judicium veri, sensim obsolescere. Atque utinam vigeat latius pervestigatio veritatis; neque enim dubitandum, quin auctior notitia religionis catholicæ, germana nimirum suisque e fontibus, non ex alienis petita, præjudicatas ejusmodi opiniones penitus ex animis abstergat.

Scotis universis ea quidem tribuenda laus non mediocris, quod divinas litteras colere et revereri assiduo consueverunt. Sinant igitur, nonnihil Nos de hoc argumento ad suam ipsorum salutem amanter attingere. Videlicet in ea, quam diximus, verecundia sacrarum litterarum inest velut quædam cum Ecclesia catholica consensio : quidni queat redintegrandæ unitatis initium aliquando existere? Ne recusent meminisse, utriusque Testa-

de Galloway, deux siècles avant que le bienheureux Augustin eût fait voile vers l'Angleterre.

Cette même foi fut observée avec beaucoup de respect et enseignée avec beaucoup de zèle par saint Colomban et par les anciens moines dont les vertus si éclatantes illustrèrent le couvent d'Iona. Qu'avons-nous besoin de rappeler la reine Marguerite, qui fut une lumière et une gloire non seulement pour l'Écosse, mais encore pour tout l'univers chrétien? Cette princesse, placée au faîte des grandeurs humaines, n'eut pendant toute sa vie de regards que pour les biens immortels et divins, et elle remplit le monde de l'éclat de ses vertus. Mais si elle atteignit une si parfaite sainteté, ce fut assurément par l'inspiration et l'impulsion de la foi catholique.

Quant à Wallace et à Bruce, ces gloires de votre nation, est-ce que la constance de leur foi n'a pas fait d'eux les intrépides défenseurs de leur patrie?

Nous passons sous silence les autres citoyens qui, en quantité innombrable, rendirent de grands services à l'Etat, et que l'Eglise ne cessa jamais d'élever comme une mère. Nous passons sous silence les autres avantages dont votre Etat fut gratifié par elle. Assurément, ce fut par sa sollicitude et sous son autorité que furent ouverts les asiles de Saint-André, de Glasgow et d'Aberdeen, rendus célèbres par la culture des sciences les plus excellentes, et aussi que furent établies les lois régissant les jugements civils. Nous comprenons donc qu'il y eut de nombreux motifs pour que la nation écossaise reçût le nom très honorable de *fille chérie du Saint-Siège*.

Mais, depuis lors, de grandes modifications se produisirent, et chez beaucoup d'Ecossais s'éteignit la foi de leurs pères. Faut-il penser qu'elle ne se réveillera jamais? Au contraire, on voit se manifester certains indices qui permettent de bien augurer de l'avenir de l'Écosse, avec l'aide de Dieu. Nous constatons en effet que les catholiques sont traités dans ce pays avec une douceur et une bienveillance croissantes. Les dogmes de la sagesse catholique ne sont déjà plus, comme autrefois, l'objet d'un mépris à peu près général, mais beaucoup d'hommes les étudient avec intérêt, et un certain nombre y adhèrent; les opinions perverses, qui constituent un très grand obstacle à la connaissance de la vérité, disparaissent peu à peu.

Plaise à Dieu que la recherche de cette vérité soit de plus en plus générale et ardente. Il est indubitable, en effet, qu'une connaissance plus profonde de la religion catholique — surtout si on va puiser cette connaissance à sa source même et non à des sources étrangères — aura pour effet d'arracher entièrement des âmes de semblables préjugés.

Tous les Ecossais méritent un éloge assurément précieux : ils ont coutume d'étudier assidûment et de révérer les Lettres divines. Qu'ils permettent donc à Notre affection de puiser dans cette ardeur un argument pour leur propre salut. Certes, ce respect dont nous parlons envers les Livres sacrés renferme pour ainsi dire un certain accord avec l'Eglise catholique, et pourquoi ne serait-ce pas la première étape des Ecossais dans la voie du retour à l'unité?

menti libros se ab Ecclesia catholica, non aliunde, accepisse: cujus vigilantiæ perpetuisque curis acceptum referendum, quod sacræ litteræ maximas temporum ac rerum procellas integræ evasere. — Historia testatur jam inde antiquitus de Scripturarum incolumitate Synodum Carthaginiensem III atque Innocentium I romanum pontificem immortaliter meruisse. Recentiore vero memoria cogniti sunt tum Eugenii IV, tum Concilii Tridentini vigiles in eodem genere labores. Nos autem ipsi, haud ignari temporum, datis non ita pridem litteris encyclicis, Episcopos catholici orbis gravissime appellavimus, diligenterque monuimus quid opus esset facto, ut integritas ac divina auctoritas sacrarum litterarum salva consisteret.

Nam in hoc præcipiti ingeniorum cursu, sunt plures quos libido fastidiosius quælibet disquirendi, contemptioque vetustatis ita agat transversos, ut fidem sacro volumini vel elevare omnem, vel certe minuere non dubitent. Nimirum homines opinione scientiæ inflati, judicioque præfidentes suo, non intelligunt quam sit improbæ temeritatis plenum, humano prorsus modulo metiri quæ Dei sunt opera; eoque minus audiunt Augustinum alte clamantem : « Honora Scripturam Dei, honora verbum Dei etiam non apertum, differ pietate intelligentiam (1). » « Admonendi sunt studiosi venerabilium litterarum..... orent ut intelligant (2). » « Ne aliquid temere et incognitum pro cognito asserant..... nihil temere esse affirmandum, seu caute omnia modesteque tractanda (3). »

Verumtamen cum Ecclesiam perpetuo mansuram esse oporteret, non solis ea Scripturis, sed alio quodam præsidio instrui debuit. Scilicet divini auctoris fuit illud cavere, nequando cœlestium doctrinarum thesaurus in Ecclesia dissipatus deficeret; id quod necessitate futurum erat, si eum singulorum hominum arbitrio permisisset. Opus igitur fuisse apparet ab initio Ecclesiæ magisterium aliquod vivum et perenne, cui ex Christi auctoritate demandata esset cum salutifera ceterarum rerum doctrina, tum interpretatio certa Scripturarum; quodque, assiduo Christi ipsius auxilio munitum ac septum, nullo modo delabi in errorem docendo posset. Cui rei sapientissime Deus cumulateque providit, idque per unigenitum Filium suum Jesum Christum : qui scilicet germanam Scripturarum interpretationem tum in tuto posuit cum Apostolos suos in primis et maxime jussit, nequaquam dare scriptioni operam neque vulgo diribere vetustiorum Scripturarum, sine discrimine, sine lege, volumina, sed omnino edocere gentes viva voce universas, et ad cognitionem professionemque

(1) In Ps. 146, n. 12.
(2) Doctr. Chr. lib. III, c. 37, n. 56.
(3) In Gen. Op. Imp.

Qu'ils veuillent bien s'en souvenir, c'est de l'Eglise catholique, et non d'une autre source, qu'ils ont reçu les livres des deux Testaments. C'est grâce à la vigilance et aux soins perpétuels de cette Eglise que les saints Livres ont pu conserver leur intégrité à travers tous les siècles et tous les orages.

L'histoire nous montre que, dès la plus haute antiquité, le troisième Synode de Carthage et le pontife romain Innocent Ier ont rendu à la cause de l'intégrité des Ecritures des services dont le souvenir sera éternel. On connaît les vigilants efforts accomplis plus récemment dans le même sens par Eugène IV et par le Concile de Trente. Nous même, conscient des besoins de Notre époque, Nous avons publié naguère une Encyclique par laquelle nous adressions un sérieux appel aux évêques du monde catholique, les avertissant soigneusement de ce qu'il fallait faire pour sauvegarder l'intégrité et la divine autorité des saintes Lettres.

En effet, au milieu de la marche rapide des idées, il se trouve des hommes qui, égarés par leur penchant de tout examiner avec dédain et par leur mépris des antiques doctrines, n'hésitent pas à anéantir ou en tous cas à diminuer la foi aux Livres sacrés. Gonflés de l'opinion qu'ils ont de leur science, et pleins de confiance en leur jugement, ils ne comprennent pas combien il est déshonnête et téméraire de soumettre à une mesure humaine les œuvres de Dieu.

Il n'entendent pas Augustin leur crier : « Honore l'Ecriture de Dieu, honore la parole de Dieu même obscure, et fais taire ton intelligence devant ta pieté (In Ps. 146, n. 12.). » « Ceux qui étudient les saintes Lettres..... doivent être avertis de prier pour comprendre (Doct. chr. liv. III, c. xxxvii, n. 56.). » « Qu'ils n'affirment rien témérairement et qu'ils ne donnent pas comme connu ce qui est inconnu. Il ne faut rien affirmer au hasard, mais parler de tout avec précaution et réserve (In. Gen. Op. Imp.). » Toutefois, comme il fallait que l'Eglise subsistât toujours, elle a dû être appuyée, non seulement sur les Ecritures, mais encore sur une autre base.

Il appartenait à son divin Fondateur de veiller à ce que le trésor des doctrines célestes ne fût jamais dissipé dans l'Eglise, ce qui serait arrivé nécessairement si ce trésor avait été abandonné au jugement de chacun.

Evidemment donc, dès l'origine de l'Eglise, il y eut besoin d'une autorité vivante et éternelle à laquelle fussent confiées par l'autorité du Christ, soit les autres doctrines salutaires, soit l'interprétation certaine des Ecritures. Il fallait que ce chef, appuyé sur le secours assidu de Jésus-Christ lui-même, ne pût tomber dans aucune erreur doctrinale.

C'est à quoi Dieu pourvut largement et avec une souveraine sagesse par son Fils Jésus-Christ. Notre-Seigneur assura l'interprétation véritable des Livres sacrés lorsque, avant tout, il ordonna aux apôtres de ne pas écrire et de ne pas distribuer sans discernement et sans règle les volumes des saintes Lettres, mais d'instruire entièrement de vive voix toutes les nations, et de les conduire par la parole à la connaissance et à la profession de la doctrine

doctrinæ cœlestis, alloquendo, perducere : *Euntes in mundum universum* PRÆDICATE *Evangelium omni creaturæ* (1). Principatum autem docendi contulit uni, quo tamquam fundamento universitatem Ecclesiæ docentis niti oporteret. Christus enim cum claves regni cœlorum Petro traderet, una simul ei dedit ceteros regere qui *ministerio verbi* fungerentur : *Confirma fratres tuos* (2). Hoc itaque magisterio cum discere fideles debeant quæcumque ad salutem pertinent, ipsam petant divinorum librorum intelligentiam necesse est.

Facile autem apparet quam incerta sit et manca et inepta proposito eorum ratio, qui Scripturarum sensum unice ipsarum Scripturarum ope vestigari posse existimant. Nam eo dato, suprema lex interpretandi in judicio denique consistet singulorum. Jamvero, quod supra attigimus, prout quisque comparatus animo, ingenio, studiis, moribus ad legendum accesserit, ita divinorum sententiam eloquiorum iisdem de rebus interpretabitur. Hinc discrepantia interpretandi dissimilitudinem sentiendi contentionesque gignat necesse est, converso in materiam mali, quod unitati concordiæque bono datum erat.

Quæ quidem quam vere dicamus, res loquitur ipsa. Nam omnes catholicæ fidei expertes atque inter se dissentientes de religione sectæ, id sibi singulæ sumunt ut omnino placitis institutisque suis suffragari sacras litteras contendant. Adeo nullum est tam sanctum Dei donum, quo non abuti ad perniciem suam homo queat, quandoquidem divinas ipsas Litteras, quod gravi sententia monuit beatus Petrus, *indocti et instabiles depravant..... ad suam ipsorum perditionem* (3). His de causis Irenæus, recens ab ætate Apostolorum idemque fidus eorum interpres, inculcare hominum mentibus numquam destitit, non aliunde accipi notitiam veritatis, quam ex viva ecclesiæ institutione oportere : « Ubi enim Ecclesia, ibi et Spiritus Dei, et ubi Spiritus Dei illic Ecclesia et omnis gratia; Spiritus autem veritas (4)..... Ubi igitur charismata Domini posita sunt, ibi discere oportet veritatem apud quos est ea quæ est ab Apostolis Ecclesiæ successio (5) ». — Quod si catholici, quamvis in genere civilium rerum non ita conjuncti, connexi tamen aptique inter se unitate fidei mirabili tenentur, minime est dubium quin hujus præcipue magisterii virtute et ope teneantur.

Scotorum nobiscum de fide dissidentium complures quidem Christi nomen ex animo diligunt, ejusque et disciplinam assequi

(1) Marc, XVI, 15.
(2) Luc, XXII, 32.
(3) II Petr., III, 16.
(4) Adv. Hær., lib. III.
(5) Adv. Hær., lib. IV.

céleste : « Allant dans le monde entier, *prêchez* l'Evangile à toute créature (Marc, XVI, 15). »

Quant à l'enseignement suprême, Jésus-Christ le confia à un seul, sur lequel devait s'appuyer comme sur sa base toute l'Eglise enseignante. En remettant les clés du royaume des cieux à Pierre, il lui donna en même temps la mission de diriger les autres qui devaient s'acquitter du *ministère de la parole* : « Confirme tes frères (Luc, XXII, 32). » Ainsi, puisque les fidèles doivent apprendre par cet enseignement tout ce qui concerne le salut, il est nécessaire qu'ils demandent l'intelligence des Livres divins.

On voit facilement tout ce qu'il y a d'incertain, d'incomplet et d'incohérent dans le système de ceux qui pensent que l'on peut rechercher le sens des Ecritures avec l'unique secours des Ecritures elles-mêmes. Car, ce principe admis, le suprême critérium de l'interprétation réside dans le jugement particulier de chacun. Chacun, selon les dispositions qu'il apportera à cette lecture, en raison de son caractère, de son esprit, de ses préférences, de ses mœurs, sera conduit, comme nous l'avons dit plus haut, à traduire d'une façon ou de l'autre les mêmes passages des divins écrits. Ces différences d'interprétation ne peuvent qu'engendrer des différences de doctrines et des disputes, et faire un aliment de désordre de ce qui nous a été donné pour produire l'unité et la concorde.

Les faits eux-mêmes démontrent à quel point Nous disons vrai. Toutes les sectes sorties de la foi catholique et en désaccord entre elles sur la religion s'efforcent, chacune en son particulier, de plier complètement le sens des Saintes Ecritures à leurs idées et à leurs institutions. Tant il est vrai qu'il n'est pas de don de Dieu si sacré dont l'homme ne puisse abuser pour sa perte, puisque, comme nous en avertit sévèrement le bienheureux Pierre, « les hommes ignorants et mobiles corrompent les divines Ecritures elle-mêmes, pour leur propre perdition (II Petr., III, 16) ». C'est pourquoi saint Irénée, dont la génération était voisine de celle des apôtres et qui était le fidèle interprète de ces derniers, n'a jamais cessé de graver ce principe dans l'esprit des hommes : à savoir que la connaissance de la vérité ne doit pas être tirée d'une autre source que de celle que nous ouvre l'Eglise elle-même : « Là où est l'Eglise est aussi l'esprit de Dieu; et là où est l'esprit de Dieu est l'Eglise ainsi que toute grâce; l'Esprit, c'est la vérité..... (*Adv. hær. lib.* III). Là donc où se trouvent les dons du Seigneur, il faut apprendre la vérité auprès de ceux qui en sont les dépositaires, c'est-à-dire dans la succession de l'Eglise depuis les apôtres (*Adv. hær. lib.* IV). » Si les catholiques, malgré tout ce qui les sépare dans l'ordre des choses civiles, sont toutefois unis et reliés les uns aux autres par la merveilleuse unité de la foi, impossible de douter qu'ils doivent principalement cette union à la vertu et à la puissance de ce magistère.

Beaucoup des Ecossais qui ne partagent pas notre foi aiment le nom du Christ du fond du cœur, cherchent à observer ses lois et à imiter ses très saints exemples. Mais comment leur intelligence et leur cœur pourront-ils atteindre ce but auquel ils travaillent, s'ils refusent, dans cet élan vers les choses célestes, de se laisser instruire

et exempla sanctissima persequi imitando nituntur. At qui mente qui animo unquam adipisci poterunt quod laborant, nisi erudiri sese atque ali ad cœlestia eâ ratione et via patiantur, quâ Christus ipse constituit? nisi dicto audientes Ecclesiæ sint, cui præcipienti ipse auctor fidei perinde obtemperari homines jussit ac sibi : *Qui vos audit, me audit; qui vos spernit, me spernit?* nisi requirant alimenta pietatis virtutumque omnium ex eo, cui Pastor summus animarum vicario dedit esse sui muneris, universi gregis curâ concredita? Interea certum Nobis est Nostris non deesse partibus; imprimisque supplices contendere a Deo, ut inclinatis ad bonum mentibus velit potiora gratiæ suæ incitamenta adjicere. Atque utinam divina Nobis exorata benignitas hoc Ecclesiæ matri solatium optatissimum largiatur, ut Scotos universos ad fidem avitam *in spiritu et veritate* restitutos complecti celeriter queat. Quid non ipsis sperandum, reconciliata nobiscum concordia? Confestim effulgeret undique perfecta et absoluta veritas cum possessione bonorum maximorum, quæ secessione interierant. Quibus in bonis longe excellit unum, quo miserrimum est carere : sacrificium sanctissimum dicimus, in quo Jesus Christus, sacerdos idem et victima, Patri suo se offert ipse quotidie, ministerio suorum in terris sacerdotum. Cujùs virtute sacrificii infinita nobis Christi applicantur merita nimirum divino cruore parta, quem actus in crucem pro salute hominum semel effudit. Harum fides rerum florebat integra apud Scotos, quo tempore S. Columba mortale agebat ævum : itemque postea cum templa maxima passim excitarentur, quæ majorum vestrorum excellentiam et artis et pietatis posteritati testantur. — Necessitatem vero sacrificii vis ipsa et natura religionis continet. In hoc enim est summa divini cultus, agnoscere et revereri Deum ut supremum dominatorem rerum cujus in potestate et nos et omnia nostra sunt. Jamvero non alia est ratio et causa sacrificii, quæ propterea *res divina* proprie nominatur : remotisque sacrificiis, nulla nec esse nec cogitari religio potest. Lege veteri non est lex inferior Evangelii : imo multo præstantior, quia id cumulate perfecit, quod illa inchoarat. Jamvero sacrificium in Cruce factum præsignificabant sacrificia in Testamento veteri usitata, multo ante quam Christus nasceretur : post ejus ascensum in cœlum, idem illud sacrificium sacrificio eucharistico continuatur. Itaque vehementer errant qui hoc perinde respuunt, ac si veritatem virtutemque sacrificii deminuat, quod Christus, cruci suffixus, fecit; *semel oblatus ad multorum exhaurienda peccata* (1).

---

(1) Hebr., IX, 28.

et soutenir selon la méthode et par les moyens que le Christ a lui-même établis? Comment le pourront-ils, s'ils n'écoutent pas la parole de l'Eglise, aux préceptes de qui l'auteur même de la foi a voulu que les hommes obéissent non moins qu'aux siens : « Celui qui vous écoute, m'écoute; celui qui vous méprise, me méprise »? Comment le pourront-ils, s'ils ne réclament les aliments de la piété et de toutes les vertus à celui que le Pasteur souverain des âmes a choisi pour être son Vicaire à sa place, en lui confiant le soin de tout son troupeau?

En attendant, Nous sommes résolu de ne pas faillir à Notre rôle, et, avant tout, de faire monter vers Dieu Nos prières suppliantes pour qu'il daigne accorder des surcroîts de grâce aux esprits déjà inclinés vers le bien. Puisse la bonté divine, se laissant fléchir par Nous, accorder à l'Eglise, mère des fidèles, la consolation ardemment souhaitée de pouvoir, dans l'avenir le plus prochain possible, ouvrir son sein à tous les Ecossais revenus à la foi de leurs ancêtres, *en esprit et en vérité*. Que ne doivent-ils pas espérer de cette réconciliation avec nous? La vérité parfaite et absolue resplendirait aussitôt pour eux de toutes parts, et ils retrouveraient des biens immenses que, depuis leur séparation, ils avaient perdus. Parmi ces biens, il en est un, le plus excellent de tous, celui dont il est le plus déplorable d'être privé : Nous voulons parler du Saint Sacrifice, dans lequel Jésus-Christ, à la fois prêtre et victime, s'offre lui-même tous les jours à son Père, par le ministère de ceux qui sont ses prêtres ici-bas. C'est par la vertu de ce sacrifice que les mérites infinis du Christ nous sont appliqués, mérites produits par son divin sang qu'il a, une seule fois versé sur la croix pour le salut des hommes. Telle est la foi qui fleurissait dans sa pureté parmi les Ecossais, à l'époque où saint Colomban coulait les jours de sa vie mortelle, et plus tard encore, alor que de vastes temples s'élevaient sur divers points de l'Ecosse temples qui attestent encore aujourd'hui à leur postérité l'art excellent et l'excellente piété de vos ancêtres.

L'essence même, la nature de la religion, implique la nécessité du sacrifice. C'est là que réside le suprême élément du culte divin qui consiste à reconnaître et à révérer Dieu comme le souverain dominateur de toutes choses, sous la puissance de qui Nous sommes Nous-même, avec tout ce que Nous possédons. Et, en effet, il n'y a pas d'autre justification, d'autre raison d'être du sacrifice, qui, à cause de cela, est proprement appelé « chose divine ». Supprime les sacrifices, aucune religion ne peut exister, et l'idée même n'en peut être conçue. La loi de l'Evangile n'est pas inférieure à la loi ancienne ; au contraire, elle l'emporte de beaucoup sur celle-ci parce qu'elle achève, d'une manière parfaite, ce que cette loi ancienne avait ébauché. Déjà, bien avant que le Christ naquît, les sacrifices usités dans l'Ancien Testament annonçaient et symbolisaient le sacrifice de la croix. Depuis que le Christ est monté au ciel, ce même sacrifice est continué par le sacrifice eucharistique. C'est pourquoi ceux-là se trompent gravement, qui repoussent ce sacrifice sous prétexte qu'il diminuerait la vérité et la vertu du sacrifice que le Christ, attaché à la Croix, a accompli, « s'étant offert une seule fois pour expier les péchés d'un grand nombre (Hébr., IX, 28) ». Cette

Omnino perfecta atque absoluta illa expiatio mortalium fuit; nec ullo modo altera, sed ipsa illa in sacrificio eucharistico inest. Quoniam enim sacrificalem ritum comitari in omne tempus religioni oportebat, divinissimum fuit Redemptoris consilium ut sacrificium semel in Cruce consummatum, perpetuum et perenne fieret. Hujus autem ratio perpetuitatis inest in sacratissima Eucharistia, quæ non similitudinem inanem memoriamve tantum rei affert, sed veritatem ipsam, quamquam specie dissimili; proptereaque hujus sacrificii efficientia sive ad impetrandum, sive ad expiandum, ex morte Christi tota fluit : *Ab ortu enim solis usque ad occasum, magnum est nomen meum in gentibus: et in omni loco sacrificatur, et offertur nomini meo oblatio munda: quia magnum est nomen meum in gentibus* (1).

Jam, quod reliquum est, ad eos qui catholicum nomen profitentur, Nostra propius spectat oratio : idque ob eam causam, ut proposito Nostro prodesse aliquid opera sua velint. Studere, quoad quisque potest, proximorum saluti christiana caritas jubet. Quamobrem ab eis primum omnium petimus, ut hujus rei gratia orare atque obsecrare Deum ne desinant, qui lumen efficax mentibus affundere, voluntatesque impellere quo velit, solus potest. Deinde, quia ad flectendos animos plurimum exempla possunt, dignos se ipsi præstent veritate, cujus divino munere sunt compotes ; ac bene moratæ instituto vitæ adjiciant commendationem fidei quam profitentur : *Luceat lux vestra coram hominibus, ut videant opera vestra bona* (2) : unaque simul civilium exercitatione virtutum efficiant, ut illud quotidie magis appareat, religionem catholicam inimicam civitati, nisi per calumniam, traduci non posse : quin imo alia in re nulla plus reperiri ad dignitatem commodumque publicum præsidii.

Illud etiam magnopere expedit, tueri religiosissime, imo etiam stabilire firmius, septamque omnibus præsidiis tenere catholicam adolescentis ætatis institutionem. Haud sane latet Nos cupidæ discendi juventuti suppetere apud vos publice ludos probe instructos, in quibus certe optimam studiorum rationem non requiras. Sed eniti atque efficere necesse est, ut domicilia litterarum catholica nulla in re concedant ceteris : neque enim est committendum, ut adolescentes nostri minus parati existant a litterarum scientia, ab elegantia doctrinæ, quas res fides christiana honestissimas sibi comites ad tutelam et ornamentum exposcit. Postulat igitur religionis amor et patriæ caritas, ut quæcumque catholici apte instituta habent vel primordiis litterisque, vel gravioribus disciplinis tradendis, ea constabilienda et augenda pro

(2) Mal., I, 11.
(1) Matth., v, 10.

expiation des fautes humaines a été parfaite et absolue; et ce n'est pas une autre expiation qui fait l'essence du sacrifice eucharistique; c'est la même. Comme il fallait, en effet, qu'un rite sacrificatoire accompagnât la religion dans toute la suite des temps, le plan très divin du Rédempteur a été que le sacrifice consommé une seule fois sur la croix devînt perpétuel et ininterrompu. La forme de cette perpétuité est celle de la très sainte Eucharistie qui ne nous présente pas seulement une vaine figure ou un souvenir, mais la réalité elle-même, quoique sous un aspect différent; et c'est pour cela que l'efficacité de ce sacrifice, soit pour obtenir, soit pour expier, découle tout entière de la mort du Christ : « Du côté où se lève le soleil jusqu'au côté où il se couche, mon nom est grand parmi les nations; et l'on sacrifie en tout lieu, et une pure oblation est offerte à mon nom, parce que mon nom est grand parmi les nations (Mal., I, 11). »

Il Nous reste maintenant à entretenir plus spécialement ceux qui professent la foi catholique, et cela, afin que, par leur concours, ils veuillent seconder en quelque chose Notre dessein. La charité chrétienne ordonne de concourir, autant que chacun le peut, au salut d'autrui. Nous demandons donc aux catholiques, avant toute chose, de ne pas cesser d'adresser, dans cette intention, de ferventes prières au Dieu qui seul peut répandre dans les esprits une lumière efficace et incliner les volontés du côté où il veut. Ensuite, comme, pour fléchir les esprits, les exemples sont d'un grand secours, que les catholiques se montrent dignes de la vérité dont ils sont les possesseurs par un bienfait divin, et que leur vie bien réglée serve à recommander la foi qu'ils professent : « Que votre lumière luise devant les hommes afin qu'ils voient vos bonnes œuvres. » (Matth. v, 16.) Qu'ils fassent en sorte, en même temps, par la pratique des vertus civiles, que l'on voie chaque jour de plus en plus qu'il est impossible, sans calomnie, de dénoncer la religion catholique comme ennemie de l'Etat. Qu'ils prouvent, au contraire, que nulle autre religion ne contribue plus sûrement à la dignité et à la prospérité publiques.

Il est encore une chose qu'il convient de conserver avec grand soin, et même de fortifier davantage, en l'environnant de toutes les protections : c'est l'éducation catholique de la jeunesse. Nous n'ignorons certes pas qu'il existe parmi vous des établissements d'instruction pourvus de tout ce qui peut orner l'esprit d'une studieuse jeunesse, et où les bonnes méthodes d'étude ne font pas défaut. Mais il faut que tous vos efforts tendent à obtenir que ces écoles ne le cèdent en rien aux autres : et il ne faut pas s'exposer à ce que nos jeunes gens, à l'issue de leur éducation, se montrent inférieurs en ce qui concerne la culture littéraire et les agréments de l'instruction, choses très honorables que la foi chrétienne réclame pour compagnes, tant pour se défendre que pour s'orner. En un mot, l'amour de la religion et de la patrie invite les catholiques à fortifier et à développer, dans la mesure de leurs ressources, tous les établissements de ce genre qu'ils possèdent, soit pour l'instruction élémentaire, soit pour l'enseignement des sciences les plus relevées.

Il est juste, surtout, de venir en aide à l'instruction et à la forma-

suis quisque facultatibus curent. — Æquum est autem adjuvari præcipue eruditionem cultumque Cleri, qui non aliter suum hodie locum digne utiliterque tenere potest, quam si omni fere humanitatis et doctrinæ laude floruerit. Quo in genere beneficentiæ catholicorum studiosissime ad opitulandum proponimus Collegium Blairsense. Opus saluberrimum, magno studio ac liberalitate inchoatum a pientissimo cive, ne patiantur intermissione collabi et interire, sed æmula munificentia in majus etiam provehant ad fastigiumque celeriter perducant. Tanti enim id est, quanti providere ut ferme in Scotia sacer ordo rite congruenterque temporibus educi possit.

Hæc omnia, Venerabiles Fratres, quæ propensissimus in Scotos animus Nobis expressit, sic habete ut solertiæ potissimum caritatique vestræ commendata putetis. Porro eam navitatem, quam Nobis luculenter probastis adhuc, probare pergite, ut ista efficiantur quæ non parum videntur proposito conducibilia. Perdifficilis sane causa est in manibus, ut professi sæpe sumus, humanisque viribus ad expediendum major; sed longe sanctissima, consiliisque divinæ bonitatis apprime congruens. Quare non tam difficultas rei Nos commovet, quam recreat ea cogitatio, vobis ad præscripta Nostra elaborantibus, Dei miserentis opem numquam abfuturam.

Auspicem cælestium munerum, et parternæ Nostræ benevolentiæ testem vobis omnibus, Venerabiles Fratres, clero, populoque vestro Apostolicam benedictionem peramanter in Domino impertimus.

Datum Romæ apud S. Petrum die xxv Julii MDCCCXCVIII. Pontificatus Nostri anno vicesimo primo.

LEO PP. XIII

tion du clergé, lequel ne peut, de nos jours, tenir dignement et utilement sa place, que s'il a reçu une culture intellectuelle des plus étendues. Nous tenons, pour ce genre de bienfaisance, à recommander plus instamment aux catholiques le collège de Blair. Ils ne doivent pas souffrir que cette fondation très salutaire, entreprise par le zèle ardent et la libéralité d'un pieux citoyen, ait à souffrir de l'interruption ou de l'abandon, mais rivaliser au contraire de générosité pour pousser de plus en plus l'entreprise et la mener bientôt à bonne fin. Soutenir cette œuvre, c'est concourir à ce que, dans presque toute l'Ecosse, les aspirants aux Ordres sacrés soient élevés dignement et d'une manière conforme aux besoins du siècle.

Toutes ces recommandations, vénérables Frères, que Nous venons de vous faire, poussé par Notre vive affection pour les Ecossais, considérez-les comme adressées tout spécialement à votre intelligence et à votre zèle. Ce zèle, que vous Nous avez prouvé jusqu'ici d'une façon brillante, continuez à le déployer, afin de réaliser toutes ces choses, qui ne paraissent pas peu utiles à notre dessein. L'œuvre que vous avez en main est bien difficile, comme Nous l'avons avoué souvent, et son accomplissement dépasse les forces humaines; mais c'est la plus sainte que vous puissiez entreprendre et celle qui s'accorde le mieux avec les plans de la divine bonté. C'est pourquoi les craintes que Nous cause cette difficulté sont peu de chose auprès de l'espoir qui nous anime, espoir que Dieu, si vous travaillez selon Nos prescriptions, ne vous ménagera pas ses miséricordieux secours.

Comme gage des célestes bienfaits et en témoignage de Notre paternelle bienveillance, Nous vous accordons très affectueusement dans le Seigneur, à vous tous, vénérables frères, à votre clergé et à votre peuple, la bénédiction apostolique.

Donné à Rome, près de Saint-Pierre, le 25 juillet de l'an 1898, de Notre pontificat le vingt et unième.

. LÉON XIII, PAPE.

LETTRE ENCYCLIQUE

AUX ÉVÊQUES, AU CLERGÉ ET AU PEUPLE D'ITALIE

LÉON XIII, PAPE

Vénérables Frères, fils bien aimés,

salut et bénédiction Apostolique.

Souvent (1), dans le cours de Notre pontificat, mû par le devoir sacré du ministère apostolique, Nous avons dû exprimer des plaintes et des protestations à l'occasion d'actes accomplis au détriment de l'Eglise et de la religion par ceux qui, à la suite de bouleversements bien connus, dirigent, en Italie, les affaires publiques.

Il Nous est douloureux d'avoir à le faire encore sur un très grave sujet, et qui nous remplit l'âme d'une tristesse profonde. Nous voulons parler de la suppression de tant d'institutions catholiques, récemment décrétée en diverses parties de la Péninsule. Cette mesure imméritée et injuste a soulevé la réprobation de toutes les âmes honnêtes, et Nous y voyons, avec une extrême douleur, rassemblées et rendues même plus cruelles les offenses que Nous avons eu à souffrir pendant les années écoulées.

Quoique les faits vous soient bien connus, Vénérables Frères, Nous estimons cependant opportun de revenir sur les origines et la nécessité de ces institutions, fruit de Notre sollicitude et de vos soins affectueux, afin que tous comprennent la pensée qui les avait inspirées et le but religieux, moral et charitable où elles tendaient.

Après avoir renversé le principal civil des papes, on en vint en Italie à dépouiller graduellement l'Eglise catholique de ses éléments de vie et d'action et de son influence native et séculaire dans l'organisation publique et sociale. Par une série progressive d'actes systématiquement coordonnés, on ferma les monastères et les couvents ; on dissipa, par la confiscation des biens ecclésiastiques, la plus grande partie du patrimoine de l'Eglise ; on imposa aux clercs le service militaire ; on entrava la liberté du ministère ecclésiastique par d'injustes mesures d'exception ; on s'efforça constamment d'effacer de toutes les institutions publiques l'empreinte religieuse et chrétienne ; on favorisa les cultes dissidents ; et, pendant que l'on

---

(1) Cette lettre encyclique sur l'Italie a été publiée en italien dans l'*Osservatore romano*. Nous donnons la traduction officielle française qui a paru en même temps que le document italien.

concédait aux sectes maçonniques la plus ample liberté, on réservait l'intolérance et d'odieuses vexations à cette unique religion qui fut toujours la gloire, le soutien et la force des Italiens.

Nous ne manquâmes jamais de déplorer ces graves et fréquents attentats. Nous les déplorâmes à cause de notre sainte religion, exposée à de suprêmes dangers; Nous les déplorâmes aussi, et Nous le disons dans toute la sincérité de Notre cœur, à cause de notre patrie, puisque la religion est une source de prospérité et de grandeur pour une nation, et le fondement principal de toute société bien ordonnée. Et, en effet, lorsqu'on affaiblit le sentiment religieux qui élève l'âme, qui l'ennoblit et y imprime profondément les notions du juste et de l'honnête, l'homme décline et s'abandonne aux instincts sauvages et à la recherche unique des intérêts matériels, d'où résultent, comme conséquence logique, les rancunes, les dissensions, la dépravation, les conflits, la perturbation du bon ordre, maux auxquels ne peuvent remédier sûrement et pleinement ni la sévérité des lois, ni les rigueurs des tribunaux, ni même l'emploi de la force armée.

Plus d'une fois, par des actes publics adressés aux Italiens, Nous avons averti ceux auxquels incombe la formidable responsabilité du pouvoir de cette connexion naturelle et intrinsèque entre la décadence religieuse et le développement de l'esprit de subversion et de désordre; Nous avons appelé l'attention sur les progrès inévitables du socialisme et de l'anarchie, et sur les maux sans fin auxquels ils exposaient la nation.

Mais on ne Nous écouta pas. Le préjugé mesquin et sectaire s'imposa comme un voile sur l'intelligence, et la guerre contre la religion fut continuée avec la même intensité. Non seulement on ne prit aucune mesure réparatrice, mais par les livres, les journaux, les écoles, les chaires, les cercles, les théâtres, on continua à semer largement les germes de l'irréligion et de l'immoralité, à ébranler les principes qui engendrent dans un peuple les mœurs honnêtes et fortes, à répandre les maximes qui ont pour suite infaillible la perversion de l'intelligence et la corruption du cœur.

Ce fut alors, vénérables Frères, qu'entrevoyant pour Notre pays un avenir sombre et rempli de périls, Nous crûmes venu le moment d'élever la voix et de dire aux Italiens : La religion et la société sont en danger; il est temps de déployer toute votre activité, et d'opposer au mal qui vous envahit une digue solide par la parole, par les œuvres, par les associations, par les comités, par la presse, par les congrès, par les institutions de charité et de prière, enfin par tous les moyens pacifiques et légaux qui soient propres à maintenir dans le peuple le sentiment religieux et à soulager sa misère, cette mauvaise conseillère, rendue si profonde et si générale par la fâcheuse situation économique de l'Italie. Telles furent Nos recommandations plusieurs fois renouvelées, en particulier dans les deux lettres que Nous adressâmes au peuple italien, le 15 octobre 1890 et le 8 décembre 1892.

Il Nous est ici agréable de déclarer que Nos exhortations tombèrent sur un sol fécond. Par vos généreux efforts, Vénérables Frères, et par ceux du clergé et des fidèles qui vous sont confiés, on obtint des résultats heureux et salutaires qui pouvaient en faire présager de plus grands encore dans un avenir prochain. Des centaines d'associations et de Comités surgirent en diverses contrées de l'Italie, et leur zèle infatigable fit naître des caisses rurales, des fourneaux économiques, des asiles de nuit, des cercles de récréation pour les fêtes, des œuvres de catéchisme, d'autres ayant pour but l'assistance des malades ou la tutelle des veuves et des orphelins, et tant d'autres institutions de bienfaisance, qui furent saluées par la reconnaissance et les bénédictions du peuple et reçurent, souvent même de la bouche d'hommes appartenant à un autre parti, des éloges bien mérités.

Et, dans le déploiement de cette louable activité chrétienne, les catholiques, n'ayant rien à cacher, se montrèrent selon leur coutume à la lumière du jour et se tinrent constamment dans les limites de la légalité.

Mais survinrent alors les événements néfastes, mêlés de désordres et de l'effusion du sang des citoyens, qui mirent dans le deuil quelques contrées de l'Italie. Nul plus que Nous ne souffrit au plus profond de l'âme, nul plus que Nous ne s'émut à ce spectacle.

Nous pensions cependant qu'en recherchant les origines premières de ces séditions et de ces luttes fratricides, ceux qui ont la direction des affaires publiques reconnaîtraient le fruit funeste mais naturel de la mauvaise semence impunément répandue dans la Péninsule, si largement et pendant si longtemps; Nous pensions que, remontant des effets aux causes, et faisant leur profit de la dure leçon qu'ils venaient de recevoir, ils reviendraient aux règles chrétiennes de l'organisation sociale, à l'aide desquelles les nations doivent se renouveler si elles ne veulent pas se laisser périr, et que, par conséquent, ils mettraient en honneur les principes de justice, de probité et de religion d'où dérive principalement même le bien-être matériel d'un peuple. Nous pensions que, du moins, voulant découvrir les auteurs et les complices de ces soulèvements, ils s'aviseraient de les chercher parmi ceux qui ont en aversion la doctrine catholique et qui excitent les âmes à toutes les convoitises déréglées par le naturalisme et le matérialisme scientifique et politique, parmi ceux enfin qui cachent leurs intentions coupables à l'ombre des assemblées sectaires où ils aiguisent leurs armes contre l'ordre et la sécurité de la Société.

Et en effet, il ne manqua pas, même dans le camp des adversaires, d'esprits élevés et impartiaux qui comprirent et eurent le louable courage de proclamer publiquement les vraies causes de ces lamentables désordres.

Mais grandes furent Notre surprise et Notre douleur, quand Nous apprîmes que, sous un prétexte absurde, mal dissimulé par l'artifice, on osait, afin d'égarer l'opinion publique et d'exécuter plus aisément un dessein prémédité, déverser sur les catholiques la folle accusation de perturbateurs de l'ordre pour faire retomber sur eux le blâme et le dommage des mouvements séditieux dont quelques régions de l'Italie avaient été le théâtre.

Et Notre douleur s'accrut encore bien davantage, quand, à ces calomnies, succédèrent des actes arbitraires et violents, et qu'on vit nombre des principaux et des plus vaillants journaux catholiques suspendus ou supprimés, les Comités diocésains et paroissiaux proscrits, les réunions des Congrès dispersées, certaines institutions réduites à l'impuissance, et d'autres menacées parmi celles-là mêmes qui n'ont pour but que le développement de la piété chez les fidèles ou la bienfaisance publique ou privée; quand on vit dissoudre en très grand nombre des Sociétés inoffensives et méritantes, et détruire ainsi, en quelques heures de tempête, le travail patient, charitable et modeste, réalisé pendant de longues années par tant de nobles intelligences et de cœurs généreux.

En recourant à ces mesures excessives et odieuses, l'autorité publique se mettait tout d'abord en contradiction avec ses affirmations antérieures. Pendant longtemps, en effet, elle avait représenté les populations de la Péninsule comme de connivence et parfaitement solidaires avec elle dans l'œuvre révolutionnaire et hostile à la Papauté; et maintenant, au contraire, elle se donnait tout à coup à elle-même un démenti en recourant à des expédients d'exception pour étouffer d'innombrables Associations répandues dans toute l'Italie, et cela sans autre raison que leur dévouement et leur attachement à l'Eglise et à la cause du Saint-Siège.

Mais de telles mesures lésaient par-dessus tout les principes de la justice et même les règles des lois existantes.

En vertu de ces principes et de ces règles, il est loisible aux catholiques, comme à tous les autres citoyens, de mettre librement en commun leurs efforts pour promouvoir le bien moral et matériel de leur prochain et pour vaquer aux pratiques de piété et de religion. Ce fut donc chose arbitraire de dissoudre tant de Sociétés catholiques de bienfaisance qui, dans d'autres nations, jouissent d'une existence paisible et respectée, et cela sans aucune preuve de leur culpabilité, sans aucune recherche préventive, sans aucun document qui pût démontrer leur participation aux désordres survenus.

Ce fut aussi une offense spéciale envers Nous, qui avions organisé et béni ces utiles et pacifiques associations, et envers vous, Vénérables Frères, qui en aviez promu avec soin le développement et qui aviez veillé sur leur marche régulière. Notre protection et votre vigilance auraient dû les rendre encore plus respectables et les mettre à l'abri de tout soupçon.

Nous ne pouvons non plus passer sous silence combien de telles mesures sont pernicieuses pour les intérêts des populations, pour la conservation sociale, pour le bien véritable de l'Italie. La suppression de ces Sociétés augmente encore la misère morale et matérielle du peuple qu'elles s'efforçaient d'adoucir par tous les moyens possibles; elle ravit à la Société une force puissamment conservatrice, puisque leur organisation même et la diffusion de leurs principes était une digue contre les théories subversives du socialisme et de l'anarchie; enfin, elle irrite encore davantage le conflit religieux que tous les hommes exempts de passions sectaires considèrent comme extrêmement funeste à l'Italie dont il brise les forces, la cohésion et l'harmonie.

Nous n'ignorons pas que les Sociétés catholiques sont accusées de tendances contraires à l'organisation politique actuelle de l'Italie et considérées à ce titre comme subversives.

Une telle imputation est fondée sur une équivoque, créée et maintenue à dessein par les ennemis de l'Eglise et de la religion, pour donner devant le public une couleur favorable à l'ostracisme odieux dont ils veulent frapper ces associations. Nous entendons que cette équivoque soit dissipée pour toujours.

Les catholiques italiens, en vertu des principes immuables et bien connus de leur religion, se refusent à toute conspiration ou révolte contre les pouvoirs publics auxquels ils rendent le tribut qui leur est dû. Leur conduite passée, à laquelle tous les hommes impartiaux peuvent rendre un témoignage honorable, est garant de leur conduite dans l'avenir, et cela devrait suffire pour leur assurer la justice et la liberté auxquelles ont droit tous les citoyens pacifiques. Disons plus : étant, par la doctrine qu'ils professent, les plus solides soutiens de l'ordre, ils ont droit au respect, et si la vertu et le mérite étaient appréciés d'une manière adéquate, ils auraient encore droit aux égards et à la gratitude de ceux qui président aux affaires publiques.

Mais les catholiques italiens, précisément parce qu'ils sont catholiques, ne peuvent renoncer à vouloir qu'on restitue à leur chef suprême l'indépendance nécessaire et la plénitude de la liberté, vraie et effective, qui est la condition indispensable de la liberté et de l'indépendance de l'Eglise catholique. Sur ce point, leurs sentiments ne changeront ni par les menaces ni par la violence; ils subiront l'ordre de choses actuel, mais tant qu'il aura pour but l'abaissement de la papauté et pour cause la conspiration de tous les éléments antireligieux et sectaires, il ne pourront jamais, sans violer leurs plus sacrés devoirs, concourir à le soutenir par leur adhésion et par leur appui. Demander aux catholiques un concours positif pour maintenir l'ordre de choses actuel serait une prétention déraisonnable et absurde; car il ne leur serait plus permis d'obtempérer aux enseignements et aux préceptes du Siège apostolique; au contraire, ils devraient agir en opposition avec ces enseignements et se départir de la conduite que tiennent les catholiques de toutes les autres nations.

Voilà pourquoi l'action des catholiques, dans l'état présent des choses, demeurant étrangère à la politique, se concentre sur le champ social et religieux et vise à moraliser les populations, à les rendre obéissantes à l'Eglise et à son chef, à les éloigner des périls du socialisme et de l'anarchie, à leur inculquer le respect du principe d'autorité, enfin à soulager leur indigence par les œuvres multiples de la charité chrétienne.

Comment donc les catholiques pourraient-ils être appelés ennemis de la patrie et se voir confondus avec les partis qui attentent à à l'ordre et à la sécurité de l'Etat?

De pareilles calomnies tombent devant le simple bon sens. Elles reposent uniquement sur cette idée que les destinées, l'unité, la prospérité de la nation consistent dans les faits accomplis au détriment du Saint-Siège, faits cependant déplorés par les hommes les moins suspects qui ont ouvertement signalé comme une immense erreur la provocation d'un conflit avec cette grande Institution placée par Dieu au milieu de l'Italie, et qui fut et sera toujours son honneur principal et incomparable : Institution prodigieuse qui domine l'histoire et grâce à laquelle l'Italie est devenue l'éducatrice féconde des peuples, la tête et le cœur de la civilisation chrétienne.

De quelle faute sont donc coupables les catholiques, quand ils désirent le terme d'un long dissentiment, source des plus grands dommages pour l'Italie dans l'ordre social, moral et politique; quand ils demandent qu'on écoute la voix paternelle de leur Chef suprême qui a si souvent réclamé les réparations qu'on lui doit, en montrant quels biens incalculables en résulteraient pour l'Italie?

Les vrais ennemis de l'Italie, il faut les chercher ailleurs; il faut les chercher parmi ceux qui, mus par un esprit irréligieux et sectaire, l'âme insensible aux maux et aux périls qui menacent la patrie, repoussent toute solution vraie et féconde du dissentiment, et s'efforcent, par leurs coupables desseins, de le rendre toujours plus long et plus acerbe. C'est à eux et non à d'autres qu'il eût fallu appliquer les mesures rigoureuses dont on a frappé tant d'utiles associations catholiques, mesures qui Nous affligent profondément encore pour un autre motif d'un ordre plus élevé et qui ne regarde pas seulement les catholiques italiens, mais ceux du monde entier. Ces mesures font ressortir de mieux en mieux la situation pénible, précaire et intolérable à laquelle Nous sommes réduit. Si quelques faits auxquels les catholiques sont restés complètement étrangers ont suffi pour qu'on décrétât la suppression de milliers d'œuvres bienfaisantes et exemptes de toute faute, en dépit des garanties qu'elles tenaient des lois fondamentales de l'Etat, tout homme sensé et impartial comprendra quelle peut être l'efficacité des assurances données par les pouvoirs publics pour la liberté et l'indépendance de Notre ministère apostolique. A quoi se réduit, à vrai dire, Notre liberté, quand, après avoir été dépouillé de la plus grande partie des anciennes ressources morales et matérielles dont les siècles chrétiens avaient enrichi le Siège apostolique et l'Eglise en Italie, Nous sommes maintenant privé même de ces moyens d'action religieuse et sociale que Notre sollicitude et le zèle admirable de l'épiscopat, du clergé et des fidèles avaient réunis pour la défense de la religion et pour le bien du peuple italien? Quelle peut être cette prétendue liberté, quand une nouvelle occasion, un autre incident quelconque pourrait servir de prétexte pour aller encore plus avant dans la voie des violences et de l'arbitraire et pour infliger de nouvelles et plus profondes blessures à l'Eglise et à la religion?

Nous signalons cet état de choses à Nos fils d'Italie et à ceux des autres nations. Aux uns comme aux autres Nous disons cependant que si Notre douleur est grande, non moins grand est Notre courage, non moins ferme Notre confiance en cette Providence qui gouverne le monde et qui veille constamment et avec amour sur l'Eglise qui s'identifie avec la Papauté, selon la belle expression de saint Ambroise: *Ubi Petrus, ibi Ecclesia*. Toutes deux sont des institutions divines qui ont survécu à tous les outrages, à toutes les attaques, et qui, sans se laisser jamais ébranler, ont vu passer les siècles, puisant au contraire dans le malheur même un accroissement de force, d'énergie et de constance.

Quant à Nous, Nous ne cesserons d'aimer cette belle et noble nation où nous avons vu le jour, heureux de dépenser les derniers restes de Nos forces pour lui conserver le trésor précieux de la religion, pour maintenir ses fils dans la sphère honorable de la vertu et du devoir, pour soulager leurs misères autant que Nous en aurons le pouvoir.

Et dans cette noble tâche, vous Nous apporterez, Nous en sommes sûr, Vénérables Frères, le concours efficace de vos soins et de votre zèle aussi éclairé que constant. Oui, continuez cette œuvre sainte qui consiste à raviver la piété parmi les fidèles, à préserver les âmes des erreurs et des séductions dont elles sont de toutes parts environnées, à consoler les pauvres et les infortunés par tous les moyens que la charité pourra vous suggérer. Vos fatigues ne seront pas stériles, quels que soient et la marche des événements et les appréciations des hommes, parce qu'elles tendent à une fin plus élevée que ne sont les choses d'ici-bas; ainsi de toutes manières vos soins, fussent-ils entravés et rendus impuissants, serviront à vous décharger devant Dieu et devant les hommes de toute responsabilité quant aux dommages que pourrait encourir l'Italie, par suite des empêchements apportés à votre ministère pastoral.

Et vous, catholiques italiens, objet principal de Notre sollicitude et de Notre affection, vous qui avez été en butte à de plus pénibles vexations parce que vous êtes plus près de Nous et plus unis à ce Siège apostolique, ayez pour appui et pour encouragement Notre parole et la ferme assurance que Nous vous donnons: comme la Papauté, aux siècles passés, parmi les événements les plus graves et dans les temps les plus orageux, fut toujours le guide, la défense et le salut du peuple catholique, spécialement du peuple d'Italie, ainsi dans l'avenir elle ne faillira pas à sa grande et salutaire mission de défendre et de revendiquer vos droits, de vous assister dans vos difficultés, avec d'autant plus d'amour que vous serez plus persécutés et plus opprimés. Vous avez donné, spécialement dans ces derniers temps, de nombreux témoignages d'abnégation et d'activité à faire le bien. Ne perdez pas courage, mais, vous tenant rigoureusement comme par le passé dans les limites de la loi et pleinement soumis à la direction de vos pasteurs, poursuivez les mêmes desseins avec une ardeur vraiment chrétienne.

Si vous rencontrez sur votre chemin de nouvelles contradictions et de nouvelles marques d'hostilité, ne vous en laissez point abattre; la bonté de votre cause paraîtra mieux au jour, précisément parce que vos adversaires seront contraints, pour la combattre, de recourir à de pareilles armes, et les épreuves que vous aurez à endurer augmenteront votre mérite aux yeux des gens de bien, et, ce qu importe davantage, devant *Dieu.*

Cependant, comme gage des célestes faveurs et comme témoignage de Notre affection très spéciale, recevez la bénédiction Apostolique que Nous accordons du plus profond de Notre cœur, à vous, Vénérables Frères, au clergé et au peuple italien.

Donné à Rome, près de Saint-Pierre, le 5 août 1898, de Notre pontificat l'année vingt et unième.

LEO PP. XIII.

LITTERÆ APOSTOLICÆ

QUIBUS ARCHISODALITAS PRECUM ET PIORUM OPERUM PRO REDITU ECCLESIARUM DISSIDENTIUM AD CATHOLICAM UNITATEM SUB PATROCINIO B. M. V. IN CŒLOS ASSUMPTÆ IN ECCLESIA ANASTASIÆ BIZANTII ERIGITUR

LEO PAPA XIII

AD PERPETUAM REI MEMORIAM

Cum divini Pastoris auspicio et numine magni momenti illam aggressi fuerimus operam, quæ eo contendit, ut dissidentes Orientalium Christianorum greges ad Catholici ovilis unitatem reducantur; jucundo quidem accipimus animo has Nostras curas Apostolicas illic uberes jam fructus edidisse. Magnopere igitur lætamur Augustinianos ab Assumptione catholicæ fidei studio vehementer incensos atque huic Beati Petri Sedi devinctissimos, non satis habentes tum veteribus tum novis pietatis argumentis obsequium erga Romanam Cathedram in Occidente fovere, pro viribus etiam adlaborare, ut operibus a S. Sede sibi præstitutis nobilissimam hujusmodi metam vel in Oriente pertingant. Quapropter eos jam de Latinis atque Orientalibus præsertim in Bulgaria et in Turcarum Imperio meritos pari ac pro egregie factis in Palestinæ regione laude prosequimur, utpote qui Epistola nostra « Adnitentibus Nobis » permoti, sive in Urbe Constantinopoli, sive in Asia minore, templis non minus quam institutis, Seminariis, Scholis, studiis ac zelo animarum eximia in rem catholicam contulerint beneficia. Neque dissimili laude nostra dignæ videntur, sacræ Virgines ejusdem Societatis, Sorores scilicet Oblatæ ab Assumptione nuncupatæ quæ multiplici caritatis industria eorumdem populorum animos sibi devinciunt atque haud parvo sunt subsidio missionibus eorumdem religiosorum

LETTRES APOSTOLIQUES

PAR LESQUELLES L'ARCHICONFRÉRIE DE PRIÈRES ET LA BONNES ŒUVRES POUR LE RETOUR DES ÉGLISES DISSIDENTES A L'UNITÉ CATHOLIQUE SOUS LE PATRONAGE DE NOTRE-DAME DE L'ASSOMPTION EST ÉRIGÉE DANS L'ÉGLISE DE L'ANASTASIE A CONSTANTINOPLE

LÉON XIII PAPE

AD PERPETUAM REI MEMORIAM

C'est avec l'aide toute-puissante et sous la céleste inspiration du divin Pasteur des âmes, que Nous avons entrepris cette œuvre de si haute importance, dont tous les efforts tendent à ramener les communautés séparées des chrétiens d'Orient à l'unité du bercail catholique ; aussi, apprenons-Nous avec une douce satisfaction que Nos sollicitudes apostoliques ont déjà produit en ces régions des fruits abondants.

Nous Nous réjouissons donc grandement de ce que les Augustins de l'Assomption, enflammés d'un zèle très ardent pour la cause de la foi catholique et attachés par les liens les plus étroits à ce siège du bienheureux Pierre, non contents de s'appliquer par toutes les preuves de leur dévouement filial, sous des formes anciennes ou nouvelles, à promouvoir en Occident l'obéissance au siège de Rome, travaillent encore, et de toutes leurs forces, par les œuvres que leur a prescrites le Saint-Siège, à atteindre pleinement, jusque dans l'Orient, ce même but, si noble entre tous.

Aussi, à ces religieux qui ont mérité, soit des Latins, soit des Orientaux, surtout en Bulgarie et dans l'empire turc, aimons-Nous à décerner des éloges semblables à ceux que Nous leur avons adressés pour leurs belles œuvres de Palestine ; mais Nous les louons encore pour avoir, sous l'impulsion de Notre lettre *Adnitentibus Nobis*, rendu, soit à Constantinople, soit en Asie Mineure, par leurs églises, comme par leurs établissements, leurs Séminaires, leurs écoles, leurs études et leur zèle des âmes, des services éminents à la cause du catholicisme.

Elles ne nous paraissent pas dignes d'une moindre louange les vierges consacrées au Seigneur affiliées à la même Société, appelées les Sœurs Oblates de l'Assomption ; en effet, par les multiples industries de leur charité, elles s'attachent le cœur de ces peuples et elles sont de précieux auxiliaires pour les missions des mêmes Pères de

qui curam illarum Oblatarum per eas regiones habent. Quæ cum ita sint memoratis Augustinianis ab Assumptione, de divina gloria tam sollicitis, spiritualem sive Latinorum sive Græcorum administrationem jam eis pro sedibus concessam, quas ad Stamboul in Urbe Constantinopoli, et ex adverso ad Kadi-Keuï in Chalcedone et in reliqua Asia minore, nec non Gallipoli possident aut sunt possessuri, præsentium tenore Auctoritate Apostolica Nostra confirmamus, simulque adjicimus, ut eamdem spiritualem administrationem pro Latinis ac fidelibus Græco-Slavonici ritus in cunctis Bulgariæ sedibus, ubi hoc pro Latinis munere fungentur, libere liciteque exercere, ac sollemnia officia quoque seorsum ritu, apte et decore agere queant. Cum vero ad cœlestem opem in tanto Christianæ Unitatis negotio implorandam, pia Sodalitas sub Patrocinio Beatæ Mariæ Virginis in Cœlos Assumptæ ab illo Sacerdote, pietate ac doctrina insigni animarumque salutis studiosissimo, Emmanuele d'Alzon ejusdem Augustinianorum ab Assumptione Congregationis Legifero Patre, quinque et viginti abhinc annis erecta sit, et ab ejus successore Francisco Picard in quo ejusdem viri spiritus integer viget, majore in dies cum gratia augeatur; Nos hujusmodi consociationem, quæ sodales non modo inter Latinos sed inter Orientales quoque variorum rituum excipit, eosque ad Ecclesiæ unitatem precibus operibusque multimodis provehendam etiam atque etiam adhortatur, adeo ut vel Christianos ipsos dissidentes ad precandum cum eadem intentione excitent, veluti jam peculiari benevolentia pluries complexi sumus, ita nunc novis honoribus ac privilegiis libentes decoramus.

Idque eo propensius facimus quod cum Nostra permagni referat, ut ea Sodalitas longe lateque propagetur, fideles quotquot sunt, quibus catholicus honor maximæ est curæ, impense in Domino ut in eamdem sodalitatem sua dent nomina cohortari volumus, et Consociationem ipsam de necessitate monere humiles multasque Omnipotenti Deo præsertim in Augustissimo Eucharistiæ Sacramento latenti preces effundendi ac Deiparam Virginem exorandi quibus fiat ut omnes Orientis dissidentes ad Romanum Pontificem quamprimum revertantur.

Quare universos et singulos quibus hæ Nostræ litteræ favent,

l'Assomption qui sont chargés de ces Oblates partout où elles se trouvent dans ces régions.

En vertu de ces motifs, par la teneur des présentes et par Notre autorité apostolique, Nous confirmons à ces mêmes Augustins de l'Assomption, si remplis de zèle pour la gloire de Dieu, l'administration spirituelle, soit des Latins, soit des Grecs, qui leur a déjà été donnée, dans les résidences qu'ils possèdent ou posséderont, à Stamboul dans la ville de Constantinople, en face, à Kadi-Keui dans l'ancienne Chalcédoine, dans le reste de l'Asie Mineure et à Gallipoli (1). De plus, nous ajoutons en même temps à ces facultés le pouvoir pour ces religieux d'exercer aussi, en toute liberté et licéité, la même administration spirituelle des fidèles, soit latins, soit de rite gréco-slave, dans toutes leurs résidences de Bulgarie où ils seront chargés des Latins et d'y célébrer les cérémonies du culte, en chaque rite séparément, avec toute la convenance et l'éclat voulus.

Mais pour attirer le secours du ciel sur ce grand œuvre de l'unité chrétienne, une pieuse union, placée sous le patronage de Notre-Dame de l'Assomption, a été établie, il y a vingt-cinq ans, par ce prêtre illustre par la piété autant que par la doctrine, tout rempli d'un zèle exceptionnel pour le salut des âmes, qui fut Emmanuel d'Alzon, Père et législateur de la Congrégation des Augustins de l'Assomption. Cette union a pris, sous son successeur François Picard, en qui revit et fleurit intact l'esprit du fondateur, un crédit et un accroissement chaque jour plus grands. Cette association recrute ses membres, non seulement parmi les Latins, mais encore parmi les Orientaux de rites divers; elle les exhorte avec ardeur et sans relâche à promouvoir, par les prières et des œuvres de tous genres, le retour à l'unité de l'Église; c'est à ce point qu'elle pousse ses associés à se faire auprès des chrétiens dissidents eux-mêmes les apôtres de la prière, à la même intention; pour tant de motifs, cette association que, plus d'une fois déjà, Nous avons entourée d'une bienveillance particulière, Nous la décorons aujourd'hui volontiers de nouveaux honneurs et privilèges.

Et Nous sommes d'autant plus portés à le faire que nous prenons le plus grand intérêt à ce que cette confrérie se propage et acquière la plus grande extension possible.

En conséquence, Nous voulons très instamment exhorter dans le Seigneur, tous les fidèles sans exception, tous ceux qui ont profondément à cœur l'honneur de la cause catholique, à s'inscrire dans cette même confrérie. Nous voulons encore recommander à toute l'association elle-même de se souvenir combien il est nécessaire de répandre d'humbles et nombreuses supplications aux pieds du Dieu tout-puissant, particulièrement devant le Très Auguste sacrement de l'Eucharistie où il se cache, et d'implorer la Vierge Mère de Dieu, pour obtenir que tous les Orientaux séparés reviennent le plus tôt possible au Pontife romain.

C'est pourquoi, en considération de cette œuvre seulement, déliant

---

(1) Lettre *Adnitentibus Nobis* et lettre de S. Em. le cardinal Rampolla du 13 août 1897.

a quibusvis excommunicationis et interdicti aliisque ecclesiasticis sententiis, censuris et pœnis quovis modo vel quavis de causa latis, si quas forte incurrerint, hujus tantum rei gratia absolventes et absolutos fore censentes, hisce litteris prædictam Sodalitatem Precum et piorum operum pro reditu Ecclesiarum dissidentium ad Catholicam Unitatem sub titulo Beatæ Mariæ Virginis in cœlum Assumptæ in Archisodalitatem Primam-Primariam Auctoritate Nostra cum solitis privilegiis perpetuum in modum erigimus et constituimus, ejusque Sedem in Ecclesia et ædibus Seminarii Augustinianorum ab Assumptione sub titulo Anastasiæ Bizantii collocamus, certa spe freti ut ex hoc Orientis centro quasi e copiosissimo fonte aliæ multæ ejusdem instituti Sodalitates tanquam rivuli deriventur. Archisodalitatis autem leges seu statuta, quæ octo capitibus comprehenduntur pari Auctoritate Nostra adprobamus, eamque in fide ac tutela ponimus imprimis Magnæ Genitricis Dei, deinde cœlestes et Patronos advocamus S. Michaelem, SS. Apostolos Petrum et Paulum ac Sanctos Orientis Protectores, nominatim S. Andream, S. Joannem Chrysostomum, S. Basilium, S. Gregorium Nazianzenum et SS. Cyrillum ac Methodium Slavoniæ Apostolos, quorum memoriam cultumque jam inde ab anno MDCCCLXXX amplificavimus, Apostolica Auctoritate Nostra, tenore præsentium, Sacerdoti Dilecto Filio Francisco Picard, hodierno Congregationis ab Assumptione nuncupatæ Præposito generali suisque in hoc honoris atque auctoritatis gradu Successoribus, Archisodalitatis Præsidibus, Curionibus ac Sodalibus ab eodem delegandis præsentibus et futuris, ut ipsi alias sodalitates ejusdem nominis atque instituti ubique locorum domus et Ecclesiæ Congregationis adsint, erigere, aut ubique terrarum jam existentes, servatis tamen forma Constitutionis Clementis PP. VIII Decessoris Nostri aliisque Apostolicis Ordinationibus super hoc editis, ad Archiconfraternitatem supradictam aggregare, illisque omnes et singulas indulgentias Archisodalitati concessas, aliisque communicabiles communicare possint ac valeant, eadem auctoritate Nostra item perpetuo concedimus ac largimur. Indulgentiarum autem modum hunc constituimus. Indulgentiam plenariam consequendi, servatis servandis, jus esto Sodalibus. — I. Die aditus ad Archisodalitatem. — II. In articulo mortis. — III. In festivitate Assumptionis B. M. V. — IV. In festo B. M. V. Perdolentis quod feria sexta infra hebdomadam Passionis celebratur. — V. In festivitate Exaltationis SSmæ Crucis. — VI. In diebus festis S. Andreæ, S. Joannis Chrysostomi, ac SS. Cyrilli et Methodii.

Partialem vero indulgentiam septem annorum totidemque

et jugeant devoir être déliés tous et chacun des fidèles que favorisent Nos présentes lettres, de quelque peine que ce soit, d'excommunication et d'interdit, et de toutes autres sentences, censures et peines ecclésiastiques portées de quelque manière ou pour quelque cause que ce soit, si par hasard ils en avaient encouru quelqu'une, par la teneur des présentes, en vertu de Notre autorité, Nous érigeons et Nous constituons à perpétuité la susdite association de prières et de bonnes œuvres pour le retour des Eglises dissidentes à l'unité catholique sous le titre de Notre-Dame de l'Assomption, en archiconfrérie *Prima-Primaria* avec tous les privilèges accoutumés; et Nous en plaçons le siège dans l'Eglise et les bâtiments du Séminaire des Augustins de l'Assomption, établis à Byzance sous le titre de l'Anastasie. Nous Nous reposons sur la ferme espérance que, de ce centre de l'Orient, ainsi que d'une source très abondante, découleront, comme autant de ruisseaux, beaucoup d'autres confréries affiliées à celles-là.

De plus, et toujours en vertu de Notre autorité, Nous en approuvons les règles ou statuts, contenus en huit chapitres; Nous la plaçons avant tout sous les auspices et la protection de l'auguste Mère de Dieu; et nous lui donnons ensuite pour patrons célestes saint Michel, les saints apôtres Pierre et Paul, et les saints protecteurs de l'Orient, nommément saint André, saint Jean Chrysostome, saint Basile, saint Grégoire de Nazianze et les saints Cyrille et Méthode, apôtres des Slaves, dont Nous avons déjà, depuis l'année 1880, amplement développé la mémoire et le culte.

Au nom de Notre puissance apostolique, en vertu des présentes et également à perpétuité, Nous concédons et accordons à Notre cher fils François Picard, Supérieur général actuel de la Congrégation de l'Assomption, et à ses successeurs dans cette dignité et cette autorité, ainsi qu'aux présidents, directeurs et membres de l'archiconfrérie, qui devront être délégués par le même Supérieur général, à tous présents et futurs, le pouvoir et le droit d'ériger d'autres confréries du même institut et sous le même titre, partout où il y aura des maisons ou des églises de la Congrégation; ainsi que le pouvoir d'agréger à la susdite archiconfrérie toutes les associations semblables qui existeront déjà en quelque lieu que ce soit de l'univers, en observant toutefois la teneur de la constitution du pape Clément VIII, Notre prédécesseur, et les ordonnances apostoliques se rapportant à ce sujet; et Nous voulons enfin qu'ils aient le droit de leur communiquer toutes et chacune des indulgences concédées à l'archiconfrérie et qui leur sont communicables.

Nous établissons ainsi qu'il suit la mesure des indulgences. Les associés pourront gagner, *servatis servandis*, l'indulgence plénière: — I. Le jour de leur entrée dans l'archiconfrérie. — II. A l'article de la mort. — III. Le jour de l'Assomption de la B. V. M. — IV. A la fête de Notre-Dame des Sept-Douleurs qui se célèbre le vendredi de la semaine de la Passion. — V. A la fête de l'Exaltation de la Sainte-Croix. — VI. Aux fêtes de saint André, de saint Jean Chrysostome et des saints Cyrille et Méthode.

Nous concédons de plus, aux associés, toujours *servatis servandis*,

quadragenarum Sodalibus, servatis pariter servandis, concedimus festivitatibus Immaculatæ Conceptionis, Præsentationis, Annuntiationis, Visitationis ac Purificationis B. M. V. nec non diebus festis S. Michaelis, S. Joannis Baptistæ, cujusque apostolorum, S. Basilii, S. Gregorii Nazianzeni, S. Augustini, S. Athanasii, ac S. Stephani, item tercentum dierum die hebdomadalis vel menstruae concionis de qua in articulo octavo statutorum sive legum, et centum denique dierum pro quolibet opere bono quod, sive mortificationem aliquam offerendo, sive præsidia aut eleemosynam persolvendo, ex Consociationis præscripto Sodales exercuerint. Ut vero Uniates Græci vel Slavi ceterique omnes iisdem gratiis spiritualibus fruantur Apostolica Auctoritate Nostra largimur, ut hi, aeque ac Sodales latini, praedictas indulgentias lucrari queant, si pares preces in suo quisque ritu vel liturgia recitaverit, ubi hujusmodi preces, sicut Oratio Dominica, Angelica Salutatio ac Minor Doxologia existant. Liceat autem Sodalibus, si velint, his omnibus et singulis Indulgentiis tum plenariis tum partialibus labes poenasque defunctorum expiare. Decernentes has nostras litteras firmas, validas et efficaces existere et fore, suosque plenarios et integros effectus sortiri et obtinere, illisque ad quos spectat et in posterum spectare poterit, in omnibus et per omnia plenissime suffragari, sicque, in præmissis per quoscumque judices Ordinarios et delegatos judicari et definiri debere, atque irritum et inane si secus super his a quoquam quavis auctoritate scienter vel ignoranter contigerit attentari. Non obstantibus Constitutionibus et Ordinationibus Apostolicis ceterisque licet speciali et individua mentione ac derogatione dignis in contrarium facientibus quibuscumque.

Datum Romæ apud Sanctum Petrum sub annulo Piscatoris die XXV Maii MDCCCXCVIII, Pontificatus Nostri Anno Vigesimo primo.

ALOISIUS Card. MACCHI.

Locus Sigilli.

une indulgence partielle de sept ans et sept quarantaines aux fêtes de l'Immaculée-Conception, de la Présentation, de l'Annonciation, de la Visitation et de la Purification de la B. V. M., ainsi qu'aux fêtes de saint Michel, de saint Jean-Baptiste, de chacun des apôtres, de saint Basile, de saint Grégoire de Nazianze, de saint Augustin, de saint Athanase et de saint Étienne.

Nous leur accordons également une indulgence de 300 jours le jour de la réunion hebdomadaire ou mensuelle dont il est parlé dans l'article VIII des règles ou statuts; et enfin une indulgence de 100 jours pour quelque bonne œuvre que ce soit, comme une mortification, un secours ou une aumône, accomplie par les associés, selon les prescriptions de l'archiconfrérie.

Enfin, pour que les Uniates, Grecs ou Slaves et tous les autres, participent aux mêmes grâces spirituelles, Nous leur accordons par Notre autorité apostolique, aussi bien qu'aux associés latins, le pouvoir de gagner les susdites indulgences, à la condition que chacun récite les prières équivalentes dans son rite ou sa liturgie, si elles s'y trouvent, comme l'Oraison dominicale, la Salutation angélique et le *Gloria Patri*.

Les associés ont la faculté d'appliquer, s'ils le veulent, toutes et chacune de ces indulgences, soit plénières, soit partielles, à l'expiation des fautes et au soulagement des peines des défunts.

Nous décrétons que Nos présentes lettres sont et devront être fermes, valides et efficaces, sortiront et obtiendront leur plein et entier effet pour favoriser très pleinement, dans toutes les choses mentionnées, ceux auxquels elles s'appliquent et pourront s'appliquer dans l'avenir. Et c'est ainsi que les juges ordinaires et délégués, quels qu'ils soient, devront juger et définir selon qu'il vient d'être déterminé et déclaré; et sera considéré comme nul et sans effet tout ce qui serait tenté de contraire, sciemment ou par ignorance, par qui que ce soit, au nom de n'importe quelle autorité. Le tout nonobstant les constitutions et ordonnances apostoliques, et toutes autres dispositions contraires quelles qu'elles soient, et quoique dignes d'une spéciale et particulière mention et dérogation.

Donné à Rome, près Saint-Pierre, sous l'anneau du pêcheur le XXV mai MDCCCXCVIII, de Notre pontificat l'année vingt et unième.

LOUIS Card. MACCHI.

Locus Sigilli.

LE DÉSARMEMENT GÉNÉRAL

Dimanche dernier, 28 août, le *Messager officiel* de Saint-Pétersbourg publiait une communication que le comte Mourawiew avait remis le 12/24 août par ordre de l'empereur à tous les représentants étrangers accrédités à Saint-Pétersbourg. Nous reproduisons *in extenso* ce document dont l'importance est capitale et qui a produit une légitime et vive émotion dans tout le monde civilisé.

Le maintien de la paix générale et une réduction possible des armements excessifs qui pèsent sur toutes les nations se présentent, dans la situation actuelle du monde entier, comme l'idéal auquel devraient tendre les efforts de tous les gouvernements. Les vues humanitaires et magnanimes de S. M. l'empereur, mon auguste maître, y sont entièrement acquises, dans la conviction que ce but élevé répond aux intérêts les plus essentiels et aux vœux légitimes de toutes les puissances. Le gouvernement impérial croit que le moment présent serait très favorable à la recherche, dans la voie de la discussion internationale, des moyens les plus efficaces à assurer à tous les peuples les bienfaits d'une paix réelle et durable, et à mettre avant tout un terme au développement progressif des armements actuels.

Au cours des vingt dernières années, les aspirations à un apaisement général se sont particulièrement affirmées dans la conscience des nations civilisées. La conservation de la paix a été posée comme le but de la politique internationale. C'est en son nom que les grands États ont conclu entre eux de puissantes alliances; c'est pour mieux garantir la paix qu'ils ont développé, dans des proportions inconnues jusqu'ici, leurs forces militaires, et continuent encore à les accroître sans reculer devant aucun sacrifice.

Tous ces efforts pourtant n'ont pu aboutir encore aux résultats bienfaisants de la pacification souhaitée. Les charges financières, suivant une marche ascendante, atteignent la prospérité publique dans sa source. Les forces intellectuelles et physiques des peuples, le travail et le capital sont en majeure partie détournés de leur application naturelle et consumés improductivement. Des centaines de millions sont employés à acquérir des engins de destruction effroyables qui, considérés aujourd'hui comme le dernier mot de la science, sont destinés demain à perdre toute valeur à la suite de quelque nouvelle découverte dans ce domaine. La culture nationale, le progrès économique et la production des richesses se trouvent paralysés ou faussés dans leur développement; aussi, à mesure qu'ils s'accroissent, les armements de chaque puissance répondent-ils de moins en moins au but que les gouvernements s'étaient proposé.

Les crises économiques, dues en grande partie au régime des

armements à outrance et au danger continuel qui gît dans cet amoncellement du matériel de guerre, transforment la paix armée de nos jours en un fardeau écrasant que les peuples ont de plus en plus de peine à porter. Il paraît évident, dès lors, que si cette situation se prolongeait, elle conduirait fatalement à ce cataclysme même qu'on tient à écarter, et dont les horreurs font frémir à l'avance toute pensée humaine. Mettre un terme à ces armements incessants, et rechercher les moyens de prévenir des calamités qui menacent le monde entier, tel est le devoir suprême qui s'impose aujourd'hui à tous les Etats.

Pénétrée de ce sentiment, *Sa Majesté a daigné m'ordonner de proposer à tous les gouvernements dont les représentants sont accrédités près la Cour impériale la réunion d'une conférence qui aurait à s'occuper de ce grave problème.*

Cette conférence serait, Dieu aidant, d'un heureux présage pour le siècle qui va s'ouvrir; elle rassemblerait dans un puissant faisceau les efforts de tous les Etats qui cherchent sincèrement à faire triompher la grande conception de la paix universelle sur les éléments de trouble et de discorde.

Elle cimenterait, en même temps, leurs accords par une consécration solidaire des principes d'équité et de droit sur lesquels reposent la sécurité des Etats et le bien-être des peuples.

Nous croyons devoir faire suivre l'appel que le czar vient d'adresser aux puissances en faveur du désarmement de la traduction française de l'allocution que N. S. P. le Pape Léon XIII a prononcée dans le Consistoire secret du 11 février 1889, et dans laquelle le Souverain Pontife a traité cette grave question. Les *Questions actuelles* ont, dans le tome VI, p. 160, donné le texte latin de ce document.

Vénérables Frères,

Vous ne connaissez que trop la grave erreur qui fait que notre temps voit un grand nombre d'esprits, abusés par le spécieux prétexte de conquérir la liberté, se retirer peu à peu de Jésus-Christ et de l'Eglise. Ce sont les fruits des mauvaises doctrines qui croissent et mûrissent avec le temps et les mœurs du jour; et c'est déjà un mal commun aux petits comme aux grands Etats de rejeter la forme chrétienne, d'établir l'organisation civile et d'administrer les affaires publiques en dehors de la religion. Péniblement affecté et extrêmement soucieux de cette disposition des esprits, Nous n'avons jamais cessé de Nous préoccuper du remède; vous-mêmes, Vénérables Frères, vous êtes témoins que Nous Nous sommes instamment employé, avec le plus grand zèle, à faire voir à quoi doit aboutir ce déplorable éloignement de Dieu et à déterminer ceux qui se sont laissés aller aux erreurs contraires, à revenir à leur libérateur, le Fils unique de Dieu, dans la fidélité et sous la protection duquel ils auraient dû constamment et avec confiance se reposer. C'est pourquoi Nous Nous sommes toujours efforcé où de consolider les rapports de tradition avec les nations étrangères, ou d'en établir à nouveau. En ce moment, Nous tâchons de renouer des relations avec le puissant empire de Russie et Nous ne désespérons pas de voir tourner à Notre gré ce que Nous en attendons. Dans cette affaire, Nous avons mis un zèle particulier et une égale bienveillance à Nous occuper et à prendre soin des intérêts catholiques en Pologne; et déjà, pour la principale affaire, qui était de pourvoir à l'administration des diocèses, plusieurs évêques ont été désignés. Il Nous eût été extrêmement agréable de pouvoir les proclamer aujourd'hui même, devant vous, dans cette auguste assemblée, si la conclusion définitive de l'affaire n'eût demandé encore quelque temps.

Autant qu'il est en Nous, Nous suivrons absolument, avec une volonté persévérante, le même chemin, ce chemin souvent entravé par le fait des adversaires, mais toujours le même. Et ce qui Nous confirme dans Notre résolution, c'est la pensée qu'il n'y a qu'un refuge pour les âmes, qu'une espérance de salut éternel, et celle-là absolument sûre, l'Eglise catholique. Aussi est-il de Notre devoir, dans cette vie mortelle remplie de luttes, d'appeler tous les hommes dans le sein de l'Eglise comme vers le port après la tempête, et de les amener surtout à se confier en sa charité; car elle accueillera toujours dans ses bras maternels ceux qui viendront se réfugier en elle, et elle les guérira en faisant luire pour eux la lumière de l'Evangile. D'ailleurs, tant de catastrophes se sont abattues sur ce siècle qui s'achève qu'il est nécessaire de subvenir par tous les moyens et de tous ses efforts à l'ordre public ébranlé. Partout, en effet, se dressent, comme Nous l'avons vu ces jours derniers dans Notre ville, les passions populaires menaçantes et furieuses, et, avec l'audace croissante du mal, elles tentent de se ruer contre les fondements mêmes de la société civile. Lorsque la voix de la religion se tait, lorsqu'a disparu la crainte des lois divines qui font tenir dans le devoir les mouvements eux-mêmes de l'esprit, quelle force pourrait-il y avoir dans les Etats qui fût assez efficace pour conjurer le péril? Aussi, par ce zèle même à ramener les hommes, là où subsistent, incorruptibles, les préceptes des vertus et les principes de la conservation sociale, l'Etat reçoit-il un très réel bienfait, et c'est là un service signalé d'ordre public.

Mais il y a un autre ordre de considérations, qui est d'une opportunité particulière. Si jamais, en effet, les peuples ont montré unanimement des aspirations pacifiques, c'est certainement dans ce temps où les mots de paix, de tranquillité, de repos sont dans toutes les bouches. Les souverains et tous les gouvernants d'Europe attestent hautement qu'ils n'ont qu'un désir et qu'un but : garantir les bienfaits de la paix, et cela avec le plein assentiment de tous les ordres de l'Etat, car l'aversion des peuples pour la guerre se manifeste de plus en plus chaque jour. Et certes, c'est une honnête aversion s'il en fût; car, si combattre par les armes peut être quelquefois nécessaire, ce n'est jamais sans une somme énorme de calamités. Et combien plus grandes encore seront ces calamités, avec l'immensité des armées d'aujourd'hui, avec les grands progrès de la science militaire, avec les engins si multipliés de mort ! Toutes les fois que ces pensées Nous viennent, Nous en concevons un amour de plus en plus grand pour les nations chrétiennes, et Nous ne pouvons Nous empêcher de redouter avec angoisse les maux effrayants qui les menacent. Rien donc n'est plus important que de conjurer pour l'Europe le danger de la guerre ; et ainsi, tout ce qu'on fait dans ce but doit être considéré comme œuvre de salut public.

Mais, pour assurer la tranquillité publique, c'est peu de le désirer et la seule volonté de la protéger ne suffit pas. De même, des troupes nombreuses et un développement infini de l'appareil militaire peuvent contenir quelque temps l'élan des efforts ennemis, mais ne peuvent procurer une tranquillité sûre et stable. La multiplication menaçante des armées est même plus propre à exciter qu'à supprimer les rivalités et les soupçons; elle trouble les esprits par l'attente inquiète des événements à venir, et offre ce réel inconvénient qu'elle fait peser sur les peuples des charges telles qu'on est en doute si elles sont plus tolérables que la guerre.

C'est pourquoi il faut chercher à la paix des fondements plus fermes et plus en rapport avec la nature; en effet, il est admis par la nature que l'on défende son droit par la force et par les armes; mais ce que la nature ne permet pas, c'est que la force soit la cause efficiente du droit. Et comme la paix provient de la tranquillité dans l'ordre, il s'ensuit que, pour les Etats comme pour les particuliers, la concorde repose principalement sur la justice et la charité. Il est manifeste que, dans le fait de ne violenter personne, de respecter la sainteté du droit d'autrui, de pratiquer la confiance et la bienveillance mutuelles, résident ces liens de concorde très forts et immuables dont la vertu a tant de puissance qu'elle étouffe jusqu'aux germes des inimitiés et de la jalousie.

Or, Dieu a ordonné que son Eglise soit la mère et la gardienne de l'une et l'autre vertu; aussi, l'Eglise n'a-t-elle jamais eu et n'aura-t-elle jamais rien de plus à cœur que de conserver, de propager et de défendre les lois de la justice et de la charité. C'est dans ce but que l'Eglise a travaillé sur la terre entière, et il n'est douteux pour personne qu'elle a adouci les nations barbares en leur communiquant l'amour de la justice, et qu'ainsi elle les a détournées de la férocité des mœurs guerrières pour les amener aux arts de la paix et à la civilisation. Aux humbles comme aux puissants, à ceux qui obéissent comme à ceux qui commandent, elle leur fait à tous une obligation d'observer la justice et de ne pas entrer en lutte pour une cause injuste. C'est elle qui a uni, par le lien d'une charité fraternelle, tous les peuples, si éloignés qu'ils soient les uns des autres, et si dissemblables par tempérament. Se souvenant des préceptes et des exemples de son divin Auteur, qui a voulu être appelé *Roi pacifique*, et dont la naissance fut annoncée par de célestes messagers de paix, elle veut que les hommes se reposent dans la beauté de la paix, et par de nombreuses prières, elle a souci de demander à Dieu que, pour le salut et la prospérité des peuples, il en écarte les dangers de la guerre. Aussi, toutes les fois qu'il en a été besoin et que les temps l'ont permis, elle n'a pas eu de plus chère occupation que d'interposer son autorité pour ramener la concorde et pacifier les royaumes.

C'est par ces motifs et ces arguments très grands et très saints que dans toutes Nos résolutions, Nous sommes guidé, Vénérables Frères, et c'est à eux que Nous obéissons. Quels que soient les événements à venir, quels que soient les jugements et les actes des hommes, toute Notre action sera toujours dirigée d'après les mêmes règles, et il est certain que Nous ne Nous écarterons pas de cette voie. Finalement, s'il ne Nous est pas possible de concourir autrement au maintien de la paix, Nous continuerons certainement à Nous réfugier, sans que personne puisse Nous en empêcher, vers celui qui peut agir comme il veut sur les volontés humaines et les tourner où il veut : Nous le prierons ardemment d'écarter toute crainte de guerre et de rétablir par sa bonté l'ordre juste des choses, afin que l'Europe se repose sur ses fondements vrais et stables (1).

LE PROTECTORAT FRANÇAIS

EN ORIENT ET EN EXTRÊME-ORIENT

A la veille du voyage que Guillaume II compte entreprendre à Jérusalem, le Souverain Pontife Léon XIII, dans une lettre au cardinal Langénieux, archevêque de Reims, a une fois de plus proclamé les droits séculaires de la France en Orient.

Cet acte important, qui a ému certaines chancelleries européennes, avait été provoqué par une lettre du cardinal Langénieux à Léon XIII, dans laquelle le Légat du Pape au Congrès eucharistique de Jérusalem exposait les raisons qui militaient en faveur du protectorat français.

LETTRE DE S. ÉM. LE CARDINAL LANGÉNIEUX
AU SOUVERAIN PONTIFE

ARCHEVÊCHÉ
DE REIMS

Reims, 20 juillet.

TRÈS SAINT-PÈRE,

J'ai conscience d'être utile à l'Eglise et de servir mon pays en me faisant auprès de Votre Sainteté l'interprète des préoccupations qui se manifestent en France au sujet de notre protectorat dans les contrées du Levant et de l'Extrême-Orient.

Par suite de complications politiques et d'événements que je ne veux pas discuter, notre situation, depuis longtemps menacée dans ces régions, est aujourd'hui ébranlée; et il est grand temps d'aviser, avant qu'elle soit irrémédiablement compromise.

La France catholique ne se résoudra jamais à perdre ce glorieux privilège que tant de sang versé et tant de services rendus ont si pleinement justifié dans les siècles passés, et que d'admirables dévouements et d'héroïques sacrifices justifient tous les jours encore; car, s'il y a eu parfois des faiblesses et des hésitations, elle ne peut en être rendue responsable.

La ruine de ce protectorat serait assurément pour notre pays un malheur et une humiliation; mais il est bien certain qu'elle entraînerait aussi pour l'Eglise de graves détriments. Où est, en effet, à défaut de la France, la nation en état de remplir cette mission essentiellement catholique? Et, si les puissances qui le convoitent arrivaient à se partager ce rôle délicat, n'est-il pas évident qu'une semblable tutelle, basée sur l'intérêt politique, n'offrirait aucune garantie de durée et que le manque d'unité, des vues souvent opposées dans l'action en paralyseraient fatalement les effets?

D'autre part, dans la conviction maintes fois affirmée que l'Eglise a besoin des services de la France, Votre Sainteté travaille avec une sollicitude que rien ne décourage à ramener notre pays dans ses voies providentielles. Or, Elle n'ignore pas quels liens étroits, dans l'état actuel des choses, rattachent la question qui nous préoccupe à cette œuvre de régénération sociale et religieuse à l'intérieur, et nous savons qu'Elle désire vivement voir la Fille aînée de l'Eglise conserver intact et exercer toujours ce mandat séculaire pour la sauvegarde des intérêts catholiques en Orient.

C'est donc pour essayer de répondre aux nécessités du moment que j'ai conçu le projet de fonder, avec le concours d'hommes éminents, auxquels leur situation et leur caractère permettent de prendre cette initiative, un *Comité national pour la conservation et la défense du Protectorat français.*

Il s'attacherait principalement à créer un mouvement d'opinion qui faciliterait à tous égards l'action parallèle du gouvernement de la République, et qui ne pourrait manquer d'avoir un sérieux écho dans toutes les fractions du Parlement, quelle que fût leur attitude à l'endroit de l'idée religieuse.

Il s'efforcerait, en outre, de seconder, par une coopération spontanée d'influence et de charité, l'œuvre apostolique en Orient.

Je n'ai pas voulu, Très Saint-Père, parler tout haut sans avoir votre approbation. J'ai seulement cherché autour de moi quelques adhésions afin de préparer les premiers éléments de ce Comité. Déjà, Votre Sainteté a eu sous les yeux la liste des personnages qui ont bien voulu répondre à mon appel et me promettre leur concours.

Nous avons hâte de nous sentir soutenus et encouragés dans cette voie, et c'est pour mettre à la base de cette œuvre qui intéresse si vivement l'Eglise et la France une parole de Votre Sainteté qui nous rassure, qu'avant même de donner à ce Comité une organisation définitive, nous déposons à vos pieds, avec l'expression de nos craintes patriotiques, l'hommage de notre filial dévouement.

Daignez agréer, Très Saint-Père, les sentiments profondément respectueux avec lesquels j'aime à me dire,

De Votre Sainteté, le très humble, très obéissant et tout dévoué fils,

† B.-M. Card. LANGÉNIEUX,
archevêque de Reims.

LETTRE DE S. S. LÉON XIII
A SON ÉM. LE CARDINAL LANGÉNIEUX

NOTRE CHER FILS,

C'est avec une vive satisfaction que Nous avons appris, par votre lettre, que des hommes éminents ont eu la pensée de former en France un Comité national pour la conservation et la défense du protectorat français en Terre Sainte. Nulle entreprise ne saurait mieux répondre aux généreuses et chevaleresques traditions de votre noble patrie, qui fut par excellence la terre des croisés. Depuis lors, bien des siècles se sont écoulés, bien des assauts ont été livrés à l'Eglise pour affaiblir la foi. Mais le culte des Lieux Saints s'y est maintenu en tous les temps. Si, à certains intervalles, ce culte a quelque peu paru se ralentir, Nous le voyons aujourd'hui s'affirmer avec éclat dans ces pacifiques pèlerinages de la piété chrétienne que Nous avons été heureux d'encourager à diverses reprises. Nous ne pouvons, de même, que louer hautement l'œuvre heureusement inaugurée, nouvelle dans la forme, ancienne dans son esprit; elle Nous semble répondre à des besoins de jour en jour plus urgents. Nul n'ignore, en effet, que vous avez, Notre cher fils, constaté de vos yeux combien sont en souffrance et de quels dangers sont menacés les intérêts catholiques en Palestine. Ces intérêts, comme on sait, se rattachent particulièrement à la propriété et à l'usage des sanctuaires élevés, par la piété de nos ancêtres, là même où se sont opérés les mystères de la rédemption des hommes : les ennemis du nom catholique redoublent d'efforts et d'activité pour entraver dans ces mêmes sanctuaires la piété des fidèles enfants de la sainte Eglise. L'œuvre dont vous Nous parlez, Notre cher fils, a donc surgi à l'heure propice, et Nous en espérons pour l'avenir les plus féconds résultats. La France a en Orient une mission à part que la Providence lui a confiée : noble mission qui a été consacrée non seulement par une pratique séculaire, mais aussi par des traités internationaux, ainsi que l'a reconnu de nos jours Notre Congrégation de la Propagande par sa déclaration du 23 mai 1888.

Le Saint-Siège, en effet, ne veut rien toucher au glorieux patrimoine que la France a reçu de ses ancêtres et qu'elle entend, sans nul doute, mériter de conserver, en se montrant toujours à la hauteur de sa tâche. Nous désirons que les membres de l'association déjà formée, s'inspirant pleinement de ces vues élevées et ayant à cœur les grands intérêts de la religion et de la patrie, prêtent à la France un concours généreux dans l'accomplissement de son mandat six fois séculaire. Puissent ces efforts réunis assurer à l'Eglise catholique en Orient une existence paisible et lui permettre de travailler avec succès à l'extension de la vraie foi et au retour des brebis égarées au bercail de l'unique et suprême Pasteur. Et maintenant, comme gage de Notre paternelle affection, Nous vous accordons, Notre cher fils, la bénédiction apostolique.

Donné à Rome, près Saint-Pierre, le 20 août de l'année 1898, de Notre pontificat la vingt et unième.   LEO P. P. XIII.

La circulaire de la Sacrée Congrégation de la Propagande, visée par le Souverain Pontife, est très explicite :

On sait que, depuis des siècles, le protectorat de la nation française a été établi dans le pays d'Orient et qu'il a été confirmé par des traités conclus entre les gouvernements. Aussi, l'on ne doit faire à cet égard absolument aucune innovation ; la protection de cette nation, partout où elle est en vigueur, doit être religieusement maintenue, et les missionnaires doivent en être informés, afin que, s'ils ont besoin d'aide, ils recourent aux consuls et autres agents de la nation française.

SANCTISSIMI DOMINI NOSTRI

LEONIS DIVINA PROVIDENTIA PAPÆ XIII

EPISTOLA

AD PATRIARCHAS, PRIMATES, ARCHIEPISCOPOS, EPISCOPOS, ALIOSQUE LOCORUM ORDINARIOS, PACEM ET COMMUNIONEM CUM APOSTOLICA SEDE HABENTES

DE ROSARIO MARIALI

Venerabilibus Fratribus patriarchis, primatibus, archiepiscopis et episcopis, aliisque locorum Ordinariis pacem et communionem cum apostolica Sede habentibus.

LEO PP. XIII

VENERABILES FRATRES
SALUTEM ET APOSTOLICAM BENEDICTIONEM

Diuturni temporis spatium animo respicientes, quod in Pontificatu maximo, Deo sic volente, transegimus, facere non possumus quin fateamur Nos, licet meritis impares, divinæ Providentiæ præsidium expertos fuisse præsentissimum. Id vero præcipue tribuendum censemus conjunctis precibus, adeoque validissimis, quæ, ut olim pro Petro ita nunc pro Nobis non intermisse funduntur ab Ecclesia universa. Primum igitur bonorum omnium largitori Deo grates habemus maximas acceptaque ab eo singula, quamdiu vita suppeditet, mente animoque tuebimur. Deinde subit materni patrocinii augustæ cœli Reginæ dulcis recordatio; eamque pariter memoriam gratiis agendis celebrandisque beneficiis pie inviolateque servabimus. Ab ipsa enim, tamquam uberrimo ductu, cœlestium gratiarum haustus derivantur : *ejus in manibus sunt thesauri miserationum Domini. Vult illam Deus bonorum omnium esse principium.* In hujus teneræ Matris amore,

LETTRE
DE NOTRE TRÈS SAINT-PÈRE LÉON XIII
PAPE PAR LA DIVINE PROVIDENCE

AUX PATRIARCHES, PRIMATS, ARCHEVÊQUES, ÉVÊQUES ET AUTRES ORDINAIRES EN PAIX ET EN COMMUNION AVEC LE SIÈGE APOSTOLIQUE

DU ROSAIRE DE MARIE

A nos Vénérables Frères les patriarches, primats, archevêques, évêques et autres Ordinaires en paix et en communion avec le Siège apostolique.

LÉON XIII, PAPE

Vénérables Frères, salut et bénédiction apostolique.

En considérant le long espace de temps, durant lequel, par la volonté de Dieu, Nous avons exercé le Souverain Pontificat, Nous ne pouvons Nous empêcher de reconnaître que, malgré Notre indignité, Nous y avons ressenti le secours ininterrompu de la divine Providence. Nous pensons qu'il faut l'attribuer principalement aux prières dites en commun, et partant si efficaces, qui n'ont cessé un seul instant d'être répandues pour Nous, comme autrefois pour Pierre par l'Eglise universelle.

C'est pourquoi, tout d'abord, Nous rendons les plus vives actions de grâces à Dieu, le dispensateur de tout bien. Toute Notre vie, Nous garderons dans Notre esprit et dans Notre cœur le souvenir de chacun de ses bienfaits.

En outre, il Nous est bien doux de nous rappeler le maternel patronage de l'auguste Reine du ciel. Nous conserverons pieusement et inviolablement la mémoire de ses faveurs, Nous ne cesserons de les exalter et de l'en remercier.

D'elle, en effet, découlent, comme d'un canal très abondant, les flots des grâces célestes. « Dans ses mains sont les trésors des miséricordes divines. » (S. J. Dam. ser. 1. *De Nativ. Virgin.*) « Dieu veut qu'elle soit le principe de tous les biens. » (S. Irénée, *Cont. Valent.*, l. III, 33.) Dans l'amour de cette tendre Mère, que Nous

quem fovere assidue atque in dies augere studuimus, certo speramus obire posse ultimum diem. — Jamdudum autem cupientes societatis humanæ salutem in aucto Virginis cultu, tamquam prævalida in arce collocare, nunquam destitimus *Marialis Rosarii* consuetudinem inter Christi fideles promovere, datis in eam rem Encyclicis Litteris jam inde a kalendis septembribus anni MDCCCLXXXIII, editisque decretis, ut probe nostis, haud semel. Cumque Dei miserantis concilio liceat Nobis hujus quoque anni adventantem cernere mensem octobrem, quem cœlesti Reginæ a Rosario sacrum dicatumque esse alias decrivimus, nolumus a compellandis vobis abstinere; omniaque paucis complexi quæ ad ejus precationis genus provehendum huc usque gessimus, rei fastigium imponemus novissimo documento, quo et studium Nostrum ac voluntas in laudatam cultus Mariani formam pateat luculentius, et fidelium excitetur ardor sanctissimæ illius consuetudinis pie integreque servandæ.

Constanti igitur acti desiderio ut apud christianum populum de Rosarii Marialis vi ac dignitate constaret, memoratâ primum cœlesti potius quam humana ejus precationis origine, ostendimus, admirabile sertum ex angelico præconio consertum, interjectâ oratione dominica, cum meditationis officio conjunctum, supplicandi genus præstantissimum esse et ad immortalis præsertim vitæ adeptionem maxime frugiferum; quippe præter ipsam excellentiam precum exhibeat et idoneum fidei præsidium et insigne specimen virtutis per mysteria ad contemplandum proposita; rem esse præterea usu facilem et populi ingenio accommodatam, cui ex commentatione Nazarethanæ Familiæ offeratur domesticæ societatis omnino perfecta species; ejus idcirco virtutem christianun populum nunquam non expertum fuisse saluberrimam.

His præcipue rationibus atque adhortatione multiplici sacratissimi Rosarii formulam presequuti, augendæ insuper ejus majestati per ampliorem cultum, Decessorum Nostrorum vestigiis inhærentes, animum adjecimus. Etenim quemadmodum Xystus V fel. rec. antiquam recitandi Rosarii consuetudinem approbavit, et Gregorius XIII festum dedicavit, eidem titulo diem, quem deinde Clemens VIII inscripsit martyrologio, Clemens XI jussit ab universa Ecclesia retineri, Benedictus XIII Breviario romano inseruit, ita Nos in perenne testimonium propensæ Nostræ voluntatis erga hoc pietatis genus, eamdem solemnitatem cum suo officio in universa Ecclesia celebrari mandavimus ritu duplici secundæ classis, solidum octobrem huic religioni sacrum esse volumus; denique præcipimus ut in Litaniis Lauretanis addere-

Nous sommes efforcé d'entretenir et d'accroître, Nous avons la ferme espérance de mourir.

Depuis longtemps déjà, désirant faire reposer le salut de la société humaine sur l'extension du culte de la divine Vierge comme sur une forteresse inexpugnable, Nous n'avons jamais cessé de propager parmi les fidèles du Christ l'usage du Rosaire de Marie. A partir de Notre Lettre Encyclique des calendes de septembre de l'année 1883, publiée sur ce sujet, Nous avons édicté maints décrets dans ce même but.

Et comme, par un dessein de la miséricorde divine, il Nous est donné de voir encore cette année l'approche du mois d'octobre, que Nous avons précédemment dédié et consacré à la Vierge du Rosaire, Nous ne voulons pas manquer de vous exhorter encore.

Vous rappelant sommairement ce que Nous avons fait jusqu'ici pour promouvoir ce mode de prière, Nous couronnerons notre œuvre par un dernier document, qui sera le suprême témoignage de Notre zèle et de Notre sollicitude pour cette forme excellente du culte de Marie, et qui excitera encore plus l'ardeur des fidèles à garder pieusement et d'une façon inviolable cette sainte pratique.

Mû par le désir constant de fixer dans les convictions du peuple chrétien la grandeur et l'efficacité du Rosaire de Marie, Nous avons rappelé l'origine plutôt divine qu'humaine de cette prière. Nous avons montré comment elle est une guirlande admirablement formée de la Salutation angélique et de l'Oraison dominicale, unies à la méditation. Ainsi composé, le Rosaire forme la plus excellente méthode de prière, bien efficace pour nous faire acquérir la vie éternelle. Outre l'excellence même des prières, ne fournit-elle pas à notre foi un utile aliment, et ne nous offre-t-elle pas d'insignes exemples de vertu, grâce aux mystères qu'elle présente à notre méditation.

Nous avons rappelé, en outre, que le Rosaire est d'une pratique facile, et à la portée du peuple, à qui le souvenir de la famille de Nazareth offre un modèle parfait de la vie domestique. C'est pourquoi le peuple chrétien n'a jamais manqué d'éprouver sa très salutaire efficacité.

Pour ces motifs principalement, et n'ayant cessé, par Nos appels réitérés, de recommander la forme même du Rosaire, Nous Nous sommes appliqué, en outre, à l'exemple de Nos prédécesseurs, à en répandre la pratique et à en accroître la solennité.

Sixte-Quint, d'heureuse mémoire, approuva l'antique usage de réciter le Rosaire ; Grégoire XIII institua une fête sous ce vocable ; Clément VIII l'inscrivit dans le Martyrologe ; Clément XI en étendit l'observation à l'Eglise entière ; Benoît XIII l'inséra dans le Bréviaire romain. A leur exemple et en témoignage perpétuel de Notre dévotion pour cet exercice de piété, Nous avons décrété que cette solennité, avec son office, fût célébrée dans toute l'Eglise, comme fête double de seconde classe ; Nous avons prescrit que le mois d'octobre tout entier fût consacré à cette dévotion ; Nous avons ordonné d'ajouter

tur invocatio : *Regina sacratissimi Rosarii,* quasi augurium victoriæ ex præsenti dimicatione referendæ.

Illud reliquum erat ut moneremus plurimum pretii atque utilitatis accedere Rosario Mariali ex privilegiorum ac jurium copia, quibus ornatur, in primisque ex thesauro, quo fruitur, indulgentiarum amplissimo. Quo quidem beneficio ditescere quanti omnium intersit qui de sua sint salute solliciti, facili negotio intelligi potest. Agitur enim de remissione consequenda, sive ex toto sive ex parte, temporalis pœnæ, etiam amotâ culpâ, luendæ aut in præsenti vita aut in altera. Dives nimirum thesaurus Christi, Deiparæ ac Sanctorum meritis comparatus, cui jure Clemens VI Decessor Noster aptabat verba illa Sapientiæ : *Infinitus thesaurus est hominibus: quo qui usi sunt, participes facti sunt amicitiæ Dei.* Jam Romani Pontifices suprema, qua divinitus pollent, usi potestate, Sodalibus Marianis a sacratissimo Rosario atque hoc pie recitantibus hujusmodi gratiarum fontes recluserunt uberrimos.

Itaque Nos etiam, rati his beneficiis atquæ indulgentiis Marialem coronam pulchrius collucere, quasi gemmis distinctam nobilissimis, consilium, diu mente versatum, maturavimus edendæ *Constitutionis* de juribus, privilegiis, indulgentiis, quibus Sodalitates a sacratissimo Rosario perfruantur. Hæc autem Nostra *Constitutio* testimonium amoris esto, erga augustissimam Dei Matrem, et Christi fidelibus universis incitamenta simul et præmia pietatis exhibeat, ut hora vitæ suprema possint ipsius ope relevari in ejusque gremio suavissime conquiescere.

Hæc ex animo Deum Optimum Maximum, per sacratissimi Rosarii Reginam, adprecati : cœlestium bonorum auspicium et pignus vobis, Venerabiles Fratres, clero ac populo uniuscujusque vestrum curæ concredito, Apostolicam benedictionem peramanter impertimus.

Datum Romæ apud S. Petrum die v septembris MDCCCXCVIII Pontificatus Nostri anno vicesimo primo.

LEO PP. XIII.

aux Litanies de Lorette l'invocation : « Reine du Très Saint Rosaire » comme augure de la victoire à remporter dans le présent combat.

Il Nous restait à montrer tout le prix et tout le profit qui est attaché au Rosaire de Marie par suite des privilèges et des faveurs dont il est enrichi, et surtout du trésor si grand des indulgences dont il jouit. Combien il importe à tous ceux qui ont souci de leur salut de mettre à profit de pareils avantages, c'est ce que l'on peut comprendre sans peine.

Il s'agit, en effet, d'obtenir, en tout ou en partie, la rémission de la peine temporelle qu'il reste, même après le pardon du péché, à subir dans ce monde ou dans l'autre. Riche trésor, certes, que celui des mérites du Christ auxquels sont joints ceux de la Vierge et des Saints. Notre prédécesseur Clément VI lui appliquait ces paroles de la Sagesse : « Il est pour les hommes un trésor infini ; ceux qui s'en servent participent à l'amitié de Dieu. » (VII, 14.)

Déjà les Pontifes romains, usant du suprême pouvoir qu'ils tiennent de Dieu, ont ouvert en faveur des associés du saint Rosaire et pour ceux qui le récitent pieusement les sources les plus abondantes de ces grâces.

C'est pourquoi, Nous aussi, dans la pensée que ces grâces et ces indulgences augmentent l'éclat de la couronne de Marie et contribuent à l'orner, pour ainsi dire, des perles les plus précieuses, Nous avons résolu, après de mûres reflexions, de publier une *Constitution* relative aux droits, privilèges, indulgences, dont jouissent les associations du très saint Rosaire. Puisse cette *Constitution* être un témoignage de Notre amour à l'égard de la très auguste Mère de Dieu ; puisse-t-elle offrir à tous les fidèles du Christ des stimulants et des récompenses pour leur piété, afin qu'à leur heure suprême ils puissent être soulagés par le secours de Marie et s'endormir doucement sur son sein.

C'est ce que Nous demandons de tout cœur au Dieu très bon et très grand, par l'intercession de la Reine du très saint Rosaire.

Comme gage et augure des biens célestes, Nous vous accordons affectueusement à vous, Vénérables Frères, au clergé et au peuple confiés au soin de chacun de vous, la bénédiction apostolique.

Donné à Rome, près Saint-Pierre, le 5 septembre de l'année 1898, la vingt et unième de Notre Pontificat.

LÉON XIII, PAPE.

LA FRANCE DU TRAVAIL A ROME

Le samedi, 8 octobre 1898, de nombreux pèlerins français, conduits par M. Léon Harmel, étaient allés déposer aux pieds de Sa Sainteté, Notre Saint-Père le Pape Léon XIII, l'hommage filial de la France du travail. Le Souverain pontife a répondu à l'adresse, lue par M. Léon Harmel, par un discours qui a eu un grand retentissement, non seulement en France, mais encore en Allemagne. C'est Mgr de Croy qui a lu aux pèlerins ce document pontifical.

Nous publions *in extenso* l'adresse de M. Harmel et le magnifique discours dans lequel Sa Sainteté Léon XIII témoigna d'une manière si touchante de sa sollicitude pour la France.

ADRESSE AU SAINT-PÈRE

LUE PAR M. LÉON HARMEL

Très Saint-Père,

Voici une fois encore à Vos pieds sacrés la France du travail.

Votre Sainteté ne cesse de multiplier ses bienfaits envers l'Eglise et envers la France : le devoir de Vos enfants n'est-il pas de lui renouveler avec toujours plus d'amour l'expression de leur reconnaissance.

Ils sont accourus de tous les points de la France pour voir Pierre; ils ont voulu Vous redire leur profond respect, leur filial amour, leur soumission absolue à toutes les directions politiques et sociales de Celui qui tient, avec tant de majesté, la place visible de Jésus-Christ sur terre.

Ils savent ce que Vous doit leur patrie. Au milieu de ses amertumes et de ses abandons, la France n'a cessé d'être soutenue et ranimée par la constante et fidèle amitié du grand Pontife que rien n'arrête, pas même l'hésitation dans l'obéissance, lorsqu'il s'agit de la nation qu'Il aime tendrement. Hier encore, c'est de ce Vatican qu'est partie la parole toute-puissante qui maintient à la France les privilèges séculaires, dont l'exercice lui assure sa grande place dans le monde et son honneur au milieu des nations.

Nous Vous apportons le merci de la patrie française. Les religieux de l'Assomption dont les pèlerinages de Pénitence en Orient sont si chers à Votre Sainteté et si salutaires aux âmes, ont voulu être avec nous. Pour répondre à Vos encouragements, ils veulent multiplier leurs pacifiques croisades vers les Lieux Saints.

C'est aussi le peuple des travailleurs qui est devant Vous. C'est à Vous que ce peuple doit d'avoir la conscience plus exacte et plus complète de ses droits, de ses devoirs. C'est Vous qui avez préparé son ascension sociale et économique. Ce sont Vos Encycliques qui ont tracé la charte de son affranchissement et de sa dignité. Vous avez réconcilié le monde du travail avec l'Eglise. Vos enseignements l'ont bien montré : les travailleurs des mains n'ont jamais eu, ils n'auront jamais d'amis véritables, de soutiens efficaces, en dehors de cette Eglise, dont le Fondateur a voulu être ouvrier et a voulu employer des ouvriers pour la diffusion de sa doctrine.

La démocratie chrétienne, conçue et entendue dans son vrai sens catholique, peut bien rencontrer des adversaires qui ne la connaissent pas; mais elle ramènera dans le sein de l'Eglise les foules que le socialisme révolutionnaire en aurait éloignées.

Oui, Très Saint-Père, nous pouvons Vous en donner la consolante assurance, Vos enseignements sont, chaque jour, mieux compris; Vos directions, chaque jour, mieux suivies. Malgré une opposition qui dissimule sa faiblesse, les jeunes d'âge et les jeunes de cœur Vous comprennent. Ils saluent en Vous le Pilote divin qui sait gouverner au milieu des tempêtes; ils saluent en Vous le Prophète dont le regard hardi, fixé sur l'avenir, sait deviner les temps nouveaux. Oui, Très Saint-Père, Vous assurez le triomphe de la double cause qui Vous est chère : celle de notre Maître et Roi, Jésus-Christ, et celle de ses enfants bien-aimés, le peuple des travailleurs.

Vivez longtemps encore, Très Saint-Père, afin d'assister aux victoires que Votre sagesse a préparées.

VIVE LÉON XIII!

DISCOURS DU PAPE

Très chers Fils,

C'est pour Notre cœur une nouvelle et douce joie, très chers fils, que de vous voir une fois de plus, dans Nos vieux jours, réunis ainsi et groupés si nombreux autour de Nous. Votre arrivée, votre présence ici, Nous sont une preuve manifeste que, loin d'ébranler votre fidélité et votre constance, le temps et les événements ne font que fortifier de plus en plus dans vos âmes ces sentiments de respect et d'attachement au Siège apostolique, de dévouement et de piété filiale que vous venez de Nous exprimer et dont, par le passé, vous Nous avez donné déjà de si nombreux et si éclatants témoignages.

Aujourd'hui, une pensée spéciale a contribué à vous ramener auprès de Nous. Ainsi que vous l'avez rappelé tout à l'heure, il vous tardait de Nous remercier de l'acte récent par lequel Nous avons confirmé les déclarations antérieures du Saint-Siège concernant votre patronat traditionnel en Orient, et c'est dans cette pensée que se sont joints à ce pèlerinage ouvrier les vaillants religieux que Nous apercevons au milieu de vous et qui ont si bien mérité de la Terre Sainte. Pénétrés de zèle pour la gloire de ces lieux bénis qui furent les témoins de la vie et de la mort du Sauveur des hommes, ils y conduisent périodiquement ces nombreux pèlerins de la Pénitence qui vont y offrir à Dieu leurs prières pour les besoins de la Sainte Église et pour le retour en son sein de nos frères séparés.

Nous-même, il y a peu d'années, Nous avons voulu, dans ce but, qu'un solennel Congrès eucharistique fût célébré, sous la présidence d'un Cardinal français, dans cette ville même de Jérusalem où fut institué ce grand sacrement qui est le gage divin de l'union entre les fidèles. Continuez donc, chers fils, vos pieuses pérégrinations en Terre Sainte; elles contribueront puissamment à fortifier la foi et à féconder votre noble mission en Orient.

Pour vous, très chers fils, qui êtes la France du travail, vous n'ignorez pas qu'à vous aussi incombent d'importants et graves devoirs intéressant la société tout entière. Et puisque vous venez de faire allusion à la démocratie, voici ce qu'à ce sujet Nous devons vous inculquer :

Si la démocratie s'inspire aux enseignements de la raison éclairée par la foi; si, se tenant en garde contre de fallacieuses et subversives théories, elle accepte avec une religieuse résignation et comme un fait nécessaire la diversité des classes et des conditions; si, dans la recherche des solutions possibles aux multiples problèmes sociaux, qui surgissent journellement, elle ne perd pas un instant de vue les règles de cette charité surhumaine que Jésus-Christ déclara être la note caractéristique des siens; si, en un mot, la démocratie veut être chrétienne, elle donnera à votre patrie un avenir de paix, de prospérité et de bonheur.

Si, au contraire, elle s'abandonne à la révolution et au socialisme; si, trompée par de folles illusions, elle se livre à des revendications destructives de lois fondamentales, sur lesquelles repose tout ordre civil, l'effet immédiat sera pour la classe ouvrière elle-même, la servitude, la misère, la ruine.

Loin de vous, très chers fils, une pareille et aussi sombre perspective. Fidèles à votre baptême, c'est à la lumière de la foi que vous jugez et appréciez les choses de cette vie, vrai pèlerinage du temps à l'éternité. Tandis que, ailleurs, les questions sociales troublent et tourmentent les hommes du travail, vous gardez vos âmes dans la paix, en vous confiant à ces patrons chrétiens qui président avec tant de sagesse à vos laborieuses journées qui pourvoient avec tant de justice et d'équité à votre salaire et, en même temps, vous instruisent de vos droits et de vos devoirs en vous interprétant les grands et salutaires enseignements de l'Eglise et de son chef.

Oh! puisse la France voir se multiplier de plus en plus les patrons qui ressemblent aux vôtres et notamment à ce Bon Père qui, depuis des années, se fait un bonheur de vous conduire à Nos pieds! Puissiez-vous, vous-mêmes, par votre exemple et au besoin par vos paroles, ramener à Dieu et à la pratique des vertus chrétiennes vos compagnons égarés et enrichir votre patrie de phalanges d'ouvriers comme celle que Nous avons ici sous Nos yeux. S'il plaisait au Seigneur d'exaucer ce vœu, le salut et la prospérité de votre nation seraient assurés, et elle ne tarderait pas à reprendre dans le monde la place spéciale et la glorieuse mission que la Providence lui avaient assignées.

En attendant, très chers fils, efforcez-vous par votre esprit d'humilité, de discipline et d'amour du travail, de vous montrer toujours dignes de votre noble titre d'ouvriers chrétiens. Aimez vos patrons, aimez-vous les uns les autres. Aux heures où le poids de vos rudes labeurs pèsera plus lourdement sur vos bras fatigués, fortifiez votre courage en regardant vers le ciel. Rappelez-vous le divin Ouvrier de Nazareth. Volontairement il a choisi cette modeste condition, afin d'être plus intimement des vôtres, et diviniser, en quelque sorte, le travail des mains et l'atelier. Par-dessus tout, recourez fréquemment à la prière, et jamais ne négligez vos devoirs religieux; ils seront pour vous une source toujours féconde de consolations, de force et de persévérance finale.

C'est comme gage de ces dons célestes et de Notre particulière affection que Nous vous accordons de tout cœur, très chers fils, à tous ici présents, à vos parents, vos familles et vos amis, la bénédiction apostolique.

AD MINISTRUM GENERALEM

ORDINIS FRATRUM MINORUM

DILECTO FILIO MINISTRO GENERALI ORDINIS FRATRUM MINORUM

LEO PP. XIII

DILECTE FILI SALUTEM ET APOSTOLICAM BENEDICTIONEM

Nostra erga Fratres Minores pridem sane suscepta ac multis jam testata rebus voluntas, quo modo fecit Nos ad ea cogitanda ac sancienda alacriores, quæ vobis plurimum intelligebamus profutura, ita nunc permovet ut cursum rerum vestrarum rationemque universæ disciplinæ studioso sequamur animo. Nihil enim tam avemus, quam ut Franciscanus Ordo, tot præsertim meritis tantoque nomine, florere sine ulla temporis intermissione pergat, imo communium custodiâ legum, virtutumque et studiorum optimorum laude, Deo auxiliante, crescat: atque ita quidem, ut non sibi consulat uni sed opes doctrinæ, virtutis, sollertiæ suæ in communem hominum afferat fructum atque utilitatem. Quamobrem nonnulla visum est his litteris attingere utilia factu. Ad hæc te, qui magistratum Ordinis maximum geris, volumus pro tua prudentia diligenter attendere.

De studio majorum disciplinarum satis commonstrant litteræ Nostræ Encyclicæ *Æterni Patris*, qua sit ingrediendum via. Discedere inconsulte ac temere a sapientia Doctoris angelici, res aliena est a voluntate Nostra eademque plena periculi. Perpetua quidem sunt humanæ cogitationis itinera, augeturque accessionibus fere quotidianis scientia rerum ac doctrina: quis autem nolit his rebus sapienter uti, quas recentiorum pariat eruditio et labor? Quin imo adsciscantur hinc libenter quæ recta sunt, quæ utilia, quæ veritati divinitus traditæ non repugnantia: sed qui vere philosophari volunt, velle autem potissimum debent religiosi viri, primordia ac fundamenta doctrinæ in Thoma Aquinate ponant. Eo neglecto, in tanta ingeniorum licentia,

LETTRE DU SAINT-PÈRE

AU MINISTRE GÉNÉRAL DE L'ORDRE DES FRÈRES MINEURS

A NOTRE CHER FILS, LE MINISTRE GÉNÉRAL DE L'ORDRE DES FRÈRES MINEURS

LÉON XIII, PAPE

CHER FILS, SALUT ET BÉNÉDICTION APOSTOLIQUE,

Notre bienveillance envers les Frères Mineurs a été conçue depuis fort longtemps, et Nous leur en avons déjà donné des preuves nombreuses; et ce sentiment Nous a inspiré autrefois des projets et des résolutions que Nous jugions devoir vous être profitables. C'est le même sentiment qui Nous incite, aujourd'hui, à suivre, d'un cœur plein de sympathie, le cours des choses qui vous intéressent, et à examiner l'ensemble des règles qui sont les vôtres. Nous ne désirons, en effet, rien tant que de voir l'Ordre franciscain, riche d'un si grand nom et de tant de mérites, continuer, sans interruption, sa florissante carrière. Et, de plus, Nous souhaitons, qu'avec l'aide de Dieu, il fasse des progrès dans l'observation de ses règles communes, mais encore dans la pratique des vertus et dans l'étude des meilleures sciences, et qu'ainsi il ne travaille pas pour lui seul, mais encore pour que les richesses de sa science, de sa vertu et de son expérience soient consacrées au bien général des hommes. C'est pourquoi il Nous a semblé que cette Lettre aurait quelque utilité. Et Nous voulons que vous, qui êtes le Maître général de cet Ordre, vous y prêtiez, en votre sagesse, une grande attention.

Notre Lettre encyclique *Æterni Patris* a suffisamment montré la voie qu'il faut suivre dans l'étude des sciences supérieures. — S'éloigner sans réflexion et témérairement des préceptes du Docteur angélique est contraire à Notre volonté et plein de périls. Sans doute, la marche de la pensée humaine ne s'arrête jamais : la science et la doctrine sont en progrès presque quotidiens ; et qui donc ne voudrait pas user avec sagesse des connaissances enfantées chaque jour par l'érudition et le travail contemporains ? Bien au contraire, il est bon de leur emprunter volontiers tout ce qu'ils produisent de juste et d'utile, tout ce qui, en eux, n'est pas contraire à la vérité divinement révélée ; mais ceux qui veulent être vraiment philosophes — et les religieux doivent surtout le vouloir — sont obligés d'établir les principes et les bases de leur doctrine sur saint Thomas d'Aquin. En négligeant de l'étudier, on s'expose, dans la licence extrême des esprits, à choir dans le désordre des opinions erronées

pronum esse in opinionum portenta delabi atque ipsa *rationalismi* peste sensim afflari, nimium jam res et facta testantur. Quod si ejusmodi aliquid in eos obrepat, quibus officium sit instituere cupidam religiosæ professionis juventutem? Sanctum itaque sit apud omnes beati Francisci alumnos Thomæ nomen : vereanturque non sequi ducem, quem bene scripsisse de se Jesus Christus testabatur.

Dein nihil esse vides, quod fidei christianæ tam vehementer intersit, quam explanari probe ac fideliter, ut oportet, conscripta divino Spiritu afflante volumina. Habenda ratio et diligentia est in re tanti momenti, ne quid, non modo superbiâ, sed ne levitate quidem animi imprudentiave peccetur : in primisque ne plus æquo tribuatur sententiis quibusdam novis, quas metuere satius est, non quia novæ sunt, sed quia plerumque fallunt specie quadam et simulatione veri. Adamari hac illac cœptum est, vel a quibus minime debuerat, genus interpretandi audax atque immodice liberum : interdum favetur etiam interpretibus catholico nomine alienis, quorum intemperantiâ ingenii non tam declarantur sacræ litteræ, quam corrumpuntur. Cujusmodi incommoda in malum aliquod opinione majus evasura sunt, nisi celeriter occurratur. Omnino postulant *eloquia Dei* a cultoribus suis judicium sanum ac prudens : quod nullo modo poterit esse tale, nisi adjunctam habeat verecundiam modestiamque animi debitam. Id intelligant ac serio considerent, quicumque pertractant divinos libros : iidemque meminerint, utique habere se quod in his studiis tuto sequantur, si modo audiant Ecclesiam, ut debent. Nec silebimus, Nos ipsos per Litteras *Providentissimus Deus*, quid hac de re sentiat, quid velit Ecclesia, dedita operâ docuisse. Præcepta vero ei documenta Pontificis maximi negligere, catholico homini licet nemini.

Cum notitia rectaque intelligentia Scripturarum magnopere conjunctum illud est, versari sancte et utiliter *in ministerio verbi*. Tu vero in hoc genere, quantum vigilando conandoque potes, ne patiare quicquam vitii Sodalibus tuis adhærescere : sed enitere et perfice, ut quæ sacrum Consilium negotiis Episcoporum atque Ordinum religiosorum præpositum, non multos ante annos, datis in id litteris, monuit et præcepit, omnia inviolate serventur. Finis est eloquentiæ sacræ, eorum salus qui audiunt, quare tradere præcepta morum, vitia coarguere, mysteria cognitu necessaria ad vulgi captum explanare, hoc munus, hæc suprema lex est. Nihil in præconibus Evangelii tam absonum, quam in aliena, dicendo, excurrere, materiamve ad explicandum sumere aut levioris momenti, aut otiosam, aut altius petitam : qua ratione

et à se laisser toucher par le souffle empesté du *rationalisme*; ce que du reste n'atteste que trop l'expérience. Et que sera-ce si quelque chose de semblable s'infiltre parmi ceux dont la mission est d'instruire une jeunesse désireuse de se consacrer à la vie religieuse? Que le nom de Thomas soit donc pieusement révéré par tous les disciples du bienheureux François, et qu'ils suivent avec respect un tel chef, dont Jésus-Christ a témoigné qu'il avait bien écrit de lui-même.

Ensuite, comme vous le savez, rien n'importe davantage à la foi chrétienne qu'une explication exacte et fidèle, comme il convient, des livres qui ont été écrits sous le souffle de l'esprit divin. Dans une matière de si grande importance, il faut donc procéder avec beaucoup de soin et de prudence, et éviter ainsi qu'aucune faute soit commise, soit par orgueil, soit par légèreté ou imprudence; et d'abord, faut éviter de sacrifier plus que de raison aux opinions nouvelles, et il vaut même mieux les redouter, non pas à cause de leur nouveauté, mais parce que, pour la plupart, elles sont fallacieuses, n'ayant que l'apparence et le masque de la vérité. Ceux qui auraient dû le moins se laisser séduire ont, pourtant, çà et là, commencé à se permettre un genre d'interprétation trop audacieux et trop libre. Parfois même on a accueilli avec faveur des interprètes étrangers au nom catholique, dont l'esprit, mal équilibré, obscurcit bien plus qu'il ne les éclaire les Lettres sacrées. Et si l'on n'y porte un rapide remède, des maux semblables ne tardent pas à devenir plus graves. Les *paroles de Dieu* demandent absolument de ceux qui les étudient un jugement sain et prudent; et il n'en saurait être ainsi si l'on manquait d'y apporter la respectueuse réserve et la modestie d'intelligence qui leur sont dues. C'est là ce que doivent bien comprendre et sérieusement considérer tous ceux qui étudient les livres divins. Ils doivent aussi ne pas oublier que, pour se livrer en toute sûreté à une telle étude, ils ont l'obligation d'écouter l'Eglise. Et Nous ne tairons pas que Nous-même, dans Notre Lettre *Providentissimus Deus*, Nous avons enseigné sur ce sujet quel est le sentiment de l'Eglise. Et il n'est permis à aucun catholique de négliger les règles et les instructions du Souverain Pontife.

Le caractère religieux et les fruits du *ministère de la parole* sont liés étroitement à la connaissance et à la droite intelligence des Ecritures. Et c'est pourquoi vous devez veiller, autant que vous le pouvez, à empêcher que vos frères ne soient jamais en défaut sur ce point. Vous devez vous appliquer à obtenir qu'ils observent parfaitement les enseignements et les règles formulés par la Sacrée Congrégation des évêques et réguliers dans une lettre publiée, il y a peu d'années, à cette fin. Le but de l'éloquence sacrée est le salut de ceux qui l'écoutent : donner aux hommes des préceptes de morale, réprimer leurs vices, expliquer les mystères qu'il est nécessaire de connaître, de façon à être compris du vulgaire, voilà sa mission et sa loi suprême. Il n'y a rien de plus choquant que d'entendre les hérauts de l'Evangile, égarant leur parole sur des sujets étrangers, développant des matières sans importance, ou inutiles, ou manquant d'élévation : sans doute, en agissant ainsi, on

obstrepitur quidem paulisper auribus, sed nihilo minus jejuna, quam venerat multitudo dimittitur. Erudire, permovere, convertere ad meliora animos velle debent, qui ad concionandum pro potestate sacra accedant : quod tamen assequi, nisi diligenti præparatione adhibita, nullo pacto queunt. De Minoribus igitur tuis, quicumque id muneris malunt attingere, tu dabis operam ut instruant atque ornent singuli sese, priusquam aggrediantur, adjumentis præsidiisque necessariis, studio rerum atque hominum, cognitione theologiæ, arte dicendi, et quod caput est, suorum observantia officiorum et innocentia vitæ ; is enim recte et cum fructu vocat alios ad officia virtutum, qui cum virtute vivat ipse, quique facile possit mores suos exponere tamquam speculum, multitudini.

Virtutem autem vestram beneficam valde velimus, quod alio loco idem diximus, cœnobiorum prætervehi terminos, ac bono publico manare latius. De beato Francisco patre deque alumnis ejus præstantissimis memoriæ est proditum, se totos populo dedere, et in salute publica operam ponere acri diligentia solitos. Circumspice nunc animo res atque homines : plane reperies, tempus vobis esse idem illud repetere institutum, et exempla moremque antiquorum animose imitari. Nam si alias unquam, certe quidem hoc tempore magna ex parte nititur in populo salus civitatum ; ideoque nosse e proximo multitudinem, ac tam sæpe non inopia tantummodo et laboribus, sed insidiis et periculis undique circumventam, amanter juvare docendo, monendo, solando, officium est utriusque ordinis clericorum. Nosque ipsi si litteras encyclicas de Secta Massonum, de conditione opificum, de præcipuis civium christianorum officiis, aliasque generis ejusdem ad Episcopos dedimus, populi potissimum gratiâ dedimus, ut scilicet ex iis sua metiri jura et officia, sibique cavere et saluti suæ recte consultum velle disceret. Bene autem de communibus rebus merendi non exiguam præbet facultatem Franciscanus Ordo Tertius : qui si excitare christianos olim spiritus, atque alere passim virtutis amorem et pietatis artes commode potuit : si sæpe etiam ad mansuetudinem, concordiam, tranquillitatem per turbulenta tempora valuit, quidni similium bonorum renovare queat ubertatem veterem? Certe studia hominum multo majora movebit, si præcones atque adjutores industrios majore numero habuerit : qui propagare sodalitium nitantur, qui naturam ejus, mitesque leges ac sperata benefacta in conspicuo ponant : idque prædicatione, scriptis editis, conciliis identidem habendis, ratione denique omni, quæcumque vere esse videatur. In hoc certe nec unquam fuit iners opera vestra, nec est : verumtamen memineritis, requiri a vobis curam

occupe les oreilles pour un moment ; mais la multitude est renvoyée à jeun comme elle était venue. Instruire, toucher, convertir les intelligences, voilà le but de ceux qui ont le pouvoir d'adresser la parole aux fidèles : Ce but, ils ne le peuvent atteindre autrement que par une soigneuse préparation. En conséquence, pour ceux de vos Mineurs qui ont le goût de ce ministère, vous vous appliquerez à ce que d'abord chacun d'eux, avant de se mettre à l'œuvre, soit muni et armé des ressources et des appuis nécessaires, à savoir : l'étude des choses et des hommes, la connaissance de la théologie, l'art de bien dire, et — ce qui est le point capital — l'observation de ses devoirs et l'innocence de la vie ; car celui qui veut inviter avec fruit les autres à pratiquer la vertu doit vivre lui-même avec vertu, afin de pouvoir aisément montrer sa vie comme exemple à la multitude.

Et, comme Nous l'avons dit ailleurs, Nous désirerions vivement que votre vertu franchît les bornes de vos monastères et se répandît au dehors pour le bien public. Il est rapporté, en effet, que le bienheureux François et ses disciples les plus éminents se sont consacrés tout entiers au peuple, et qu'ils avaient coutume de travailler avec une grande ardeur au salut des foules. Et maintenant, considérez les événements et les hommes, et vous verrez aisément que le temps est venu de revenir à cette règle de conduite, et qu'il vous faut suivre avec courage l'exemple de vos ancêtres. En ce temps plus que jamais, le salut des Etats repose sur le peuple. Il faut donc étudier de près les multitudes qui sont si souvent en proie, non seulement à la pauvreté et au travail, mais encore environnées de toutes sortes de pièges et de dangers ; il faut avec amour les aider, les instruire, les avertir, les consoler : voilà le devoir des clercs de tout Ordre. — Et si Nous avons Nous-même adressé aux évêques nos Lettres Encycliques sur la Maçonnerie, sur la condition des ouvriers, sur les principaux devoirs des citoyens chrétiens, et d'autres Lettres du même genre c'est surtout dans l'intérêt du peuple que Nous les avons écrites afin qu'il apprît ainsi à mesurer ses droits et ses devoirs, et à veiller, comme il est juste, à son salut.

Le Tiers-Ordre franciscain peut certainement rendre des services signalés à la société. Et si, autrefois, il a ranimé les cœurs chrétiens, fortifié, en divers lieux, l'amour de la vertu et les merveilles de la piété ; si, souvent, dans des temps troublés, il a pu contribuer à rétablir la douceur, la concorde et la paix, pourquoi n'aurait-il pas encore la puissance de faire renaître, avec abondance, des biens pareils ? Certainement, il excitera, beaucoup mieux que jadis, le zèle des hommes, s'il compte un plus grand nombre de chefs et d'auxiliaires actifs s'efforçant de le développer, de le faire mieux connaître, d'indiquer la douceur de ses lois et les bienfaits qu'on en peut espérer ; des hommes, enfin, qui emploieront, dans ce but, les prédications, les écrits publics, les réunions, tous les moyens, enfin, qui leur paraîtront utiles. — Certes, votre concours n'a jamais manqué et ne manque pas aujourd'hui à cette œuvre ; cependant, n'oubliez pas qu'on attend de vous un zèle toujours grandissant et une vigilance sans repos ; car il convient surtout à l'Ordre qui a

constantem studiumque progrediens : nam quorum e sinu effloruit salutare institutum, eos decet maxime omnium pro ejus conservatione et propagatione contendere.

Horum adipiscendorum bonorum, quæ tibi diligentissime commendamus, copia vobis nunc major est, quia coalito in unum velut corpus Ordini firmitas et robur accessit. Accedat munere beneficioque divino stabilitas concordiæ, caritas mutua, servandæque disciplinæ communis summum in unoquoque studium. Dicto audientes præpositis suis, juniores nitantur quotidie in virtute proficere ; alteque defixum in mente gerant, nihil tam esse perniciosum religioso viro, quam vagari animo solute et oscitanter, vel cogitatione rapi e septis cœnobii longius. Ætate provecti exemplum perseverantiæ impertiant ceteris ; nominatim ad ea, quæ non ita pridem de Ordine Minoritico constituta sunt, flectant se libenter, non gravate ; ea enim sunt a potestate legitima et suo ipsorum bono constituta ; omnes autem in id toto pectore incumbite, *ut per bona opera certam vestram vocationem et electionem faciatis.*

Auspicem divinorum munerum benevolentiæque Nostræ testem tibi universisque Minoribus Apostolicam benedictionem peramanter impertimus.

Datum Romæ apud S. Petrum die XXV novembris an. MDCCCXCVIII, Pontificatus Nostri vicesimo primo.

LEO PP. XIII.

donné naissance à cette institution salutaire qu'il s'applique à la conserver et à la développer.

Et puisque l'Ordre réuni en seul corps a vu s'accroître sa force et sa puissance, il vous est maintenant plus facile d'obtenir les résultats bienfaisants que Nous vous recommandons avec tant de soins. Que, parmi vous, la concorde, la charité mutuelle et le zèle très vif pour observer la discipline commune, s'ajoutent aux grâces et aux bienfaits de Dieu! Que les plus jeunes, soumis aux paroles de leurs maîtres, s'appliquent à faire chaque jour des progrès dans la vertu! Qu'ils gravent bien dans leur âme que rien n'est plus funeste pour un religieux que de laisser son esprit errer au hasard et sa pensée s'égarer au dehors de l'enceinte de sa cellule! Que les Frères plus âgés donnent aux autres l'exemple de la persévérance! Et, pour ce qui est des prescriptions dont l'Ordre des Mineurs a été récemment l'objet, ils doivent s'y soumettre de bon cœur et sans réserve, car elles leur sont données par le pouvoir légitime et pour leur propre bien : Vous tous, ainsi, *efforcez-vous de tout cœur à assurer par vos bonnes œuvres votre vocation et votre élection.*

Et, comme gage de la faveur de Dieu, et pour témoigner de Notre bienveillance, Nous vous accordons très affectueusement, à Vous et à tous les Mineurs, la Bénédiction apostolique.

Donné à Rome, près de Saint-Pierre, le 25 novembre de l'an 1898, de Notre pontificat le vingt et unième.

LEON XIII, PAPE.

SANCTISSIMI DOMINI NOSTRI LEONIS

DIVINA PROVIDENTIA PAPÆ XIII

CONSTITUTIO APOSTOLICA

DE LEGIBUS, JURIBUS AC PRIVILEGIIS
SODALITATIS A SS. ROSARIO

LEO EPISCOPUS

SERVUS SERVORUM DEI

AD PERPETUAM REI MEMORIAM

Ubi primum, arcano divinæ providentiæ consilio, ad supremam Petri Cathedram fuimus evecti, oblato conspectu ingruentium in dies malorum, Apostolici muneris esse duximus expediendæ salutis agitare consilia ac studere, quibus maxime modis Ecclesiæ tutelæ et catholicæ fidei incolumitati prospici posset. Inter hæc ad magnam Dei Matrem eamdemque reparandi humani generis consortem ultro animus convolavit, ad quam trepidis in rebus confugere catholicis hominibus præcipuum semper ac solemne fuit. Cujus fidei quam tuto sese crediderint, præclara testantur ab ipsa collata beneficia, inter quæ plura constat fuisse impetrata par probatissimam illam precandi formulam titulo *Rosarii* ab eadem invectam et Dominici Patris ministerio promulgatam. Solemnes autem honores eo ritu Virgini habendos summi Pontifices decessores Nostri haud semel decrevere. Quorum Nos etiam æmulati studia, de Rosarii Marialis dignitate ac virtute satis egimus copiose, Encyclicis Litteris pluries datis, vel inde a kalendis Septembribus anni MDCCCLXXXIII, cohortantes fideles, ut, sive publice sive suis in domibus, saluberri-

CONSTITUTION APOSTOLIQUE

DE

NOTRE TRÈS SAINT-PÈRE LÉON XIII

PAPE PAR LA DIVINE PROVIDENCE

SUR LES RÈGLES, LES DROITS ET LES PRIVILÈGES
DE LA CONFRÉRIE DU TRÈS SAINT-ROSAIRE

LÉON, ÉVÊQUE

SERVITEUR DES SERVITEURS DE DIEU

AD PERPETUAM REI MEMORIAM

Aussitôt que, par un secret dessein de la divine Providence, Nous fûmes élevé sur la Chaire suprême de Saint-Pierre, voyant que, de jour en jour, des maux plus nombreux accablaient le monde, Nous avons considéré comme une charge de Notre ministère apostolique de former des desseins de salut et d'étudier par quels meilleurs moyens Nous assurerions mieux la défense de l'Eglise et l'intégrité de la foi catholique. — Dans ces pensées, Notre esprit s'éleva naturellement vers la puissante Mère de Dieu qui fut elle-même sa coopératrice dans la rédemption du genre humain, et qui fut toujours le refuge principal et souverain des catholiques dans leurs difficiles épreuves. Les éclatants bienfaits qu'ils en ont reçus prouvent qu'ils ont eu raison d'avoir confiance en Elle. Et, parmi ces bienfaits, il est bien établi que plusieurs ont été obtenus par cette formule très efficace de prières qu'elle leur apporta elle-même, sous le nom de *Rosaire*, et qui a été propagée par les soins de notre Père Dominique. — Les Souverains Pontifes, Nos prédécesseurs, ont, plusieurs fois, décrété que, dans cette forme, des honneurs solennels seraient rendus à la Vierge. Et Nous-même, animé du même zèle, Nous avons assez longuement traité de l'excellence et de l'efficacité du Rosaire de Marie. Depuis les calendes de septembre de l'année 1883, Nous avons plusieurs fois publié des Lettres Encycliques pour exhorter les fidèles à s'acquitter, soit en

mum hoc pietatis officium augustissimæ Matri persolverent et Marianis ab eo titulo Sodalitatibus sese aggregarent. Ea vero omnia nuperrime, datis litteris die 5 Septembris hujus anni, veluti in unum collecta, paucis memoravimus; simulque consilium Nostrum patefecimus edendæ *Constitutionis* de juribus, privilegiis, indulgentiis, quibus gaudent qui piæ isti Sodalitati dederint nomina. Nunc vero ut rem absolvamus, votis obsecundantes Magistri generalis Ordinis Prædicatorum, Constitutionem ipsam edimus, qua leges de hujusmodi Sodalitate latas, itemque beneficia recensentes a summis Pontificibus eidem concessa, modum decernimus quo in perpetuum salutifere hæc institutio regatur.

I

Sacratissimi Rosarii Sodalitas in eum finem est instituta, ut multos fraterna caritate conjunctos per piissimam illam precandi formulam, unde ipsa consociatio nomen mutuatur, ad beatæ Virginis laudationem et ejusdem patrocinium unanimi oratione impetrandum alliciat. Quapropter, nullo quæsito lucro aut imperata pecunia, cujusvis conditionis excipit homines, eosque per solam Rosarii Marialis recitationem mutuo devincit. Quo fit, ut pauca singuli ad communem thesaurum conferentes multa inde recipiant. Actu igitur vel habitu dum ex instituto Sodalitii suum quisque pensum recitandi Rosarii persolvit, sodales omnes ejusdem societatis mentis intentione complectitur, qui idem caritatis officium ipsi multiplicatum reddunt.

II

Sodalium Dominicanorum Ordo, qui, vel inde ab sui initio beatæ Virginis cultui maxime addictus, instituendæ ac provehendæ Sodalitatis a sacratissimo Rosario auctor fuit, omnia, quæ ad hoc genus religionis pertinent, veluti hereditario jure sibi vindicat.

Uni igitur Magistro generali jus esto instituendi Sodalitates sacratissimi Rosarii: ipso a Curia absente subeat Vicarius ejus generalis; mortuo vel amoto, Vicarius generalis Ordinis. — Quamobrem quævis Sodalitas in posterum instituenda, nullis gaudeat beneficiis, privilegiis, indulgentiis, quibus Romani Pontifices legitimam verique nominis Sodalitatem auxerunt, nisi diploma institutionis a Magistro generali vel a memoratis Vicariis obtineat.

III

Quæ anteacto tempore Sodalitates sacratissimi Rosarii ad hanc usque diem sine Magistri generalis patentibus litteris institutæ

public, soit en leurs maisons, de ce très salutaire exercice de piété envers la très auguste Mère, et à s'agréger aux Confréries établies en l'honneur de Marie. — Tout récemment encore, en Notre Lettre du 5 septembre de cette année, Nous avons réuni tous ces enseignements et les avons résumés en peu de mots, et en même temps Nous avons fait connaître Notre dessein de publier une *Constitution* des droits, privilèges et indulgences qui sont la joie de ceux dont les noms appartiennent à cette pieuse Confrérie. Et maintenant, pour achever Notre œuvre et pour condescendre aux vœux du Maître général de l'Ordre des Frères Prêcheurs, Nous publions cette Constitution elle-même, où sont rappelées les règles de la Confrérie, les privilèges qui lui ont été concédés par les Souverains Pontifes, et déterminons les règles qui régiront, pour toujours, cette salutaire institution.

I

La Confrérie du Très Saint-Rosaire est instituée dans le but d'inciter un grand nombre d'hommes, unis par la charité fraternelle, à louer et à prier la Bienheureuse Vierge et obtenir, par une oraison unanime, sa protection, en employant la très pieuse formule de prières d'où l'association elle-même a tiré son nom. Et c'est pourquoi, sans rechercher aucun gain, sans demander aucun argent, la Confrérie accepte des hommes de toute condition et n'établit entre eux aucun autre lien que celui de la récitation du Rosaire de Marie. Ce qui fait que chacun n'apportant que peu au trésor commun, en retire beaucoup. De telle sorte que, d'une façon actuelle ou d'une façon habituelle, tout confrère qui suit les règles de la Confrérie et s'acquitte de la récitation du Rosaire réunit, en ses intentions, tous les membres de la société qui lui rendent, multiplié, le même office charitable.

II

L'Ordre des Frères Dominicains, qui fut, dès son origine, particulièrement voué au culte de la Bienheureuse Vierge, qui fut le créateur et le propagateur de la Confrérie du Très Saint-Rosaire, revendique, comme un droit héréditaire, tout ce qui concerne ce genre de dévotion.

C'est donc à son Maître général seul qu'appartient le droit d'instituer des Confréries du Très Saint-Rosaire ; et, s'il est absent de la Curie, son Vicaire général le remplacera ; et s'il est mort ou éloigné, c'est le Vicaire général de l'Ordre qui le suppléera. — Ainsi, toute Confrérie qui sera créée dorénavant ne jouira d'aucune des faveurs, d'aucun des privilèges ou indulgences, dont les Pontifes romains ont enrichi les Confréries légitimes et authentiques, qu'autant qu'elle aura obtenu son diplôme d'institution du Maître général ou des Vicaires sus-désignés.

III

Les Confréries du Très Saint-Rosaire qui, jusqu'à ce jour, ont été instituées sans les lettres patentes du Maître général auront soin

sunt, litteras hujusmodi intra anni spatium expediendas curent; interim vero (dummodo hoc uno tantum defectu laborent) sodalitates ipsas, donec eædem litteræ expediantur, tamquam ratas et legitimas, ac privilegiorum, beneficiorum et indulgentiarum omnium participes, auctoritate apostolica benigne declaramus.

IV

Instituendæ Sodalitati in designata aliqua ecclesia Magister generalis deputet per consuetas litteras sacerdotem sui Ordinis : ubi Conventus Sodalium Dominicanorum desint, alium sacerdotem Episcopo acceptum. — Eidem Magistro generali ne liceat facultates, quibus pollet, in universum et absque limitatione committere Provincialibus, aliisve aut sui aut alieni Ordinis vel Instituti sacerdotibus.

Facultatem revocamus a fel. rec. Benedicto XIII Magistris Ordinis concessam (1), delegandi generatim Provinciales *transmarinos*. Indulgemus tamen, rei utilitate perspecta, ut earumdem provinciarum prioribus, vicariis, præpositis missionalibus potestatem faciant instituendi certum Sodalitatum numerum, quarum accuratam rationem iis reddere teneantur.

V

Sodalitas a sacratissimo Rosario in omnibus ecclesiis publicisque ædiculis institui potest, ad quas fidelibus accessus libere pateat, exceptis monialium aliarumque piarum mulierum vitam communiter agentium ecclesiis, prout sacræ romanæ Congregationes sæpe declararunt.

Quum jam ab Apostolica Sede cautum sit ne in uno eodemque loco plures existant sacratissimi Rosarii Sodalitates, Nos ejusmodi legem iterum inculcamus, et ubique observari jubemus. In præsenti tamen, si quo in loco plures forte existant, rite constitutæ, sodalitates, facultas sit Magistro generali Ordinis ea de re pro æquitate judicandi. Ad magnas vero urbes quod attinet, plures in iis, uti jam ex indulgentia provisum est, haberi possunt titulo Rosarii Sodalitates, ab Ordinariis pro legitima institutione Magistro generali proponendæ (2).

VI

Quum nulla habeatur sacratissimi Rosarii Sodalitas princeps, cui aliæ minores aggregentur, hinc nova quævis hujusmodi consociatio, per ipsam sui canonicam institutionem particeps fit indulgentiarum omnium ac privilegiorum, quæ ab hac Apostolica Sede aliis per orbem sodalitatibus ejusdem nominis concessa

---

(1) Constit. *Pretiosus*, die 26 maii 1727.
(2) S. C. Indulg., die 20 maii 1896.

de se les procurer dans l'espace d'un an. Cependant, — et pourvu qu'elles ne manquent que de cela, — Nous déclarons volontiers, et en vertu de Notre autorité apostolique, que jusqu'à ce qu'elles aient pu obtenir ces lettres, elles seront considérées comme valables et légitimes et participant à tous les privilèges, faveurs et indulgences.

IV

Pour instituer une Confrérie dans une église désignée, le Maître général doit déléguer, par les lettres habituelles, un prêtre de son Ordre. Et là où il n'y a point de couvent dominicain, il désigne un autre prêtre accepté par l'évêque. — Ce même Maître général ne pourra transmettre complètement et sans limites ses pouvoirs aux Provinciaux ni aux prêtres soit de son Ordre ou d'un autre Ordre ou Institut.

Nous révoquons la faculté accordée (1) par Benoît XIII, d'heureuse mémoire, aux Maîtres de l'Ordre, de déléguer, de façon générale, les Provinciaux d'*outre-mer*. Cependant, Nous permettons qu'après avoir reconnu l'utilité de cette mesure, ils autorisent les prieurs, les vicaires ou les missionnaires de ces provinces à instituer un certain nombre de Confréries, dont ils devront rendre compte avec soin.

V

La Confrérie du Très Saint-Rosaire peut être instituée dans toutes les églises et chapelles publiques où les fidèles ont libre accès; excepté — ainsi que l'ont souvent décidé les Sacrées Congrégations romaines — dans les églises des religieuses et des autres pieuses femmes vivant en communauté.

Et comme, déjà, le Siège Apostolique a veillé à ce qu'il n'existât pas dans un même lieu, plusieurs Confréries du Très Saint-Rosaire, Nous réitérons cette règle et Nous ordonnons qu'elle soit observée partout. Cependant, si, pour le moment, il y a, par hasard, dans un même lieu, plusieurs Confréries régulièrement constituées, le Maître général de l'Ordre a la faculté de régler la question suivant l'équité. Et quant aux grandes villes — ainsi que cela a déjà été décidé par faveur, — elles peuvent avoir plusieurs Confréries du Rosaire, dont les Ordinaires doivent proposer l'institution au Maître général (2).

VI

Comme il n'y a aucune Confrérie principale du Très Saint-Rosaire, à laquelle d'autres Confréries moindres soient agrégées, il s'ensuit que toute association de cette nature devient, par son institution canonique même, participante de toutes les indulgences et privilèges accordés, dans le monde entier, par ce Siège Apostolique aux autres

---

(1) Constitution *Pretiosus* du 26 mai 1727.
(2) Sacrée Congrégation des Indulgences, 20 mai 1896.

sunt. — Eadem ecclesiæ adhæret, in qua est instituta. Quamvis enim Sodalitatis privilegia homines spectent, tamen indulgentiæ complures, ejus sacellum vel altare adeuntibus concessæ, uti etiam privilegium altaris, loco adhærent, ideoque sine speciali Apostolico indulto neque avelli possunt neque transferri. Quoties igitur Sodalitas quavis de causa, in aliam ecclesiam deduci contigerit, ad id novæ litteræ a Magistro generali expetantur. Si autem, destructa ecclesia, nova ibidem aut in vicinia ædificetur eodem titulo, ad hanc, quum idem esse censeatur focus, privilegia omnia atque indulgentiæ transeunt, nulla requisita novæ sodalitatis institutione. Sicubi vero, post institutam canonice in aliqua ecclesia Sodalitatem, Conventus cum ecclesia Prædicatorum fuerit extructus, ad ecclesiam ejus Conventus Sodalitas ipsa, prout de jure, transferatur. Quod si, peculiari aliquo in casu, de hac lege remittendum videatur, facultas esto Magistro generali Ordinis pro sua æquitate et prudentia opportune providendi; integro tamen sui Ordinis jure.

VII

Ad ea, quæ supra decreta sunt, quæque naturam ipsam et constitutionem Sodalitatis attingunt, quædam accedere poterunt, quæ ad bonum societatis regimen conferre videantur. Integrum est enim sodalibus *statuta* sibi condere, sive quibus tota regatur societas, sive quibus aliqui ad peculiaria quædam christianæ pietatis officia, collata etiam pecunia, si placuerit, saccis assumptis vel secus, excitentur. Ceterum quævis horum varietas non obest quominus indulgentiæ possint acquiri a sodalibus, dummodo ea præstent, quæ iis lucrandis ab Apostolica Sede præcepta sunt. Addita tamen hujusmodi statuta Episcopo diœcesano probentur, ejusque moderationi maneant obnoxia; quod Constitutione Clementis VIII *Quæcumque* sancitum est.

VIII

Rectorum electio, qui nempe Sodalitatis membra in piam societatem recipiant, eorum rosariis benedicant, omnibus denique fungantur muneribus præcipuis ad Magistrum generalem vel ejus Vicarium, uti antea, spectet; de consensu tamen Ordinarii loci, pro ecclesiis clero sæculari concreditis.

Quo autem Sodalitati conservandæ melius prospiciatur, Magistri generales ei rectorem præficiant sacerdotem aliquem, in ecclesia, ubi est instituenda Sodalitas, certo munere fungentem vel certo fruentem beneficio illiusque in hoc sive beneficio sive munere in posterum successores. Si, qualibet ex causa,

associations portant le même nom. — Toute Confrérie doit être attachée à l'église où elle a été fondée. En effet, quoique les privilèges d'une Confrérie soient pour ceux qui en font partie, cependant, des indulgences nombreuses, accordées à ceux qui visitent l'autel ou la chapelle, et aussi le privilège de l'autel lui-même, sont attachés au lieu et par conséquent ne peuvent lui être enlevés ou transférés ailleurs sans un Indult Apostolique spécial. — Toutes les fois donc qu'il arrivera qu'une Confrérie, pour une raison quelconque, sera transférée dans une autre église, des lettres nouvelles devront être demandées, pour cela, au Maître général. Si, cependant, une église ayant été détruite, une autre a été construite à la place ou dans le voisinage, sous le même titre, alors, à cette église — le lieu étant censé resté le même — passeront tous les privilèges et indulgences (de la précédente église) sans qu'il soit nécessaire d'instituer une nouvelle Confrérie. — Mais s'il advenait qu'un couvent de Frères Prêcheurs avec une chapelle vinssent à s'établir dans une ville où une Confrérie était déjà canoniquement érigée dans une église de cette ville, la Confrérie elle-même, de plein droit, serait transférée dans la chapelle de ce couvent. Et si, pour un motif particulier, il paraissait bon de ne pas observer cette règle, le Maître général de l'Ordre aurait la faculté de résoudre le cas suivant les règles de l'équité, de la prudence et de l'opportunité, en réservant d'ailleurs le droit intégral de son Ordre.

VII

Aux règles qui précèdent, et qui concernent l'essence même et la constitution de la Confrérie, on pourra en ajouter d'autres, jugées utiles à la bonne direction de la société. Les confrères ont en effet le droit de se donner des *statuts*, soit pour régir la Confrérie tout entière, soit pour inciter quelques-uns d'entre eux à des pratiques de piété chrétienne particulière, en leur faisant verser quelque argent, s'il leur plaît, ou en leur permettant de revêtir ou non un cilice. Du reste, ces diverses prescriptions n'empêchent pas les confrères de gagner les indulgences, pourvu qu'ils remplissent pour les gagner les conditions prescrites par le Siège Apostolique. Cependant les statuts, ainsi ajoutés, devront être approuvés par l'évêque du diocèse et demeurent soumis à sa direction, ainsi qu'il a été réglé par la Constitution *Quæcumque*, de Clément VIII.

VIII

L'élection des directeurs, qui ont particulièrement la charge de recevoir les membres de ces pieuses Sociétés, qui doivent bénir les Rosaires et s'acquitter en un mot de ces principales fonctions, appartient, comme précédemment, au Maître général ou à son Vicaire, mais avec le consentement de l'Ordinaire du lieu pour les églises qui sont confiées au clergé séculier.

Pour qu'il soit mieux pourvu à la conservation de la Confrérie, les Maîtres généraux devront lui donner comme directeur un prêtre, déjà chargé d'une fonction dans l'église où elle doit être instituée, ou y jouissant d'un bénéfice certain, ainsi que ses successeurs dans cette fonction ou dans ce bénéfice. Si, pour une cause quelconque, ils

desint, Episcopis, uti jam est ab hac Apostolica Sede sancitum (1), facultas esto ad id muneris deputandi parochos *pro tempore*.

IX

Quum haud raro peropportunum, quin etiam necessarium videatur, ut sacerdos alius legitimi rectoris loco nomina inscribat, coronis benedicat aliaque præstet, quæ ad ipsius rectoris officium pertinent, Ordinis Magister rectori facultatem tribuat, subdelegandi, non generatim quidem, sed in singulis casibus, alium idoneum sacerdotem, qui ejus vices gerat, quoties justa de causa id opportunum judicaverit.

X

Item, ubi Rosarii Sodalitas ejusque rector institui nequit, Magistro generali facultas esto designandi alios sacerdotes, qui fideles, indulgentias lucrari cupidos, Sodalitati propinquiori aggregent, Rosariis benedicant.

XI

Formula benedicendi Rosarii, seu Coronæ, usu sacrata, inde a remotis temporibus in Ordine Sodalium Dominicanorum præscripta et in appendice romani Ritualis inserta, retineatur.

XII

Etsi quovis tempore nomina possint legitime inscribi, optandum tamen ut solemnior illa receptio, quæ, sive primis cujusque mensis dominicis, sive in festis majoribus Deiparæ haberi solet, apprime servetur.

XIII

Unicum sodalibus impositum onus, citra tamen culpam, est Rosarium unaquaque hebdomada cum quindecim mysteriorum meditatione recitandum.

Ceterum sua Rosario genuina forma servetur, ita ut coronæ non aliter quam ex quinque aut decem aut quindecim granorum decadibus coalescant : item ne aliæ cujusvis formæ Rosarii nomine appellentur; denique ne humanæ reparationis mysteriis contemplandis, usu receptis, meditationes aliæ sufficiantur, contra ea quæ jamdiu ab hac Apostolica Sede decreta sunt, id est, qui ab his consuetis mysteriis meditantis recesserint, eos Rosarii indulgentias nullas lucrari (2).

Sodalitatum rectores sedulo curent ut, si fieri possit, quotidie, vel saltem quam sæpissime, maxime in festis beatæ Virginis, ad

---

(1) S. C. Indulg., die 8 jan. 1861.
(2) S. C. Indulg., die 13 aug. 1726.

viennent à manquer, les évêques auront le droit, comme il a été déjà décidé par le Siège Apostolique (1), de désigner *pour un temps* les curés pour cette charge.

IX

Comme il paraît souvent très opportun, et même très nécessaire, qu'un autre prêtre à la place du directeur régulier inscrive les noms, bénisse les Couronnes et remplisse les autres obligations du directeur lui-même, le Maître de l'Ordre autorisera le directeur à déléguer, non pas de façon générale, mais pour chaque cas particulier, un prêtre apte à le remplacer toutes les fois que pour une juste cause il le jugera opportun.

X

De même, là où il n'est pas possible d'ériger une Confrérie du Rosaire et de nommer un directeur, le Maître général a le pouvoir de désigner d'autres prêtres qui agrégeront à la Confrérie la plus voisine les fidèles désireux de gagner les indulgences et béniront les Rosaires.

XI

La formule de bénédiction du Rosaire ou de la Couronne, consacrée par l'usage et prescrite depuis des temps reculés dans l'Ordre de Saint-Dominique et insérée à l'appendice du Rituel romain, sera conservée.

XII

Quoiqu'il soit légitime d'inscrire en tout temps les noms des confrères, il est à désirer cependant qu'on conserve l'usage des réceptions solennelles, soit aux premiers dimanches de chaque mois, soit aux fêtes majeures de la Très Sainte Vierge.

XIII

Une seule obligation est imposée aux confrères : — et sans qu'il y ait péché à l'omettre, — réciter chaque semaine le Rosaire, avec une méditation sur les quinze mystères.

Le Rosaire devra du reste conserver sa forme originelle; c'est-à-dire que les Couronnes ne seront composées que de cinq, dix ou quinze dizaines de grains ; aucun autre objet de forme différente ne devra être désigné sous le nom de Rosaire ; enfin, on ne devra substituer aucune autre méditation à la contemplation, consacrée par l'usage, des mystères de la Rédemption humaine : cela serait contraire aux décrets portés depuis longtemps par le Siège Apostolique, c'est-à-dire que ceux qui s'écarteraient de la méditation des mystères usuels ne gagneraient pas les indulgences du Rosaire (2).

Les directeurs des Confréries doivent prendre soin de faire réciter le Rosaire, publiquement, tous les jours s'il est possible, ou tout au moins très souvent, surtout aux fêtes de la Bienheureuse Vierge, à

---

(1) Sacrée Congrégation des Indulgences, 8 janvier 1861.
(2) Sacrée Congrégation des Indulgences, 13 août 1726.

altare ejusdem Sodalitatis, etiam publice Rosarium recitetur; retenta consuetudine huic Sanctæ Sedi probata, ut per gyrum cujuslibet hebdomadæ singula mysteria ita recolantur; *gaudiosa* in secunda et quinta feria; *dolorosa* in tertia et sexta; *gloriosa* tandem in dominica, quarta feria et sabbato (1).

XIV

Inter pios Sodalitatis usus merito primum obtinet locum pompa illa solemnis, qua, Deiparæ honorandæ causa, vicatim proceditur, prima cujusque mensis dominica, præcipué vero prima Octobris; quem morem, a sæculis institutum, S. Pius V commendavit, Gregorius XIII inter *laudabilia instituta et consuetudines* Sodalitatis recensuit, multi denique summi Pontifices indulgentiis locupletarunt (2).

Ne autem hujusmodi supplicatio, saltem intra ecclesiam, ubi temporum injuria extra non liceat, unquam omittatur, privilegium a Benedicto XIII Ordini Prædicatorum concessum, eam transferendi in aliam dominicam, si forte ipso die festo aliqua causa impediatur (3), ad omnes Sodalitatum sacratissimi Rosarii rectores extendimus.

Ubi autem propter loci angustiam et populi accursum ne per ecclesiam quidem possit ea pompa commode duci, indulgemus, ut, per interiorem ecclesiæ ipsius ambitum, sacerdote cum clericis piæ supplicationis causa circumeunte, Sodales, qui adstant, indulgentiis omnibus frui possint eidem supplicationi adnexis.

XV

Privilegium Missæ votivæ sacratissimi Rosarii, Ordini Prædicatorum toties confirmatum (4), servari placet, atque ita quidem ut non solum Dominiciani sacerdotes, sed etiam Tertiarii a Pœnitentia, quibus Magister generalis potestatem fecerit Missali Ordinis legitime utendi, Missam votivam *Salve Radix Sancta* celebrare possint bis in hebdomada, ad normam decretorum S. Rituum Congregationis.

Ceteris vero sacerdotibus in Sodalium album adscitis, ad altare Sodalitatis tantum Missæ votivæ celebrandæ jus esto, quæ in Missali romano pro diversitate temporum legitur, iisdem diebus

---

(1) S. C. Indulg., die 1 jul. 1839 ad 5.
(2) S. Pius V *Consueverunt*, die 17 sept. 1569; Gregorius XIII *Monet Apostolatus*, die 1 apr. 1573; Paulus V *Piorum hominum*, die 15 apr. 1608.
(3) Constit. *Pretiosus*, die 26 maii 1727, § 18.
(4) Decr. S. C. Rit., die 25 jun. 1622; Clemens X *Cœlestium munerum*, die 16 febr. 1671 ; Innocentius XI *Nuper pro parte*, die 31 jul. 1679, cap. X, n. 6 et 7; Pius IX in Summarium Indulg., die 18 sept. 1862, cap. VIII n. 1 et 2.

l'autel de la Confrérie, en observant la coutume approuvée par le Saint-Siège de rappeler les mystères, alternativement chaque jour de la semaine : à savoir, les mystères *joyeux*, la seconde et la cinquième férie (lundi et jeudi), les mystères *douloureux*, la troisième et la sixième férie (le mardi et le vendredi), les mystères *glorieux* le dimanche, la quatrième férie et le samedi (le mercredi et le samedi) (1).

XIV

Parmi les pieux usages de la Confrérie, il faut, en premier lieu, mettre, comme il est juste, la pompe solennelle avec laquelle on doit faire la procession en l'honneur de la Très Sainte Vierge le premier dimanche de chaque mois, et principalement celle du premier dimanche d'octobre : cet usage est établi depuis des siècles : Saint Pie V l'a recommandé, et Grégoire XIII l'a compté parmi les *louables institutions et coutumes* de la Confrérie ; et ensuite plusieurs Souverains Pontifes l'ont enrichi d'indulgences (2).

Et afin que ce mode de supplication ne soit jamais omis, au moins dans l'intérieur de l'église, là où le malheur des temps s'oppose à ce qu'on y procède au dehors, Nous étendons à tous les directeurs de Confréries du Très Saint-Rosaire le privilège, concédé par Benoît XIII à l'Ordre des Frères Prêcheurs, de le transférer à un autre dimanche, si, par hasard, il y avait un empêchement au jour même de la fête (3).

Mais là où, à cause de la dimension exiguë du lieu et de l'affluence du peuple, il n'est pas même possible d'organiser commodément cette pompe (procession) à l'intérieur, Nous accordons, aux Confréries qui assisteront, dans l'intérieur de l'église, à la procession faite par le prêtre et les clercs pour cette pieuse supplication, la faculté d'obtenir ainsi toutes les indulgences attachées à ce mode de supplication.

XV

Il nous plaît de conserver à l'Ordre des Frères Prêcheurs le privilège qui lui a été tant de fois confirmé de la messe votive du Très Saint-Rosaire (4). Et, en outre, non seulement les prêtres Dominicains, mais encore les Tertiaires de la Pénitence à qui le Maître général aura permis régulièrement de se servir du Missel de l'Ordre, pourront célébrer deux fois par semaine la messe votive *Salve Radix Sancta*, en suivant les règles de la Sacrée Congrégation des Rites.

Quant aux autres prêtres inscrits sur la liste des Confréries, ils ont le droit de dire la messe votive mais seulement à l'autel de la Confrérie telle qu'elle se trouve au Missel Romain, suivant le temps

---

(1) Sacrée Congrégation des Indulgences, le 1er juillet 1839 ; ad 5.
(2) Saint Pie V : *Consueverunt*, 17 septembre 1569. — Grégoire XIII : *Monet Apostolatus*, 1er avril 1573. — Paul V : *Piorum hominum*, 15 avril 1608.
(1) Constitution *Pretiosus*, 26 mai 1727, § 18.
(4) Décret de la Sacrée Congrégation des Rites, 25 juin 1622. — Clément X : *Cœlestium numerum*, 16 février 1671. — Innocent XI, *nuper pro parte*, 31 juillet 1679, ch. x, 6 et 7. — Pie IX : *in Summarium Indulg.*, 18 septembre 1862, ch. viii, 1 et 2.

ac supra et cum iisdem indulgentiis. Harum indulgentiarum sodales etiam e populo participes fiunt, si ei sacro adstiterint, culpisque rite explatis vel ipsa confessione vel animi dolore cum confitendi proposito, pias ad Deum fuderint preces.

XVI

Magistri generalis cura et studio, absolutus atque accuratus, quamprimum fieri potest, conficiatur index Indulgentiarum omnium, quibus romani Pontifices Sodalitatem sacratissimi Rosarii, ceterosque fideles illud pie recitantes cumularunt, a sacra Congregatione Indulgentiis et SS. Reliquiis præposita expendendus et Apostolica auctoritate confirmandus.

Quæcumque igitur in hac Apostolica Constitutione decreta, declarata, ac sancita sunt, ab omnibus ad quos pertinet servari volumus ac mandamus, nec ea notari, infringi et in controversiam vocari posse ex quavis, licet privilegiata causa, colore et nomine: sed plenarios et integros effectus suos habere, non obstantibus præmissis et, quatenus opus sit, Nostris et Cancellariæ Apostolicæ regulis, Urbani VIII aliisque apostolicis, etiam in provincialibus ac generalibus Conciliis editis Constitutionibus, nec non quibusvis etiam confirmatione apostolica vel quavis alia firmitate roboratis statutis, consuetudinibus ac præscriptionibus: quibus omnibus ad præmissorum effectum specialiter et expresse derogamus et derogatum esse volumus, ceterisque in contrarium facientibus quibuscumque.

Datum Romæ apud Sanctum Petrum, anno Incarnationis Dominicæ millesimo octingentesimo nonagesimo octavo, sexto nonas Octobris, Pontificatus Nostri anno vicesimo primo.

C. Card. ALOISI-MASELLA, *Pro-Dat.*

A. Card. MACCHI.

Visa De Curia I. *De Aquila* e Vicecomitibus.

Loco ✷ Plumbi

Reg. in Secret. Brevium

I. Cugnonius.

et aux mêmes jours et avec les mêmes indulgences indiquées plus haut. Les confrères, simples fidèles, participent eux-mêmes à ces indulgences, s'ils assistent à la messe pourvu qu'ils aient expié leurs fautes, soit par la confession, soit par la contrition accompagnée du désir de se confesser et qu'ils adressent de pieuses prières à Dieu.

XVI

Nous voulons que par les soins et le zèle du Maître général, il soit dressé le plus tôt possible une liste exacte et complète de toutes les indulgences dont les Pontifes romains ont comblé la Confrérie du Très Saint-Rosaire et les autres fidèles qui le récitent pieusement, afin que, après avoir été examinée par la Sacrée Congrégation des Indulgences et des SS. Reliques, elle soit confirmée par l'autorité Apostolique.

Nous voulons et ordonnons que tout ce qui est décrété, déclaré et sanctionné dans cette Constitution Apostolique soit observé par tous ceux à qui elle est adressée, sans qu'elle soit critiquée, enfreinte et controversée, même sous prétexte de privilège, sous quelque nom et quelque couleur que ce soit; mais qu'elle ait ses effets pleins et entiers; nonobstant, s'il est nécessaire, toutes autres décisions antérieures de Notre Chancellerie Apostolique, Lettres apostoliques d'Urbain VIII et d'autres Pontifes ou Constitutions publiées même en Conciles provinciaux ou généraux; nonobstant tous statuts, coutumes et prescriptions revêtus de quelque confirmation apostolique que ce soit ou de toute autre validité. Nous avons dérogé et Nous avons voulu expressément et spécialement déroger à tous ces actes antérieurs et à tout ce qui est contraire à l'effet de ce qui est dit plus haut.

Donné à Rome auprès de Saint-Pierre, le 2 octobre de l'an 1898 de l'Incarnation du Seigneur et le vingt et unième de Notre Pontificat.

C. CARD. ALOISI MASELLA,

Pro-Dat.

A. CARD. MACCHI.

Visa.
De curia I de Aquila
Loco † Plumbi.   E vicecomitibus
Reg. in Secret. Brevium.

I. CUGNONIUS.

VENERABILIBUS FRATRIBUS ARCHIEPISCOPIS ET EPISCOPIS EX AMERICA LATINA

LEO PP. XIII

VENERABILES FRATRES, SALUTEM ET APOSTOLICAM BENEDICTIONEM

Cum diuturnum recolimus Pontificatus Nostri cursum, nihil unquam praetermisisse videmur, quod ad constabiliendum in istis gentibus promovendumque Christi regnum pertineret. Rerum quidem, quas Deo opitulante adhuc vestra causa gessimus, manet apud vos memoria et gratia, Venerabiles Fratres; quorum navitati diligentiaeque illa providentiae Nostrae officia haud frustra commendavimus. — Nunc vero Nostri erga vos animi novum extare documentum volumus; id quod jamdiu Nobis in optatis fuit. Etenim ex quo tempore saecularia sollemnia agebantur quartum ob memoriam detectae Americae, sedulo cogitare coepimus, qua potissimum via communibus rationibus latini nominis, novum orbem plus dimidia parte obtinentis, prospicere possemus. Optimum autem ad eam rem fore perspeximus, si quotquot essetis ex istis civitatibus Episcopi consultum inter vos, invitatu et auctoritate Nostra, conveniretis. Siquidem conferendis consiliis sociandisque prudentiae fructibus, quos cuique vestrum usus rerum peperisset, apte per vos provisum iri intelligebamus, ut apud eas gentes, quas idem aut certe cognatum genus conjunctas teneret, unitas ecclesiasticae disciplinae salva consisteret vigescerent digni catholica professione mores, atque concordibus bonorum studiis Ecclesia publice floreret. Illud etiam magnopere suadebat initium exequi consilium, quod vos, sententiam rogati, hujusmodi propositum ingenti cum assensu excepissetis. — Ut autem venit perficiendae rei maturitas, optionem vobis fecimus, Venerabiles Fratres ut eligeretis locum, ubi id habendum esse consilium videretur. Porro autem vos maximam partem significastis coituros libentius Romam, ob eam quoque causam, quod pluribus vestrum expeditior huc pateret aditus, quam propter difficillima istic itinera ad longinquam

AUX VÉNÉRABLES FRÈRES LES ARCHEVÊQUES ET ÉVÊQUES DE L'AMÉRIQUE LATINE

LÉON XIII, PAPE

VÉNÉRABLES FRÈRES, SALUT ET BÉNÉDICTION APOSTOLIQUE.

En considérant le long cours de Notre Pontificat, il Nous semble que Nous n'avons jamais rien omis de ce qui pouvait affermir et étendre le règne de Jésus-Christ au milieu de vos peuples. Et ce que Nous avons fait, Dieu aidant, en votre faveur, reste dans votre mémoire reconnaissante, Vénérables Frères, au zèle et à la charité de qui Nous n'avons pas en vain confié le soin de faire fructifier les actes prévoyants de Notre ministère. — Maintenant, suivant le désir que Nous en avons conçu depuis longtemps, Nous voulons vous donner un nouveau témoignage de ces sentiments. Depuis le temps de la célébration solennelle du quatrième centenaire de la découverte de l'Amérique, Nous avons attentivement songé au moyen par lequel Nous pourrions le mieux pourvoir aux intérêts communs de l'Amérique latine qui comprend plus de la moitié du monde. Et Nous avons pensé que ce qui répondrait le mieux à cet objet serait que vous tous, évêques de ces régions, vous puissiez vous réunir et vous consulter ensemble sur Notre invitation et sous Notre autorité. Nous estimions, en effet, qu'en mettant en commun vos avis et les lumières de votre prudence, vous seriez parfaitement aptes à prendre des résolutions pour que, parmi ces peuples, liés entre eux par l'affinité de la race, l'unité de la discipline ecclésiastique fût assurée, en même temps que la pureté des mœurs restât en rapport avec la profession catholique, et qu'ainsi, par les efforts de tous les bons citoyens, l'Eglise pût jouir publiquement de prospérité. Et ce qui contribuait grandement à la réalisation de ce dessein, c'est que vous-mêmes, priés de donner votre avis, vous y avez répondu par le plus grand assentiment. — Et lorsque, enfin, le moment fut venu de donner suite à ce projet arrivé à maturité, Nous vous avons donné, Vénérables Frères, le choix du lieu où devrait se tenir votre assemblée. Or, pour le plus grand nombre, vous avez indiqué que vous vous réuniriez volontiers à Rome, par cette raison aussi qu'il serait plus facile à la majorité d'entre vous de venir ici que de se rendre par des chemins difficiles dans quelque ville américaine éloignée. A cette

aliquam americanam urbem. Huic declarationi sententiæ vestræ, quæ non leve habebat indicium amoris in Apostolicam sedem, fieri non potuit, quin magna a Nobis comprobatio accederet. Quamquam moleste ferimus, qua nunc conditione sumus, ademptam Nobis facultatem unde vos, Romæ dum eritis, tam liberaliter honesteque tractemus, quam velimus. Igitur sacrum Concilium Tridentinis decretis interpretandis habet jam a Nobis in mandatis, ut concilium Episcoporum omnium e rebuspublicis Américæ latinæ Romam convocet in annum proximum atque opportune præscribat, quas illud ad leges dirigi oporteat.

Interea cœlestium munerum auspicem, testemque benevolentiæ Nostræ vobis, Venerabiles Fratres, et clero populoque singulis concredito Apostolicam benedictionem peramanter impertimus.

Datum Romæ apud S. Petrum ipsa die natali D. N. Jesu MDCCCXCVIII, Pontificatus Nostri anno vicesimo primo.

LEO PP. XIII.

manifestation de votre avis qui n'était pas un léger témoignage de votre attachement au Siège apostolique, Nous ne pouvions moins faire que de donner Notre entière approbation. Cependant, une chose Nous afflige; c'est que, dans la condition où Nous sommes maintenant, Nous n'avons plus la faculté de vous traiter à Rome, quand vous y serez, avec toute la libéralité et tous les honneurs que Nous le voudrions.

En conséquence, Nous avons déjà donné ordre à la Sacrée Congrégation, qui a charge d'appliquer les décrets du Concile de Trente, de convoquer à Rome, pour l'an prochain, l'Assemblée de tous les évêques des républiques de l'Amérique latine, et de prescrire, en temps utile, les règles qui devront présider à cette réunion.

Et, en attendant, comme gage des faveurs célestes et en témoignage de Notre bienveillance, Nous vous donnons très affectueusement, à vous, Vénérables Frères, au clergé et aux peuples confiés à chacun de vous, la bénédiction apostolique.

Donné à Rome, près de Saint-Pierre, au jour même de la Nativité de Notre-Seigneur Jésus, l'an 1898 et le vingt et unième de notre Pontificat.

LEON XIII, PAPE.

DILECTO FILIO NOSTRO

JACOBO TIT. SANCTÆ MARIÆ TRANS TIBERIM

S. R. E. PRESBYTERO CARDINALI GIBBONS

ARCHIEPISCOPO BALTIMORENSI

LEO PP. XIII

DILECTE FILI NOSTER, SALUTEM ET APOSTOLICAM BENEDICTIONEM

Testem benevolentiæ Nostræ hanc ad te epistolam mittimus, ejus nempe benevolentiæ quam, diuturno Pontificatus Nostri cursu, tibi et Episcopis collegis tuis ac populo Americæ universo profiteri nunquam destitimus, occasionem omnem libenter nacti sive ex felicibus Ecclesiæ vestræ incrementis, sive ex utiliter a vobis recteque gestis ad catholicorum rationes tutandas et evehendas. Quin imo sæpe etiam accidit egregiam in gente vestra indolem suspicere et admirari ad præclara quæque experrectam, atque ad ea prosequenda, quæ humanitatem omnem juvant splendoremque civitatis. — Quamvis autem non eo nunc spectet epistola ut alias sæpe tributas laudes confirmet, sed ut nonnulla potius cavenda et corrigenda significet; quia tamen eadem apostolica caritate conscripta est, qua vos et prosequuti semper et alloquuti sæpe fuimus, jure expectamus, ut hanc pariter amoris Nostri argumentum censeatis; idque eo magis futurum confidimus quod apta nataque ea sit ad contentiones quasdam extinguendas, quæ exortæ nuper in vobis, etsi non omnium, a, multorum certe animos, haud mediocri pacis detrimento perturbant.

Compertum tibi est, dilecte Fili Noster, librum de vita *Isaaci-Thomæ Hecker*, eorum præsertim opera qui aliena lingua edendum vel interpretandum susceperunt, controversias excitasse non modicas ob invectas quasdam de ratione christiane vivendi opiniones. Nos igitur, ut integritati fidei, pro supremo Apostolatus munere, prospiciamus, et fidelium securitati caveamus, volumus de re universa fusiori sermone ad te scribere.

A NOTRE CHER FILS
JACQUES GIBBONS, CARDINAL PRÊTRE
DE LA SAINTE ÉGLISE ROMAINE
DU TITRE DE SAINTE-MARIE DU TRANSTÉVÈRE
ARCHEVÊQUE DE BALTIMORE,

LÉON XIII, PAPE

CHER FILS, SALUT ET BÉNÉDICTION APOSTOLIQUE

Nous vous adressons cette lettre en témoignage de Notre bienveillance, de cette bienveillance que, durant le cours de Notre long pontificat, Nous n'avons jamais cessé de professer à votre égard, à l'égard des évêques vos collègues et de tout le peuple américain, saisissant avec joie toutes les occasions que Nous offraient, soit les heureux développements de votre Église, soit vos utiles et sages travaux consacrés à la défense et à l'exaltation du catholicisme. Bien plus, il Nous est arrivé souvent de remarquer et de louer l'heureux caractère de votre nation toujours prête à toutes les nobles entreprises et à la poursuite de ce qui favorise le progrès de la civilisation et la prospérité de l'État.

Le but de cette lettre est non de confirmer les éloges que Nous vous avons souvent décernés, mais plutôt de vous signaler quelques écueils à éviter et certains points à corriger. Néanmoins, cette lettre Nous étant dictée par la même charité apostolique que Nous avons toujours ressentie pour vous, et que Nous avons souvent exprimée, Nous espérons que vous la considérerez également comme une nouvelle preuve de Notre affection; Nous avons d'autant plus confiance qu'il en sera ainsi que cette lettre est spécialement destinée à terminer certaines discussions qui se sont récemment élevées parmi vous et qui, au détriment de la paix, troublent gravement sinon tous les esprits, du moins un très grand nombre.

Vous n'ignorez pas, cher Fils, que l'ouvrage sur la vie d'*Isaac-Thomas Hecker*, par le fait surtout de ceux qui l'ont traduit ou commenté en langue étrangère, a suscité de graves controverses, en raison des opinions qu'il propageait relativement à la méthode de vie chrétienne. C'est pourquoi, afin de sauvegarder l'intégrité de la foi et de garantir la sécurité des fidèles, Nous voulons vous écrire en détail sur cette question, selon le devoir de Notre apostolat suprême.

Novarum igitur, quas diximus, opinionum id fere constituitur fundamentum, quo facilius qui dissident ad catholicam sapientiam traducantur, debere Ecclesiam ad adulti sæculi humanitatem aliquanto propius accedere, ac, veteri relaxata severitate, recens invectis populorum placitis ac rationibus indulgere. Id autem non de vivendi solum disciplina, sed de doctrinis etiam, quibus *fidei depositum* continetur, intelligendum esse multi arbitrantur. Opportunum enim esse contendunt, ad voluntates discordium alliciendas, si quædam doctrinæ capita, quasi levioris momenti, prætermittantur, aut molliantur ita, ut non eumdem retineant sensum quem constanter tenuit Ecclesia. — Id porro, dilecte Fili Noster, quam improbando sit consilio excogitatum, haud longo sermone indiget; si modo doctrinæ ratio atque origo repetatur, quam tradit Ecclesia. Ad rem Vaticana Synodus : « Neque enim fidei doctrina, quam Deus revelavit, velut philosophicum inventum proposita est humanis ingeniis perficienda, sed tamquam divinum depositum Christi Sponsæ tradita fideliter custodienda et infallibiliter declaranda..... Is sensus sacrorum dogmatum perpetuo est retinendus, quem semel declaravit Sancta Mater Ecclesia, nec unquam ab eo sensu altioris intelligentiæ specie et nomine recedendum (1). »

Neque omnino vacare culpa censendum est silentium illud, quo catholicæ doctrinæ principia quædam consulto prætereuntur ac veluti oblivione obscurantur. — Veritatum namque omnium, quotquot christiana disciplina complectitur, unus atque idem auctor est et magister *Unigenitus Filius qui est in sinu Patris* (2). Easdem vero ad ætates quaslibet ac gentes accommodatas esse, perspicue ex verbis colligitur, quibus ipse Christus apostolos est alloquutus : *Euntes docete omnes gentes..... docentes eos servare omnia quæcumque mandavi vobis; et ecce ego vobiscum sum omnibus diebus, usque ad consummationem sæculi* (3). Quapropter idem Vaticanum Concilium : « Fide divina, inquit, et catholica ea omnia credenda sunt, quæ in verbo Dei scripto vel tradito continentur, et ab Ecclesia, sive solemni judicio sive ordinario et universali magisterio, tamquam divinitus revelata credenda proponuntur (4) ». Absit igitur ut de tradita divinitus doctrina quidpiam quis detrahat vel consilio quovis prætereat; id enim qui faxit, potius catholicos sejungere ab Ecclesia, quam qui dissident ad Ecclesiam transferre volet. Redeant, nil enim Nobis optatius, redeant universi, quicumque ab ovili Christi

---

(1) *Const. de Fid. cath.*, c. IV.
(2) Joann., I, 18.
(3) Matth., XXVIII, 19, s.
(4) Const. *de Fid. cath.*, c. III.

Le principe des opinions nouvelles dont Nous venons de parler peut se formuler à peu près en ces termes : pour ramener plus facilement les dissidents à la vérité catholique, il faut que l'Eglise s'adapte davantage à la civilisation d'un monde parvenu à l'âge d'homme et que, se relâchant de son ancienne rigueur, elle se montre favorable aux aspirations et aux théories des peuples modernes. Or, ce principe, beaucoup l'étendent non seulement à la discipline, mais encore aux doctrines qui constituent le *dépôt de la foi*. Ils soutiennent en effet qu'il est opportun, pour gagner les cœurs des égarés, de taire certains points de doctrine comme étant de moindre importance, ou de les atténuer au point de ne plus leur laisser le sens auquel l'Eglise s'est toujours tenue.

Il n'est pas besoin de longs discours, cher Fils, pour montrer combien est condamnable la tendance de cette conception : il suffit de rappeler le fondement et l'origine de la doctrine qu'enseigne l'Eglise. Voici ce que dit à ce sujet le Concile du Vatican :

« La doctrine de la foi révélée par Dieu a été présentée à l'esprit humain non comme un système philosophique à perfectionner, mais comme un dépôt divin confié à l'Epouse du Christ qui doit fidèlement le garder et l'interpréter infailliblement..... Le sens que notre Sainte Mère l'Eglise a une fois déclaré être celui des dogmes saints doit être toujours conservé, et jamais il ne s'en faut écarter sous le prétexte ou l'apparence d'en mieux pénétrer la profondeur (1). »

Il ne faut pas croire non plus qu'il n'y ait aucune faute dans ce silence dont on veut couvrir certains principes de la doctrine catholique pour les envelopper dans l'obscurité de l'oubli.

Car toutes ces vérités qui forment l'ensemble de la doctrine chrétienne n'ont qu'un seul auteur et docteur : *Le Fils unique qui est dans le sein du Père* (2). Elles conviennent à toutes les époques et à toutes les nations ; c'est ce qui résulte manifestement de ces paroles adressées par le Christ lui-même à ses apôtres : *Allez, enseignez toutes les nations..... leur apprenant à observer tout ce que je vous ai commandé ; et voici que je suis avec vous tous les jours jusqu'à la consommation des siècles* (3).

Aussi le même Concile du Vatican dit-il : « Il faut croire de foi divine et catholique tout ce qui est contenu dans la parole de Dieu écrite ou enseignée et que l'Eglise, soit par une définition solennelle, soit par son magistère ordinaire et universel, propose comme devant être cru révélé de Dieu (4). »

Qu'on se garde donc de rien retrancher de la doctrine reçue de Dieu ou d'en rien omettre, pour quelque motif que ce soit ; car celui qui le ferait tendrait plutôt à séparer les catholiques de l'Eglise qu'à ramener à l'Eglise ceux qui en sont séparés. Qu'ils reviennent, rien, certes, ne Nous tient plus à cœur ; qu'ils reviennent, tous ceux qui

---

(1) Const. *De fide cath.* c. IV.
(2) S. Jean, I, 18.
(3) S. Matth., XXVIII, 19.
(4) Const. *De Fid. cath.*, c. III.

vagantur longius; non alio tamen itinere, quam quod Christus ipse monstravit.

Disciplina autem vivendi, quæ catholicis nominibus datur, non ejusmodi est, quæ, pro temporum et locorum varietate, temperationem omnem rejiciat. — Habet profecto Ecclesia, inditum ab Auctore suo, clemens ingenium et misericors; quam ob caussam, inde a sui exordio, id præstitit libens, quod Paulus Apostolus de se profitebatur : *Omnibus omnia factus sum, ut omnes facerem salvos* (1). — Ætatum vero præteritarum omnium historia testis est, Sedem hanc Apostolicam, cui, non magisterium modo, sed supremum etiam regimen totius Ecclesiæ tributum est, constanter quidem *in eodem dogmate, eodem sensu eademque sententia* (2) hæsisse; at vivendi disciplinam ita semper moderari consuevisse, ut, divino incolumi jure, diversarum adeo gentium, quas amplectitur, mores et rationes numquam neglexerit. Id si postulet animorum salus, nunc etiam facturum quis dubitet? — Non hoc tamen privatorum hominum arbitrio definiendum, qui fere specie recti decipiuntur; sed Ecclesiæ judicium esse oportet : in eoque acquiescere omnes necesse est, quicumque Pii VI decessoris Nostri reprehensionem cavere malunt. Qui quidem propositionem LXXVIII synodi Pistoriensis « Ecclesiæ ac Spiritui Dei quo ipsa regitur injuriosam *edixit,* quatenus examini subjiciat disciplinam ab Ecclesia constitutam et probatam, quasi Ecclesia disciplinam constituere possit inutilem et onerosiorem quam libertas christiana patiatur. »

In causa tamen de qua loquimur, dilecte Fili Noster, plus affert periculi estque magis catholicæ doctrinæ disciplinæque infestum consilium illud, quo rerum novarum sectatores arbitrantur libertatem quamdam in Ecclesiam esse inducendam, ut constricta quodammodo potestatis vi ac vigilantia liceat fidelibus suo cujusque ingenio actuosæque virtuti largius aliquanto indulgere. Hoc nimirum requiri affirmant ad libertatis ejus exemplum, quæ, recentius invecta, civilis fere communitatis jus modo ac fundamentum est. — De qua Nos fuse admodum loquuti sumus in iis Litteris, quas de civitatum constitutione ad Episcopos dedimus universos; ubi etiam ostendimus, quid inter Ecclesiam, quæ jure divino est, intersit ceterasque consociationes omnes, quæ libera hominum voluntate vigent. — Præstat igitur quamdam potius notare opinionem, quæ quasi argumentum affertur ad hanc catholicis libertatem suadendam. Aiunt enim, de Romani Pontificis infallibili magisterio, post solemne judicium de ipso latum in Vaticana Synodo, nihil jam oportere esse sollicitos;

(1) I Cor., IX, 22.
(2) Conc. Vat. *Ibid.,* c. IV.

errent loin du bercail du Christ, mais non par une autre voie que celle que le Christ a lui-même montrée.

Quant à la discipline d'après laquelle les catholiques doivent régler leur vie, elle n'est pas de nature à rejeter tout tempérament, suivant la diversité des temps et des lieux.

Il est certain que l'Eglise a reçu de son Fondateur un caractère de clémence et de miséricorde; aussi, dès sa naissance, a-t-elle fait volontiers ce que l'apôtre saint Paul disait de lui-même : *Je me suis fait tout à tous pour les sauver tous* (1).

L'histoire de tous les siècles en est témoin, ce Siège Apostolique, qui a reçu non seulement le magistère mais le gouvernement suprême de l'Eglise, s'est toujours tenu *dans le même dogme, au même sens et à la même formule* (2); en revanche, il a de tout temps réglé la discipline, sans toucher à ce qui est de droit divin, de façon à tenir compte des mœurs et des exigences des nations si diverses que l'Eglise réunit dans son sein. Et qui peut douter que celle-ci soit prête à agir de même encore aujourd'hui si le salut des âmes le demande? Toutefois, ce n'est pas au gré des particuliers, facilement trompés par les apparences du bien, que la question se doit résoudre; mais c'est à l'Eglise qu'il appartient de porter un jugement, et tous doivent y acquiescer, sous peine d'encourir la censure portée par Notre prédécesseur Pie VI. Celui-ci a déclaré la proposition LXXVIII du Synode de Pistoie « injurieuse pour l'Eglise et l'Esprit de Dieu qui la régit, en temps qu'elle soumet à la discussion la discipline établie et approuvée par l'Eglise, comme si l'Eglise pouvait établir une discipline inutile et trop lourde pour la liberté chrétienne. »

Et pourtant, dans le sujet dont Nous vous entretenons, cher Fils, le dessein des novateurs est encore plus dangereux et plus opposé à la doctrine et à la discipline catholiques. Ils pensent qu'il faut introduire une certaine liberté dans l'Eglise, afin que la puissance et la vigilance de l'autorité étant, jusqu'à un certain point, restreintes, il soit permis à chaque fidèle de développer plus librement son initiative et son activité. Ils affirment que c'est là une transformation nécessaire, comme cette liberté moderne qui constitue presque exclusivement à l'heure actuelle le droit et le fondement de la société civile. Nous avons traité longuement de cette liberté dans Notre Lettre sur la constitution des Etats adressée à tous les évêques. Nous y montrions même quelle différence il y a entre l'Eglise, qui est de droit divin, et les autres sociétés, qui ne doivent leur existence qu'à la libre volonté des hommes.

Il importe donc davantage de signaler une opinion dont on fait un argument en faveur de cette liberté qu'ils proposent aux catholiques. Ils disent à propos du magistère infaillible du Pontife romain que, après la définition solennelle qui en a été faite au Concile du Vatican, il n'y a plus d'inquiétude à avoir de ce côté, c'est pourquoi, ce

---

(1) I Cor., ix, 22.
(2) Conc. Vat., *Ibid.*, c. iv.

quamobrem, eo jam in tuto collocato, posse nunc ampliorem cuivis ad cogitandum atque agendum patere campum.

Præposterum sane arguendi genus, si quid enim ex magisterio Ecclesiæ infallibili suadet ratio, hoc certe est ut ab eo ne quis velit discedere, imo omnes eidem se penitus imbuendos ac moderandos dent, quo facilius a privato quovis errore serventur immunes. Accedit, ut ii, qui sic arguunt, a providentis Dei sapientia, discedant admodum; quæ quum Sedis Apostolicæ auctoritatem et magisterium affirmata solemniore judicio voluit, idcirco voluit maxime, ut pericula præsentium temporum animis catholicorum efficacius caveret. Licentia, quæ passim cum libertate confunditur; quidvis loquendi obloquendique libido; facultas denique quidlibet sentiendi litterarumque formis exprimendi tenebras tam alte mentibus obfuderunt, ut major nunc quam ante sit magisterii usus et necessitas, ne a conscientia quis officioque abstrahatur. — Abest profecto a Nobis ut quæcumque horum temporum ingenium parit, omnia repudiemus; quin potius quidquid indagando veri aut enitendo boni attingitur ad patrimonium doctrinæ augendum publicæque prosperitatis fines proferendos, libentibus sane Nobis accedit. Id tamen omne, ne solidæ utilitatis sit expers, esse ac vigere nequaquam debet, Ecclesiæ auctoritate sapientiaque posthabita.

Sequitur ut ad ea veniamus quæ ex his, quas attigimus, opinionibus consectaria veluti proferuntur, in quibus si mens, ut credimus, non mala, at certe res carere suspicione minime videbuntur. — Principio enim externum magisterium omne ab iis, qui christianæ perfectioni adipiscendæ studere velint, tamquam superfluum, imo etiam minus utile, rejicitur; ampliora, aiunt, atque uberiora nunc quam elapsis temporibus, in animos fidelium Spiritus Sanctus influit charismata, eosque, medio nemine, docet arcano quodam instinctu atque agit. — Non levis profecto temeritatis est velle modum metiri, quo Deus cum hominibus communicet; id enim unice ex ejus voluntate pendet, estque ipse munerum suorum liberrimus dispensator. *Spiritus ubi vult spirat* (1), *unicuique autem nostrum data est gratia secundum mensuram donationis Christi* (2).

Ecquis autem repetens Apostolorum historiam, exordientis Ecclesiæ fidem, fortissimorum martyrum certamina et cædes, veteres denique plerasque ætates sanctissimorum hominum fœcundissimas, audeat priora tempora præsentibus componere eaque affirmare minore Spiritus Sancti effusione donata? Sed,

(1) Joann., III, 8.
(2) Eph., IV, 7.

magistère sauvegardé, chacun peut maintenant avoir plus libre champ pour penser et agir.

Étrange manière, en vérité, de raisonner; s'il est, en effet, une conclusion à tirer du magistère de l'Eglise, c'est, à coup sûr, que nul ne doit chercher à s'en écarter et que, au contraire, tous doivent s'appliquer à s'en inspirer toujours et à s'y soumettre de manière à se préserver plus facilement de toute erreur de leur sens propre.

Ajoutons que ceux qui raisonnent ainsi s'écartent tout à fait des sages desseins de la Providence divine, qui a voulu que l'autorité du Siège Apostolique et son magistère fussent affirmés par une définition très solennelle, et elle l'a voulu précisément afin de prémunir plus efficacement les intelligences chrétiennes contre les périls du temps présent. La licence confondue un peu partout avec la liberté, la manie de tout dire et de tout contredire, enfin la faculté de tout apprécier et de propager par la presse toutes les opinions, ont plongé les esprits dans des ténèbres si profondes que l'avantage et l'utilité de ce magistère sont plus grands aujourd'hui qu'autrefois pour prémunir les fidèles contre les défaillances de la conscience et l'oubli du devoir.

Certes, il est loin de Notre pensée de répudier tout ce qu'enfante le génie moderne; Nous applaudissons, au contraire, à toute recherche de la vérité, à tout effort vers le bien, qui contribue à accroître le patrimoine de la science et à étendre les limites de la félicité publique. Mais, tout cela, sous peine de ne pas être d'une réelle utilité, doit exister et se développer en tenant compte de l'autorité et de la sagesse de l'Eglise.

Arrivons à ce qu'on peut appeler les corollaires des opinions que Nous avons signalées; ils ne sont pas mauvais, croyons-Nous, quant à l'intention, mais on constatera que, pris en eux-mêmes, ils n'échappent en aucune manière au soupçon.

Tout d'abord, on rejette toute direction extérieure comme superflue et moins utile pour ceux qui veulent tendre à la perfection chrétienne; l'Esprit-Saint, dit-on, répand aujourd'hui dans les âmes fidèles des dons plus étendus et plus abondants qu'autrefois; il les éclaire et les dirige, sans intermédiaire, par une sorte de secret instinct.

Or, ce n'est pas une légère témérité que de vouloir fixer les limites des communications de Dieu avec les hommes; cela, en effet, dépend uniquement de son bon plaisir, et il est lui-même le dispensateur souverainement libre de ses propres dons. *L'Esprit souffle où il veut* (1) *et la grâce a été donnée à chacun de nous selon la mesure qu'il a plu au Christ* (2).

Et qui donc, — s'il se reporte à l'histoire des apôtres, à la foi de l'Eglise naissante, aux combats et aux supplices des héroïques martyrs, enfin à ces époques lointaines si fécondes pour la plupart en hommes de la plus haute sainteté, — osera mettre en parallèle les

---

(1) S. Jean, III, 8.
(2) Ephes., IV, 7.

his omissis, Spiritum Sanctum secreto illapsu in animis justorum agere eosque admonitionibus et impulsionibus excitare, nullus est qui ambigat; id ni foret, externum quodvis præsidium et magisterium inane esset. « Si quis..... salutari, id est evangelicæ prædicationi consentire posse confirmat, absque illuminatione Spiritus Sancti, qui dat omnibus suavitatem in consentiendo et credendo veritati, hæretico fallitur spiritu (1) ». Verum, quod etiam experiendo novimus, hæ Sancti Spiritus admonitiones et impulsiones plerumque, non sine quodam externi magisterii adjumento ac veluti comparatione, persentiuntur. « Ipse, ad rem Augustinus, in bonis arboribus cooperatur fructum, qui et forinsecus rigat atque excolit per quemlibet ministrum, et per se dat intrinsecus incrementum (2) ».

Scilicet ad communem legem id pertinet qua Deus providentissimus, uti homines plerumque fere per homines salvandos decrevit, ita illos, quos ad præstantiorem sanctimoniæ gradum advocat per homines eo perducendos constituit, « ut nimirum, quemadmodum Chrysostomus ait, per homines a Deo discamus (3) ». Præclarum ejus rei exemplum, ipso Ecclesiæ, exordio, positum habemus : quamvis enim Saulus, *spirans minarum et cædis* (4), Christi ipsius vocem audivisset ab eoque quæsivisset: *Domine quid me vis facere?* Damascum tamen ad Ananiam missus est: *Ingredere civitatem, et ibi dicetur tibi quid te oporteat facere.* — Accedit præterea, quod qui perfectiora sectentur, hoc ipso quod ineunt intentatam plerisque viam, sunt magis errori obnoxii, ideoque magis quam ceteri doctore ac duce indigent. — Atque hæc agendi ratio jugiter in Ecclesia obtinuit; hanc ad unum omnes doctrinam professi sunt, quotquot, decursu sæculorum, sapientia ac sanctitate floruerunt; quam qui respuant, temere profecto ac periculose respuent.

Rem tamen bene penitus consideranti, sublato etiam externo quovis moderatore, vix apparet in novatorum sententia quorsum pertinere debeat uberior illi Spiritus Sancti influxus, quem adeo extollunt. — Profecto maxime in excolendis virtutibus Spiritus Sancti præsidio opus est omnino : verum qui nova sectari adamant, naturales virtutes præter modum efferunt, quasi hæ

---

(1) Conc. Arausit., II; can. VII.
(2) *De Grat. Christ.,* XIX.
(3) Hom. I, *In Inscr. altar.*
(4) Act. Ap., IX.

premiers siècles avec notre époque et affirmer que ceux-là furent moins favorisés des effusions de l'Esprit-Saint?

Mais, ceci mis à part, il n'est personne qui conteste que l'Esprit-Saint opère dans les âmes justes par une action mystérieuse et les stimule de ses inspirations et de ses impulsions; s'il n'en était pas ainsi, tout secours et tout magistère extérieur serait vain.

« Si quelqu'un prétend qu'il peut correspondre à la prédication du salut, c'est-à-dire à la prédication évangélique, sans l'illumination du Saint-Esprit, qui donne à tous une grâce suave pour les faire adhérer et croire à la vérité, celui-là est séduit par l'esprit d'hérésie (1). »

Mais, l'expérience elle-même nous l'enseigne, ces avertissements et ces impulsions de l'Esprit-Saint ne sont perçus le plus souvent que par le secours et comme par la préparation du magistère extérieur.

Saint Augustin dit à ce sujet : « Celui-là coopère à la naissance du fruit qui, en dehors, arrose le bon arbre et le cultive par un intermédiaire quelconque, et qui, au dedans, lui donne l'accroissement par son action personnelle (2).

Cette observation a trait à la loi commune de la Providence qui a établi que les hommes fussent généralement sauvés par d'autres hommes et que de même ceux qu'elle appelle à un plus haut degré de sainteté y fussent conduits par des hommes, « afin que, suivant le mot de saint Jean Chrysostome, l'enseignement de Dieu nous parvienne par les hommes (3). »

Nous trouvons aux origines mêmes de l'Eglise une manifestation célèbre de cette loi : bien que Saul, *respirant la menace et le carnage* (4) eût entendu la voix du Christ lui-même et lui eût demandé : *Seigneur, que voulez-vous que je fasse?* c'est à Damas, vers Ananie, qu'il fut envoyé : *Entre dans la ville, et là on te dira ce que tu dois faire.*

Il faut remarquer en outre que ceux qui tendent à une plus grande perfection, par le fait même qu'ils entrent dans une voie ignorée du grand nombre, sont plus exposés à s'égarer et ont, en conséquence, besoin plus que les autres d'un maître et d'un guide.

C'est ce que l'on a constamment pratiqué dans l'Eglise; c'est la doctrine qu'ont professée unanimement tous ceux qui, dans le cours des siècles, ont brillé par leur science et leur sainteté; et ceux qui la rejettent ne peuvent assurément le faire sans témérité ni péril.

Si cependant on examine bien attentivement cette question, on ne voit pas clairement à quoi doit aboutir, dans le système des novateurs, la direction extérieure une fois supprimée, cette effusion plus abondante du Saint-Esprit si exaltée par eux.

Sans doute, le secours de l'Esprit-Saint est absolument nécessaire, surtout pour la pratique des vertus; mais ces amateurs de nouveautés

---

(1) Conc. d'Orange, II, can. VII.
(2) *De Grat. Christ.* c. XIX.
(3) Hom., I, *in Inscr. altar.*
(4) Actes des Ap., c. IX.

præsentis ætatis moribus ac necessitatibus respondeant aptius, iisque exornari præstet, quod hominem paratiorem ad agendum ac strenuiorem faciant.

Difficile quidem intellectu est, eos, qui christiana sapientia imbuantur, posse naturales virtutes supernaturalibus anteferre, majoremque illis efficacitatem ac fœcunditatem tribuere. Ergone natura, accedente gratia, infirmior erit, quam si suis ipsa viribus permittatur? Num vero homines sanctissimi, quos Ecclesia observat palamque colit, imbecilles se atque ineptos in naturæ ordine probavere quod christianis virtutibus excelluerunt? Atqui, etsi naturalium virtutum præclaros quandoque actus mirari licet, quotus tamen quisque est inter homines qui naturalium virtutum habitu reapse polleat? Quis enim est, qui animi perturbationibus iisque vehementibus non incitetur? Quibus constanter superandis, sicut etiam universæ legi in ipso naturæ ordine servandæ, divino quodam subsidio juvari hominem necesse est. Singulares vero actus, quos supra innuimus, sæpe, si intimius perspiciantur, speciem potius virtutis quam veritatem præ se ferunt.

Sed demus tamen esse : si *currere in vacuum* quis nolit æternamque oblivisci beatitatem, cui nos benigne destinat Deus, ecquid naturales virtutes habent utilitatis, nisi divinæ gratiæ munus ac robur accedat? Apte quidem Augustinus: « Magnæ vires et cursus celerrimus, sed præter viam (1). » Sicut enim præsidio gratiæ natura hominum, quæ, ob communem noxam, in vitium ac dedecus prolapsa erat, erigitur novaque nobilitate evehitur ac roboratur; ita etiam virtutes, quæ non solis naturæ viribus, sed ejusdem ope gratiæ exercentur, et fœcundæ fiunt beatitatis perpetuo mansuræ et solidiores ac firmiores existunt.

Cum hac de naturalibus virtutibus sententia, alia cohæret admodum, qua christianæ virtutes universæ in duo quasi genera dispertiuntur, in *passivas*, ut aiunt, atque *activas;* adduntque, illas in elapsis ætatibus convenisse melius, has cum præsenti magis congruere. — De qua quidem divisione virtutum quid sentiendum sit, res est in medio posita, virtus enim, quæ vere *passiva* sit, nec est nec esse potest. « Virtus, sic sanctus Thomas, nominat quamdam potentiæ perfectionem; finis autem potentiæ actus est; et nihil est aliud actus virtutis, quam bonus usus liberi arbitrii (2) »; adjuvante utique Dei gratia si virtutis actus supernaturalis sit.

(1) In Ps. xxxi, 4.
(2) I. II, a. 1.

vantent outre mesure les vertus naturelles comme si elles répondaient davantage aux mœurs et aux besoins de notre temps, et comme s'il était préférable de les posséder, parce qu'elles disposeraient mieux à l'activité et à l'énergie.

On a peine à concevoir comment des hommes pénétrés de la doctrine chrétienne peuvent préférer les vertus naturelles aux vertus surnaturelles et leur attribuer une efficacité et une fécondité supérieures.

Eh quoi ! la nature aidée de la grâce sera-t-elle plus faible que si elle était laissée à ses propres forces? Est-ce que les grands saints que l'Eglise vénère et auxquels elle rend un culte public se sont montrés faibles et sots dans les choses de l'ordre naturel parce qu'ils excellaient dans les vertus chrétiennes?

Or, quoiqu'il nous soit donné parfois d'admirer quelques actions éclatantes de vertus naturelles, combien y a-t-il d'hommes qui possèdent réellement l' « habitude » des vertus naturelles?

Quel est celui que ne troublent pas les orages violents des passions? Or, pour les réprimer constamment, comme aussi pour observer tout entière la loi naturelle, il faut absolument que l'homme soit aidé par un secours d'en haut. Quant aux actes particuliers mentionnés plus haut, ils présentent souvent, si on les examine de près, l'apparence plutôt que la réalité de la vertu.

Mais, accordons que ces actes soient vraiment vertueux. Si l'on ne veut pas *courir en vain* et oublier la béatitude éternelle à laquelle nous destine la bonté de Dieu, à quoi servent les vertus naturelles sans la richesse et la force que leur donne la grâce? Saint Augustin l'a fort bien dit : « Grands efforts, course rapide, mais hors la voie (1). »

En effet, la nature humaine qui, par suite du péché originel, était tombée dans le vice et la dégradation, se relève, parvient à une nouvelle noblesse et se fortifie par le secours de la grâce ; de même, les vertus pratiquées non par les seules forces de la nature, mais avec ce même secours de la grâce, deviennent fécondes pour la béatitude éternelle, et en même temps plus fortes et plus constantes.

A cette opinion sur les vertus naturelles se rattache étroitement une autre opinion qui partage comme en deux classes toutes les vertus chrétiennes : les *passives* et les *actives*, suivant leur expression. Ils ajoutent que les premières convenaient mieux aux siècles passés, tandis que les secondes sont mieux adaptées au temps présent.

Que faut-il penser de cette division des vertus? La réponse est évidente, car de vertu vraiment *passive*, il n'en existe pas et il n'en peut exister. « La vertu, dit saint Thomas, implique une perfection de la puissance; or, la fin de la puissance est l'acte, et l'acte de vertu n'est autre chose que le bon usage de notre libre arbitre (2), » accompli avec l'appui de la grâce divine s'il s'agit d'un acte de vertu surnaturelle.

(1) Ps. XXXI, 4.
(2) I, II, a. 1.

Christianas autem virtutes, alias temporibus aliis accommodatas esse is solum velit, qui Apostoli verba non meminerit : *Quos præscivit, hos et prædestinavit conformes fieri imaginis Filii sui* (1). Magister et exemplar sanctitatis omnis Christus est ; ad cujus regulam aptari omnes necesse est, quotquot avent beatorum sedibus inseri. Jamvero, haud mutatur Christus progredientibus sæculis ; sed *idem heri et hodie et in sæcula* (2). Ad omnium igitur ætatum homines pertinet illud : *Discite a me quia mitis sum et humilis corde* (3) : nulloque non tempore Christus se nobis exhibet *factum obedientem usque ad mortem* (4) ; valetque quavis ætate Apostoli sententia : *Qui sunt Christi carnem suam crucifixerunt cum vitiis et concupiscentiis* (5). — Quas utinam virtutes multo nunc plures sic colerent, ut homines sanctissimi præteritorum temporum ! Qui demissione animi, obedientia, abstinentia, *potentes* fuerunt *opere et sermone*, emolumento maximo nedum religiosæ rei, sed publicæ ac civilis.

Ex quo virtutum evangelicarum veluti contemptu, quæ perperam *passivæ* appellantur, pronum erat sequi, ut religiosæ etiam vitæ despectus sensim per animos pervaderet. Atque id novarum opinionum fautoribus commune esse, conjicimus ex eorum sententiis quibusdam circa vota quæ Ordines religiosi nuncupant. Aiunt enim, illa ab ingenio ætatis nostræ dissidere plurimum, utpote quæ humanæ libertatis fines coerceant ; esseque ad infirmos animos magis quam ad fortes apta ; nec admodum valere ad christianam perfectionem humanæque consociationis bonum, quin potius utrique rei obstare atque officere.

Verum hæc quam falso dicantur, ex usu doctrinaque Ecclesiæ facile patet, cui religiosum vivendi genus maxime semper probatum est. Nec sane immerito : nam qui, a Deo vocati, illud sponte sua amplectantur, non contenti communibus præceptorum officiis, in evangelica euntes consilia, Christo se milites strenuos paratosque ostendunt. Hocne debilium esse animorum putabimus ? aut ad perfectionem vitæ modum inutile aut noxium ? Qui ita se votorum religione obstringunt, adeo sunt a libertatis

---

(1) Rom., VIII, 29.
(2) Hebr., XIII, 8.
(3) Matth., XI, 29.
(4) Philip., II, 8.
(5) Galat., V, 24.

Pour prétendre qu'il y a des vertus chrétiennes plus appropriées que d'autres à certaines époques, il faudrait oublier les paroles de l'Apôtre : *Ceux qu'il a connus d'avance, il les a aussi prédestinés à devenir conformes à l'image de son Fils* (1).

Le maître et le modèle de toute sainteté, c'est le Christ; c'est sur lui que doivent se régler tous ceux qui désirent trouver place parmi les bienheureux.

Or, le Christ ne change pas avec les siècles, mais *il est le même aujourd'hui qu'il était hier et qu'il sera dans tous les siècles* (2). C'est donc aux hommes de tous les temps que s'adresse cette parole : *Apprenez de moi que je suis doux et humble de cœur* (3); il n'est pas d'époque où le Christ ne se montre à nous comme *s'étant fait obéissant jusqu'à la mort* (4); elle vaut aussi pour tous les temps cette parole de l'Apôtre : *Ceux qui sont disciples du Christ ont crucifié leur chair avec ses vices et ses concupiscences* (5).

Plût à Dieu que ces vertus fussent pratiquées aujourd'hui par un plus grand nombre avec autant de perfection que les saints des siècles passés! Ceux-ci, par leur humilité, leur obéissance, leur austérité, ont été *puissants en œuvre et en parole*, pour le plus grand bien non seulement de la religion mais encore de leurs concitoyens et de leur patrie.

De cette sorte de mépris des vertus évangéliques appelées à tort *passives*, on devait facilement en arriver à laisser pénétrer peu à peu dans les âmes le mépris de la vie religieuse elle-même.

C'est là une idée commune aux partisans des opinions nouvelles, à en juger d'après certaines appréciations qu'ils ont émises concernant les vœux prononcés dans les Ordres religieux.

Ils affirment, en effet, que ces engagements sont tout à fait contraires au génie de notre époque en temps qu'ils restreignent les limites de la liberté humaine; qu'ils conviennent aux âmes faibles plutôt qu'aux âmes fortes et que, loin d'être favorables à la perfection chrétienne et au bien de l'humanité, elles sont plutôt un obstacle et une entrave à l'une et à l'autre.

La fausseté de ces assertions ressort avec évidence de la pratique et de la doctrine de l'Église qui a toujours eu la vie religieuse en haute estime. Et certes, ce n'est point à tort; car, ceux qui, appelés de Dieu, embrassent spontanément ce genre de vie, et qui, non contents des devoirs communs qu'imposent les préceptes, s'engagent à la pratique des conseils évangéliques, ceux-là se montrent les soldats d'élite de l'armée du Christ. Croirons-nous que c'est là le propre d'esprits pusillanimes? ou encore un moyen inutile ou nuisible à la perfection? Ceux qui s'engagent ainsi dans les liens des vœux sont si loin de perdre leur liberté, qu'ils jouissent au con-

---

(1) Rom., VIII, 29.
(2) Hébr., XIII, 8.
(3) S. Matth., XI, 29.
(4) Philipp., II, 8.
(5) Gal., V, 24.

actura remoti, ut multo pleniore ac nobiliore fruantur, ea nempe *qua Christus nos liberavit* (1).

Quod autem addunt, religiosam vivendi rationem aut non omnino aut parum Ecclesiæ juvandæ esse, præterquam quod religiosis Ordinibus invidiosum est, nemo unus certe sentiet, qui Ecclesiæ annales evolverit. Ipsæ vestræ fœderatæ civitates num non ab alumnis religiosarum familiarum fidei pariter atque humanitatis initia habuerunt? quorum uni nuper, quod plane vobis laudi fuit, statuam publice ponendam decrevistis. Nunc vero, hoc ipso tempore, quam alacrem, quam frugiferam catholicæ rei religiosi cœtus, ubicumque ii sunt, navant operam! Quam pergunt multi novas oras Evangelio imbuere et humanitatis fines propagare; idque per summam animi contentionem summaque pericula! Ex ipsis, haud minus quam e clero cetero, plebs christiana verbi Dei præcones conscientiæque moderatores, juventus institutores habet, Ecclesia denique omnis sanctitatis exempla. Nec discrimen est laudis inter eos qui actuosum vitæ genus sequuntur, atque illos qui, recessu delectati, orando afflictandoque corpori vacant. Quam hi etiam præclare de hominum societate meruerint, mereant, ii norunt profecto qui, quid ad placandum conciliandumque Numen possit *deprecatio justi assidua* (2), minime ignorant, ea maxime quæ cum afflictatione corporis conjuncta est.

Si qui igitur hoc magis adamant, nullo votorum vinculo, in cœtum unum coalescere, quod malint, faxint; nec novum id in Ecclesia nec improbabile institutum. Caveant tamen ne illud præ religiosis Ordinibus extollant; quin potius, cum modo ad fruendum voluptatibus proclivius, quam ante, sit hominum genus, longe pluris ii sunt habendi, qui *relictis omnibus, sequuti sunt Christum.*

Postremo, ne nimiis moremur, via quoque et ratio, qua catholici adhuc sunt usi ad dissidentes revocandos, deserenda edicitur aliaque in posterum adhibenda. Qua in re hoc sufficit advertisse, non prudenter, dilecte Fili Noster, id negligi quod diu experiendo antiquitas comprobavit, apostolicis etiam documentis erudita. Ex Dei verbo habemus (3), omnium officium esse proximorum saluti juvandæ operam dare, ordine graduque quem quisque obtinet. Fideles quidem hoc sibi a Deo assignatum munus utillime exequentur morum integritate, christianæ caritatis operibus, instante ad Deum ipsum assiduaque prece. At

---

(1) Galat., IV, 31.
(2) Jac., V, 16.
(3) Eccli., XVII, 4.

traire d'une liberté beaucoup plus entière et plus noble, *celle-là même par laquelle le Christ nous a rendus libres* (1).

Quant à ce qu'ils ajoutent, à savoir que la vie religieuse n'est que peu ou point utile à l'Eglise, outre que cette assertion est offensante pour les Ordres religieux, il n'est personne de ceux qui ont lu les annales de l'Eglise qui puisse être de leur avis.

Vos Etats-Unis eux-mêmes ne doivent-ils pas à des membres de familles religieuses tout ensemble les germes de la foi et de la civilisation ? Et c'est à l'un d'entre eux, — ce qui est tout à votre éloge, — que vous avez décidé naguère d'ériger une statue.

Et maintenant, à notre époque même, quels services empressés, quelle abondante moisson les Ordres religieux n'apportent-ils point à la cause catholique partout où ils sont établis ! Combien nombreux sont-ils à faire pénétrer l'Evangile sur de nouveaux rivages et à étendre les frontières de la civilisation, au prix des plus grands efforts et des plus graves périls !

C'est à eux, non moins qu'au clergé séculier, que le peuple doit les héros de la parole divine et les directeurs des consciences ; c'est à eux que la jeunesse doit ses maîtres, l'Eglise enfin les types de tous les genres de sainteté.

Il faut accorder les mêmes éloges à ceux qui embrassent la vie active et à ceux qui, épris de la solitude, s'adonnent à la prière et à la mortification corporelle. Combien ceux-là ont mérité et méritent encore excellemment de la société, on ne peut l'ignorer si l'on sait la puissance, pour apaiser la colère de Dieu et se concilier ses faveurs, de *la prière perpétuelle du juste* (2), surtout si elle est jointe aux macérations de la chair.

S'il en est cependant qui préfèrent se réunir sans se lier par aucun vœu, qu'ils agissent suivant leur inclination ; un institut de ce genre n'est ni nouveau ni désapprouvé dans l'Eglise. Qu'ils évitent toutefois de le placer au-dessus des Ordres religieux.

Au contraire, puisque, de nos jours, on est plus porté qu'autrefois à rechercher les plaisirs coupables, il faut estimer davantage ceux qui, *ayant tout quitté, ont suivi le Christ*.

En dernier lieu — pour ne pas trop Nous étendre, — on prétend qu'il faut abandonner le chemin et la méthode suivis jusqu'à ce jour par les catholiques pour ramener les dissidents, et que désormais on doit employer d'autres moyens. Sur ce point, il suffit de rappeler, cher Fils, qu'il est imprudent de négliger ce qui est éprouvé par une longue expérience, et recommandé en outre dans des documents apostoliques.

La parole de Dieu nous apprend (3) que chacun a le devoir de travailler au salut du prochain selon l'ordre et le degré où chacun est placé. Les fidèles s'acquitteront avec fruit de cet office qui leur est assigné de Dieu, par l'intégrité de leurs mœurs, les œuvres de la charité chrétienne, une prière ardente et assidue. Les membres

(1) Galat., IV, 31.
(2) S. Jac., V, 16.
(3) Eccl., XVII, 4.

qui e clero sunt idipsum præstent oportet sapienti Evangelii prædicatione, sacrorum gravitate et splendore, præcipue autem eam in se formam doctrinæ exprimentes, quam Tito ac Timotheo Apostolus tradidit.

Quod si, e diversis rationibus verbi Dei eloquendi, ea quandoque præferenda videatur, qua ad dissidentes non in templis dicant sed privato quovis honesto loco, nec ut qui disputent sed ut qui amice colloquantur, res quidem reprehensione caret; modo tamen ad id muneris auctoritate episcoporum ii destinentur, qui scientiam integritatemque suam antea ipsis probaverint. Nam plurimos apud vos arbitramur esse, qui ignoratione magis quam voluntate a catholicis dissident; quos ad unum Christi ovile facilius forte adducet qui veritatem illis proponat amico quodam familiarique sermone.

Ex his igitur, quæ huc usque disseruimus, patet, dilecte Fili Noster, non posse Nobis opiniones illas probari, quarum summam *Americanismi* nomine nonnuli indicant. — Quo si quidem nomine peculiaria animi ornamenta, quæ, sicut alia nationes alias, Americæ populos decorant significare velint; item si statum vestrarum civitatum, si leges moresque quibus utimini, non est profecto cur ipsum rejiciendum censeamus. At si illud usurpandum ideo est, ut doctrinæ superius allatæ, non indicentur modo, imo vero etiam cohonestentur; quodnam est dubium, quin Venerabiles Fratres Nostri Episcopi Americæ, ante ceteros, repudiaturi ac damnaturi sint utpote ipsis totique eorum genti quam maxime injuriosum? Suspicionem enim id injicit esse apud vos qui Ecclesiam in America aliam effigant et velint, quam quæ in universis regionibus est.

Una, unitate doctrinæ sicut unitate regiminis, eaque catholica est Ecclesia ; cujus quoniam Deus in Cathedra Beati Petri centrum ac fundamentum esse statuit, jure Romana dicitur, *ubi enim Petrus, ibi Ecclesia* (1). Quam ob rem quicumque catholico nomine censeri vult, is verba Hieronymi ad Damasum Pontificem usurpare ex veritate debet : « Ego nullum primum, nisi Christum, sequens, Beatitudini tuæ, idest Cathedræ Petri communione consocior : super illam petram ædificatam Ecclesiam scio: quicumque tecum non colligit, spargit. »

Hæc, dilecte Fili Noster, quæ, singularibus litteris, officio muneris ad te damus, ceteris etiam fœderatarum civitatum Epis-

---

(1) S. Amb. in ps. xl, 57.

du clergé devront se consacrer à cette tâche par une sage prédication de l'Evangile, la gravité et la splendeur des cérémonies saintes, et surtout par la reproduction en eux-mêmes de la doctrine enseignée par l'Apôtre à Tite et à Timothée.

Que si, parmi les différentes manières de distribuer la parole de Dieu, on juge parfois préférable celle qui consiste à appeler les dissidents, non à l'église, mais dans un local privé convenable, non pour discuter, mais pour converser amicalement, il n'y a rien là de blâmable; pourvu toutefois qu'à ce genre de mission ceux-là soient destinés par l'autorité des évêques qui leur ont donné précédemment des gages de leur science et de leur vertu.

Nous pensons, en effet, qu'il en est beaucoup parmi vous qui sont éloignés de la foi catholique, plutôt par ignorance que par malveillance, et qu'on les amènerait peut-être plus facilement à l'unique bercail du Christ, si on leur proposait la vérité en un langage simple et familier.

De tout ce que Nous avons dit jusqu'à présent, il ressort, cher Fils, que Nous ne pouvons approuver ces opinions, dont l'ensemble est désigné par plusieurs sous le nom d'*américanisme*.

Si, par ce mot, on veut entendre certains dons de l'esprit qui honorent les peuples de l'Amérique, comme d'autres honorent d'autres nations, ou bien encore si l'on désigne par là la constitution de vos Etats, les lois et les mœurs en vigueur parmi vous, il n'y a rien là assurément qui puisse Nous le faire rejeter. Mais si on emploie ce terme, non seulement pour désigner les doctrines ci-dessus mentionnées, mais encore pour les exalter, est-il permis de douter que Nos vénérables frères les évêques d'Amérique seront les premiers, avant tous les autres, à le répudier et à le condamner comme souverainement injurieux pour eux-mêmes et pour toute leur nation? Il fait supposer, en effet, qu'il en est chez vous qui imaginent et désirent pour l'Amérique une Eglise autre que celle qui est répandue par toute la terre.

Il n'y a qu'une Eglise, une par l'unité de la doctrine comme par l'unité du gouvernement, c'est l'Eglise catholique; et parce que Dieu a établi son centre et son fondement sur la chaire du bienheureux Pierre, elle est, à bon droit, appelée Romaine, car *là où est Pierre, là est l'Eglise* (1).

C'est pourquoi quiconque veut être appelé catholique doit sincèrement emprunter les paroles de Jérôme à Damase :

« Pour moi, ne suivant d'autre chef que le Christ, je me tiens attaché à la communion de Votre Béatitude, c'est-à-dire à la chaire de Pierre; je sais que sur cette pierre est bâtie l'Eglise; quiconque ne recueille pas avec Vous, dissipe. »

Nous aurons soin, cher Fils, que ces Lettres à vous personnellement adressées en vertu du devoir de Notre charge, soient également

---

(1) S. Ambr., in ps. xi, 57.

copis communicanda curabimus; caritatem iterum testantes, qua gentem vestram universam complectimur; quæ sicut elapsis, temporibus multa pro religione gessit, majora etiam in posterum, Deo feliciter opitulante, præstituram portendit. — Tibi autem et fidelibus Americæ omnibus Apostolicam benedictionem, divinorum subsidiorum auspicem, amantissime impertimus.

Datum Romæ apud S. Petrum die xxii mensis januarii MDCCCXCIX, Pontificatus Nostri anno vicesimo primo.

LEO PP. XIII

communiquées aux autres évêques des Etats-Unis, vous attestant de nouveau l'amour dont Nous entourons toute votre nation, qui, si elle a fait beaucoup pour la religion dans le passé, promet davantage encore dans l'avenir, avec la bénédiction de Dieu.

Comme gage des faveurs divines, Nous vous accordons avec amour, à vous et à tous les fidèles d'Amérique, la bénédiction apostolique.

Donné à Rome, près Saint-Pierre, le 22º jour de janvier 1899, la 21º année de Notre Pontificat.

LEON XIII, PAPE.

*
* *

A la suite de la publication de la lettre de S. S. Léon XIII au cardinal Gibbons, Mgr Ireland, archevêque de Saint-Paul de Minnesota, dont les « américanistes » avaient invoqué l'autorité, et Mgr Isoard, évêque d'Annecy, qui avait combattu avec énergie les principes attribués au P. Hecker, ont écrit au Souverain Pontife. Nous reproduisons *in extenso* leurs deux lettres.

LETTRE DE Mgr IRELAND

Très Saint-Père,

De suite que je finis de lire la lettre que Votre Sainteté vient d'adresser à Son Eminence le cardinal Gibbons et aux autres membres de l'épiscopat américain, je m'empresse de La remercier de cet acte d'estime et d'amour pour les catholiques des Etats-Unis, comme pour notre nation américaine tout entière.

Aujourd'hui, la lumière est faite : les malentendus cessent. Aujourd'hui, nous sommes à même de définir la faute que « les quelques-uns » ont voulu couvrir du nom d'américanisme, et de définir le vrai, que seuls les Américains appellent américanisme. De plus, tellement sont claires et précises les distinctions et les explications faites dans la Lettre apostolique, que le péril qu'elle ne fût comprise par tout le peuple des Etats-Unis — péril que moi-même, je confesse, j'avais cru pouvoir redouter, — ne peut plus se concevoir.

Vu la surprenante confusion d'idées et les âpres controverses soulevées, en France surtout, autour du livre, *Vie du P. Hecker*, — l'étendue desquelles la Lettre apostolique me permet de mesurer, — c'était, je ne puis maintenant ne pas l'apercevoir, une nécessité pour le premier Pasteur de faire entendre sa voix dans le but d'éclairer et d'apaiser les esprits.

Certes, avec toute l'énergie de mon âme, je répudie et je condamne toutes les opinions que la Lettre apostolique répudie et condamne toutes ces opinions fausses et dangereuses auxquelles, comme la Lettre le dit, « certaines personnes attribuent le nom d'américanisme ». Je répudie et je condamne ces opinions sans aucune exception, telles littéralement que Votre Sainteté les répudie et les condamne ; et je les répudie et les condamne avec d'autant plus d'empressement et de joie de cœur, que jamais, pour un instant, ma foi catholique et mon entendement des enseignements et des pratiques de la Sainte Eglise ne m'ont permis d'ouvrir mon âme à de pareilles extravagances. Tout l'épiscopat des Etats-Unis, en leur propre nom et au nom de leurs troupeaux, sont prêts à répudier et à condamner ces erreurs. Nous ne pouvons ne pas nous indigner qu'une telle injure nous fût faite, — à nous évêques, à nos fidèles, à notre nation, — que de désigner, par le mot américanisme, comme il est arrivé pour quelques-uns de faire, des erreurs et des extravagances de la sorte.

Très Saint-Père, ce sont les ennemis de l'Eglise d'Amérique et les infidèles interprètes de la foi, ceux qui « imaginent » qu'il y a, ou qu'on désire faire grandir aux Etats-Unis une Eglise différant d'un seul iota de l'Eglise sainte et universelle que les autres nations reconnaissent, que Rome elle-même, la gardienne infaillible de la révélation de Jésus-Christ, reconnaît ou peut reconnaître.

Priant Votre Sainteté d'accueillir avec bienveillance mes sentiments d'amour et de dévouement, et de m'accorder la grâce de la bénédiction apostolique, j'ai l'honneur d'être

De Votre Sainteté

Le fils dévoué,

(signé) † JOANNES IRELAND,
Archevêque de Saint-Paul.

Le 22 février 1899.

LETTRE DE Mgr ISOARD

Rome, 22 février 1899.

TRÈS SAINT-PÈRE,

Si l'on pouvait ajouter quelque chose à la vénération et à la reconnaissance qu'ont vouées à Votre Sainteté les évêques de France, ce serait bien après la publication de la Lettre qu'Elle a écrite au cardinal archevêque de Baltimore.

Je connais assez les sentiments et les inquiétudes de beaucoup de mes collègues dans l'épiscopat, pour oser adresser à Votre Sainteté nos communes actions de grâces, à l'occasion de ce nouveau et signalé bienfait.

J'implore de nouveau la bénédiction de Votre Sainteté sur son très humble et très obéissant et très dévoué

Fils et serviteur,

(signé) † LOUIS, évêque d'Annecy.

IMPRIMERIE E. PETITHENRY, 8, RUE FRANÇOIS Ier, PARIS

LETTRES APOSTOLIQUES.

ENCYCLIQUES, BREFS DE LÉON XIII

TABLE GÉNÉRALE DES CINQ PREMIERS VOLUMES

A

Action (Lettre apostolique *In ipso* adressée aux archevêques et évêques d'Autriche sur l'union et l') de l'épiscopat, III, 8.

« **Ad extremas** ». Lettre adressée au clergé des Indes sur la fondation des Séminaires, III, 204.

« **Adjutricem populi** ». Encyclique sur le Rosaire de Marie, IV, 236.

« **Adnitentibus nobis** ». Lettre adressée au T. R. P. Picard sur les missions des Augustins de l'Assomption en Orient, IV, 222.

« **Æterni Patris** ». Encyclique sur la philosophie scolastique I, 42.

« **Affari vos** ». Encyclique sur les écoles du Manitoba, V, 220.

Alexandrie (Lettre apostolique *Christi Domini* sur le patriarcat d') du rite cophte, IV, 258.

Allemagne (Encyclique *Jampridem Nobis* sur l'état du catholicisme en), II, 66.

Allemands (Discours *Libenti animo* prononcé devant les pèlerins), III, 184.

Alsaciens-Lorrains (Discours prononcé à l'occasion du pèlerinage des) à Rome, III, 188.

« **Amantissimæ voluntatis** ». Lettre apostolique adressée au peuple anglais sur l'unité de la foi, IV, 182.

Américanisme (Lettre *Testem benevolentiæ* adressée au cardinal Gibbons sur l'), V, 310.

— (Lettre de Mgr Ireland à S. S. Léon XIII déclarant se soumettre à la doctrine de la lettre pontificale sur l'), V, 329.

— (Lettre de Mgr Isoard, remerciant S. S. Léon XIII de sa lettre sur l'), V, 330.

Amérique latine (Lettre apostolique *Trans Oceanum* sur les privilèges de l'), V, 128.

— (Lettre apostolique *Cum diuturnum* aux évêques de l') les convoquant à une assemblée générale à Rome, V, 306.

Anglais (Lettre apostolique *Amantissimæ voluntatis* adressée au peuple) sur l'unité de la foi, IV, 182.

Anglicanes (Lettre apostolique *Apostolicæ curæ* sur les ordinations), V, 58.

Antiesclavagiste (Lettre *Catholicæ Ecclesiæ*, adressée au cardinal Lavigerie sur l'œuvre), II, 298.

Apostolat de la prière (Discours prononcé devant la délégation des membres de l'association de l'), III, 256.

« **Apostolicæ curæ** ». Lettre apostolique sur les ordinations anglicanes, V, 58.

« **Arcanum divinæ sapientiæ** ». Encyclique sur le mariage chrétien, I, 76.

Arméniens (Encyclique *Paterna Caritas* adressée aux) sur l'union dans la foi et sur l'état du catholicisme dans leur pays, II, 214.

Augustins de l'Assomption (Lettre *Adnitentibus Nobis* adressée au T. R. P. Picard, Supérieur général des), sur les missions de cette Congrégation en Orient, IV, 222.

— (Bref *Romanorum Pontificum* adressé au T. R. P. Picard, Supérieur général des) en faveur des pèlerinages de Pénitence à Jérusalem, IV, 282.

— (Lettre apostolique *Cum divini Pastoris* adressée aux érigeant l'archiconfrérie de N.-D. de l'Assomption, V, 255.

« **Augustissimæ Virginis** ». Encyclique sur le Rosaire de Marie, V, 226.

« **Auspicato concessum** ». Encyclique sur le Tiers-Ordre de Saint-François, I, 162.

« **Au milieu des sollicitudes** ». Encyclique adressée aux évêques, au clergé et au peuple de France sur l'acceptation de la République, III, 111.

Autriche (Lettre apostolique *In ipso* adressée aux archevêques et évêques d') sur l'union et l'action de l'épiscopat, III, 8.

— (Lettre aux évêques d') sur la neutralité scolaire, IV, 108.

— Encyclique *Militantis Ecclesiæ* adressée aux archevêques et évêques d'Allemagne et de Suisse au sujet du centenaire du bienheureux Canisius, V, 190.

B

Bausa (Lettre *Novum argumentum*, adressée au cardinal) sur la Sainte Famille, III, 2.

Bavière (Encyclique *Officio sanctissimo* adressée aux archevêques et évêques de) sur l'état du catholicisme dans leur pays, II, 116.

Belgique (Lettre apostolique *Permoti Nos* au cardinal Goossens sur la question sociale en), IV, 226.

Belmont (Lettre adressée à Mgr), évêque de Clermont, sur le VIIIᵉ centenaire des Croisades, IV, 203.

Brésil (Lettre *In plurimis* sur l'abolition de l'esclavage au), II, 144.

— (Lettre aux évêques du) sur l'influence et la formation du clergé, IV, 111.

C

Canada (Encyclique *Affari vos* aux archevêques et évêques du), au sujet des écoles du Manitoba, V, 220.

Canisius (Centenaire du bienheureux). Encyclique *Militantis Ecclesiæ* adressée aux archevêques et évêques d'Autriche d'Allemagne et de Suisse, V, 190.

Cardinaux français (Bref *Notre consolation* adressé aux) sur l'acceptation de la République, III, 123.

« **Caritatis studium** ». Encyclique adressée aux évêques d'Ecosse sur la situation du catholicisme dans leur pays, V, 232.

Carthage (Lettre apostolique *Materna Ecclesiæ caritas* sur la restauration du siège archiépiscopal de), II, 2.

« **Catholicæ Ecclesiæ.** » Lettre adressée au cardinal Lavigerie sur l'œuvre antiesclavagiste, II, 298.

Catholicisme (Encyclique *Jampridem Nobis* sur la situation du) en Allemagne, II, 66.

— (Encyclique *Paterna caritas* adressée aux Arméniens sur l'état du) dans leur pays et sur l'union dans la foi, II, 214.

— (Encyclique *Officio sanctissimo* sur la situation du) en Bavière, II, 116.

— (Encyclique *Caritatis studium* adressée aux évêques d'Ecosse sur la situation du) dans leur pays, V, 232.

— (Lettre apostolique *Non*

mediocri aux archevêques et évêques d'Espagne, sur l'état du) dans leur pays, III, 258.
— (Lettre apostolique *Longinqua Oceani* adressée aux archevêques et évêques des États-Unis sur l'état du) dans leur pays, IV, 158.
— (Lettre encyclique *Nobilissima Gallorum gens* sur l'état du) en France, I, 226. — Voir également au mot *France*.
— (Lettre encyclique *Quod multum* adressée aux évêques de Hongrie sur l'état du) dans leur pays, II, 82.
— (Encyclique *Constanti Hungarorum* adressée aux évêques de Hongrie sur l'état du) dans leur pays, III, 228.
— (Lettre adressée aux évêques du Pérou sur l'état du) dans leur pays, IV, 75.
— (Encyclique adressée aux évêques et au peuple d'Italie sur la situation faite au) dans leur pays par le gouvernement, V, 248.
— (Encyclique adressée aux évêques de Pologne sur l'état du) dans leur pays, IV, 60.
— (Encyclique *Pergrata Nobis* adressée aux évêques du Portugal sur l'état du) dans leur pays, II, 102.
— (Encyclique *Pastoralis vigilantiæ* aux évêques du Portugal sur l'état du) dans leur pays, III, 72.
— (Lettre apostolique *Præclara gratulationis* adressée aux peuples et aux princes de l'univers sur l'état général du), la situation religieuse de tous les peuples et l'union des églises, IV, 82.
Chrétienne (Encyclique *Immortale Dei* sur la Constitution) des États, II, 16.
Chrétiens (Encyclique *Sapientiæ christianæ* sur les principaux devoirs civiques des), III, 262.
« Christi Domini. » Lettre apostolique concernant le patriarcat d'Alexandrie du rite cophte, IV, 258.
« Christi nomen. » Encyclique sur les missions d'Orient et l'union des Églises, IV, 154.
Civil (Encyclique *Diuturnum illud* sur l'origine du pouvoir), I, 140.
— (Lettre apostolique sur le mariage) en Italie, III, 176.
— (Encyclique *Immortale Dei* sur la constitution chrétienne des États et sur le pouvoir), II, 16.
Civiques (Encyclique *Immortale Dei* sur les principaux devoirs) des chrétiens, II, 262.
« Clara sæpenumero. » Lettre apostolique adressée au cardinal Gibbons sur la question scolaire aux États-Unis, III, 196.
Clergé (Lettre adressée aux évêques du Brésil sur l'influence et la formation du), IV, 111.
Clovis (Lettre accordant un jubilé à la France à l'occasion du XIV⁰ centenaire du baptême de) à Reims, IV, 270 et 274.
— (Lettre adressée au cardinal Langénieux après les fêtes du XIV⁰ centenaire du baptême de) à Reims, V, 100.
— (Ode sur le baptême de) à Reims, V, 182.
Colomb (Encyclique *Quarto abeunte sæculo*, aux évêques d'Espagne, d'Italie et d'Amérique, sur Christophe), III, 128.
Congrès (Lettre aux évêques d'Espagne sur le quatrième des catholiques de ce pays, IV, 180.
— (Lettre adressée au président du) catholique de Munich, IV, 234.
— (Lettre adressée à Mʳ Satolli sur le) des religions aux États-Unis, IV, 257.
« Conservatrix vitæ ». Allocution prononcée dans le Consistoire du 16 janvier 1892, III, 172.
« Constanti Hungarorum ». Encyclique adressée aux évêques de Hongrie sur l'état du catholicisme dans leur pays, III, 228.
Constitution (Encyclique *Immortale Dei* sur la) chrétienne des États, II, 16.

Cophtes (Lettre apostolique *Unitatis christianæ* adressée aux), IV, 212.
— (Discours au Sacré Collège sur le rétablissement de la hiérarchie chez les catholiques), IV, 280.
— (Lettre apostolique *Christi Domini* concernant le patriarcat d'Alexandrie du rite), IV, 258.
Croisades (Lettre adressée à Mgr Belmont, évêque de Clermont, sur le VIII⁰ centenaire des), IV, 293.
« **Cum diuturnum** ». Lettre apostolique aux évêques de l'Amérique latine les convoquant à une assemblée générale à Rome, V, 306.
« **Cum divini Pastoris** ». Lettre apostolique érigeant, dans l'église de l'Anastasie, à Constantinople, l'archiconfrérie de prières et de bonnes œuvres pour le retour des Eglises dissidentes à l'Unité catholique, sous le patronage de Notre-Dame de l'Assomption, V, 256.
« **Cum hoc sit** ». Bref proclamant saint Thomas d'Aquin patron des écoles catholiques, I, 110.

D

Decurtins (Lettre *Nihil Nobis*, adressée à M. Gaspard) sur la question sociale, III, 214.
Démocratie chrétienne (Adresse lue par M. Harmel et réponse de S. S. Léon XIII sur la), V, 280.
Désarmement général (Le). Communication adressée par ordre de Nicolas II à tous les représentants étrangers accrédités à Saint-Pétersbourg, V, 263.
— Allocution prononcée dans le consistoire secret du 11 février 1889, V, 266.
« **Deus qui** ». Décret concernant la cause orléanaise de béatification et de canonisation de Jeanne d'Arc, IV, 53.

Dissidents. Voir aux mots *Union* et suivants.
« **Diuturni temporis** ». Lettre sur le Rosaire de Marie, V, 274.
« **Diuturnum illud** ». Encyclique sur l'origine du pouvoir civil, I, 140.
« **Divinum illud** ». Encyclique sur l'action du Saint-Esprit, V, 138.
Duel (Lettre apostolique *Pastoralis officii* adressée au cardinal Schoenborn sur le), III, 84.

E

Ecoles (Lettre adressée aux évêques d'Autriche sur la neutralité dans la question des), IV, 108.
— (Bref *Cum hoc sit* proclamant saint Thomas d'Aquin patron des) catholiques, I, 110.
— (Encyclique *Affari vos* sur les) du Manitoba, V, 220.
— (Encyclique *Sancta Dei civitas* sur la propagation de la Foi, la Sainte-Enfance et les), d'Orient, I, 118.
Ecosse (Encyclique *Caritatis studium* adressée aux évêques d') sur la situation du catholicisme dans leur pays, V, 232.
Ecriture Sainte (Encyclique *Providentissimus Deus* sur l'étude de l'), IV, 2.
Eglise et Etat. Encyclique *Au milieu des sollicitudes* adressée au clergé et au peuple de France sur les rapports de l'Eglise et de l'Etat, III, 112.
— Voir au mot *Pouvoir*.
Eglises (Encyclique *Christi nomen* sur l'union des), IV, 152.
Eglises dissidentes (*Motu proprio* concernant la Commission pontificale établie pour favoriser la réunion des) à l'Eglise catholique, IV, 266.
— (Lettre apostolique *Cum divini Pastoris*, érigeant dans l'église de l'Anastasie, à Constantinople, l'archiconfrérie de prières et de bonnes œuvres, sous le patronage de Notre-Dame de l'Assomption, pour le retour des) à l'unité catholique, V, 256.

— Voir aux mots *Union* et suivants.

Elections (Lettre adressée au cardinal Lecot sur la question des) en France, III, 220.

Episcopat (Lettre apostolique *In ipso* adressée aux archevêques et évêques d'Autriche sur l'union et l'action de l'). III, 8.

Erreurs modernes (Encyclique *Quod apostolici* sur les), I, 26.

Esclavage (Lettre *In plurimis* adressée aux évêques du Brésil sur l'abolition de l'), II, 145.

— Lettre *Catholicæ Ecclesiæ* adressée au cardinal Lavigerie sur l'œuvre antiesclagiste, II, 298.

Espagne (Lettre apostolique *Non mediocri* adressée aux archevêques et évêques d') sur l'état du catholicisme dans leur pays, III, 258.

— (Discours prononcé au Vatican devant les pèlerins d'), IV, 71.

— (Lettre adressée aux évêques d') sur le IVe Congrès des catholiques de ce pays, IV, 180.

Etat (L'Eglise et l'). Voir aux mots *Eglise*, *Pouvoir*, *République*.

Etats (Encyclique *Immortale Dei* sur la Constitution chrétienne des), II, 16.

Etats-Unis (Lettre apostolique *Clara sæpenumero* sur la question scolaire aux), III, 196.

— (Lettre apostolique *Longinqua oceani* adressée aux archevêques et évêques des) sur la situation du catholicisme dans leur pays, IV, 158.

— (Lettre à Mgr Satolli sur le Congrès des Religions aux), IV, 257.

Etude (Bref *Sæpenumero* considérantes sur l') de l'histoire, I, 190.

— (Encyclique *Providentissimus Deus* sur l') de l'Ecriture Sainte, IV, 2.

— (Lettre *Nostra erga Fratres Minores* adressée au ministre général des Frères Mineurs sur l') des sciences sacrées et sur l'exercice du ministère apostolique, V, 284.

« Exeunte jam anno ». Encyclique sur le Jubilé sacerdotal de Léon XIII, II, 226.

F

Famille (Lettre *Novum argumentum* adressée au cardinal Bausa sur la Sainte), III, 2.

« Felicitate quadam », Constitution apostolique sur le rétablissement de l'unité de l'Ordre des Frères Mineurs, V, 204.

« Fidentem piumque », Encyclique sur le Rosaire, V, 84.

Français (Encyclique *Notre consolation* adressée aux cardinaux) sur l'acceptation de la République, III, 123.

Franc-Maçonnerie. Encyclique *Humanum genus*, I, 242.

— (Encyclique au peuple italien sur la), III, 164.

— Lettre *Inimica vis* aux évêques d'Italie sur la), III, 156.

France (Encyclique *Nobilissima Gallorum gens* sur la question religieuse en), I, 226.

— (Lettres accordant un jubilé à la) à l'occasion du XIVe centenaire du baptême de Clovis à Reims, IV, 270 et 274.

— (La) du travail à Rome. Adresse lue par M. Harmel à S. S. Léon XIII, V, 280.

— Réponse de S. S. Léon XIII sur la démocratie chrétienne. V, 281.

— (Léon XIII et l'acceptation de la République en). Voir au mot *République*.

Franciscains (Les divers Ordres), V, 204.

François (Encyclique *Auspicato concessum* sur le Tiers-Ordre de Saint-), I, 162.

— Constitution *Misericors Dei Filius* sur la règle du Tiers-Ordre séculier de Saint, I, 180.

Frères Mineurs (Constitution apostolique *Felicitate quadam* sur le rétablissement de l'unité de l'Ordre des), V, 204.

— (Lettre au ministre général de

l'Ordre des) sur l'étude des sciences sacrés et l'exercice du ministère apostolique, V, 284.

G

Gibbons (Lettre apostolique *Clara sæpenumero* adressée au cardinal) sur la question scolaire aux États-Unis, III, 196.
— (Lettre *Testem benevolentiæ* adressée au cardinal) sur l'américanisme. V, 310.
Goossens (Lettre apostolique *Permoti Nos* adressée au cardinal) sur la question sociale en Belgique, IV, 226.
Guadeloupe (Lettre adressée aux évêques du Mexique sur la dévotion à Notre-Dame de), IV, 416.

H

Harmel (Adresse lue par M.) à S. S. Léon XIII, à l'occasion du pèlerinage des ouvriers français à Rome et réponse de Sa Sainteté sur la démocratie chrétienne, V, 280.
Histoire (Bref *Sæpenumero* considerantes sur l'étude de l'), I, 196.
Hongrie (Encyclique *Quod multum* adressée aux évêques de) sur l'état du catholicisme dans leur pays, II, 82.
— (Encyclique *Constanti Hungarorum* adressée aux évêques de) sur le même sujet, III, 228.
— (Lettre apostolique *Insignes Deo* adressée aux évêques à l'occasion des fêtes du millénaire de la), IV, 300.
« Humanum genus ». Encyclique sur la Franc-Maçonnerie, I, 242.

I

» Immortale Dei ». Encyclique sur la Constitution chrétienne des États, II, 46.
Index (Constitution *Officiorum* édictant de nouvelles règles pour l'), V, 104.
« In ipso ». Lettre apostolique adressée aux archevêques et évêques d'Autriche, sur l'union et l'action de l'épiscopat, III, 8.
« In plurimis ». Lettre adressée aux évêques du Brésil sur l'abolition de l'esclavage, II, 144.
Indes (Lettre *Ad extremas* adressée au clergé des) sur la fondation des Séminaires, III, 204.
« Inimica vis ». Encyclique adressée aux évêques italiens sur les Sociétés secrètes et la Franc-Maçonnerie en Italie, III, 156.
« Inscrutabili Dei ». Encyclique sur les maux de la Société, I, 8.
« Insignes Deo ». Lettre apostolique adressée aux évêques hongrois à l'occasion des fêtes du millénaire de la Hongrie, IV, 300.
Ireland (Lettre de Mgr), archevêque de Minnesota, à S.S. Léon XIII, déclarant se soumettre à la doctrine de la lettre pontificale sur l'américanisme, V, 329.
Isoard (Lettre de Mgr) remerciant S. S. Léon XIII de sa lettre sur l'américanisme, V, 330.
Italie (Encyclique *Inimica vis* adressée aux évêques d') sur la Franc-Maçonnerie, III, 156.
— Encyclique adressée au peuple italien sur le même sujet, III, 164.
— (Lettre apostolique sur le mariage civil en), III, 176.
— (Encyclique adressée aux évêques et au peuple d') sur la situation faite à la religion catholique dans leur pays par le gouvernement, V, 243.

J

« Jampridem Nobis ». Encyclique sur la situation du catholicisme en Allemagne, II, 66.
Jeanne d'Arc (Décret *Deus qui* concernant la cause orléanaise de béatification et de canonisation de), IV, 53.
Jérusalem (Bref *Romanorum Pontificum* en faveur des pèlerinages de Pénitence à), IV, 282.
Joseph (Encyclique *Quanquam*

plaires sur le patronage de saint) et de la Très Sainte Vierge, II, 250.

Jubilé (Encyclique *Militans Jesu Christi* portant indiction d'un) extraordinaire, I, 130.

— (Encyclique *Quod auctoritate apostolica* portant indication d'un extraordinaire), II, 54.

— (Encyclique *Exeunte jam anno* sur le) sacerdotal de S. S. Léon XIII, II, 226.

— (Discours au clergé et au peuple romains à l'occasion des fêtes du) épiscopal de S. S. Léon XIII, IV, 51.

— (Lettre apostolique *Præclara gratulationis* adressée aux peuples et aux princes de l'univers par Léon XIII à l'occasion de son) épiscopal, IV, 82.

— (Lettres accordant un) à la France à l'occasion du XIVᵉ centenaire du baptême de Clovis à Reims, IV, 270 et 274.

« Jucunda semper ». Encyclique sur le Rosaire de Marie, IV, 118.

K

Keane (Lettre à Mgr) à propos de l'Université catholique de Washington, V, 181.

L

« Lætitiæ sanctæ ». Encyclique sur le Rosaire de Marie, III, 242.

Langénieux (Lettre adressée au cardinal) accordant un jubilé à la France à l'occasion du XIVᵉ centenaire du baptême de Clovis à Reims, IV, 270 et 274.

— (Lettre de Léon XIII au cardinal) après les fêtes du XIVᵉ centenaire du baptême de Clovis à Reims, V, 100.

— (Ode de Léon XIII adressée au cardinal) sur le baptême de Clovis, V, 182.

— (Lettre du cardinal) à S. S. Léon XIII sur le protectorat français en Orient, V, 270.

— (Réponse de S. S. Léon XIII au cardinal) sur le protectorat, V, 272.

Latine (Amérique). Voir au mot *Amérique*.

Lavigerie (Lettre *Catholicæ Ecclesiæ* adressée au cardinal) sur l'œuvre antiesclavagiste, II, 298.

Leçot (Lettre adressée au cardinal) sur les élections en France, III, 220.

Léon XIII (Vie de S. S.), I, ix.

— (Encyclique *Exeunte jam anno* sur le Jubilé sacerdotal de S. S.), II, 226.

— (Discours de S. S.) prononcé devant le Sacré-Collège, à l'occasion du double anniversaire de sa naissance et de son couronnement, III, 183.

— (Lettre adressée au cardinal Rampolla à l'occasion des noces de diamant de), V, 189.

« Libenti animo ». Discours prononcé à l'occasion du pèlerinage des Allemands à Rome, III, 184.

« Libertas præstantissimum ». Encyclique sur la liberté humaine, II, 172.

Lima (Lettre adressée à l'archevêque de) et aux autres évêques du Pérou sur l'état du catholicisme dans leur pays, IV, 75.

Livres (Constitution *Officiorum* sur l'interdiction et la censure des), V, 104.

« Longinqua oceani ». Lettre apostolique adressée aux archevêques et évêques des États-Unis sur l'état du catholicisme dans leur pays, IV, 158.

Louqsor (Création de l'évêché de), IV, 263.

M

« Magnæ Dei Matris ». Encyclique sur le Rosaire de Marie, III, 138.

« Magni commemoratio ». Lettre apostolique accordant un jubilé à la France à l'occasion du XIVᵉ centenaire du baptême de Clovis à Reims, IV, 274.

Manitoba (Encyclique *Affari vos*

sur les écoles du), V, 220.

Mariage chrétien. (Encyclique *Arcanum divinæ sapientiæ* sur le), I, 76.

Mariage civil (Le) en Italie. Lettre aux évêques de la province de Venise, III, 176.

Marie (Encycliques et Constitution sur le Rosaire de la T. S. V). Voir au mot *Rosaire*.

« Materna Ecclesiæ caritas ». Lettre apostolique sur la restauration du siège archiépiscopal de Carthage, II, 2.

Mathieu (Lettre adressée à Mgr) sur l'obéissance due aux pouvoirs constitués, V, 102.

Ménélik (Discours de Léon XIII sur son intervention auprès de), V, 80.

— (Lettre de Léon XIII à), V, 82.
— (Lettre de) à Léon XIII, V, 83.

Mexique (Lettre adressée aux évêques du) sur la dévotion à Notre-Dame de Guadeloupe, IV, 116.

« Militans Jesu Christi ». Encyclique portant indiction d'un jubilé extraordinaire, I, 130.

Minieh (Création de l'évêché de), IV, 263.

« Militantis Ecclesiæ ». Encyclique adressée aux archevêques et évêques d'Autriche, d'Allemagne, de Suisse, à l'occasion du centenaire du bienheureux Canisius, V, 190.

« Misericors Dei Filius ». Constitution sur la règle des Franciscains du Tiers-Ordre séculier, I, 180.

Missions d'Orient (Encyclique *Christi nomen* sur les) et l'union des Eglises, IV, 152.
— Voir au mot *Orient*.

Modernes (Encyclique *Quod apostolici* sur les erreurs) I, 26.

Montmartre (Lettre adressée au cardinal Richard sur le 25e anniversaire de l'inauguration des travaux de l'église du Sacré-Cœur de), V, 96.

Munich (Lettre au président du Congrès catholique de), IV, 234.

N

Neutralité scolaire (Lettre aux évêques d'Autriche sur la), IV, 108.

Nicolas II (Communication adressée par ordre de) à tous les ambassadeurs étrangers accrédités à Saint-Pétersbourg, concernant le désarmement général. — Allocution de S. S. Léon XIII prononcée le 11 février 1889, V, 263.

« Nihil Nobis ». Lettre adressée à M. Gaspard Decurtins sur la question sociale, III, 214.

« Nobilissima Gallorum gens ». Encyclique sur la question religieuse en France, I, 226.

« Non mediocri ». Lettre apostolique adressée aux archevêques et aux évêques d'Espagne sur la situation du catholicisme dans leur pays, III, 258.

« Nostra erga Fratres Minores ». Lettre adressée au ministre général de l'Ordre des Frères Mineurs, sur l'étude des sciences sacrées et sur l'exercice du ministère apostolique, V, 284.

« Notre consolation ». Encyclique aux cardinaux français sur l'acceptation de la République, III, 123.

« Novum argumentum ». Lettre adressée au cardinal Bausa sur la Sainte Famille, III, 2.

O

« Octobri mense ». Encyclique sur le Rosaire de Marie, III, 92.

« Officio sanctissimo ». Encyclique aux archevêques et évêques de Bavière, sur la situation du catholicisme dans leur pays, II, 116.

« Officiorum ». Constitution sur l'interdiction et la censure des livres, V, 104.

Ordinations anglicanes (Lettre apostolique *Apostolicæ curæ* sur les), V, 58.

Orient (Encyclique *Sancta Dei civi-*

tas sur la Propagation de la Foi, la Sainte-Enfance et les écoles d') I, 118.
— (Encyclique *Christi nomen* sur les missions d'), IV, 152.
— (Lettre *Adnitentibus Nobis* adressée au T. R. P. Picard sur les Missions des Augustins de l'Assomption en), IV, 222.
— (*Motu proprio* touchant la Commission pontificale établie pour favoriser la réconciliation des dissidents d') avec l'Eglise catholique, IV, 266.
— (*Motu proprio* sur la méthode à suivre et la concorde à garder dans l'avancement du catholicisme en), IV, 290.
— (Lettre apostolique *Cum divini Pastoris* érigeant l'archiconfrérie de Notre-Dame de l'Assomption pour le retour des Eglises d'), V, 256.
— (Lettre du cardinal Langénieux sur le protectorat français en), V, 270.
— (Réponse de Léon XIII au cardinal Langénieux sur le protectorat français en), V, 272.
— Voir au mot *Jérusalem*.
— (Eglises d'), Voir aux mots *Union* et suivants.
« Orientalium dignitas ». Lettre apostolique sur le maintien et la conservation de la discipline des Orientaux, IV, 136.
Ouvrière (Question). Voir au mot *Sociale*.
Ouvriers (Encyclique *Rerum novarum* sur la condition des), III, 18.

P

« Pastoralis officii ». Lettre apostolique adressée au cardinal Schoenborn sur le duel, III, 84.
« Pastoralis vigilantiæ ». Lettre apostolique adressée aux archevêques et évêques du Portugal, sur l'état du catholicisme dans leur pays. III, 72.
« Paterna Caritas ». Encyclique adressée aux Arméniens sur l'union dans la foi, II, 214.

Pèlerinages (Bref *Romanorum pontificum* en faveur des) de Pénitence à Jérusalem, IV, 282.
Pentecôte (Lettre *Provida matris* recommandant des prières pour le jour de la), IV, 206.
« Pergrata Nobis ». Encyclique adressée aux évêques du Portugal sur l'état du catholicisme dans leur pays, II, 102.
« Permoti Nos ». Lettre apostolique au cardinal Goossens sur la question sociale en Belgique, IV, 226.
Pérou (Lettre adressée aux évêques de) sur l'état du catholicisme dans leur pays, IV, 75.
Perraud (Lettre adressée au cardinal) évêque d'Autun, sur la soumission aux directions données par Léon XIII au peuple de France, IV, 48.
« Petite Eglise » (Lettre adressée à Mgr l'évêque de Poitiers sur la) III, 223.
Philosophie (Encyclique *Æterni Patris* sur la) scolastique, I, 42.
Picard (Lettres et Bref adressés au T. R. P.) Voir aux mots *Augustins de l'Assomption*.
Pologne (Encyclique adressée aux évêques de) sur l'état du catholicisme dans leur pays, IV, 60.
Portugal (Encyclique *Pergrata Nobis* adressée aux évêques de) sur l'état du catholicisme dans leur pays, II, 102.
— (Encyclique *Pastoralis vigilantiæ* adressée aux archevêques et aux évêques du) sur le même sujet. III, 72.
Pouvoir (Encyclique *Diuturnum* sur l'origine du) civil, I, 104.
— (Encyclique *Immortale Dei* sur la Constitution chrétienne des Etats et sur le), II, 16.
— Voir au mot *République*.
« Præclara gratulationis ». Lettre apostolique adressée aux peuples et aux princes de l'univers sur l'état du catholicisme, la situation religieuse de tous les peuples et l'union des Eglises, IV, 82.

Prière (Discours prononcé devant la délégation des membres de l'Association de l'Apostolat de la), III, 256.
Propagation de la Foi (Encyclique *Sancta Dei civitas* sur la), la Sainte-Enfance et les écoles d'Orient, I, 118.
Protectorat (Lettre du cardinal Langénieux à S. S. Léon XIII sur le) français en Orient, V, 270.
— (Réponse de Léon XIII au cardinal Langénieux sur le) V, 272.
« Provida matris ». Lettre recommandant des prières pour les fêtes de la Pentecôte, IV, 206.
« Providentissimus Deus ». Encyclique sur l'étude de l'Ecriture Sainte, IV, 2.

Q

« Quanquam pluries ». Encyclique sur le patronage de saint Joseph et de la Très Sainte Vierge, II, 250.
« Quarto abeunte sæculo ». Encyclique adressée aux évêques d'Espagne, d'Italie et d'Amérique sur Christophe Colomb, III, 128.
Question ouvrière. Voir au mot *Sociale*.
Question religieuse dans les divers Etats. Voir au mot *Catholicisme* et aux mots *Union* et suivants.
« Quod apostolici ». Encyclique sur les erreurs modernes, I, 26.
« Quod auctoritate apostolica ». Encyclique portant indiction d'un Jubilé extraordinaire, II, 54.
« Quod multum ». Encyclique adressée aux évêques de Hongrie sur l'état du catholicisme dans leur pays, II, 82.

R

Rampolla del Tindaro (Lettre adressée au cardinal) sur les fêtes révolutionnaires du 20 septembre 1895 à Rome, IV, 252.
Reims (Lettres accordant un jubilé à la France à l'occasion du XIV° centenaire du baptême de Clovis à), IV, 270 et 274.
— (Lettre adressée au cardinal Langénieux après les fêtes du XIV° centenaire du baptême de Clovis à), V, 100.
— (Ode sur le baptême de Clovis à), V, 182.
Religions (Lettre à Mgr Satolli sur le Congrès des) aux Etats-Unis, IV, 257.
République (Encyclique *Au milieu des sollicitudes* adressée aux évêques, au clergé et au peuple de France sur l'acceptation de la), III, 111.
— (Encyclique *Notre consolation* adressée aux cardinaux français sur l'acceptation de la), III, 122.
— (Lettre adressée au cardinal Lecot sur les élections et l'acceptation de la), III, 220.
— (Lettre adressée au cardinal Perraud sur l'acceptation de la), IV, 48.
— Lettre adressée à Mgr Mathieu sur l'obéissance due aux pouvoirs constitués.) V, 102.
« Rerum novarum ». Encyclique sur la condition des ouvriers, III, 48.
Révolutionnaires (Lettre adressée au cardinal Rampolla sur les fêtes) du 20 septembre 1895 à Rome, IV, 252.
Richard (Lettre adressée au cardinal), à l'occasion du 25° anniversaire de l'inauguration des travaux de l'église du Sacré-Cœur de Montmartre, V, 96.
« Romanorum Pontificum ». Bref en faveur des pèlerinages de Pénitence à Jérusalem, IV, 282.
Rosaire de Marie. Encyclique *Adjutricem populi*, V, 236.
— (Lettre encyclique *Augustissimæ virginis* sur le), XL, 226.
— (Lettre *Diuturni temporis* aux prélats du monde entier sur le), V, 274.

— (Encyclique *Fidentem piumque* sur le), V, 84.
— Encyclique *Jucunda semper*, IV, 118.
— Encyclique *Lætitiæ sanctæ*, III, 242.
— Encyclique *Magnæ Dei Matris*, III, 138.
— Encyclique *Octobri mense*, III, 92.
— Encyclique *Superiore anno*, I, 278.
— Encyclique *Supremi apostolatus*, I, 214.
— (Constitution apostolique *Ubi primum arcano* sur les règles, les droits et les privilèges du), V, 292.
Ruthènes (Discours adressé aux pèlerins), III, 193.

S

« **Sæpenumero considerantes** ». Bref sur l'étude de l'histoire, I, 196.
Saint-Esprit (Encyclique *Divinum illud* sur l'action du), V, 138.
Sainte-Enfance (Encyclique *Sancta Dei civitas* sur la), la Propagation de la Foi et les écoles d'Orient, I, 118.
« **Sancta Dei civitas**. » Encyclique sur la Propagation de la Foi, la Sainte-Enfance et les écoles d'Orient, I, 118.
« **Sapientiæ christianæ** ». Encyclique sur les principaux devoirs civiques des chrétiens, II, 262.
« **Satis cognitum** ». Encyclique sur l'unité de l'Eglise, V, 2.
Satolli (Lettre adressée à Mgr), délégué apostolique aux Etats-Unis, sur le Congrès des religions, IV, 257.
Schoenborn (Lettre apostolique *Pastoralis officii* adressée au cardinal) sur le duel, III, 84.
Scolaire (Lettre apostolique *Clara Sæpenumero* adressée au cardinal Gibbons sur la question) aux Etats-Unis, III, 196.
— (Lettre aux évêques d'Autriche sur la neutralité), IV, 108.
Scolastique (Encyclique *Æterni Patris* sur la philosophie) I, 42.
Secrètes (Sociétés). Voir au mot *Franc-Maçonnerie*.
Séminaires (Lettre *Ad extremas* sur la fondation des) aux Indes, III, 204.
Sociale (Encyclique *Rerum Novarum* sur la condition des ouvriers et la question) III, 18.
— (Lettre *Nihil Nobis* adressée à M. G. Decurtins sur la question), III, 214.
— (Lettre apostolique *Permoti Nos* adressée au cardinal Goossens sur la question) en Belgique, IV, 226.
Société (Encyclique *Inscrutabili Dei* sur les maux de la), I, 8.
— Voir aux mots *Pouvoir* et *République*.
Sociétés catholiques (Lettre adressée aux délégations des), de Rome IV, 40.
« **Superiore anno** ». Encyclique sur la récitation du Rosaire de Marie, I, 278.
« **Supremi apostolatus** ». Encyclique sur le Rosaire de Marie, I, 214.

T

« **Testem benevolentiæ** ». Lettre adressée au cardinal Gibbons, sur l'américanisme, V, 210.
Thomas d'Aquin (Bref *Cum hoc sit* proclamant saint) patron des écoles catholiques, I, 110.
Tiers-Ordre (Encyclique *Auspicato concessum* sur le) de Saint-François, I, 162.
— (Constitution *Misericors Dei Filius* sur la règle des Franciscains du) séculier, I, 180.
« **Trans Oceanum** ». Lettre apostolique sur les privilèges de l'Amérique latine, V, 128.

U

« **Ubi primum superiori mense** ». Allocution de S. S. Léon XIII sur son élévation au Souverain Pontificat, I, 2.
« **Ubi primum arcano** ». Constitution apostolique sur les règles, les droits et les pri-

vilèges du Rosaire de Marie, V, 292.

Union (Encyclique *Paterna caritas* adressée aux Arméniens sur l') dans la foi, II, 214.
— (Lettre apostolique *In ipso* adressée aux archevêques et évêques d'Autriche sur l') et l'action de l'épiscopat), III, 8.
— (Encyclique *Christi nomen* sur les missions d'Orient et l') des Eglises, IV, 152.
— *Motu proprio* concernant la Commission pontificale établie pour favoriser l'), IV, 266.
— *Motu proprio* sur la méthode à suivre pour favoriser les progrès du catholicisme et l') en Orient, IV, 290.
— (Lettre apostolique *Præclara gratulationis* sur l'état général du catholicisme, la situation religieuse de tous les peuples et l') des Eglises, IV, 82.
— Voir au mot *Orient*.

« **Unitatis christianæ** ». Lettre apostolique adressée aux Cophtes catholiques, IV, 212.

Unité (Lettre apostolique *Amantissimæ voluntatis* adressée au peuple anglais sur l') de la foi, IV, 182.
— (Encyclique *Satis cognitum* sur l') de l'Eglise, V, 2.

V

Venise (Lettre apostolique aux évêques de la province de) sur le mariage civil en Italie, III, 176.

Vierge (Encyclique *Quamquam pluries* sur le patronage de saint Joseph et de la Très Sainte), II, 250.
— (Encycliques et Constitution sur le Rosaire de la T. S.) Voir au mot *Rosaire*.

W

Washington (Lettre à Mgr Keane sur l'Université catholique de), V, 161.

www.ingramcontent.com/pod-product-compliance
Lightning Source LLC
Chambersburg PA
CBHW072006150426
43194CB00008B/1019